GOLDMANN KLASSIKER
MIT ERLÄUTERUNGEN

GEOFFREY CHAUCER

DIE CANTERBURY-ERZÄHLUNGEN

MITTELENGLISCH UND DEUTSCH

In deutsche Prosa übertragen
von Fritz Kemmler
Mit Erläuterungen von Jörg O. Fichte

Band 1:
Fragment I (Gruppe A) – Fragment IV (Gruppe E)
der »Canterbury-Erzählungen«

GOLDMANN VERLAG

Vollständige Ausgabe der »Canterbury-Erzählungen«
Der mittelenglische Text der »Canterbury-Erzählungen«
wurde folgender Ausgabe entnommen:
The Riverside Chaucer. Third Edition.
General Editor: Larry D. Benson, Harvard University.
Boston/Massachusetts: Houghton Mifflin Company 1987

Umschlagbild: The Pilgrimage to Canterbury. Gemälde von
Thomas Stothard (Ausschnitt). Tate Gallery, London

Der Goldmann Verlag
ist ein Unternehmen der Verlagsgruppe Bertelsmann

Made in Germany · 1. Auflage · 7/89

Umschlagentwurf: Design Team, München
Umschlagfoto: Tate Gallery, London
Satz: Uhl + Massopust, Aalen
Druck: Presse-Druck, Augsburg
Verlagsnummer: 7671
MV · Herstellung: Sebastian Strohmaier
ISBN 3-442-07671-4

INHALT

VORWORT

In den angelsächsischen Ländern haben Chaucerübersetzungen eine lange Tradition – schon zu Ende des 17. Jahrhunderts übertrug Dryden eine Auswahl von *Canterbury Tales* in zeitgenössisches Englisch, um die Werke des Dichters einem literarisch interessierten Publikum zugänglich zu machen. In Deutschland legte Wilhelm Hertzberg mit *Chaucer's Canterbury Geschichten* im Jahre 1866 die erste Übersetzung der *Canterbury Tales* ins Deutsche vor. Weitere Übersetzungen folgten. Zum Großteil handelt es sich dabei um poetische Nachdichtungen, in denen zumeist die beiden Prosaerzählungen, Chaucers eigene Geschichte von Melibeus und die Geschichte des Pfarrers, die den großen Erzählzyklus beendet, fehlen. Die hier vorliegende, zweisprachige Ausgabe der *Canterbury Tales* ist vollständig; sie bietet den mittelenglischen Text nach der Ausgabe von Larry D. Benson et al. aus dem Jahre 1987 und eine Prosaübersetzung. Der Text der *Canterbury Tales* aus *The Riverside Chaucer* basiert auf der Ausgabe von F.N. Robinson aus dem Jahre 1957 und wurde von Larry Benson et al. mit einigen Änderungen übernommen. Diese beiden Ausgaben sowie die Edition der *Canterbury Tales* in John H. Fishers Gesamtausgabe, *The Complete Poetry and Prose of Geoffrey Chaucer* (1977), wurden u. a. bei der Erstellung der Anmerkungen für diese Ausgabe mitverwendet.

Die von uns besorgte Ausgabe gliedert sich in zwei Hauptteile: das Original mit Übersetzung (Band I und II) und die Erläuterungen (Band III). Die vorgelegte neue, vollständige Übersetzung der *Canterbury Tales* wurde nach folgenden Gesichtspunkten erstellt: Es wurde versucht, ein hohes Maß an Zeilentreue mit dem Original zu erreichen. Mit von der Breite des Satzspiegels erzwungenen Ausnahmen und mit Ausnahme einiger Stellen in den in *rhyme royal* abgefaßten Erzählungen stimmen die Zeilen der Übersetzung mit denen des Originals überein. Der Text der Übersetzung erscheint deshalb auch nicht im Blocksatz.

Anders als in früheren Übersetzungen der *Canterbury Tales* wurde das Prinzip der Einheitlichkeit etwas weniger streng befolgt. Das gilt vor allem für die Behandlung der im Mittelenglischen verwendeten Tempora und Anredeformen. Das von Chaucer häufig benutzte historische Präsens, das im Deutschen eher selten anzutreffen ist, wurde an etlichen Stellen beibehalten. Die besonders in der *Tale of Melibee* häufig zwischen »ye/you« [Ihr] und »thou« [du] wechselnden Anredeformen wurden nicht vereinheitlicht.

Eine Übersetzung kann ja die sprachlichen Qualitäten des Originals nur unzureichend wiedergeben. Das gilt vor allem für die Klangspielereien, für die Mehrdeutigkeiten und für die idiomatischen und bildlichen Wendungen eines in Versen abgefaßten Originals. In diesem Punkt bedarf es einer freien und interpretierenden Übersetzung, die sich am sprachlichen und inhaltlichen Kontext des Originals orientiert.

Band III enthält eine Einführung in Chaucers Leben und Werk, die Rezeptionsgeschichte der *Canterbury Tales*, die Ansätze der Chaucerkritik des 20. Jahrhunderts, die Struktur der *Canterbury Tales* und in die Sprache Chaucers.

Dann folgt ein dreigliedriger Kommentarteil. Dieser enthält Einleitungen zu den einzelnen Erzählungen, in denen die Geschichte analysiert und die Forschung dargestellt wird, eine Bibliographie und Anmerkungen zum Text, wo diese notwendig erscheinen. Im Kommentarteil erscheinen alle wissenswerten Informationen entweder in der Einleitung oder in den Anmerkungen, jedoch nicht zweimal. Damit sich die Einleitungen leichter lesen lassen, wurde auf Fußnoten verzichtet; alle Hinweise auf die Sekundärliteratur stehen im Text in runden Klammern. Die dort aufgeführten Autoren oder Werke finden sich in der zu jeder Erzählung gehörenden Bibliographie bzw. in der

Liste moderner Ausgaben der von Chaucer benutzten Quellen. Am Ende des Erläuterungsbandes gibt eine Zeittafel einen Überblick über die wichtigsten historischen und kulturellen Ereignisse in England im 14. Jahrhundert.

Unser besonderer Dank gilt der unermüdlichen Arbeit von Frau Rosemarie Fischer sowie der beiden studentischen Mitarbeiter Frau Sabine Knorrscheidt und Herrn Ralph Kappen, ohne deren Hilfe das Projekt nicht hätte realisiert werden können. Er gilt aber auch dem Präsidenten der Universität Tübingen, Herrn Dr. h.c. Adolf Theis, und dem Kanzler, Herrn Dr. Georg Sandberger, die uns für die Herstellung des Manuskripts das notwendige EDV-Gerät zur Verfügung gestellt haben. Und er gilt letztlich Professor Larry D. Benson und der Houghton Mifflin Company, die uns das Copyright zum Nachdruck des Texts aus *The Riverside Chaucer* überlassen haben.

Tübingen, Dezember 1987 J.O.F.; F.K.

DIE CANTERBURY-ERZÄHLUNGEN

Fragment I (Gruppe A) – Fragment IV (Gruppe E)

THE CANTERBURY TALES

Fragment I (Group A) – Fragment IV (Group E)

Fragment I (Gruppe A)

ALLGEMEINER PROLOG

Hier beginnt das Buch der Canterbury-Erzählungen.

Wenn der April mit seinen süßen Schauern
die Trockenheit des März bis zur Wurzel durchdrungen
und jede Ader mit dem Saft getränkt hat,
dessen Kraft die Blüte hervorbringt,
wenn auch der Zephir mit seinem süßen Atem
in den Wäldern und auf den Fluren
die zarten Triebe belebt und die junge Frühjahrssonne
das Sternbild des Widders halb durchlaufen hat
und die Vöglein lustig singen
und die ganze Nacht mit offenen Augen schlafen
(so sehr spornt die Natur ihre Lebensgeister an),
dann sehnen sich die Menschen danach, auf Wallfahrt zu gehen,
und erfahrene Pilger zieht es zu fremden Gestaden,
zu weit entfernten Schreinen, die in verschiedenen Ländern
Und aus allen Winkeln einer jeden Grafschaft [bekannt sind.
Englands pilgern die Menschen vor allem nach Canterbury,
um den heiligen, segensreichen Märtyrer aufzusuchen,
der ihnen geholfen hat, als sie krank waren.

Zu dieser Jahreszeit ereignete es sich eines Tages,
als ich im »Heroldsrock« in Southwark zu Gast war
und mich darauf vorbereitet hatte, meine Wallfahrt
nach Canterbury sehr demütigen Sinnes anzutreten,
daß gegen Abend eine Gruppe
von neunundzwanzig Leuten in diese Herberge kam; sie waren
von unterschiedlicher Herkunft und hatten sich durch Zufall
zu einer Gruppe zusammengeschlossen; und sie alle waren
die nach Canterbury reiten wollten. [Pilger,

Fragment I (Group A)

GENERAL PROLOGUE

Here bygynneth the Book of the Tales of Caunterbury.

Whan that Aprill with his shoures soote
The droghte of March hath perced to the roote,
And bathed every veyne in swich licour
Of which vertu engendred is the flour;
Whan Zephirus eek with his sweete breeth
Inspired hath in every holt and heeth
The tendre croppes, and the yonge sonne
Hath in the Ram his half cours yronne,
And smale foweles maken melodye,
That slepen al the nyght with open ye
(So priketh hem nature in hir corages),
Thanne longen folk to goon on pilgrimages,
And palmeres for to seken straunge strondes,
To ferne halwes, kowthe in sondry londes;
And specially from every shires ende
Of Engelond to Caunterbury they wende,
The hooly blisful martir for to seke,
That hem hath holpen whan that they were seeke.
Bifil that in that seson on a day,
In Southwerk at the Tabard as I lay
Redy to wenden on my pilgrymage
To Caunterbury with ful devout corage,
At nyght was come into that hostelrye
Wel nyne and twenty in a compaignye
Of sondry folk, by aventure yfalle
In felaweshipe, and pilgrimes were they alle,
That toward Caunterbury wolden ryde.

Die Zimmer und die Ställe waren geräumig,
und wir wurden wahrlich aufs beste versorgt.
Kurzum, als die Sonne untergegangen war,
hatte ich bereits mit jedem gesprochen,
so daß ich sofort ihrer Gruppe angehörte;
und wir kamen überein, früh aufzustehen, [wohin.
um uns auf den Weg zu machen – ich werde euch noch sagen,
Solange mir noch Zeit bleibt und sich die Gelegenheit bietet,
bevor ich in dieser Geschichte fortfahre,
scheint es mir doch angemessen,
euch ausführlich über die Art
eines jeden von ihnen zu erzählen, so wie sie mir erschien,
was sie waren und welchem Stand sie angehörten
und wie sie gekleidet waren;
mit einem Ritter will ich nun beginnen.
Ein RITTER war dabei, ein vortrefflicher Mann,
der seit der Zeit, da er seinen ersten Ausritt
unternommen hatte, die Ritterlichkeit liebte, [Höfischheit.
die Wahrhaftigkeit und die Ehre, die Großmut und die
In den Kriegen seines Herrn hatte er sich vortrefflich bewährt;
darüberhinaus war er weiter als jeder andere [gekommen
sowohl in christlichen als auch in heidnischen Landen herum-
und wegen seiner Vortrefflichkeit wurde er stets gerühmt.
Er war bei der Einnahme von Alexandrien dabei gewesen.
In Preußen hatte er sehr oft
den Ehrenplatz vor allen Nationen eingenommen.
Er war in Litauen und in Rußland auf Feldzügen gewesen,
so oft wie kein Christenmensch seines Standes.
Auch war er bei der Belagerung von Algeciras
in Granada gewesen, hatte in Benmarin gekämpft.
In Ayas war er und in Adalien,
als sie erobert wurden. Und auf dem Mittelmeer
war er mit vielen stolzen Heeren gefahren.
Er hatte an fünfzehn todbringenden Schlachten teilgenommen
und für unseren Glauben hatte er in Tlemcen

The chambres and the stables weren wyde,
And wel we weren esed atte beste.
And shortly, whan the sonne was to reste,
So hadde I spoken with hem everichon
That I was of hir felaweshipe anon,
And made forward erly for to ryse,
To take oure wey ther as I yow devyse.
But nathelees, whil I have tyme and space,
Er that I ferther in this tale pace,
Me thynketh it acordaunt to resoun
To telle yow al the condicioun
Of ech of hem, so as it semed me,
And whiche they weren, and of what degree,
And eek in what array that they were inne;
And at a knyght than wol I first bigynne.
A KNYGHT ther was, and that a worthy man,
That fro the tyme that he first bigan
To riden out, he loved chivalrie,
Trouthe and honour, fredom and curteisie.
Ful worthy was he in his lordes werre,
And therto hadde he riden, no man ferre,
As wel in cristendom as in hethenesse,
And evere honoured for his worthynesse;
At Alisaundre he was whan it was wonne.
Ful ofte tyme he hadde the bord bigonne
Aboven alle nacions in Pruce;
In Lettow hadde he reysed and in Ruce,
No Cristen man so ofte of his degree.
In Gernade at the seege eek hadde he be
Of Algezir, and riden in Belmarye.
At Lyeys was he and at Satalye,
Whan they were wonne, and in the Grete See
At many a noble armee hadde he be.
At mortal batailles hadde he been fiftene,
And foughten for oure feith at Tramyssene

in drei Zweikämpfen gekämpft und seine Feinde stets besiegt.
Derselbe vortreffliche Ritter war auch
einmal in den Diensten des Herrschers von Balat gewesen,
um gegen einen anderen Heiden in der Türkei zu kämpfen.
Und stets stand er in höchstem Ansehen.
Und obwohl er tapfer war, war er doch auch klug
und in seinem Benehmen wie eine züchtige Maid.
Irgend etwas Böses hatte er noch nie
in seinem Leben zu irgend jemandem gesagt.
Er war ein wahrer, vollkommen edler Ritter.
Doch soll auch seine Ausrüstung beschrieben werden:
Seine Pferde waren gut, doch er war nicht herausgeputzt.
Er trug einen Rock aus grobem Tuch,
ganz beschmutzt von seiner Rüstung,
denn er war erst vor kurzem von seinem Feldzug zurückgekommen
und hatte sich sogleich aufgemacht, um seine Wallfahrt anzutreten.

Bei ihm war sein Sohn, ein junger KNAPPE,
ein lustiger Bursche und stets verliebt,
mit krausen Locken, wie frisch aus der Lockenpresse.
Er war etwa zwanzig Jahre alt, schätze ich.
Er war von wohlgestalter Statur
und überaus flink und sehr stark.
Er war eine Zeitlang bei einem Kavallerieunternehmen
in Flandern, im Artois und in der Picardie gewesen
und hatte sich trotz seiner Jugend tapfer verhalten –
in der Hoffnung, in der Gnade seiner Herrin zu stehen.
Er war geschmückt wie eine Wiese
voll frischer weißer und roter Blumen.
Den ganzen Tag sang er oder spielte Flöte:
Er war so frisch wie der Monat Mai.
Sein Rock war kurz, mit langen, weiten Ärmeln.
Er saß gut zu Pferde und konnte gefällig reiten.
Er konnte Lieder dichten und gut vertonen,
turnieren, ja sogar tanzen und gut zeichnen und schreiben.
So feurig liebte er, daß er nachts

In lystes thries, and ay slayn his foo.
This ilke worthy knyght hadde been also
Somtyme with the lord of Palatye
Agayn another hethen in Turkye;
And everemoore he hadde a sovereyn prys.
And though that he were worthy, he was wys,
And of his port as meeke as is a mayde.
He nevere yet no vileynye ne sayde
In al his lyf unto no maner wight.
He was a verray, parfit gentil knyght.
But for to tellen yow of his array,
His hors were goode, but he was nat gay.
Of fustian he wered a gypon
Al bismotered with his habergeon,
For he was late ycome from his viage,
And wente for to doon his pilgrymage.
With hym ther was his sone, a yong SQUIER,
A lovyere and a lusty bacheler,
With lokkes crulle as they were leyd in presse.
Of twenty yeer of age he was, I gesse.
Of his stature he was of evene lengthe,
And wonderly delyvere, and of greet strengthe.
And he hadde been somtyme in chyvachie
In Flaundres, in Artoys, and Pycardie,
And born hym weel, as of so litel space,
In hope to stonden in his lady grace.
Embrouded was he, as it were a meede
Al ful of fresshe floures, whyte and reede.
Syngynge he was, or floytynge, al the day;
He was as fressh as is the month of May.
Short was his gowne, with sleves longe and wyde.
Wel koude he sitte on hors and faire ryde.
He koude songes make and wel endite,
Juste and eek daunce, and weel purtreye and write.
So hoote he lovede that by nyghtertale

ebenso wenig schlief wie die Nachtigall.
Er war höfisch, demütig und dienstfertig
und legte seinem Vater bei Tische vor.

Einen DIENSTMANN hatte der Ritter, sonst keine weiteren [Diener
zu jener Zeit, denn so wollte er ausreiten.
Der Dienstmann trug Mantel und Hut in Grün.
Ein Bündel Pfeile, glänzend und spitz und mit Pfauenfedern [versehen,
trug er griffbereit an seinem Gürtel.
(Er wußte, wie sich ein guter Dienstmann seine Pfeile macht:
seine Pfeile wurden von den Federn nicht nach unten gelenkt.)
In der Hand trug er einen mächtigen Bogen.
Sein Haar war kurz geschoren, sein Gesicht braungebrannt.
Er kannte sich in allen Dingen der Försterei aus.
Sein Arm war mit einem verzierten Lederschutz versehen;
an einer Seite hing ein Schwert und ein Buckelschild,
an der anderen Seite ein kostbares Jagdmesser,
reich verziert und scharf wie ein Speer.
Ein Christophorusbild aus Silber glänzte auf seiner Brust.
Ein Horn trug er, dessen Gehenk grün war.
Er war bestimmt Förster, meine ich.

Auch eine Nonne war dabei, eine PRIORIN,
die ganz ungekünstelt und schüchtern lächelte;
ihr größter Fluch war ›Beim heiligen Eligius!‹;
und sie hieß Frau Eglentyne.
Sie sang im Gottesdienst sehr schön,
wobei sie sehr gefällig durch die Nase intonierte;
und ein recht gutes und gefälliges Französisch sprach sie –
in der Art der Schule von Stratford on the Bow,
denn das Französisch von Paris war ihr unbekannt.
Bei Tisch hatte sie ausgezeichnete Manieren:
weder ließ sie eine Krume von ihren Lippen fallen
noch tauchte sie die Finger tief in die Soße.
Sie konnte einen Bissen so gut aufnehmen und zum Mund [führen,
daß ihr kein Krümel auf die Brust fiel.
Ihr ganzes Sinnen war auf die Höfischheit gerichtet.

He sleep namoore than dooth a nyghtyngale.
Curteis he was, lowely, and servysable,
And carf biforn his fader at the table.
A YEMAN hadde he and servantz namo
At that tyme, for hym liste ride so,
And he was clad in cote and hood of grene.
A sheef of pecok arwes, bright and kene,
Under his belt he bar ful thriftily
(Wel koude he dresse his takel yemanly;
His arwes drouped noght with fetheres lowe),
And in his hand he baar a myghty bowe.
A not heed hadde he, with a broun visage.
Of wodecraft wel koude he al the usage.
Upon his arm he baar a gay bracer,
And by his syde a swerd and a bokeler,
And on that oother syde a gay daggere
Harneised wel and sharp as point of spere;
A Cristopher on his brest of silver sheene.
An horn he bar, the bawdryk was of grene;
A forster was he, soothly, as I gesse.
Ther was also a Nonne, a PRIORESSE,
That of hir smylyng was ful symple and coy;
Hire gretteste ooth was but by Seinte Loy;
And she was cleped madame Eglentyne.
Ful weel she soong the service dyvyne,
Entuned in hir nose ful semely;
And Frenssh she spak ful faire and fetisly,
After the scole of Stratford atte Bowe,
For Frenssh of Parys was to hire unknowe.
At mete wel ytaught was she with alle;
She leet no morsel from hir lippes falle,
Ne wette hir fyngres in hir sauce depe;
Wel koude she carie a morsel and wel kepe
That no drope ne fille upon hire brest.
In curteisie was set ful muchel hir lest.

Sie wischte die Oberlippe immer so gut ab,
daß an ihrem Becher kein bißchen Fett
zurückblieb, wenn sie einen Schluck genommen hatte.
Sie griff sehr gefällig nach ihrer Speise.
Und wahrlich, sie hatte ein würdevolles Benehmen,
sie war sehr umgänglich, sehr angenehm,
sie strengte sich sehr an, die Sitten des Hofes
nachzuahmen, ihr Benehmen stets höfisch zu gestalten,
um damit für verehrungswürdig gehalten zu werden.
Doch um von ihrer Sensibilität zu sprechen:
Sie war so mildtätig und so mitleidig,
sie mußte weinen, wenn sie eine Maus
tot oder blutend in der Falle gefangen sah.
Sie hatte kleine Hündchen, die sie
mit Braten oder mit Milch und feinem Weißbrot fütterte.
Doch bitter weinte sie, wenn eines von ihnen starb oder
wenn eines mit einer schmerzenden Gerte geschlagen wurde:
All das rührte von ihrer Sensibilität und ihrem empfindsamen Herzen her.
Ihr Brusttuch war wohl zurechtgezogen,
ihre Nase war sanft geschwungen, ihre Augen grau wie Glas,
ihr Mund war schmal und dazu weich und rot;
aber wahrlich, sie hatte eine schöne Stirn,
fast eine Spanne breit, glaube ich;
denn keineswegs war sie zu klein geraten.
Ich bemerkte, daß sie ein festliches Gewand trug.
Am Arm trug sie ein aus feinen Korallen gefertigtes
Paar Rosenkränze, besetzt mit grünen Steinen,
daran war eine glänzende, goldene Schließe befestigt,
auf der ein gekröntes »A« eingraviert war
und darunter *Amor vincit omnia.*

Sie hatte eine weitere NONNE bei sich,
die ihre rechte Hand war, sowie drei Priester.

Ein MÖNCH war bei uns, ein Prachtexemplar,
ein Gutsinspektor, der die Jagd liebte,
ein ganzer Mann, der ein fähiger Abt sein könnte.

Hir over-lippe wyped she so clene
That in hir coppe ther was no ferthyng sene
Of grece, whan she dronken hadde hir draughte.
Ful semely after hir mete she raughte.
And sikerly she was of greet desport,
And ful plesaunt, and amyable of port,
And peyned hire to countrefete cheere
Of court, and to been estatlich of manere,
And to ben holden digne of reverence.
But for to speken of hire conscience,
She was so charitable and so pitous
She wolde wepe, if that she saugh a mous
Kaught in a trappe, if it were deed or bledde.
Of smale houndes hadde she that she fedde
With rosted flessh, or milk and wastel-breed.
But soore wepte she if oon of hem were deed,
Or if men smoot it with a yerde smerte;
And al was conscience and tendre herte.
Ful semyly hir wympul pynched was,
Hir nose tretys, hir eyen greye as glas,
Hir mouth ful smal, and therto softe and reed.
But sikerly she hadde a fair forheed;
It was almoost a spanne brood, I trowe;
For, hardily, she was nat undergrowe.
Ful fetys was hir cloke, as I was war.
Of smal coral aboute hire arm she bar
A peire of bedes, gauded al with grene,
And theron heng a brooch of gold ful sheene,
On which ther was first write a crowned A,
And after *Amor vincit omnia*.
  Another NONNE with hire hadde she,
That was hir chapeleyne, and preestes thre.
  A MONK ther was, a fair for the maistrie,
An outridere, that lovede venerie,
A manly man, to been an abbot able.

Viele rassige Pferde hatte er in seinem Stall;
und wenn er ritt, konnte man seine Zügel
bei säuselndem Wind klingen hören, so klar
und auch so laut wie das Glöcklein der Kapelle,
dort, wo dieser Herr Vorsteher der Zelle war.
Die Regel des heiligen Maurus oder des heiligen Benedikt –
weil sie alt und ziemlich streng war,
ließ derselbe Mönch die alten Dinge links liegen
und richtete sein Leben nach der neuen Welt.
Er achtete nicht auf den Text,
der besagt, daß Jäger keine Heiligen sind
und daß ein Mönch, wenn er zügellos lebt,
einem Fisch gleicht, dem das Wasser fehlt –
das soll heißen: wenn einem Mönch das Kloster fehlt.
Doch dieser Text scherte ihn nicht;
und ich sagte, daß seine Auffassung gut sei.
Weshalb sollte er studieren und sich verrückt machen,
im Kloster immer über einem Buch sitzen
oder mit den Händen schuften und sich abrackern,
wie Augustinus es befiehlt? Wie soll der Welt gedient werden?
Laß doch dem Augustinus seine Plackerei!
Deshalb war er ein guter Jäger:
Er hatte Hetzhunde, schnell wie der Vogel im Flug;
der Fährtensuche und Hasenjagd
galt seine ganze Lust, und nichts war ihm dafür zu teuer.
Seine Ärmel waren, wie ich sah, am Auslaß
mit kostbarem Pelz besetzt, dem feinsten, den es gab.
Und um seine Kapuze unterm Kinn zu schließen,
hatte er eine höchst eigenartige, aus Gold gearbeitete Nadel
mit einem Liebesknoten am stumpfen Ende.
Sein Haupt war kahl und glänzte wie ein Spiegel,
auch sein Gesicht – als ob er gesalbt wäre.
Er war ein fetter Mann und wohlgepflegt.
Er hatte stechende Augen, die sich flink hin- und herbewegten
und wie Feuer unter dem Kessel glühten.

Ful many a deyntee hors hadde he in stable,
And whan he rood, men myghte his brydel heere
Gynglen in a whistlynge wynd als cleere
And eek as loude as dooth the chapel belle
Ther as this lord was kepere of the celle.
The reule of Seint Maure or of Seint Beneit –
By cause that it was old and somdel streit
This ilke Monk leet olde thynges pace,
And heeld after the newe world the space.
He yaf nat of that text a pulled hen,
That seith that hunters ben nat hooly men,
Ne that a monk, whan he is recchelees,
Is likned til a fissh that is waterlees –
This is to seyn, a monk out of his cloystre.
But thilke text heeld he nat worth an oystre;
And I seyde his opinion was good.
What sholde he studie and make hymselven wood,
Upon a book in cloystre alwey to poure,
Or swynken with his handes, and laboure,
As Austyn bit? How shal the world be served?
Lat Austyn have his swynk to hym reserved!
Therfore he was a prikasour aright:
Grehoundes he hadde as swift as fowel in flight;
Of prikyng and of huntyng for the hare
Was al his lust, for no cost wolde he spare.
I seigh his sleves purfiled at the hond
With grys, and that the fyneste of a lond;
And for to festne his hood under his chyn,
He hadde of gold ywroght a ful curious pyn;
A love-knotte in the gretter ende ther was.
His heed was balled, that shoon as any glas,
And eek his face, as he hadde been enoynt.
He was a lord ful fat and in good poynt;
His eyen stepe, and rollynge in his heed,
That stemed as a forneys of a leed;

Er hatte weiche Stiefel, ein reich geschmücktes Pferd.
Fürwahr, er war ein schöner Prälat;
er war nicht bleich wie ein gequältes Gespenst.
Ein fetter Schwan war ihm der liebste Braten.
Sein Roß war braun wie eine Beere.

Ein Bettelmönch war dabei, eine Frohnatur und ein Schelm,
mit festem Bezirk, ein sehr feierlicher Mann.
In allen vier Orden gibt es keinen,
der sich so gut auf Liebelei und Schmeichelei versteht.
Er hatte viele Ehen
von jungen Frauen auf seine Kosten geschlossen.
Seinem Orden war er eine hervorragende Stütze.
Er war sehr beliebt und wohlbekannt
bei den Gutsherren in seinem ganzen Bezirk
und auch bei ehrenwerten Frauen der Stadt;
denn er hatte die Erlaubnis, die Beichte abzunehmen,
wie er selbst sagte, noch eher als ein Kurat,
denn er war ein Lizentiat seines Ordens.
Er nahm die Beichte überaus wohlwollend ab,
und seine Absolution war angenehm.
Seine Buße fiel dort gnädig aus,
wo er wußte, daß er reich beschenkt würde.
Denn einem armen Orden zu geben
zeigt, daß man recht gebüßt hat;
wenn man nämlich gab, konnte er sich rühmen
zu wissen, daß man reuig war;
denn viele sind so hartherzig,
daß sie nicht weinen können, obwohl sie sehr zerknirscht sind.
Anstelle von Tränen und Gebeten
durfte man deshalb den armen Bettelmönchen Silber geben.
Seine Kapuze war stets mit Messern
und Broschen gefüllt, die er schönen Frauen schenkte.
Und wahrlich, er hatte einen fröhlichen Gesang,
er konnte gut singen und auf der Leier spielen;
er war der beste Bänkelsänger weit und breit.

His bootes souple, his hors in greet estaat.
Now certeinly he was a fair prelaat;
He was nat pale as a forpyned goost.
A fat swan loved he best of any roost.
His palfrey was as broun as is a berye.
A FRERE ther was, a wantowne and a merye,
A lymytour, a ful solempne man.
In alle the ordres foure is noon that kan
So muchel of daliaunce and fair langage.
He hadde maad ful many a mariage
Of yonge wommen at his owene cost.
Unto his ordre he was a noble post.
Ful wel biloved and famulier was he
With frankeleyns over al in his contree,
And eek with worthy wommen of the toun;
For he hadde power of confessioun,
As seyde hymself, moore than a curat,
For of his ordre he was licenciat.
Ful swetely herde he confessioun,
And plesaunt was his absolucioun:
He was an esy man to yeve penaunce,
Ther as he wiste to have a good pitaunce.
For unto a povre ordre for to yive
Is signe that a man is wel yshryve;
For if he yaf, he dorste make avaunt,
He wiste that a man was repentaunt;
For many a man so hard is of his herte,
He may nat wepe, althogh hym soore smerte.
Therfore in stede of wepynge and preyeres
Men moote yeve silver to the povre freres.
His typet was ay farsed ful of knyves
And pynnes, for to yeven faire wyves.
And certeinly he hadde a murye note:
Wel koude he synge and pleyen on a rote;
Of yeddynges he baar outrely the pris.

Sein Hals war weiß wie eine Lilie,
außerdem war er stark wie ein Preisringer.
Er kannte in jeder Stadt die Wirtshäuser genau
und jeden Wirt, jede Schankmagd –
besser als einen Aussätzigen oder eine Bettlerin;
denn zu einem so würdigen Mann wie ihm
paßte es, wenn man sein Amt bedenkt, ja nicht,
mit Aussätzigen bekannt zu sein.
Es ist nicht ehrenwert, es bringt keinen Vorteil,
mit solchem Lumpenpack zu verkehren –
um so mehr aber mit Reichen und mit Krämern.
Und überall, wo er Profit vermutete,
war er höflich und dienstfertig.
Einen so fähigen Mann wie ihn gab es an keinem anderen Ort.
Er war der beste Bettler seines Hauses.
[Er bezahlte eine fixe Summe für seinen Bezirk
keinen seiner Mitbrüder duldete er darin.]
Selbst wenn eine Witwe keinen einzigen Schuh hatte –
sein »*In principio*« war so angenehm,
daß er dennoch eine Münze bekam, bevor er ging.
Sein Einkommen war größer als seine Ausgaben.
Wie ein Welpe konnte er herumtollen.
An Versöhnungstagen, an denen er als Vermittler fungierte,
trat er nicht wie ein gewöhnlicher Mönch auf,
mit fadenscheiniger Kutte, ganz wie ein armer Scholar,
sondern er glich eher einem Magister oder gar dem Papst.
Sein Chorrock war vom feinsten Tuch
und wölbte sich wie eine frisch gegossene Glocke.
Er lispelte ein bißchen wegen seiner törichten Absicht,
ein gefälliges Englisch zu sprechen.
Wenn er gesungen hatte und auf der Harfe weiterspielte,
funkelten seine Augen in seinem Gesicht genau so
wie die Sterne in einer frostigen Nacht.
Dieser ehrenwerte Bettelmönch hieß Huberd.

His nekke whit was as the flour-de-lys;
Therto he strong was as a champioun.
He knew the tavernes wel in every toun
And everich hostiler and tappestere
Bet than a lazar or a beggestere,
For unto swich a worthy man as he
Acorded nat, as by his facultee,
To have with sike lazars aqueyntaunce.
It is nat honest; it may nat avaunce,
For to deelen with no swich poraille,
But al with riche and selleres of vitaille.
And over al, ther as profit sholde arise,
Curteis he was and lowely of servyse;
Ther nas no man nowher so vertuous.
He was the beste beggere in his hous;
[And yaf a certeyn ferme for the graunt;
Noon of his bretheren cam ther in his haunt;]
For thogh a wydwe hadde noght a sho,
So plesaunt was his "*In principio,*"
Yet wolde he have a ferthyng, er he wente.
His purchas was wel bettre than his rente.
And rage he koude, as it were right a whelp.
In love-dayes ther koude he muchel help,
For ther he was nat lyk a cloysterer
With a thredbare cope, as is a povre scoler,
But he was lyk a maister or a pope.
Of double worstede was his semycope,
That rounded as a belle out of the presse.
Somwhat he lipsed, for his wantownesse,
To make his Englissh sweete upon his tonge;
And in his harpyng, whan that he hadde songe,
His eyen twnykled in his heed aryght
As doon the sterres in the frosty nyght.
This worthy lymytour was cleped Huberd.

Ein Kaufmann mit Zwickelbart war dabei,
in bunter Kleidung saß er auf einem hohen Sattel.
Er trug eine flämische Biberpelzmütze auf dem Haupt,
seine Stiefel waren gut und ordentlich geschnürt.
Seine Argumente tat er sehr feierlich kund,
fortwährend gab er die Zunahme seines Gewinnes bekannt.
Er wollte, daß die See zwischen Middelburg und Orwell
trotz aller Widrigkeiten überwacht würde.
Beim Münzwechsel machte er gute Geschäfte.
Dieser ehrenwerte Mann verhielt sich sehr klug –
niemand wußte, daß er Schulden hatte,
so beeindruckend war sein Auftreten
bei seinen Geschäften und bei seinen Finanzierungen.
Wahrlich, er war ein wirklich ehrenwerter Mann;
doch um aufrichtig zu sein: Ich weiß nicht, wie man ihn nennt.
Ein Scholar aus Oxford war auch dabei,
der schon lange zur Logik übergegangen war.
Sein Pferd war dürr wie ein Rechen,
und er war auch nicht fett, sage ich;
er sah vielmehr hager aus und dazu noch melancholisch.
Seine Kutte war fadenscheinig,
denn er hatte sich noch keine kirchliche Stellung verschaffen können;
für ein weltliches Amt war er jedoch nicht weltlich genug.
Ihm war es nämlich lieber, am Kopfende seines Bettes
zwanzig mit roten oder schwarzen Einbänden versehene Bücher
von Aristoteles und seiner Philosophie zu haben
als prächtige Kleidung, eine Fiedel oder einen fröhlichen Psalter.
Doch obwohl er Philosoph war,
hatte er wenig Geld in seiner Truhe.
Alles aber, was er von seinen Freunden erhalten konnte,
gab er für Bücher und Studium aus;
und er betete eifrig für die Seelen derer,
die ihm Unterstützung für sein Studium gewährten.
Seine ganze Sorgfalt und sein ganzer Sinn galt seinen Studien.
Er sprach kein Wort mehr als nötig;

A MARCHANT was ther with a forked berd,
In mottelee, and hye on horse he sat;
Upon his heed a Flaundryssh bever hat,
His bootes clasped faire and fetisly.
His resons he spak ful solempnely,
Sownynge alwey th'encrees of his wynnyng.
He wolde the see were kept for any thyng
Bitwixe Middelburgh and Orewelle.
Wel koude he in eschaunge sheeldes selle.
This worthy man ful wel his wit bisette:
Ther wiste no wight that he was in dette,
So estatly was he of his governaunce
With his bargaynes and with his chevyssaunce.
For sothe he was a worthy man with alle,
But, sooth to seyn, I noot how men hym calle.
A CLERK ther was of Oxenford also,
That unto logyk hadde longe ygo.
As leene was his hors as is a rake,
And he nas nat right fat, I undertake,
But looked holwe, and therto sobrely.
Ful thredbare was his overeste courtepy,
For he hadde geten hym yet no benefice,
Ne was so worldly for to have office.
For hym was levere have at his beddes heed
Twenty bookes, clad in blak or reed,
Of Aristotle and his philosophie
Than robes riche, or fithele, or gay sautrie.
But al be that he was a philosophre,
Yet hadde he but litel gold in cofre;
But al that he myghte of his freendes hente,
On bookes and on lernynge he it spente,
And bisily gan for the soules preye
Of hem that yaf hym wherwith to scoleye.
Of studie took he moost cure and moost heede.
Noght o word spak he moore than was neede,

was er sagte, war wohl formuliert und ehrenhaft,
kurz, prägnant und von hoher Ausdruckskraft;
seine Rede klang nach hoher Moral;
er pflegte freudig zu lernen und freudig zu lehren.
Auch ein Rechtsgelehrter, umsichtig und weise,
der schon häufig am Parvys gewesen war,
war dabei – ein exzellenter Jurist.
Er besaß Urteilsfähigkeit und große Würde –
so schien es, denn seine Worte waren so klug.
Zum Richter am Hohen Gericht
hatte man ihn schon häufig ernannt und berufen.
Wegen seines Wissens und seines großen Ansehens
hatte er ein sehr gutes Einkommen und viele Gewänder.
Nirgendwo gab es einen so großen Landaufkäufer:
was er kaufte, ging lastenfrei in seinen Besitz über;
seine Käufe konnten nicht angefochten werden.
Nirgends gab es einen so geschäftigen Mann wie ihn –
und doch schien er geschäftiger, als er es tatsächlich war.
Er besaß die Jahrbücher mit den Fällen und Urteilen,
die seit der Zeit König Wilhelms verhandelt und gefällt worden [waren.
Darüberhinaus konnte er einen Schriftsatz aufsetzen,
der in keinem Punkt angefochten werden konnte;
auch kannte er jedes Statut auswendig.
Er war mit einem schlichten Rock bekleidet,
er trug einen kleingestreiften, seidenen Gürtel –
mehr sage ich nicht über seine Kleidung.
Ein Gutsbesitzer war in seinem Gefolge.
Dessen Bart war weiß wie ein Gänseblümchen;
vom Temperament her war er Sanguiniker.
Morgens aß er gerne in Wein getauchtes Brot;
freudig zu leben war stets seine Gewohnheit,
denn er war ein wahrer Sohn des Epikur,
der die Meinung vertrat, daß volle Sinnesfreuden
das höchste Glück seien.
Er war ein hervorragender Gastgeber –

And that was seyd in forme and reverence,
And short and quyk and ful of hy sentence;
Sownynge in moral vertu was his speche,
And gladly wolde he lerne and gladly teche.
  A SERGEANT OF THE LAWE, war and wys,
That often hadde been at the Parvys,
Ther was also, ful riche of excellence.
Discreet he was and of greet reverence –
He semed swich, his wordes weren so wise.
Justice he was ful often in assise,
By patente and by pleyn commissioun.
For his science and for his heigh renoun,
Of fees and robes hadde he many oon.
So greet a purchasour was nowher noon:
Al was fee symple to hym in effect;
His purchasyng myghte nat been infect.
Nowher so bisy a man as he ther nas,
And yet he semed bisier than he was.
In termes hadde he caas and doomes alle
That from the tyme of kyng William were falle.
Therto he koude endite and make a thyng,
Ther koude no wight pynche at his writyng;
And every statut koude he pleyn by rote.
He rood but hoomly in a medlee cote,
Girt with a ceint of silk, with barres smale;
Of his array telle I no lenger tale.
  A FRANKELEYN was in his compaignye.
Whit was his berd as is the dayesye;
Of his complexioun he was sangwyn.
Wel loved he by the morwe a sop in wyn;
To lyven in delit was evere his wone,
For he was Epicurus owene sone,
That heeld opinioun that pleyn delit
Was verray felicitee parfit.
An housholdere, and that a greet, was he;

in seinem Landstrich war er der heilige Julian.
Sein Brot, sein Bier waren stets gleich gut,
keiner hatte einen besseren Weinkeller.
In seinem Haus waren
Fisch und Fleischpasteten stets in so großen Mengen vorrätig,
daß es in seinem Haus Speisen und Getränke nur so regnete –
alle nur erdenklichen Köstlichkeiten.
Nach den einzelnen Jahreszeiten
richtete er seine Speisen und Mahlzeiten aus.
Er hatte viele fette Rebhühner in seinem Gehege,
und viele Brassen und Hechte schwammen in seinem Teich.
Sein Koch mußte Schlimmes befürchten, wenn seine Soße
nicht gut gewürzt und pikant und nicht alles vorbereitet war.
Sein Tisch verblieb immer in der Halle,
den ganzen Tag über war er fertig gedeckt.
Wenn das Gericht zusammentrat, war er der Vorsitzende;
oft hatte er die Grafschaft im Parlament vertreten. Ein Dolch
und eine seidene Börse hingen an seinem Gürtel,
der weiß wie Morgenmilch war. Er hatte das Amt
des Sheriffs innegehabt und war Rechnungsprüfer gewesen.
Nirgendwo gab es einen solchen Landadeligen wie ihn.

Ein KURZWARENHÄNDLER und ein ZIMMERMANN,
ein WEBER, ein FÄRBER und ein TEPPICHWEBER –
und sie alle waren in der Tracht
einer feierlichen und bedeutenden Bruderschaft gekleidet.
Ihre Ausrüstung war gerade frisch verziert worden;
ihre Messer waren nicht in Messing,
sondern ganz in Silber gefaßt; sehr sorgfältig und gut
waren ihre Gürtel und ihre Börsen gearbeitet.
Jeder von ihnen schien ein guter Bürger zu sein,
der in der Zunfthalle gut auf dem Podest sitzen könnte.
Jeder war wegen seines Wissens
würdig, Ratsherr zu werden.
Denn sie hatten große Besitztümer und gute Einkünfte –
und auch ihre Frauen waren stets gerne dieser Meinung,

Seint Julian he was in his contree.
His breed, his ale, was alweys after oon;
A bettre envyned man was nowher noon.
Withoute bake mete was nevere his hous,
Of fissh and flessh, and that so plentevous
It snewed in his hous of mete and drynke;
Of alle deyntees that men koude thynke,
After the sondry sesons of the yeer,
So chaunged he his mete and his soper.
Ful many a fat partrich hadde he in muwe,
And many a breem and many a luce in stuwe.
Wo was his cook but if his sauce were
Poynaunt and sharp, and redy al his geere.
His table dormant in his halle alway
Stood redy covered al the longe day.
At sessiouns ther was he lord and sire;
Ful ofte tyme he was knyght of the shire.
An anlaas and a gipser al of silk
Heeng at his girdel, whit as morne milk.
A shirreve hadde he been, and a contour.
Was nowher swich a worthy vavasour.
An Haberdasshere and a Carpenter,
A Webbe, a Dyere, and a Tapycer –
And they were clothed alle in o lyveree
Of a solempne and a greet fraternitee.
Ful fressh and newe hir geere apiked was;
Hir knyves were chaped noght with bras
But al with silver, wroght ful clene and weel,
Hire girdles and hir pouches everydeel.
Wel semed ech of hem a fair burgeys
To sitten in a yeldehalle on a deys.
Everich, for the wisdom that he kan,
Was shaply for to been an alderman.
For catel hadde they ynogh and rente,
And eek hir wyves wolde it wel assente;

sonst müßten sie gewiß getadelt werden.
Es ist sehr angenehm, Madame genannt zu werden
und als Erste zur Abendfeier zu schreiten
und den Umhang wie die Königin zu tragen.

Sie hatten einen KOCH bei sich, der ihnen
Hühner mit Markknochen kochen
und mit verschiedenen Gewürzen zubereiten sollte.
Er kannte sich in den Londoner Bieren gut aus.
Er konnte rösten und sieden, grillen und braten,
Brühen zubereiten und gut Pasteten backen.
Aber es war ein großer Jammer, dachte ich,
daß er eine Schwäre am Unterschenkel hatte.
Denn Fleischeintöpfe machte er mit am besten.

Ein SCHIFFSHERR war dabei, er wohnte im fernen Westen,
soviel ich weiß, kam er aus Dartmouth.
Er ritt auf einem Zugpferd, so gut er es eben konnte;
er trug einen Rock aus grobem Wollstoff, der ihm bis ans Knie reichte.
Er trug einen Dolch, befestigt an einem Riemen, der
ihm um den Hals und unter der Schulter hindurch ging.
Der heiße Sommer hatte sein Gesicht braun gebrannt;
und gewiß, er war ein guter Kerl.
Schon viele Weinladungen hatte er,
aus Bordeaux herbeigebracht, angezapft, während der Kaufmann schlief.
Um ein reines Gewissen scherte er sich nicht.
Wenn er bei einem Kampf die Oberhand behielt,
warf er seine Gegner über Bord und überließ sie ihrem Schicksal.
Doch in der Kunst, die Gezeiten und Strömungen zu berechnen,
die ihn umgebenden Gefahren zu erkennen, die Häfen
anzulaufen, den Mondstand zu bestimmen, sein Schiff sicher zu
lotsen, kam ihm kein anderer zwischen Hull und Karthago gleich.
Er war tapfer und klug in seinen Unternehmungen,
sein Bart war von vielen Stürmen gezaust worden.
Er kannte alle Häfen, wo immer diese sich
zwischen Gotland und Kap Finisterre befanden,
jede Bucht in der Bretagne und in Spanien.
Seine Barke trug den Namen Magdalena.

And elles certeyn were they to blame.
It is ful fair to been ycleped "madame,"
And goon to vigilies al bifore,
And have a mantel roialliche ybore.
A Cook they hadde with hem for the nones
To boille the chiknes with the marybones,
And poudre-marchant tart and galyngale.
Wel koude he knowe a draughte of Londoun ale.
He koude rooste, and sethe, and broille, and frye,
Maken mortreux, and wel bake a pye.
But greet harm was it, as it thoughte me,
That on his shyne a mormal hadde he.
For blankmanger, that made he with the beste.
A Shipman was ther, wonynge fer by weste;
For aught I woot, he was of Dertemouthe.
He rood upon a rouncy, as he kouthe,
In a gowne of faldyng to the knee.
A daggere hangynge on a laas hadde he
Aboute his nekke, under his arm adoun.
The hoote somer hadde maad his hewe al broun;
And certeinly he was a good felawe.
Ful many a draughte of wyn had he ydrawe
Fro Burdeux-ward, whil that the chapman sleep.
Of nyce conscience took he no keep.
If that he faught and hadde the hyer hond,
By water he sente hem hoom to every lond.
But of his craft to rekene wel his tydes,
His stremes, and his daungers hym bisides,
His herberwe, and his moone, his lodemenage,
Ther nas noon swich from Hulle to Cartage.
Hardy he was and wys to undertake;
With many a tempest hadde his berd been shake.
He knew alle the havenes, as they were,
Fro Gootlond to the cape of Fynystere,
And every cryke in Britaigne and in Spayne.
His barge ycleped was the Maudelayne.

Bei uns war ein Arzt;
auf der ganzen Welt war ihm keiner ebenbürtig,
was Heilkunst und Wundbehandlung betrifft,
denn er kannte sich in der Astronomie gut aus.
Er versorgte seine Patienten zum großen Teil
nach dem Stand der Sterne, gemäß seinem astronomischen
Er konnte die Aszendente des Sternbildes [Wissen.
seines Patienten gut bestimmen.
Er kannte die Ursache einer jeden Krankheit, rührte sie
nun vom Heißen, Kalten, Feuchten oder Trockenen her, wußte,
wo sie entsprang und welches Element beteiligt war.
Er war ein wahrer, vollkommener Praktiker: Nachdem er
die Ursache erkannt und die Wurzel des Übels ausgemacht
gab er dem Kranken sofort das geeignete Heilmittel. [hatte,
Er hatte seine Apotheker an der Hand,
die ihm Arzneien und seine Heilmittel zubereiteten,
denn jeder verhalf dem anderen zu Gewinn –
sie hatten schon lange freundschaftlich zusammengearbeitet.
Den alten Äskulap kannte er gut,
ebenso den Dioskurides, auch den Rufus,
den alten Hippokrates, Haly und Galen,
Serapion, Rhazes und Avicenna,
Averroes, Damascienus und Konstantin,
Bernhard und Gatesden und Gilbert.
Er war mäßig in seiner Ernährung,
denn sie enthielt nichts Überflüssiges,
sondern nur sehr Nahrhaftes und Wohlverdauliches.
Um die Bibel kümmerte er sich wenig.
Er war ganz in Rot und Blau gekleidet;
der Saum seines Gewandes war mit feiner Seide und Taft besetzt;
und doch war er sehr sparsam in seinen Ausgaben:
Er hielt fest, was er an der Pest verdient hatte.
Da Gold in der Heilkunst ein Herzmittel ist,
liebte er Gold ganz besonders.

With us ther was a Doctour of Phisik;
In al this world ne was ther noon hym lik,
To speke of phisik and of surgerye,
For he was grounded in astronomye.
He kepte his pacient a ful greet deel
In houres by his magyk natureel.
Wel koude he fortunen the ascendent
Of his ymages for his pacient.
He knew the cause of everich maladye,
Were it of hoot, or coold, or moyste, or drye,
And where they engendred, and of what humour.
He was a verray, parfit praktisour:
The cause yknowe, and of his harm the roote,
Anon he yaf the sike man his boote.
Ful redy hadde he his apothecaries
To sende hym drogges and his letuaries,
For ech of hem made oother for to wynne –
Hir frendshipe nas nat newe to bigynne.
Wel knew he the olde Esculapius,
And Deyscorides, and eek Rufus,
Olde Ypocras, Haly, and Galyen,
Serapion, Razis, and Avycen,
Averrois, Damascien, and Constantyn,
Bernard, and Gatesden, and Gilbertyn.
Of his diete mesurable was he,
For it was of no superfluitee,
But of greet norissyng and digestible.
His studie was but litel on the Bible.
In sangwyn and in pers he clad was al,
Lyned with taffata and with sendal.
And yet he was but esy of dispence;
He kepte that he wan in pestilence.
For gold in phisik is a cordial,
Therefore he lovede gold in special.

Eine gute FRAU aus der Nähe von BATH war dabei;
wie schade, daß sie ein wenig taub war.
In der Tuchmacherei hatte sie ein so großes Wissen,
daß sie darin sogar die Tuchmacher von Ypern und Ghent übertraf.
In der ganzen Gemeinde durfte keine andere Frau
ihr beim Opfern zuvorkommen;
und wenn das einmal vorkam, dann war sie so wütend,
daß sie das Opfern ganz und gar unterließ.
Ihre Kopftücher waren aus sehr feinem Stoff;
ich könnte schwören, daß diejenigen zehn Pfund wogen,
die an Sonntagen ihr Haupt zierten.
Ihre Beinkleider waren in feinem Scharlach und
ganz straff gebunden; ihre Schuhe waren frisch poliert und neu.
Ihr Gesicht war energisch, ebenmäßig und rosig.
Ihr Leben lang war sie eine vortreffliche Frau gewesen:
Fünf Gatten hatte sie vor das Kirchenportal geführt,
ohne die Liebhaber in ihrer Jugend mitzurechnen –
aber darüber soll jetzt nicht gesprochen werden.
Und dreimal war sie in Jerusalem gewesen;
manchen fremden Fluß hatte sie überquert;
sie war in Rom gewesen und in Bologna,
in Compostella beim heiligen Jakobus und in Köln.
Sie war sehr erfahren im Reisen.
Ehrlich gesagt, ihre Zähne standen weit auseinander.
Sie saß bequem auf einem Zelter, hatte sich
ein großes Halstuch umgebunden, und auf ihrem Kopf war ein Hut,
so groß wie ein Buckelschild oder ein Rundschild;
um ihre großen Hüften trug sie einen bis zu den Füßen reichenden Umhang
und an ihren Füßen ein Paar scharfer Sporen.
In Gesellschaft konnte sie gut lachen und plaudern.
Zweifelsohne wußte sie in Liebesmittelchen Bescheid,
denn sie beherrschte die Regeln dieser Kunst.

Ein würdiger Geistlicher war dabei,
er war ein armer GEMEINDEPFARRER;
reich aber war er an frommen Gedanken und Taten.

A good Wif was ther of biside Bathe,
But she was somdel deef, and that was scathe.
Of clooth-makyng she hadde swich an haunt
She passed hem of Ypres and of Gaunt.
In al the parisshe wif ne was ther noon
That to the offrynge bifore hire sholde goon;
And if ther dide, certeyn so wrooth was she
That she was out of alle charitee.
Hir coverchiefs ful fyne weren of ground;
I dorste swere they weyeden ten pound
That on a Sonday weren upon hir heed.
Hir hosen weren of fyn scarlet reed,
Ful streite yteyd, and shoes ful moyste and newe.
Boold was hir face, and fair, and reed of hewe.
She was a worthy womman al hir lyve:
Housbondes at chirche dore she hadde fyve,
Withouten oother compaignye in youthe –
But thereof nedeth nat to speke as nowthe.
And thries hadde she been at Jerusalem;
She hadde passed many a straunge strem;
At Rome she hadde been, and at Boloigne,
In Galice at Seint-Jame, and at Coloigne.
She koude muchel of wandrynge by the weye.
Gat-tothed was she, soothly for to seye.
Upon an amblere esily she sat,
Ywympled wel, and on hir heed an hat
As brood as is a bokeler or a targe;
A foot-mantel aboute hir hipes large,
And on hir feet a paire of spores sharpe.
In felaweshipe wel koude she laughe and carpe.
Of remedies of love she knew per chaunce,
For she koude of that art the olde daunce.

A good man was ther of religioun,
And was a povre Persoun of a Toun,
But riche he was of hooly thoght and werk.

Er war auch ein Gelehrter, ein Absolvent der Universität,
der Christi Evangelium stets wahrhaftig predigte,
seine Schäfchen pflegte er andächtig zu unterweisen.
Er war gütig und überaus gewissenhaft,
in widrigen Umständen war er sehr gelassen –
das hatte er oft unter Beweis gestellt.
Es war ihm sehr verhaßt, wegen des Zehnten zu exkommunizieren;
zweifellos hielt er es eher so, daß er
seinen ihn umgebenden, armen Schäfchen
sowohl mit dem Opfer als auch mit seinem Lebensunterhalt half.
Er konnte sich mit wenig begnügen.
Seine Gemeinde war groß, die Häuser lagen weit verstreut,
doch weder Regen noch Gewitter konnten ihn davon abhalten,
die kranken oder notleidenden Glieder seiner Gemeinde
zu besuchen, ob arm oder reich, und wohnten sie noch so weit draußen;
er ging dabei zu Fuß, einen Stock in der Hand.
Dieses würdige Beispiel gab er seinen Schäfchen:
daß er erst handelte und dann lehrte.
Aus dem Evangelium hatte er diese Worte übernommen
und setzte dieses Bild hinzu:
Wenn Gold rosten würde, was würde dann Eisen tun?
Denn wenn ein Priester, auf den wir uns verlassen, verdorben ist,
dann ist es nicht verwunderlich, wenn ein Laie verkommt;
eine Schande ist es, dies möge ein Priester beachten,
wenn der Priester beschmutzt ist, die Schäfchen aber rein sind.
Ein Priester muß sehr wohl ein Beispiel geben
mit seiner Reinheit, wie seine Schäfchen leben sollen.
Er verpachtete seine Pfründe nicht
und ließ seine Schäfchen nicht hilflos im Morast zurück,
er eilte nicht nach St. Paul's in London,
um dort ein leichtes Amt mit Seelenmessen zu suchen
oder um einer Bruderschaft als Seelsorger zu dienen,
sondern er blieb zuhause und hütete seine Herde wohl,
so daß kein Wolf Unheil stiften konnte –
er war ein Schäfer, kein Mietling.

He was also a lerned man, a clerk,
That Cristes gospel trewely wolde preche;
His parisshens devoutly wolde he teche.
Benygne he was, and wonder diligent,
And in adversitee ful pacient,
And swich he was ypreved ofte sithes.
Ful looth were hym to cursen for his tithes,
But rather wolde he yeven, out of doute,
Unto his povre parisshens aboute
Of his offryng and eek of his substaunce.
He koude in litel thyng have suffisaunce.
Wyd was his parisshe, and houses fer asonder,
But he ne lefte nat, for reyn ne thonder,
In siknesse nor in meschief to visite
The ferreste in his parisshe, muche and lite,
Upon his feet, and in his hand a staf.
This noble ensample to his sheep he yaf,
That first he wroghte, and afterward he taughte.
Out of the gospel he tho wordes caughte,
And this figure he added eek therto,
That if gold ruste, what shal iren do?
For if a preest be foul, on whom we truste,
No wonder is a lewed man to ruste;
And shame it is, if a prest take keep,
A shiten shepherde and a clene sheep.
Wel oghte a preest ensample for to yive,
By his clennesse, how that his sheep sholde lyve.
He sette nat his benefice to hyre
And leet his sheep encombred in the myre
And ran to Londoun unto Seinte Poules
To seken hym a chaunterie for soules,
Or with a bretherhed to been withholde;
But dwelte at hoom, and kepte wel his folde,
So that the wolf ne made it nat myscarie;
He was a shepherde and noght a mercenarie.

Und obwohl er rein und tugendhaft war,
verachtete er doch die Sünder nicht;
seine Rede war weder verletzend noch abweisend,
vielmehr war er in seiner Unterweisung diskret und gütig.
Menschen durch Gerechtigkeit in den Himmel zu bringen,
durch ein gutes Beispiel – dies war sein Streben.
Aber wenn irgend jemand verstockt war,
wer es auch sei, ob hohen oder niederen Standes,
den tadelte er stets gehörig.
Ich glaube, einen besseren Priester gibt es nirgends.
Er sorgte sich nicht um Pomp und Ehre,
auch machte er sich kein delikates Gewissen,
sondern er verkündete die Lehre Christi und seiner zwölf [Apostel,
aber zuerst lebte er selbst danach.
Bei ihm war sein Bruder, ein ACKERSMANN,
der schon viele Fuder Dung aufs Feld gekarrt hatte;
er war ein fleißiger Arbeiter und ein guter Mensch,
der in Frieden und vollkommener Nächstenliebe lebte.
Gott liebte er über alles und von ganzem Herzen,
zu allen Zeiten, ob es ihm gut oder schlecht ging;
dann liebte er seinen Nächsten wie sich selbst.
Er pflegte zu dreschen, zu graben und zu pflügen
um Christi willen, für jeden Armen,
ohne Entlohnung, wenn es in seinem Vermögen lag.
Seinen Zehnten entrichtete er vollständig und rechtzeitig,
sowohl von seiner eigenen Arbeit als auch von seinem Gut.
Er trug einen Kittel und ritt auf einer Stute.
Es waren außerdem dabei: ein GUTSVERWALTER und ein [MÜLLER,
ein BÜTTEL und auch ein ABLASSKRÄMER,
ein VERWALTER und ich – mehr waren es nicht.
Der MÜLLER war ein wahrlich vierschrötiger Kerl,
mit starken Muskeln und schweren Knochen.
Das zeigte sich deutlich, denn wo er auch hinkam,
erhielt er beim Ringen stets den als Preis ausgesetzten Hammel.
Er war untersetzt, breit, ein stämmiger Kerl:

And though he hooly were and vertuous,
He was to synful men nat despitous,
Ne of his speche daungerous ne digne,
But in his techyng discreet and benygne.
To drawen folk to hevene by fairnesse,
By good ensample, this was his bisynesse.
But it were any persone obstinat,
What so he were, of heigh or lough estat,
Hym wolde he snybben sharply for the nonys.
A bettre preest I trowe that nowher noon ys.
He waited after no pompe and reverence,
Ne maked him a spiced conscience,
But Cristes loore and his apostles twelve
He taughte; but first he folwed it hymselve.
With hym ther was a Plowman, was his brother,
That hadde ylad of dong ful many a fother;
A trewe swynkere and a good was he,
Lyvynge in pees and parfit charitee.
God loved he best with al his hoole herte
At alle tymes, thogh him gamed or smerte,
And thanne his neighebor right as hymselve.
He wolde thresshe, and therto dyke and delve,
For Cristes sake, for every povre wight,
Withouten hire, if it lay in his myght.
His tithes payde he ful faire and wel,
Bothe of his propre swynk and his catel.
In a tabard he rood upon a mere.
Ther was also a Reve, and a Millere,
A Somnour, and a Pardoner also,
A Maunciple, and myself – ther were namo.
The Millere was a stout carl for the nones;
Ful byg he was of brawn, and eek of bones.
That proved wel, for over al ther he cam,
At wrastlynge he wolde have alwey the ram.
He was short-sholdred, brood, a thikke knarre;

Es gab keine Tür, die er nicht aus den Angeln heben
oder in einem Anlauf mit dem Kopf einrennen konnte.
Sein Bart war so rot wie eine Sau oder ein Fuchs
und dazu so breit wie ein Spaten.
Genau auf der Nasenspitze hatte
er eine Warze, auf der ein Haarbüschel prangte,
das so rot wie die Borsten eines Schweineohres war.
Seine Nasenlöcher waren groß und schwarz.
An seiner Seite hingen Schwert und Rundschild.
Sein Mund war so groß wie eine große Esse.
Er war ein Spaßmacher und Possenreißer,
hauptsächlich in sündigen und schweinischen Geschichten.
Er konnte gut Korn stehlen und dreimal den Mahlzoll
gewiß aber hatte er einen goldenen Daumen. [berechnen;
Er trug einen weißen Rock und einen blauen Hut.
Auf dem Dudelsack konnte er gut blasen und spielen
und mit seiner Musik begleitete er uns aus der Stadt hinaus.
  Ein vornehmer VERWALTER von einem Gerichtshof war dabei;
an ihm könnten sich Einkäufer ein Beispiel nehmen
für umsichtigen Einkauf von Lebensmitteln,
denn ob er bar bezahlte oder anschreiben ließ,
stets wartete er so lange mit seinen Einkäufen,
daß er jedesmal ein gutes Geschäft zur rechten Zeit machte.
Ist dies nun nicht eine wahre Gnade Gottes,
daß eines solchen Laien Verstand das geballte Wissen
einer Schar von gelehrten Männern übertrifft?
Er hatte mehr als dreißig Meister,
die gewiefte Rechtsexperten waren –
mindestens ein Dutzend von ihnen in dieser Institution
war fähig, Verwalter von Pacht und Ländereien
jedes beliebigen Landadeligen Englands zu sein, [möglichen,
könnte ihm von seinem eigenen Gut ein angenehmes Leben er-
ehrenvoll und ohne Schulden (es sei denn, er wäre verrückt),
oder ein seinem Wunsche entsprechendes einfaches Leben;
sie waren auch fähig, einer Grafschaft

Ther was no dore that he nolde heve of harre,
Or breke it at a rennyng with his heed.
His berd as any sowe or fox was reed,
And therto brood, as though it were a spade.
Upon the cop right of his nose he hade
A werte, and theron stood a toft of herys,
Reed as the brustles of a sowes erys;
His nosethirles blake were and wyde.
A swerd and a bokeler bar he by his syde.
His mouth as greet was as a greet forneys.
He was a janglere and a goliardeys,
And that was moost of synne and harlotries.
Wel koude he stelen corn and tollen thries;
And yet he hadde a thombe of gold, pardee.
A whit cote and a blew hood wered he.
A baggepipe wel koude he blowe and sowne,
And therwithal he broghte us out of towne.
A gentil MAUNCIPLE was ther of a temple,
Of which achatours myghte take exemple
For to be wise in byynge of vitaille;
For wheither that he payde or took by taille,
Algate he wayted so in his achaat
That he was ay biforn and in good staat.
Now is nat that of God a ful fair grace
That swich a lewed mannes wit shal pace
The wisdom of an heep of lerned men?
Of maistres hadde he mo than thries ten,
That weren of lawe expert and curious,
Of which ther were a duszeyne in that hous
Worthy to been stywardes of rente and lond
Of any lord that is in Engelond,
To make hym lyve by his propre good
In honour dettelees (but if he were wood),
Or lyve as scarsly as hym list desire;
And able for to helpen al a shire

in jedwedem Rechtshandel beizustehen –
und dennoch konnte der Verwalter sie alle überlisten.
Der GUTSVERWALTER war ein magerer, cholerischer Mann.
Er rasierte sich so glatt wie nur möglich.
Sein Haar war in der Art einer Tonsur geschoren,
sein Schädel rasiert wie der eines Priesters;
seine Beine waren sehr lang und sehr dünn,
einem Stock gleich, man konnte keine Waden erkennen.
Er konnte Speicher und Scheunen gut verwalten,
kein Rechnungsprüfer konnte ihn einer Unstimmigkeit zeihen.
Ganz genau konnte er, ausgehend von Trockenheit und Niederschlägen,
den Ertrag seines Saatgutes und seiner Sämereien
vorhersagen. Seines Herren Schafe, Mastvieh, Milchkühe,
Schweine, Pferde, Jungvieh und Geflügel
waren ganz in der Obhut dieses Gutsverwalters;
und gemäß seines Vertrages hatte er Rechenschaft abgelegt,
seit sein Herr zwanzig Jahre alt geworden war.
Es gab niemanden, der ihn in Zahlungsverzug bringen konnte.
Es gab keinen Büttel, Hirten oder Knecht,
dessen List und Betrug er nicht kannte –
sie fürchteten ihn wie den Tod.
Sein Haus war sehr schön und stand auf einer Wiese,
im Schatten sattgrüner Bäume.
Geschäfte konnte er besser erledigen als sein Herr.
Heimlich hatte er sich einen reichen Vorrat angelegt:
Seinen Herrn konnte er auf schlaue Art und Weise zufriedenstellen,
ihm von seinem eigenen Gut leihen und geben
und dafür Dank erhalten und obendrein noch Umhang und Hut.
In seiner Jugend hatte er ein ehrbares Handwerk erlernt,
er war ein guter Handwerker, ein Zimmermann.
Dieser Gutsverwalter ritt ein gutes Pferd,
einen Apfelschimmel, den er Scot nannte.
Er trug einen langen, blauen Übermantel
und an seiner Seite hing ein rostiges Schwert.
Der Gutsverwalter, von dem ich berichte, kam aus Norfolk,

In any caas that myghte falle or happe.
And yet this Manciple sette hir aller cappe.
The REVE was a sclendre colerik man.
His berd was shave as ny as ever he kan;
His heer was by his erys ful round yshorn;
His top was dokked lyk a preest biforn.
Ful longe were his legges and ful lene,
Ylyk a staf; ther was no calf ysene.
Wel koude he kepe a gerner and a bynne;
Ther was noon auditour koude on him wynne.
Wel wiste he by the droghte and by the reyn
The yeldynge of his seed and of his greyn.
His lordes sheep, his neet, his dayerye,
His swyn, his hors, his stoor, and his pultrye
Was hoolly in this Reves governynge,
And by his covenant yaf the rekenynge,
Syn that his lord was twenty yeer of age.
Ther koude no man brynge hym in arrerage.
Ther nas baillif, ne hierde, nor oother hyne,
That he ne knew his sleighte and his covyne;
They were adrad of hym as of the deeth.
His wonyng was ful faire upon an heeth;
With grene trees yshadwed was his place.
He koude bettre than his lord purchace.
Ful riche he was astored pryvely.
His lord wel koude he plesen subtilly,
To yeve and lene hym of his owene good,
And have a thank, and yet a cote and hood.
In youthe he hadde lerned a good myster:
He was a wel good wrighte, a carpenter.
This Reve sat upon a ful good stot
That was al pomely grey and highte Scot.
A long surcote of pers upon he hade,
And by his syde he baar a rusty blade.
Of Northfolk was this Reve of which I telle,

aus der Nähe der Stadt Baldeswell.
Seinen Mantel hatte er wie eine Mönchskutte geschürzt
und stets ritt er am Ende unseres Zuges.
Ein BÜTTEL war dort bei uns;
er hatte ein feuerrotes Cherubimgesicht,
denn es war voller Pickel, die Augenlider angeschwollen;
hitzig und wollüstig wie ein Sperling war er
und hatte schorfige, schwarze Augenbrauen und einen zottigen
Sein Gesicht versetzte Kinder in Furcht. [Bart.
Kein Quecksilber, Bleioxid oder Schwefel,
Borax, Bleisalbe oder Tartarusöl,
keine Salbe mit reinigender oder ätzender Eigenschaft
konnte ihm gegen seine weißen Pusteln
und gegen die Knoten auf seinen Wangen helfen.
Er hatte eine Vorliebe für Knoblauch, Zwiebeln und Lauch
und trank gerne blutroten, starken Wein –
dann redete und schrie er, als ob er von Sinnen wäre.
Und wenn er viel Wein getrunken hatte,
sprach er nur noch Latein.
Er kannte einige wenige Termini, einen oder zwei,
die er aus einem Dekret gelernt hatte –
kein Wunder, derartiges hörte er ja den ganzen Tag.
Ihr wißt ja auch genau, daß eine Elster
genauso gut »Walter« sagen kann wie der Papst.
Prüfte man ihn aber auf einem anderen Gebiet,
war er mit seinem Wissen gleich am Ende;
er schrie dann immer »*Questio quid iuris*«.
Er war ein durchtriebener Hurenbock und Schurke –
einen besseren Kumpan könnte man nicht finden.
Für ein Maß Wein duldete er,
daß ein Schurke sich eine Konkubine hielt,
ein ganzes Jahr lang, und gab ihm auch noch seinen Dispens;
er wußte auch gut, wie man jemanden unauffällig rupfen kann.
Und wenn er irgendwo einen Schurken gefunden hatte,
redete er diesem ein, diesbezüglich keine Furcht

Biside a toun men clepen Baldeswelle.
Tukked he was as is a frere aboute,
And evere he rood the hyndreste of oure route.
A SOMONOUR was ther with us in that place,
That hadde a fyr-reed cherubynnes face,
For saucefleem he was, with eyen narwe.
As hoot he was and lecherous as a sparwe,
With scalled browes blake and piled berd.
Of his visage children were aferd.
Ther nas quyk-silver, lytarge, ne brymstoon,
Boras, ceruce, ne oille of tartre noon,
Ne oynement that wolde clense and byte,
That hym myghte helpen of his whelkes white,
Nor of the knobbes sittynge on his chekes.
Wel loved he garleek, oynons, and eek lekes,
And for to drynken strong wyn, reed as blood;
Thanne wolde he speke and crie as he were wood.
And whan that he wel dronken hadde the wyn,
Thanne wolde he speke no word but Latyn.
A fewe termes hadde he, two or thre,
That he had lerned out of som decree –
No wonder is, he herde it al the day;
And eek ye knowen wel how that a jay
Kan clepen "Watte" as wel as kan the pope.
But whoso koude in oother thyng hym grope,
Thanne hadde he spent al his philosophie;
Ay "*Questio quid iuris*" wolde he crie.
He was a gentil harlot and a kynde;
A bettre felawe sholde men noght fynde.
He wolde suffre for a quart of wyn
A good felawe to have his concubyn
A twelf month, and excuse hym atte fulle;
Ful prively a fynch eek koude he pulle.
And if he foond owher a good felawe,
He wolde techen him to have noon awe

vor dem Fluch des Erzdiakons zu haben,
es sei denn, seine Seele wäre in seinem Geldbeutel,
denn an seinem Geldbeutel solle er gestraft werden.
»Der Geldbeutel ist die Hölle des Erzdiakons«, sagte er.
Aber ich weiß genau, daß er in der Tat log, denn jeder
Schuldige muß sich vor der Exkommunizierung fürchten,
denn die Exkommunizierung tötet, die Absolution aber errettet;
und vor einem »Significavit« muß man sich in acht nehmen.
Er konnte nach seinem eigenen Belieben
die Mädchen seiner Diözese in Furcht versetzen,
er kannte ihre Geheimnisse und war ihr zuverlässiger Ratgeber.
Auf dem Kopf trug er einen Kranz,
der so groß war, als ob er für ein Wirtshausschild gedacht wäre;
aus einem Brotfladen hatte er sich einen Schild gefertigt.
Mit ihm ritt ein durchtriebener ABLASSKRÄMER
von Rouncivalle, sein Freund und Kamerad,
der gerade von der Kurie aus Rom zurückgekehrt war.
»Komm, Liebchen, her zu mir!« sang er sehr laut.
Der Büttel begleitete ihn mit einer tiefen Baßstimme,
die jede Trompete bei weitem übertraf.
Der Ablaßkrämer hatte wachsgelbes Haar,
aber so glatt wie ein Flachswickel hing es von seinem Haupt;
seine Locken hingen in kleinen Büscheln
und mit diesen bedeckte er seine Schultern;
doch lagen sie dünn, in einzelnen Strähnen.
Vor lauter Fröhlichkeit trug er keinen Hut,
den hatte er vielmehr in seinem Beutel verstaut.
Es dünkte ihn, daß er nach der neuen Mode ritt;
mit gelöstem Haar und nur mit einer Kappe auf dem Kopf ritt er [einher.
Er hatte stechende Augen wie ein Hase.
An seine Kappe hatte er das Schweißtuch der Veronika genäht.
Sein Beutel in der Vordertasche seines Gewandes war
randvoll mit Ablaßbriefen, ganz frisch aus Rom.
Er hatte die dünne Stimme einer Ziege.
Er hatte keinen Bart, auch sollte er nie einen haben;

In swich caas of the ercedekenes curs,
But if a mannes soule were in his purs;
For in his purs he sholde ypunysshed be.
"Purs is the ercedekenes helle," seyde he.
But wel I woot he lyed right in dede;
Of cursyng oghte ech gilty man him drede,
For curs wol slee right as assoillyng savith,
And also war hym of a *Significavit*.
In daunger hadde he at his owene gise
The yonge girles of the diocise,
And knew hir conseil, and was al hir reed.
A gerland hadde he set upon his heed,
As greet as it were for an ale-stake.
A bokeleer hadde he maad hym of a cake.
  With hym ther rood a gentil PARDONER
Of Rouncivale, his freend and his compeer,
That streight was comen fro the court of Rome.
Ful loude he soong "Com hider, love, to me!"
This Somonour bar to hym a stif burdoun;
Was nevere trompe of half so greet a soun.
This Pardoner hadde heer as yelow as wex,
But smothe it heeng as dooth a strike of flex;
By ounces henge his lokkes that he hadde,
And therwith he his shuldres overspradde;
But thynne it lay, by colpons oon and oon.
But hood, for jolitee, wered he noon,
For it was trussed up in his walet.
Hym thoughte he rood al of the newe jet;
Dischevelee, save his cappe, he rood al bare.
Swiche glarynge eyen hadde he as an hare.
A vernycle hadde he sowed upon his cappe.
His walet, biforn hym in his lappe,
Bretful of pardoun comen from Rome al hoot.
A voys he hadde as smal as hath a goot.
No berd hadde he, ne nevere sholde have;

er war ganz weich und glatt, wie frisch rasiert.
Ich glaube, er war entweder ein Eunuch oder homosexuell.
Aber zwischen Berwick und Ware gab es keinen anderen Ablaßkrämer,
der ihn in seiner Kunst übertroffen hätte.
Denn in seiner Satteltasche hatte er einen Kissenbezug,
den er als den Schleier Mariens ausgab.
Er sagte, er habe ein Stück des Segels,
das Petrus benutzt hatte, um auf den
See hinauszufahren, bis Jesus Christus ihn berief.
Er hatte ein Kreuz aus Messing, mit Steinen besetzt,
und in einem Glas hatte er Schweineknochen.
Doch mit diesen Reliquien kam er, wenn er
auf dem Land einen armen Pfarrer gefunden hatte,
an einem einzigen Tag zu mehr Geld,
als dieser Pfarrer in zwei Monaten einnehmen konnte.
Und so hielt er mit falscher Schmeichelei und mit Possen
den Pfarrer und die Leute zum Narren.
Doch muß schließlich betont werden,
daß er in der Kirche ein glänzender Kirchenmann war.
Er konnte eine Lesung oder eine Geschichte sehr gut vortragen,
doch am besten konnte er ein Offertorium singen;
denn er wußte nur zu gut, daß er nach diesem Lied
eine gefällige Predigt halten mußte,
um Silber zu bekommen – was er sehr gut konnte.
Deshalb sang er um so fröhlicher und lauter.

Nun habe ich euch getreulich und mit wenigen Worten
den Stand, die Kleidung, die Zahl und auch den Grund
genannt, weshalb sich diese Gesellschaft
in Southwark in diesem noblen Gasthaus,
»Heroldsrock« genannt, gleich bei der »Glocke«, versammelt hatte.
Nun ist es aber an der Zeit, euch zu berichten,
wie wir uns an jenem Abend vergnügten,
nachdem wir in diesem Gasthaus abgestiegen waren;
anschließend werde ich von unserer Reise berichten und
von allem, was sich auf unserer Wallfahrt sonst noch zutrug.

As smothe it was as it were late shave.
I trowe he were a geldyng or a mare.
But of his craft, fro Berwyk into Ware
Ne was ther swich another pardoner.
For in his male he hadde a pilwe-beer,
Which that he seyde was Oure Lady veyl;
He seyde he hadde a gobet of the seyl
That Seint Peter hadde, whan that he wente
Upon the see, til Jhesu Crist hym hente.
He hadde a croys of latoun ful of stones,
And in a glas he hadde pigges bones.
But with thise relikes, whan that he fond
A povre person dwellynge upon lond,
Upon a day he gat hym moore moneye
Than that the person gat in monthes tweye;
And thus, with feyned flaterye and japes,
He made the person and the peple his apes.
But trewely to tellen atte laste,
He was in chirche a noble ecclesiaste.
Wel koude he rede a lessoun or a storie,
But alderbest he song an offertorie;
For wel he wiste, whan that song was songe,
He moste preche and wel affile his tonge
To wynne silver, as he ful wel koude;
Therefore he song the murierly and loude.
  Now have I toold you soothly, in a clause,
Th'estaat, th'array, the nombre, and eek the cause
Why that assembled was this compaignye
In Southwerk at this gentil hostelrye
That highte the Tabard, faste by the Belle.
But now is tyme to yow for to telle
How that we baren us that ilke nyght,
Whan we were in that hostelrie alyght;
And after wol I telle of our viage
And al the remenaunt of oure pilgrimage.

Doch zunächst bitte ich euch bei eurer Höflichkeit,
mich nicht für grob und ungebildet zu halten,
wenn ich in dieser Angelegenheit recht offen rede,
um euch zu berichten, was sie sagten und wie sie sich verhielten,
und dabei ihre Worte getreu wiedergebe.
Denn das wißt ihr so gut wie ich:
Wer die Geschichte eines anderen wieder erzählen soll,
muß so getreu, wie er nur kann,
jedes Wort wiedergeben, wenn er dazu verpflichtet ist,
mag derjenige auch noch so ordinär und kunstlos reden;
andernfalls kann er die Geschichte nicht getreulich wiedergeben,
muß etwas dazudichten oder nach neuen Wörtern suchen.
Er darf keine Rücksicht nehmen, nicht einmal auf den eigenen
sagt er das eine Wort, muß er auch das andere sagen. [Bruder;
Christus selbst redete im Evangelium sehr deutlich und ver-
und ihr wißt ja genau, das gilt nicht als kunstlos. [ständlich –
Auch Plato sagt ja dem, der ihn verstehen kann,
daß die Worte zu den Taten passen müssen.
Auch bitte ich euch, es mir nachzusehen,
wenn ich nicht jeden gemäß seinem Stand in dieser Geschichte
behandelt habe, an dem ihm gebührenden Ort.
Mein Verstand ist begrenzt – das habt ihr wohl schon bemerkt.
Unser Wirt bereitete jedem von uns ein herzliches
und setzte uns alsbald das Nachtessen vor. [Willkommen
Er tischte uns die besten Speisen auf;
der Wein war stark und wir tranken ihn sehr gern.
Unser Wirt war eine recht stattliche Erscheinung
und hätte Hofmarschall sein können.
Er war ein starker Kerl mit stechenden Augen –
einen besseren Bürger gab es in Cheapside nicht;
er redete unerschrocken, klug und recht gelehrt,
auch fehlte ihm nichts in bezug auf die Männlichkeit.
Darüberhinaus war er ein ganz lustiger Geselle
und begann nach dem Nachtessen zu erzählen
und berichtete unter anderem von angenehmen Dingen,

But first I pray yow, of youre curteisye,
That ye n'arette it nat my vileynye,
Thogh that I pleynly speke in this mateere,
To telle yow hir wordes and hir cheere,
Ne thogh I speke hir wordes proprely.
For this ye knowen al so wel as I:
Whoso shal telle a tale after a man,
He moot reherce as ny as evere he kan
Everich a word, if it be in his charge,
Al speke he never so rudeliche and large,
Or ellis he moot telle his tale untrewe,
Or feyne thyng, or fynde wordes newe.
He may nat spare, althogh he were his brother;
He moot as wel seye o word as another.
Crist spak hymself ful brode in hooly writ,
And wel ye woot no vileynye is it.
Eek Plato seith, whoso kan hym rede,
The wordes moote be cosyn to the dede.
Also I prey yow to foryeve it me,
Al have I nat set folk in hir degree
Heere in this tale, as that they sholde stonde.
My wit is short, ye may wel understonde.
  Greet chiere made oure Hoost us everichon,
And to the soper sette he us anon.
He served us with vitaille at the beste;
Strong was the wyn, and wel to drynke us leste.
A semely man OURE HOOSTE was withalle
For to been a marchal in an halle.
A large man he was with eyen stepe –
A fairer burgeys was ther noon in Chepe –
Boold of his speche, and wys, and wel ytaught,
And of manhod hym lakkede right naught.
Eek therto he was right a myrie man;
And after soper pleyen he bigan,
And spak of myrthe amonges othere thynges,

nachdem wir die Rechnung beglichen hatten;
und er sagte folgendes: »Gäste, hört her,
ihr seid mir recht herzlich willkommen.
Bei meiner Ehre! Wenn ich nicht lügen soll,
dann habe ich dieses Jahr noch keine so lustige Gesellschaft
wie sie nun hier in dieser Herberge versammelt ist. [gesehen,
Ich würde euch gerne eine Freude bereiten, wüßte ich nur, wie.
Und gerade ist mir ein Spaß in den Sinn gekommen, mit dem
ich euch eine Freude bereiten kann – es wird euch auch nichts
Ihr geht nach Canterbury – Gott segne euch, [kosten.
der selige Märtyrer möge es euch vergelten.
Ich weiß gut, wenn ihr auf dem Weg seid,
werdet ihr auf Geschichten und Unterhaltung bedacht sein.
Denn wahrlich, es ist unangenehm und traurig,
den ganzen Weg stumm wie ein Fisch zurückzulegen.
Deshalb werde ich euch für Abwechslung sorgen,
wie ich eben gesagt habe, und mich um euer Wohlergehen
Und wenn ihr alle zustimmt [kümmern.
und euch meinem Urteil unterwerfen wollt
und das tut, was ich euch sagen werde,
dann werdet ihr, wenn wir morgen unterwegs sind –
bei der Seele meines verstorbenen Vaters –,
fröhlich sein, darauf setze ich meinen Kopf!
Hebt die Hand, sprecht nicht länger darüber.«
Es dauerte nicht lange, bis wir uns entschieden hatten.
Wir hielten es nicht für nötig, länger darüber zu reden,
sondern stimmten ihm alsbald zu
und baten ihn, sein Verdikt nach seinem Gutdünken zu geben.
»Herrschaften«, sagte er, »hört her – ich will euch sagen,
was uns allen nützt – nehmt es aber bitte nicht mit Verachtung
Um es klipp und klar zu sagen: Es geht darum, [auf.
daß jeder von euch, damit wir auf unserem Weg Kurzweil haben,
auf dieser Reise zwei Geschichten erzählen soll,
auf dem Weg nach Canterbury, meine ich;
und auf der Rückreise soll jeder zwei weitere Geschichten
[erzählen

Whan that we hadde maad oure rekenynges,
And seyde thus: "Now, lordynges, trewely,
Ye been to me right welcome, hertely;
For by my trouthe, if that I shal nat lye,
I saugh nat this yeer so myrie a compaignye
Atones in this herberwe as is now.
Fayn wolde I doon yow myrthe, wiste I how.
And of a myrthe I am right now bythoght,
To doon yow ese, and it shal coste noght.
"Ye goon to Caunterbury – God yow speede,
The blisful martir quite yow youre meede!
And wel I woot, as ye goon by the weye,
Ye shapen yow to talen and to pleye;
For trewely, confort ne myrthe is noon
To ride by the weye doumb as a stoon;
And therfore wol I maken yow disport,
As I seyde erst, and doon yow som confort.
And if yow liketh alle by oon assent
For to stonden at my juggement,
And for to werken as I shal yow seye,
Tomorwe, whan ye riden by the weye,
Now, by my fader soule that is deed,
But ye be myrie, I wol yeve yow myn heed!
Hoold up youre hondes, withouten moore speche."
Oure conseil was nat longe for to seche.
Us thoughte it was noght worth to make it wys,
And graunted hym withouten moore avys,
And bad him seye his voirdit as hym leste.
"Lordynges," quod he, "now herkneth for the beste;
But taak it nought, I prey yow, in desdeyn.
This is the poynt, to speken short and pleyn,
That ech of yow, to shorte with oure weye,
In this viage shal telle tales tweye
To Caunterbury-ward, I mene it so,
And homward he shal tellen othere two,

über Ereignisse, die sich einst zugetragen haben.
Und derjenige, der sich als der Beste erweist,
das heißt also, der in diesem Vorhaben
die lehrreichsten und unterhaltsamsten Geschichten erzählt,
der soll auf unsere Kosten ein Nachtessen erhalten –
hier in dieser Herberge, hier an diesem Pfosten soll er sitzen,
wenn wir von Canterbury zurückgekehrt sind.
Und um euch noch fröhlicher zu stimmen,
werde ich freudig mit euch reiten,
auf meine Kosten, und euer Führer sein;
und wer sich meinem Urteil nicht beugt,
soll alles bezahlen, was wir unterwegs ausgeben.
Und wenn ihr zustimmt, daß es so sein soll,
sagt es mir sogleich, ohne große Debatte,
dann will ich mich in der Frühe reisefertig machen.«
Dem stimmten wir zu; frohen Herzens schworen wir
einen Eid und baten ihn auch,
daß er versprechen möge, so zu verfahren
und unser Führer und der Kritiker
und Schiedsrichter unserer Geschichten zu sein; und er solle
ein Nachtessen zu einem bestimmten Preis festsetzen.
Wir wollten nach seinem Gutdünken regiert werden,
in kleinen wie in großen Dingen. So waren wir ohne Gegen-
mit seiner Entscheidung einverstanden. [stimme
Daraufhin wurde sofort Wein geholt;
wir tranken und jeder begab sich zur Ruhe,
ohne noch länger zu verweilen.
Am Morgen, als sich der Tag zu regen begann,
stand unser Wirt auf und weckte uns alle;
er versammelte uns um sich,
und wir ritten weg, ein wenig schneller als im Schrittempo,
in Richtung auf St. Thomas' Watering;
dort hielt unser Wirt sein Pferd an
und sagte: »Herrschaften, ich bitte euch, hört her;
ihr kennt eure Abmachung, ich will sie für euch wiederholen.

Of aventures that wilom han bifalle.
And which of yow that bereth hym best of alle–
That is to seyn, that telleth in this caas
Tales of best sentence and moost solaas–
Shal have a soper at oure aller cost
Heere in this place, sittynge by this post,
Whan that we come agayn fro Caunterbury.
And for to make yow the moore mury,
I wol myselven goodly with yow ryde,
Right at myn owene cost, and be youre gyde;
And whoso wole my juggement withseye
Shal paye al that we spenden by the weye.
And if ye vouche sauf that it be so,
Tel me anon, withouten wordes mo,
And I wol erly shape me therfore."
This thyng was graunted, and oure othes swore
With ful glad herte, and preyden hym also
That he wolde vouche sauf for to do so,
And that he wolde been oure governour,
And of oure tales juge and reportour,
And sette a soper at a certeyn pris,
And we wol reuled been at his devys
In heigh and lough; and thus by oon assent
We been acorded to his juggement.
And therupon the wyn was fet anon;
We dronken, and to reste wente echon,
Withouten any lenger taryynge.
Amorwe, whan that day bigan to sprynge,
Up roos oure Hoost, and was oure aller cok,
And gadrede us togidre alle in a flok,
And forth we riden a litel moore than paas
Unto the Wateryng of Seint Thomas;
And there oure Hoost bigan his hors areste
And seyde, "Lordynges, herkneth, if you leste.
Ye woot youre foreward, and I it yow recorde.

Soll das Wort am Abend mit dem am Morgen übereinstimmen,
muß jetzt bestimmt werden, wer die erste Geschichte erzählt.
Und soll ich weiterhin Wein oder Bier trinken,
dann muß der, der sich meinem Urteil widersetzt,
für alles aufkommen, was wir auf dem Weg ausgeben.
Nun zieht das Los, bevor wir weiterreiten;
wer das kürzeste Los zieht, soll beginnen.
Herr Ritter«, sagte er, »mein Meister und mein Herr,
zieht ein Los, denn so ist es abgemacht.
Kommt her«, sagte er, »Frau Priorin,
und Ihr, Herr Scholar, legt Eure Scham ab,
studiert nicht; jeder greife zu!«
Jeder zog sofort ein Los –
und kurz gesagt,
ob es nun Fügung, Schicksal oder Zufall war,
die Wahrheit ist, daß das Los auf den Ritter fiel,
worüber sich jeder freute und glücklich war.
Er mußte also seine Geschichte erzählen, wie es nur recht war,
gemäß unserer Abmachung und unserem Versprechen,
wie ihr gehört habt. Was braucht es weiterer Worte?
Und als der gute Mann sah, daß es sich so verhielt,
sagte er, der ja weise und gehorsam genug war,
um sein Versprechen freiwillig einzuhalten:
»Nachdem ich den Reigen eröffnen soll,
sei mir nun das Los willkommen, bei Gott! [werde.«
Laßt uns nun weiterreiten und hört, was ich euch erzählen
Und mit diesen Worten ritten wir weiter auf unserem Weg,
und er begann mit recht fröhlicher Miene
sofort seine Geschichte und erzählte, was ihr nun hören könnt.

If even-song and morwe-song accorde,
Lat se now who shal telle the firste tale.
As evere mote I drynke wyn or ale,
Whoso be rebel to my juggement
Shal paye for al that by the wey is spent.
Now draweth cut, er that we ferrer twynne;
He which that hath the shorteste shal bigynne.
Sire Knyght," quod he, "my mayster and my lord,
Now draweth cut, for that is myn accord.
Cometh neer," quod he, "my lady Prioresse.
And ye, sire Clerk, lat be youre shamefastnesse,
Ne studieth noght; ley hond to, every man!"
Anon to drawen every wight bigan,
And shortly for to tellen as it was,
Were it by aventure, or sort, or cas,
The sothe is this: the cut fil to the Knyght,
Of which ful blithe and glad was every wyght,
And telle he moste his tale, as was resoun,
By foreward and by composicioun,
As ye han herd; what nedeth wordes mo?
And whan this goode man saugh that it was so,
As he that wys was and obedient
To kepe his foreward by his free assent,
He seyde, "Syn I shal bigynne the game,
What, welcome be the cut, a Goddes name!
Now lat us ryde, and herkneth what I seye."
And with that word we ryden forth oure weye,
And he bigan with right a myrie cheere
His tale anon, and seyde as ye may heere.

DIE ERZÄHLUNG DES RITTERS

Hier beginnt die Erzählung des Ritters.

*Und nun wird Theseus, der sich nach schrecklichen
Kämpfen mit dem skythischen Volk auf seinem lorbeergeschmückten Wagen seiner Heimatstadt nähert, etc.*

Wie uns alte Geschichten berichten,
lebte einst ein Herzog namens Theseus;
er war der Herrscher und König von Athen,
und er war ein so erfolgreicher Eroberer,
wie es zu seiner Zeit keinen zweiten unter der Sonne gab.
Er hatte viele reiche Länder erobert;
mit seiner Klugheit und seiner Kriegskunst
eroberte er das ganze Reich der Frauen,
das einst Skythien genannt wurde,
und heiratete die Königin Hippolyta
und brachte sie heim in sein Land,
mit großer Ehre und großem Prunk,
wie auch deren jüngere Schwester Emelie.
Und im Triumph und mit Musik
lasse ich diesen edlen Herzog nach Athen reiten,
begleitet von seinem ganzen Heer in voller Rüstung.
Und wahrlich, wenn es nicht zu viel Zeit in Anspruch nähme,
würde ich euch ausführlich über die Strategie berichten,
mit der das Reich der Frauen
von Theseus und seiner Ritterschaft erobert wurde;
und bestimmt auch über die große Schlacht
zwischen den Athenern und den Amazonen,
und wie Hippolyta belagert wurde,
die schöne, mutige Königin von Skythien;
und über das Fest anläßlich ihrer Hochzeit
und über den Begeisterungssturm bei ihrer Heimkehr;

THE KNIGHT'S TALE

Heere bigynneth the Knyghtes Tale.

Iamque domos patrias, Scithice post aspera gentis
Prelia, laurigero, etc.

Whilom, as olde stories tellen us,
Ther was a duc that highte Theseus;
Of Atthenes he was lord and governour,
And in his tyme swich a conquerour
That gretter was ther noon under the sonne.
Ful many a riche contree hadde he wonne;
What with his wysdom and his chivalrie,
He conquered al the regne of Femenye,
That whilom was ycleped Scithia,
And weddede the queene Ypolita,
And broghte hire hoom with hym in his contree
With muchel glorie and greet solempnytee,
And eek hir yonge suster Emelye.
And thus with victorie and with melodye
Lete I this noble duc to Atthenes ryde,
And al his hoost in armes hym bisyde.
And certes, if it nere to long to heere,
I wolde have toold yow fully the manere
How wonnen was the regne of Femenye
By Theseus and by his chivalrye;
And of the grete bataille for the nones
Bitwixen Atthenes and Amazones;
And how asseged was Ypolita,
The faire, hardy queene of Scithia;
And of the feste that was at hir weddynge,
And of the tempest at hir hoom-comynge;

doch auf all dies muß ich nun verzichten.
Ich habe, weiß Gott, ein großes Feld zu bestellen,
und die Ochsen vor meinem Pflug sind schwach;
der Rest meiner Geschichte ist lang genug.
Ich möchte auch keinem aus unserer Pilgerschar im Wege stehen,
jeder möge der Reihe nach seine Geschichte erzählen,
damit wir sehen werden, wer das Nachtessen gewinnt;
und wo ich aufgehört habe zu erzählen, werde ich wieder beginnen.

Dieser Herzog, von dem ich berichte,
hatte die Stadt schon fast erreicht;
und als er in seinem hohen Glück und seinem größten Triumph
seinen Blick umherschweifen ließ, bemerkte er,
daß auf der breiten Straße
eine Gruppe von Frauen kniete, immer zwei und zwei,
eine hinter der anderen, in schwarze Gewänder gehüllt.
Sie weinten und lamentierten so bitterlich –
kein auf dieser Welt lebendes Wesen hat je
ein schlimmeres Jammern vernommen.
Und die Frauen wollten von ihrem Klagen nicht ablassen,
bis sie die Zügel von Theseus erhascht hatten.

»Wer seid ihr, die ihr bei meiner Heimkehr
meinen Siegeszug mit diesem Klagen stört?«
sagte Theseus. »Ist euer Neid
auf meinen Ruhm so groß, daß ihr so klagt und jammert?
Oder wer hat euch bedroht oder verletzt?
Sagt mir, ob euer Leid gelindert werden kann,
und weshalb ihr so in Schwarz gekleidet seid.«

Die älteste der Frauen, die mit totenbleichem Gesicht
zusammengesunken war, fing an zu reden –
ihr Anblick und was sie sagte war mitleiderregend.
Sie sagte: »Herr, Fortuna hat Euch den
Sieg gegeben und läßt Euch als Eroberer feiern;
nicht Euer Ruhm und Eure Ehre bedrücken uns,
vielmehr erflehen wir Mitleid und Hilfe.
Habt Mitleid mit unserem Leid und unserer Not!

But al that thyng I moot as now forbere.
I have, God woot, a large feeld to ere,
And wayke been the oxen in my plough.
The remenant of the tale is long ynough.
I wol nat letten eek noon of this route;
Lat every felawe telle his tale aboute,
And lat se now who shal the soper wynne;
And ther I lefte, I wol ayeyn bigynne.
This duc, of whom I make mencioun,
Whan he was come almoost unto the toun,
In al his wele and in his mooste pride,
He was war, as he caste his eye aside,
Where that ther kneled in the heighe weye
A compaignye of ladyes, tweye and tweye,
Ech after oother clad in clothes blake;
But swich a cry and swich a wo they make
That in this world nys creature lyvynge
That herde swich another waymentynge;
And of this cry they nolde nevere stenten
Til they the reynes of his brydel henten.
"What folk been ye, that at myn homcomynge
Perturben so my feste with criynge?"
Quod Theseus. "Have ye so greet envye
Of myn honour, that thus compleyne and crye?
Or who hath yow mysboden or offended?
And telleth me if it may been amended,
And why that ye been clothed thus in blak."
The eldeste lady of hem alle spak,
Whan she hadde swowned with a deedly cheere,
That it was routhe for to seen and heere;
She seyde, "Lord, to whom Fortune hath yiven
Victorie, and as a conqueror to lyven,
Nat greveth us youre glorie and youre honour,
But we biseken mercy and socour.
Have mercy on oure wo and oure distresse!

Laßt aus Eurer Vortrefflichkeit uns armen Frauen
ein wenig Mitleid zuteil werden.
Wahrlich, Herr, jede von uns
war entweder Herzogin oder Königin.
Jetzt aber sind wir Gefangene des Elends, wie man gut sehen [kann.
Dank sei Fortuna und ihrem falschen Rad,
die keinem Stand beständiges Wohlergehen beschert.
Und wahrlich, Herr, um Eurer Gegenwart zu harren,
haben wir hier im Tempel der Göttin Clementia
die vergangenen vierzehn Tage gewartet.
Nun helft uns, Herr, denn es steht in Eurer Macht.
Ich Unglückliche, die ich hier so weine und klage,
war einst die Gattin des König Kapaneus,
der bei Theben starb – verflucht sei jener Tag! –;
und wir alle, die wir in dieser Lage sind
und die wir dieses Klagen anheben,
haben unsere Gatten bei dieser Stadt verloren,
als sie belagert wurde.
Und schlimmer noch! Der alte Kreon,
der nun Herrscher der Stadt Theben ist, hat,
erfüllt von Zorn und Ungerechtigkeit,
aus Verachtung und als Zeichen seiner Tyrannei,
um den toten Körpern
unserer gefallenen Gatten eine Schändlichkeit anzutun,
alle Leichen auf einen Haufen werfen lassen;
und er läßt nicht zu, unter keiner Bedingung,
daß sie beerdigt oder verbrannt werden,
er läßt sie vielmehr aus Verachtung den Hunden zum Fraß [vorwerfen.«
Und mit diesen Worten fielen sie sofort
zu Boden und klagten erbärmlich:
»Zeigt uns armen Frauen Eure Gnade
und laßt unser Leid zu Eurem Herzen vordringen.«
Dieser edle Herzog stieg sofort von seinem Roß,
sein Herz von Mitleid erfüllt, als er sie dies sagen hörte.
Es dünkte ihn, ihm breche noch das Herz,

Som drope of pitee, thurgh thy gentillesse,
Upon us wrecched wommen lat thou falle,
For, certes, lord, ther is noon of us alle
That she ne hath been a duchesse or a queene.
Now be we caytyves, as it is wel seene,
Thanked be Fortune and hire false wheel,
That noon estaat assureth to be weel.
And certes, lord, to abyden youre presence,
Heere in this temple of the goddesse Clemence
We han ben waitynge al this fourtenyght.
Now help us, lord, sith it is in thy myght.
"I, wrecche, which that wepe and wayle thus,
Was whilom wyf to kyng Cappaneus,
That starf at Thebes – cursed be that day! –
And alle we that been in this array
And maken al this lamentacioun,
We losten alle oure housbondes at that toun,
Whil that the seege theraboute lay.
And yet now the olde Creon – weylaway! –
That lord is now of Thebes the citee,
Fulfild of ire and of iniquitee,
He, for despit and for his tirannye,
To do the dede bodyes vileynye
Of alle oure lordes whiche that been yslawe,
Hath alle the bodyes on an heep ydrawe,
And wol nat suffren hem, by noon assent,
Neither to been yburyed nor ybrent,
But maketh houndes ete hem in despit."
And with that word, withouten moore respit,
They fillen gruf and criden pitously,
"Have on us wrecched wommen som mercy,
And lat oure sorwe synken in thyn herte."
This gentil duc doun from his courser sterte
With herte pitous, whan he herde hem speke.
Hym thoughte that his herte wolde breke,

als er sie so erbärmlich und geschlagen sah,
die einst einen hohen Stand innehatten.
Und er nahm eine jede in die Arme
und tröstete sie in guter Absicht
und schwor einen Eid, denn er war ein wahrer Ritter,
daß er umgehend alles in seiner Macht Stehende tun wolle,
um sie am Tyrannen Kreon zu rächen,
so daß ganz Griechenland davon reden sollte,
wie Theseus mit Kreon abrechnete –
nämlich wie mit einem, der den Tod wahrlich verdient hat.
Und ohne weiteres Verweilen
ließ er sogleich sein Banner aufpflanzen und ritt
mit seinem ganzen Heer gen Theben.
Er wollte nicht einmal mehr nach Athen hineinreiten,
sich auch keinen halben Tag der Ruhe gönnen,
vielmehr verbrachte er die Nacht auf dem Weg;
er schickte sofort die Königin Hippolyta
und Emelie, ihre junge, hübsche Schwester,
in die Stadt Athen, damit sie dort blieben.
Und er machte sich auf den Weg – mehr ist darüber nicht zu sagen.
Das rote Bild des Mars mit Speer und Schild
leuchtete so auf seinem großen, weißen Banner,
daß die Fluren in seinem Licht erstrahlten.
Und mit seinem Banner wurde seine Standarte getragen,
die reich mit Gold besetzt war und zeigte, wie
er den Minotauros in Kreta besiegte.
So reitet dieser Herzog, so reitet dieser Eroberer,
in seinem Heer die Blüte der Ritterschaft,
bis er nach Theben kam; und er stieg
auf einem geeigneten Feld ab, wo er zu kämpfen gedachte.
Doch um diese Dinge kurz zu fassen:
Mit Kreon, dem König von Theben,
kämpfte er und tötete ihn männlich wie ein Ritter
in offenem Zweikampf und schlug dessen Heer in die Flucht.
Und danach nahm er die Stadt im Sturm

Whan he saugh hem so pitous and so maat,
That whilom weren of so greet estaat;
And in his armes he hem alle up hente,
And hem conforteth in ful good entente,
And swoor his ooth, as he was trewe knyght,
He wolde doon so ferforthly his myght
Upon the tiraunt Creon hem to wreke
That al the peple of Grece sholde speke
How Creon was of Theseus yserved
As he that hadde his deeth ful wel deserved.
And right anoon, withouten moore abood,
His baner he desplayeth, and forth rood
To Thebes-ward, and al his hoost biside.
No neer Atthenes wolde he go ne ride,
Ne take his ese fully half a day,
But onward on his wey that nyght he lay,
And sente anon Ypolita the queene,
And Emelye, hir yonge suster sheene,
Unto the toun of Atthenes to dwelle,
And forth he rit; ther is namoore to telle.

The rede statue of Mars, with spere and targe,
So shyneth in his white baner large
That alle the feeldes glyteren up and doun;
And by his baner born is his penoun
Of gold ful riche, in which ther was ybete
The Mynotaur, which that he wan in Crete.
Thus rit this duc, thus rit this conquerour,
And in his hoost of chivalrie the flour,
Til that he cam to Thebes and alighte
Faire in a feeld, ther as he thoughte to fighte.
But shortly for to speken of this thyng,
With Creon, which that was to Thebes kyng,
He faught, and slough hym manly as a knyght
In pleyn bataille, and putte the folk to flyght;
And by assaut he wan the citee after,

und riß die Mauern nieder, zerstörte Sparren und Balken.
Und den edlen Frauen gab er
die Körper ihrer getöteten Gatten zurück,
damit diese bestattet werden konnten, wie es damals Brauch war.
Es wäre aber zu zeitraubend, über das
große Wehklagen und Jammern zu berichten,
das die edlen Frauen bei der Verbrennung der Körper
erhoben, und über die große Ehre,
die Theseus, der edle Eroberer,
den edlen Frauen erwies, als sie von ihm Abschied nahmen;
meine Absicht ist vielmehr, in aller Kürze zu erzählen.
Nachdem dieser edle Herzog Theseus
Kreon erschlagen und somit Theben gewonnen hatte,
verbrachte er die ganze Nacht ruhig auf dem Schlachtfeld
und verfuhr mit dem ganzen Land nach seinem Belieben.
Den Haufen der Erschlagenen zu plündern,
sie ihrer Rüstung und Kleidung zu berauben,
bemühten sich die Plünderer eifrig,
nachdem die Schlacht geschlagen und die Niederlage besiegelt [war.
Und so kam es, daß sie im Leichenhaufen
zwei über und über mit schrecklichen Wunden bedeckte
junge Ritter entdeckten, die nebeneinander lagen;
beide trugen das gleiche, aufwendig gearbeitete Wappen –
der eine der beiden Ritter hieß Arcite,
der andere Palamon.
Sie waren weder ganz lebendig noch ganz tot;
an ihren Wappen aber und an ihrer Ausrüstung
erkannten die Herolde sie ohne Mühe
als Abkömmlinge des königlichen Geblüts
von Theben und daß zwei Schwestern sie geboren hatten.
Die Plünderer zogen sie aus dem Haufen
und brachten sie behutsam zum Zelt
von Theseus; dieser aber ließ sie sogleich
nach Athen bringen, um sie dort im Kerker schmachten zu [lassen,
für immer – er wollte kein Lösegeld akzeptieren.

And rente adoun bothe wall and sparre and rafter;
And to the ladyes he restored agayn
The bones of hir freendes that were slayn,
To doon obsequies, as was tho the gyse.
But it were al to longe for to devyse
The grete clamour and the waymentynge
That the ladyes made at the brennynge
Of the bodies, and the grete honour
That Theseus, the noble conquerour,
Dooth to the ladyes, whan they from hym wente;
But shortly for to telle is myn entente.
  Whan that this worthy duc, this Theseus,
Hath Creon slayn and wonne Thebes thus,
Stille in that feeld he took al nyght his reste,
And dide with al the contree as hym leste.
  To ransake in the taas of bodyes dede,
Hem for to strepe of harneys and of wede,
The pilours diden bisynesse and cure
After the bataille and disconfiture.
And so bifel that in the taas they founde,
Thurgh-girt with many a grevous blody wounde,
Two yonge knyghtes liggynge by and by,
Bothe in oon armes, wroght ful richely,
Of whiche two Arcita highte that oon,
And that oother knyght highte Palamon.
Nat fully quyke, ne fully dede they were,
But by hir cote-armures and by hir gere
The heraudes knewe hem best in special
As they that weren of the blood roial
Of Thebes, and of sustren two yborn.
Out of the taas the pilours han hem torn,
And han hem caried softe unto the tente
Of Theseus; and he ful soone hem sente
To Atthenes, to dwellen in prisoun
Perpetuelly – he nolde no raunsoun.

Nachdem also der edle Herzog solches getan hatte,
versammelte er sein Heer und ritt alsbald nach Hause,
geschmückt mit dem Lorbeer des Eroberers;
und dort lebt er in Freude und Ehre
sein Leben lang – was braucht es weiterer Worte?
In einem Turm aber, in Kummer und Sorge,
schmachten Palamon und sein Kamerad Arcite
fortwährend – kein Gold kann sie loskaufen.
So vergeht ein Jahr nach dem anderen und ein Tag nach dem anderen,
bis es sich an einem Maimorgen ereignete,
daß Emelie, die schöner anzusehen war
als die Lilie auf ihrem grünen Stengel
und die frischer war als der Mai mit seinen neuen Blüten –
denn ihre Gesichtsfarbe wetteiferte mit der Rose,
und ich weiß nicht, wer von beiden die Schönere war –,
daß Emelie vor Tagesanbruch, wie sie es gewöhnlich tat,
aufgestanden war und sich fertig gemacht hatte,
denn der Mai duldet ja keinen langen Schlaf.
Die Jahreszeit beflügelt jedes edle Herz
und läßt es schon recht früh erwachen;
sie sagt: »Steh auf und verrichte deinen Dienst!«
Dies veranlaßte Emelie, sich daran zu erinnern,
den Maien zu verehren und aufzustehen.
Sie war neu gekleidet – ich möchte es beschreiben:
Ihr strohblondes Haar war zu einem Zopf geflochten,
der ihr mindestens eine Elle über den Rücken hing.
Und im Garten ging sie bei Sonnenaufgang
auf und ab; und wie es ihr gefiel,
pflückte sie Blumen, teils rote, teils weiße,
um aus diesen einen kunstvollen Kranz für ihr Haupt zu flechten,
und sie sang dabei so himmlisch wie ein Engel.
Der mächtige Turm, der so stark und fest gemauert war
und der Burg als sicherstes Verlies diente
(dort waren die Ritter eingekerkert,
von denen ich euch erzählt habe und noch mehr erzählen werde),

And whan this worthy duc hath thus ydon,
He took his hoost, and hoom he rit anon
With laurer crowned as a conquerour;
And ther he lyveth in joye and in honour
Terme of his lyf; what nedeth wordes mo?
And in a tour, in angwissh and in wo,
This Palamon and his felawe Arcite
For everemoore; ther may no gold hem quite.
  This passeth yeer by yeer and day by day,
Till it fil ones, on a morwe of May,
That Emelye, that fairer was to sene
Than is the lylie upon his stalke grene,
And fressher than the May with floures newe –
For with the rose colour stroof hire hewe,
I noot which was the fyner of hem two –
Er it were day, as was hir wone to do,
She was arisen and al redy dight,
For May wole have no slogardie anyght.
The sesoun priketh every gentil herte,
And maketh it out of his slep to sterte,
And seith "Arys, and do thyn observaunce."
This maked Emelye have remembraunce
To doon honour to May, and for to ryse.
Yclothed was she fressh, for to devyse:
Hir yelow heer was broyded in a tresse
Bihynde hir bak, a yerde long, I gesse.
And in the gardyn, at the sonne upriste,
She walketh up and doun, and as hire liste
She gadereth floures, party white and rede,
To make a subtil gerland for hire hede;
And as an aungel hevenysshly she soong.
The grete tour, that was so thikke and stroong,
Which of the castel was the chief dongeoun
(Ther as the knyghtes weren in prisoun
Of which I tolde yow and tellen shal),

war mit der Gartenmauer verbunden,
dort, wo sich Emelie gerade vergnügte.
Die Sonne schien hell an jenem klaren, frühen Morgen,
und Palamon, der kummervolle Gefangene, war, wie
gewöhnlich, schon aufgestanden und hielt sich mit der Erlaubnis
seines Wärters in einem Zimmer hoch oben im Turm auf,
von wo aus er die ganze prächtige Stadt betrachten konnte –
und auch den Garten mit seinen vielen grünen Zweigen,
wo die frische, liebreizende Emelie
bei ihrem Spaziergang auf und ab ging.
Der sorgenvolle Gefangene Palamon
ging im Zimmer hin und her
und beklagte dabei seinen Jammer.
Häufig beklagte er die Stunde seiner Geburt.
Und so kam es – durch Zufall oder Fügung –,
daß sein Auge durch ein Fenster, vergittert mit vielen Stäben
aus Eisen und so stark wie Sparren,
auf Emelie fiel –
und er erbleichte plötzlich und rief: »O weh!« –
als ob er ins Herz getroffen worden wäre.
Und auf seinen Schrei hin fuhr Arcite hoch
und sagte: »Mein Vetter, was ist mit dir,
daß du so totenbleich aussiehst?
Weshalb hast du geschrien? Wer hat dir Leid zugefügt?
Um der Liebe Gottes willen, nimm unsere
Gefangenschaft in Ruhe hin, es läßt sich daran nichts ändern.
Fortuna hat uns diese widrigen Umstände beschert.
Irgendein böser Stand oder eine Inklination
des Saturn, hervorgerufen durch irgendeine Konstellation,
hat uns diese beschert, obwohl wir uns dagegen verschworen
die Gestirne standen so bei unserer Geburt. [hatten;
Wir müssen sie ertragen, es ist nun mal so.«
Palamon antwortete und sagte dagegen:
»Vetter, wahrlich, deine Meinung beruht
auf falschen Annahmen.

Was evene joynant to the gardyn wal
Ther as this Emelye hadde hir pleyynge.
Bright was the sonne and cleer that morwenynge,
And Palamoun, this woful prisoner,
As was his wone, by leve of his gayler,
Was risen and romed in a chambre an heigh,
In which he al the noble citee seigh,
And eek the gardyn, ful of braunches grene,
Ther as this fresshe Emelye the shene
Was in hire walk, and romed up and doun.
This sorweful prisoner, this Palamoun,
Goth in the chambre romynge to and fro
And to hymself compleynynge of his wo.
That he was born, ful ofte he seyde, "allas!"
And so bifel, by aventure or cas,
That thurgh a wyndow, thikke of many a barre
Of iren greet and square as any sparre,
He cast his eye upon Emelya,
And therwithal he bleynte and cride, "A!"
As though he stongen were unto the herte.
And with that cry Arcite anon up sterte
And seyde, "Cosyn myn, what eyleth thee,
That art so pale and deedly on to see?
Why cridestow? Who hath thee doon offence?
For Goddes love, taak al in pacience
Oure prisoun, for it may noon oother be.
Fortune hath yeven us this adversitee.
Som wikke aspect or disposicioun
Of Saturne, by som constellacioun,
Hath yeven us this, although we hadde it sworn;
So stood the hevene whan that we were born.
We moste endure it; this is the short and playn."
This Palamon answerde and seyde agayn,
"Cosyn, for sothe, of this opinioun
Thow hast a veyn ymaginacioun.

Nicht dieser Kerker veranlaßte mich zu schreien,
vielmehr wurde ich gerade eben durch mein Auge
in meinem Herzen getroffen, das wird mein Tod sein.
Die Schönheit der Dame, die ich
drunten im Garten auf und ab gehen sehe,
ist der Grund meines Schreiens und meines Klagens.
Ich weiß nicht, ob sie Frau oder Göttin ist;
bestimmt ist es Venus, wenn ich mich nicht täusche.«
Und mit diesen Worten fiel er auf die Knie
und sagte: »Venus, wenn es dein Wille ist,
dich in diesem Garten vor meinen Augen so zu verwandeln,
vor mir, dem kummervollen, armen Menschen,
dann hilf, daß wir aus diesem Gefängnis fliehen können.
Und sollte mein Schicksal so sein,
daß ich unwiderruflich im Gefängnis sterben soll,
dann hab wenigstens Erbarmen mit unserer Familie,
die durch Tyrannei so erniedrigt worden ist.«
Bei diesen Worten entdeckte Arcite,
wo diese Dame auf und ab wandelte;
und dieser Anblick verletzte ihn wegen ihrer Schönheit derart,
daß, wenn schon Palamon schwer verwundet war,
Arcite nun in gleichem Maße, wenn nicht noch schwerer verletzt [ist.
Mit einem Seufzer sagte er mitleiderregend:
»Alsbald wird mich die frische Schönheit derjenigen töten,
die dort unten im Garten spazierengeht.
Erhalte ich nicht ihr Erbarmen und ihre Gnade,
so daß ich sie wenigstens sehen kann,
dann sterbe ich; mehr kann ich nicht sagen.«
Als Palamon diese Worte hörte,
schaute er zornig drein und sagte:
»Sagst du das im Spaß oder im Ernst?«
»Gewiß«, sagte Arcite, »bei meiner Ehre, im Ernst.
Gott helfe mir, es ist mir wirklich nicht nach Spaßen zumute.«
Palamon zog die Augenbrauen hoch:
»Dir wäre es«, sagte er, »keine große Ehre,

This prison caused me nat for to crye,
But I was hurt right now thurghout myn ye
Into myn herte, that wol my bane be.
The fairnesse of that lady that I see
Yond in the gardyn romen to and fro
Is cause of al my criyng and my wo.
I noot wher she be womman or goddesse,
But Venus is it soothly, as I gesse."
And therwithal on knees doun he fil,
And seyde, "Venus, if it be thy wil
Yow in this gardyn thus to transfigure
Bifore me, sorweful, wrecched creature,
Out of this prisoun help that we may scapen.
And if so be my destynee be shapen
By eterne word to dyen in prisoun,
Of oure lynage have som compassioun,
That is so lowe ybroght by tirannye."
And with that word Arcite gan espye
Wher as this lady romed to and fro,
And with that sighte hir beautee hurte hym so,
That, if that Palamon was wounded sore,
Arcite is hurt as muche as he, or moore.
And with a sigh he seyde pitously,
"The fresshe beautee sleeth me sodeynly
Of hire that rometh in the yonder place;
And but I have hir mercy and hir grace,
That I may seen hire atte leeste weye,
I nam but deed; ther nis namoore to seye."
This Palamon, whan he tho wordes herde,
Dispitously he looked and answerde,
"Wheither seistow this in ernest or in pley?"
"Nay," quod Arcite, "in ernest, by my fey!
God helpe me so, me list ful yvele pleye."
This Palamon gan knytte his browes tweye.
"It nere", quod he, "to thee no greet honour

falsch zu sein oder gar mir ein Verräter,
mir, der ich dein Vetter und
Blutsbruder bin; wir, die wir einander geschworen haben,
daß wir uns niemals – lieber würden wir qualvoll sterben –,
bis der Tod uns scheidet,
gegenseitig in Liebesdingen im Wege stehen
oder in irgend welchen anderen Dingen, mein lieber Bruder;
wir haben geschworen, daß du mir wahrhaftig in
jeder Hinsicht helfen sollst wie ich dir:
dies war dein Eid und auch der meine;
Ich weiß dies ganz genau, du darfst nicht widersprechen.
Du hast also mein volles Vertrauen, ohne Einschränkung,
und nun willst du dein Wort brechen
und meine Dame lieben, die ich liebe und der ich diene
und stets dienen will, bis mein Herz nicht mehr schlägt.
Nein, falscher Arcite, das sollst du wahrlich nicht.
Ich liebte sie zuerst und verriet dir meinen Kummer,
dir, meinem Ratgeber und meinem Blutsbruder,
damit du mir so hilfst, wie ich gerade gesagt habe.
Deshalb bist du als Ritter verpflichtet,
mir zu helfen, wenn es in deiner Macht steht;
andernfalls bist du wortbrüchig, das darf ich wohl sagen.«
  Arcite hielt hochmütig entgegen:
»Eher bist du falsch denn ich«, sagte er,
»und du bist falsch, das sage ich dir offen,
denn ich liebte sie als Geliebte vor dir.
Was willst du sagen? Du weißt doch noch gar nicht,
ob sie Frau oder Göttin ist!
Deine Zuneigung wendet sich an eine Gottheit,
meine ist die Liebe, die man einem Menschen entgegenbringt;
deshalb habe ich dir mein Erlebnis berichtet,
dir, meinem Vetter und Blutsbruder.
Gesetzt den Fall, daß du sie zuerst geliebt hast,
weißt du denn nicht, was alte Gelehrte sagen?
›Wer soll dem Liebenden ein Gesetz vorschreiben?‹

For to be fals, ne for to be traitour
To me, that am thy cosyn and thy brother
Ysworn ful depe, and ech of us til oother,
That nevere, for to dyen in the peyne,
Til that the deeth departe shal us tweyne,
Neither of us in love to hyndre oother,
Ne in noon oother cas, my leeve brother,
But that thou sholdest trewely forthren me
In every cas, as I shal forthren thee –
This was thyn ooth, and myn also, certeyn;
I woot right wel, thou darst it nat withseyn.
Thus artow of my conseil, out of doute,
And now thow woldest falsly been aboute
To love my lady, whom I love and serve,
And evere shal til that myn herte sterve.
Nay, certes, false Arcite, thow shalt nat so.
I loved hire first, and tolde thee my wo
As to my conseil and my brother sworn
To forthre me, as I have toold biforn.
For which thou art ybounden as a knyght
To helpen me, if it lay in thy myght,
Or elles artow fals, I dar wel seyn."
  This Arcite ful proudly spak ageyn:
"Thow shalt," quod he, "be rather fals than I;
And thou art fals, I telle thee outrely,
For paramour I loved hire first er thow.
What wiltow seyen? Thou woost nat yet now
Wheither she be a womman or goddesse!
Thyn is affeccioun of hoolynesse,
And myn is love as to a creature;
For which I tolde thee myn aventure
As to my cosyn and my brother sworn.
I pose that thow lovedest hire biforn;
Wostow nat wel the olde clerkes sawe,
That 'who shal yeve a lovere any lawe?'

Die Liebe ist ein stärkeres Gesetz, bei meinem Haupte,
als das, das einem Irdischen gegeben werden kann.
Und deshalb werden irdisches Gesetz und Rechtsvorschrift
jeden Tag in jeder Hinsicht der Liebe wegen gebrochen. [Kopf.
Ein Mann muß notwendigerweise lieben, koste es auch seinen
Er kann es nicht vermeiden, selbst wenn er dafür sterben müßte,
sei sie nun Jungfrau, Witwe oder auch verheiratete Frau.
Es ist auch nicht wahrscheinlich, daß du dein ganzes Leben lang
in ihrer Gnade stehen wirst, auch ich werde es nicht;
denn du weißt selbst ganz genau,
daß wir beide zur Kerkerhaft verdammt sind,
auf ewig – kein Lösegeld kann uns befreien.
Wir streiten, wie die Hunde um den Knochen stritten,
sie kämpften den ganzen Tag und keiner bekam etwas.
Ein Milan kam dahergeflogen, während sie so stritten,
und trug den Knochen aus ihrer Mitte davon.
Und deshalb, mein Bruder, ist bei Hof
sich jeder der Nächste, es gibt keinen anderen.
Liebe, wenn du lieben willst, denn ich liebe und werde lieben;
und wahrlich, lieber Bruder, das ist alles.
Hier in diesem Kerker müssen wir ausharren,
und jeder von uns soll sein Schicksal annehmen.«
  Lang und heftig war der Streit der beiden,
doch habe ich nicht die Zeit, darüber zu berichten,
deshalb zurück zum Thema. Es geschah eines Tages,
um es euch in der mir möglichen Kürze zu berichten,
daß ein ehrenwerter Herzog namens Peirithoos,
der mit dem Herzog Theseus
seit den Tagen ihrer Kindheit vertraut war,
nach Athen kam, seinen Freund zu besuchen
und, wie stets, die Zeit angenehm zu verbringen;
denn niemanden auf der Welt liebte er mehr –
und Theseus war ihm ebenso sehr zugeneigt.
So sehr liebten sie sich, wie alte Bücher berichten,
daß, als der eine tot war – ich lüge nicht! –, sein Freund

Love is a gretter lawe, by my pan,
Than may be yeve to any erthely man;
And therfore positif lawe and swich decree
Is broken al day for love in ech degree.
A man moot nedes love, maugree his heed;
He may nat fleen it, thogh he sholde be deed,
Al be she mayde, or wydwe, or elles wyf.
And eek it is nat likly al thy lyf
To stonden in hir grace; namoore shal I;
For wel thou woost thyselven, verraily,
That thou and I be dampned to prisoun
Perpetuelly; us gayneth no raunsoun.
We stryve as dide the houndes for the boon;
They foughte al day, and yet hir part was noon.
Ther cam a kyte, whil that they were so wrothe,
And baar awey the boon bitwixe hem bothe.
And therfore, at the kynges court, my brother,
Ech man for hymself, ther is noon oother.
Love, if thee list, for I love and ay shal;
And soothly, leeve brother, this is al.
Heere in this prisoun moote we endure,
And everich of us take his aventure."

Greet was the strif and long bitwix hem tweye,
If that I hadde leyser for to seye;
But to th'effect. It happed on a day,
To telle it yow as shortly as I may,
A worthy duc that highte Perotheus,
That felawe was unto duc Theseus
Syn thilke day that they were children lite,
Was come to Atthenes his felawe to visite,
And for to pleye as he was wont to do;
For in this world he loved no man so,
And he loved hym als trendrely agayn.
So wel they lovede, as olde bookes sayn,
That whan that oon was deed, soothly to telle,

sich aufmachte und drunten in der Hölle nach ihm suchte –
doch über diese Geschichte möchte ich nicht schreiben.
Der Herzog Peirithoos liebte Arcite,
mit dem er in Theben Jahr für Jahr bekannt war, sehr;
und schließlich, auf das Bitten und Betteln
von Peirithoos, ließ der Herzog Theseus
Arcite ohne Lösegeld aus dem Kerker frei,
er durfte gehen, wohin er wollte,
unter einer Bedingung, die ich euch noch nennen werde.
Dies war die Abmachung – und ich möchte sie genau
zwischen Theseus und Arcite, [wiedergeben –
daß für den Fall, daß Arcite jemals
in seinem Leben, bei Tag oder in der Nacht, zu irgendeiner
in irgendeinem Land des Theseus aufgefunden [Zeit
und dann aufgegriffen würde, so wurde vereinbart,
er durch das Schwert seinen Kopf verlieren sollte.
Es gab keine andere Möglichkeit, keinen Ausweg:
Er nahm Abschied und machte sich eilends nach Hause auf.
Er möge auf der Hut sein! Sein Kopf steht auf dem Spiel.
Welch große Sorge plagt nun Arcite!
Er fühlt den Tod durch sein Herz hindurchgehen;
er weint, klagt und ruft jämmerlich;
heimlich beabsichtigt er, sich zu töten.
Er sagte: »O schrecklicher Tag meiner Geburt!
Nun ist mein Gefängnis schlimmer als zuvor.
Nun ist mir das Schicksal bereitet, auf ewig
nicht im Purgatorium, sondern in der Hölle zu leben.
O Jammer, daß ich Peirithoos jemals kennenlernte!
Denn sonst hätte ich bei Theseus gelebt –
fortwährend in sein Gefängnis eingeschlossen.
Dann wäre ich glücklich gewesen und nicht traurig.
Allein der Anblick derer, der ich diene, –
obwohl ich ihre Gnade doch niemals verdienen kann –,
hätte mir wirklich vollauf genügt.
Ach lieber Vetter Palamon«, sagte er,

His felawe wente and soughte hym doun in helle –
But of that storie list me nat to write.
Duc Perotheus loved wel Arcite,
And hadde hym knowe at Thebes yeer by yere,
And finally at requeste and preyere
Of Perotheus, withouten any raunsoun,
Duc Theseus hym leet out of prisoun
Frely to goon wher that hym liste over al,
In swich a gyse as I you tellen shal.
  This was the forward, pleynly for t'endite,
Bitwixen Theseus and hym Arcite:
That if so were that Arcite were yfounde
Evere in his lif, by day or nyght, oo stounde
In any contree of this Theseus,
And he were caught, it was acorded thus,
That with a swerd he sholde lese his heed.
Ther nas noon oother remedie ne reed;
But taketh his leve, and homward he him spedde.
Lat hym be war! His nekke lith to wedde.
  How greet a sorwe suffreth now Arcite!
The deeth he feeleth thurgh his herte smyte;
He wepeth, wayleth, crieth pitously;
To sleen hymself he waiteth prively.
He seyde, "Allas that day that I was born!
Now is my prisoun worse than biforn;
Now is me shape eternally to dwelle
Noght in purgatorie, but in helle.
Allas, that evere knew I Perotheus!
For elles hadde I dwelled with Theseus,
Yfetered in his prisoun everemo.
Thanne hadde I been in blisse and nat in wo.
Oonly the sighte of hire whom that I serve,
Though that I nevere hir grace may deserve,
Wolde han suffised right ynough for me.
O deere cosyn Palamon," quod he,

»der Sieg ist dein in diesem Abenteuer.
Du darfst in höchster Freude im Kerker ausharren –
im Kerker? – nein, wahrlich, im Paradies sogar!
Fortuna hat dir einen glücklichen Wurf beschert,
der du ihren Anblick hast – ich ihre Abwesenheit.
Denn es ist möglich, da du ja ihre Gegenwart hast
und ein Ritter bist, dazu ein würdiger und fähiger,
daß du durch einen Zufall, denn Fortuna ist ja wankelmütig,
dein ersehntes Ziel irgendwann erreichen kannst.
Doch ich, vertrieben und beraubt
aller Gnade und in so großer Verzweiflung,
daß weder Erde, Wasser, Feuer oder Luft,
noch ein Wesen, das aus diesen Elementen geschaffen ist,
mir helfen oder mich in dieser Lage trösten kann,
ich sollte wahrlich in Verzweiflung und Seelenqual sterben.
Lebwohl, mein Leben, meine Lust und meine Freude!
Ach, weshalb klagen Leute gewöhnlich so
über die Vorsehung Gottes oder Fortunas,
die ihnen sehr häufig und in vielerlei Gestalt
wesentlich Besseres gibt, als sie es sich ausdenken können?
Der eine wünscht sich Reichtum,
aufgrund dessen er dann ermordet oder schwer krank wird;
ein anderer möchte gern aus seinem Kerker heraus
und wird dann zuhause von seiner Dienerschaft umgebracht.
Unzählige Gefahren sind in dieser Materie verborgen.
Wir wissen nicht, wofür wir hier bitten:
wir verhalten uns wie einer, der volltrunken ist.
Ein Betrunkener weiß wohl, daß er ein Haus hat,
doch weiß er nicht, welcher der richtige Weg dorthin ist –
für einen Betrunkenen aber ist der Weg schlüpfrig.
Und wahrlich, genau so führen wir uns in dieser Welt auf:
Beharrlich suchen wir nach Glück,
doch gehen wir wahrlich sehr oft fehl.
So können wir alle reden, und besonders ich,
der glaubte und der festen Meinung war,

"Thyn is the victorie of this aventure.
Ful blisfully in prison maistow dure –
In prison? Certes nay, but in paradys!
Wel hath Fortune yturned thee the dys,
That hast the sighte of hire, and I th'absence.
For possible is, syn thou hast hire presence,
And art a knyght, a worthy and an able,
That by som cas, syn Fortune is chaungeable,
Thow maist to thy desir somtyme atteyne.
But I, that am exiled and bareyne
Of alle grace, and in so greet dispeir
That ther nys erthe, water, fir, ne eir,
Ne creature that of hem maked is,
That may me helpe or doon confort in this,
Wel oughte I sterve in wanhope and distresse.
Farwel my lif, my lust, and my gladnesse!
"Allas, why pleynen folk so in commune
On purveiaunce of God, or of Fortune,
That yeveth hem ful ofte in many a gyse
Wel bettre than they kan hemself devyse?
Som man desireth for to han richesse,
That cause is of his mordre or greet siknesse;
And som man wolde out of his prisoun fayn,
That in his hous is of his meynee slayn.
Infinite harmes been in this mateere.
We witen nat what thing we preyen heere;
We faren as he that dronke is as a mous.
A dronke man woot wel he hath an hous,
But he noot which the righte wey is thider,
And to a dronke man the wey is slider.
And certes, in this world so faren we;
We seken faste after felicitee,
But we goon wrong ful often, trewely.
Thus may we seyen alle, and namely I,
That wende and hadde a greet opinioun

daß ich dann, wenn ich aus dem Gefängnis fliehen könnte,
glücklich und meine Freude vollkommen wäre,
wo ich nun von meinem Glück ausgeschlossen bin.
Da ich dich nicht sehen darf, Emelie,
bin ich bereits tot – es gibt keine Abhilfe.«
Als nun andererseits Palamon
erfuhr, daß Arcite fort war,
lamentierte er so sehr, daß der große Turm
von seinem Klagen und Wehgeschrei widerhallte.
Sogar die Fesseln an seinen starken Beinen
waren naß von seinen bitteren, salzigen Tränen.
»Ach«, sagte er, »Arcite, mein Vetter,
bei Gott, in unserem Streit bist du der Sieger.
Du kannst dich nun in Theben offen und frei bewegen,
um mein Elend aber kümmerst du dich wenig.
Du kannst, da du ja weise und stark bist,
alle Männer unseres Geschlechts um dich versammeln
und diese Stadt so hart mit Krieg bedrängen,
daß du mit Kriegsglück oder durch einen Vertrag
diese als Herrin und Gattin haben kannst,
derentwegen ich gewiß sterben muß.
Denn, wie es ja immerhin möglich ist,
da du frei, dem Kerker entronnen
und ein Fürst bist, ist dein Vorteil groß,
größer als der meine, der ich hier in einem Verlies sterbe.
Ich muß ja weinen und klagen, solange ich lebe, wegen des
ganzen Kummers, den mir der Kerker bereiten kann, und auch
wegen des Schmerzes, den mir die Liebe zusätzlich bereitet –
dies verdoppelt meine ganze Pein und meinen ganzen Kummer.«
Mit diesen Worten loderte die Flamme der Eifersucht
in seinem Herzen empor und wütete in seinem Herzen
so furchtbar, daß er aussah wie
ein Buchsbaum oder wie kalte, ausgeglühte Asche.
Dann sagte er: »O grausame Götter, die ihr
diese Welt durch die Gültigkeit eures ewigen Wortes regiert

That if I myghte escapen from prisoun,
Thanne hadde I been in joye and parfit heele,
Ther now I am exiled fro my wele.
Syn that I may nat seen you, Emelye,
I nam but deed; ther nys no remedye."
Upon that oother syde Palamon,
Whan that he wiste Arcite was agon,
Swich sorwe he maketh that the grete tour
Resouneth of his youlyng and clamour.
The pure fettres on his shynes grete
Weren of his bittre, salte teeres wete.
"Allas," quod he, "Arcita, cosyn myn,
Of al oure strif, God woot, the fruyt is thyn.
Thow walkest now in Thebes at thy large,
And of my wo thow yevest litel charge.
Thou mayst, syn thou hast wisdom and manhede,
Assemblen alle the folk of oure kynrede,
And make a werre so sharp on this citee
That by som aventure or some tretee
Thow mayst have hire to lady and to wyf
For whom that I moste nedes lese my lyf.
For, as by wey of possibilitee,
Sith thou art at thy large, of prisoun free,
And art a lord, greet is thyn avauntage
Moore than is myn, that sterve here in a cage.
For I moot wepe and wayle, whil I lyve,
With al the wo that prison may me yive,
And eek with peyne that love me yeveth also,
That doubleth al my torment and my wo."
Therwith the fyr of jalousie up sterte
Withinne his brest, and hente him by the herte
So woodly that he lyk was to biholde
The boxtree of the asshen dede and colde.
Thanne seyde he, "O crueel goddes that governe
This world with byndyng of youre word eterne,

und die ihr auf diamantene Tafeln
eure Beschlüsse und ewigen Gebote schreibt,
weshalb ist euch die Menschheit stärker verpflichtet
als ein Schaf, das sich in seinen Pferch kauert?
Denn auch der Mensch wird wie irgendein Tier getötet.
Auch er ist im Gefängnis, ist seiner Freiheit beraubt
und muß Krankheit und schwere Widrigkeiten erdulden –
und das häufig unschuldig, bei Gott.
Welch ordnende Kraft ist in diesem Vorherwissen,
das die Unschuld grundlos peinigt?
Und doch verstärkt dieser Sachverhalt meinen Kummer:
daß der Mensch diesen Verhältnissen unterworfen ist,
dort Gott zu Ehren seinen Willen aufzugeben,
wo ein Tier seine ganze Lust befriedigen kann.
Und nach seinem Tod hat ein Tier keine weiteren Qualen,
doch der Mensch muß nach seinem Tod weinen und klagen,
obwohl ihm auf dieser Welt Sorge und Leid zuteil werden.
Zweifellos sind die Verhältnisse so.
Die Antwort darauf überlasse ich den Theologen,
ich weiß aber genau, daß es auf dieser Welt große Pein gibt.
Ach, ich sehe die Schlange oder den Dieb,
die vielen aufrichtigen Menschen Leid zugefügt haben,
ungestraft umhergehen, sie können gehen, wohin sie wollen.
Doch ich muß wegen Saturn im Kerker sitzen,
auch wegen Juno, der eifersüchtigen und rasenden,
die fast das gesamte Blut von Theben mit seinen ehemals
mächtigen, nun zerstörten Mauern vernichtet hat,
und Venus versetzt mir von der anderen Seite her den Todes-
durch Eifersucht und Furcht vor Arcite.« [stoß –
Nun vergesse ich Palamon für kurze Zeit
und lasse ihn noch immer in seinem Kerker ausharren,
ich werde euch forthin von Arcite erzählen.
Der Sommer geht vorüber, und die langen Nächte
verstärken um so mehr die heftigen Schmerzen
des Liebenden wie auch des Gefangenen.

And writen in the table of atthamaunt
Youre parlement and youre eterne graunt,
What is mankynde moore unto you holde
Than is the sheep that rouketh in the folde?
For slayn is man right as another beest,
And dwelleth eek in prison and arreest,
And hath siknesse and greet adversitee,
And ofte tymes giltelees, pardee.
"What governance is in this prescience,
That giltelees tormenteth innocence?
And yet encresseth this al my penaunce,
That man is bounden to his observaunce,
For Goddes sake, to letten of his wille,
Ther as a beest may al his lust fulfille.
And whan a beest is deed he hath no peyne;
But man after his deeth moot wepe and pleyne,
Though in this world he have care and wo.
Withouten doute it may stonden so.
The answere of this lete I to dyvynys,
But wel I woot that in this world greet pyne ys.
Allas, I se a serpent or a theef,
That many a trewe man hath doon mescheef,
Goon at his large, and where hym list may turne.
But I moot been in prisoun thurgh Saturne,
And eek thurgh Juno, jalous and eek wood,
That hath destroyed wel ny al the blood
Of Thebes with his waste walles wyde;
And Venus sleeth me on that oother syde
For jalousie and fere of hym Arcite."
Now wol I stynte of Palamon a lite,
And lete hym in his prisoun stille dwelle,
And of Arcita forth I wol yow telle.
The somer passeth, and the nyghtes longe
Encressen double wise the peynes stronge
Bothe of the lovere and the prisoner.

Ich weiß nicht, welcher das schwerere Los zu ertragen hat.
Denn, um es kurz zu wiederholen, Palamon
ist auf ewig zur Kerkerhaft verdammt,
in Ketten und Banden zu sterben;
und Arcite ist bei seinem Kopf auf ewig
aus diesem Land verbannt
und soll seine Dame niemals wiedersehen.
Euch, Liebende, stelle ich nun die Frage:
Wer hat das schwerere Los, Arcite oder Palamon?
Der eine kann seine Dame Tag für Tag sehen,
muß aber weiterhin im Kerker schmachten;
der andere kann gehen und reiten, wohin er will,
wird aber seine Dame niemals wiedersehen.
Nun urteilt, wie es euch gefällt, ihr, die ihr das könnt,
denn ich will meine Geschichte fortsetzen, wie ich sie begonnen
[habe.

Hier endet der erste Teil.

Hier folgt der zweite Teil.

Als Arcite nach Theben gekommen war,
sank er mehrmals am Tag in Ohnmacht und klagte Weh und Ach,
denn seine Dame sollte er niemals wiedersehen.
Und um seinen Jammer kurz und bündig zu schildern:
So großen Kummer hatte noch keine Kreatur,
welche lebt oder leben wird, solange die Welt bestehen mag.
Seines Schlafes, seiner Speise und seines Trankes beraubt,
wurde er dünn und saftlos wie ein Stock;
seine Augen fielen ein, es war ein schrecklicher Anblick;
seine Hautfarbe war fahl und bleich wie kalte Asche,
und er war ohne Freunde, immer allein; [freien Lauf;
und die ganze Nacht hindurch klagte er, gab seinem Kummer
und immer, wenn er Singen oder Musik vernahm,
begann er zu weinen, keiner konnte ihn davon abhalten.
Seine Lebensgeister waren auch so schwach, lagen so darnieder,
hatten sich so verändert, daß niemand

I noot which hath the wofuller mester.
For, shortly for to seyn, this Palamoun
Perpetuelly is dampned to prisoun,
In cheynes and in fettres to been deed;
And Arcite is exiled upon his heed
For everemo, as out of that contree,
Ne nevere mo ne shal his lady see.
Yow loveres axe I now this questioun:
Who hath the worse, Arcite or Palamoun?
That oon may seen his lady day by day,
But in prison he moot dwelle alway;
That oother wher hym list may ride or go,
But seen his lady shal he nevere mo.
Now demeth as yow liste, ye that kan,
For I wol telle forth as I bigan.

Explicit prima pars.

Sequitur pars secunda.

Whan that Arcite to Thebes comen was,
Ful ofte a day he swelte and seyde "Allas!"
For seen his lady shal he nevere mo.
And shortly to concluden al his wo,
So muche sorwe hadde nevere creature
That is, or shal, whil that the world may dure.
His slep, his mete, his drynke, is hym biraft,
That lene he wex and drye as is a shaft;
His eyen holwe and grisly to biholde,
His hewe falow and pale as asshen colde,
And solitarie he was and evere allone,
And waillynge al the nyght, makynge his mone;
And if he herde song or instrument,
Thanne wolde he wepe, he myghte nat be stent.
So feble eek were his spiritz, and so lowe,
And chaunged so, that no man koude knowe

seine Sprache oder seine Stimme erkennen konnte, selbst wenn
Und er verhielt sich vor aller Welt so, [man sie vernahm.
als ob er nicht von der Liebenden Krankheit,
Hereos, befallen wäre, sondern eher von einer Manie,
verursacht von einer melancholischen Disposition
mit Sitz im Vorderhaupt, in der Zelle der Phantasie.
Kurzum: total verwandelt
waren sowohl Gebaren als auch Gemütsverfassung
des jammervollen Liebenden, Herrn Arcite. [berichten?
Weshalb sollte ich den ganzen Tag lang von seinem Kummer
Nachdem er ein oder zwei Jahre so durchgestanden hatte,
in seiner grausamen Qual, in seinem Schmerz und Kummer,
in Theben, in seiner Heimat, wie ich sagte,
erschien es ihm in einer Nacht während seines Schlafes,
daß der geflügelte Gott Merkur
vor ihm stand und ihn ermunterte, fröhlich zu sein.
Seinen schlafbringenden Stab hielt er aufrecht in der Hand;
er trug einen Hut auf seinem glänzenden Haar.
Gekleidet war dieser Gott, wie Arcite bemerkte,
wie damals, als Argus in Schlaf versank;
und er redete so zu ihm: »Nach Athen sollst du gehen,
dort wird deinem Kummer ein Ende bereitet werden.«
Bei diesen Worten fuhr Arcite aus dem Schlaf hoch.
»Wahrlich, welches Leid mir auch widerfahren wird«,
sagte er, »ich mache mich sofort nach Athen auf;
selbst die Furcht vor dem Tod wird mich nicht abhalten,
meine Dame wiederzusehen, die ich liebe und der ich diene.
In ihrer Gegenwart kümmere ich mich nicht um den Tod.«
Mit diesen Worten nahm er einen großen Spiegel
und bemerkte, daß sich seine Farbe ganz verändert hatte;
er bemerkte auch, daß sein Gesicht ganz anders war.
Sofort kam es ihm in den Sinn,
er könnte, da sein Gesicht ja so entstellt war
von der Krankheit, die er erlitten hatte,
wenn er sich entsprechend unauffällig verhielte, gut

His speche nor his voys, though men it herde.
And in his geere for al the world he ferde
Nat oonly lik the loveris maladye
Of Hereos, but rather lyk manye,
Engendred of humour malencolik
Biforen, in his celle fantastik.
And shortly, turned was al up so doun
Bothe habit and eek disposicioun
Of hym, this woful lovere daun Arcite.

What sholde I al day of his wo endite?
Whan he endured hadde a yeer or two
This crueel torment and this peyne and wo,
At Thebes, in his contree, as I seyde,
Upon a nyght in sleep as he hym leyde,
Hym thoughte how that the wynged god Mercurie
Biforn hym stood and bad hym to be murie.
His slepy yerde in hond he bar uprighte;
An hat he werede upon his heris brighte.
Arrayed was this god, as he took keep,
As he was whan that Argus took his sleep;
And seyde hym thus: "To Atthenes shaltou wende,
Ther is thee shapen of thy wo an ende."
And with that word Arcite wook and sterte.
"Now trewely, hou soore that me smerte,"
Quod he, "to Atthenes right now wol I fare,
Ne for the drede of deeth shal I nat spare
To se my lady, that I love and serve.
In hire presence I recche nat to sterve."

And with that word he caughte a greet mirour,
And saugh that chaunged was al his colour,
And saugh his visage al in another kynde.
And right anon it ran hym in his mynde,
That, sith his face was so disfigured
Of maladye the which he hadde endured,
He myghte wel, if that he bar hym lowe,

in Athen leben, ohne je erkannt zu werden,
und seine Dame fast jeden Tag sehen.
Sofort wechselte er seine Kleidung
und schlüpfte in das Gewand eines armen Tagelöhners;
und ganz alleine, bis auf einen einzigen Knappen,
der sein Geheimnis kannte und sein ganzes Schicksal –
dieser war ebenso ärmlich gekleidet wie er –,
machte er sich auf dem schnellsten Weg nach Athen auf.
Eines Tages ging er an den Hof
und bot am Tor seine Dienste an, für
jegliche Art von Arbeit, was man ihm anweisen wollte.
Und um es kurz zu machen,
er erhielt Arbeit bei einem Kammerherrn,
der im Hause Emelies wohnte;
dieser war nämlich sehr klug und konnte sofort erkennen,
ob ein Diener sich für den Dienst in diesem Hause eignete.
Arcite konnte gut Holz hacken und Wasser tragen,
denn er war jung und sehr stark,
überdies war er groß und hatte einen muskulösen Körper,
so daß er alles erledigen konnte, was man ihm aufzutragen [wußte.
Ein oder zwei Jahre verbrachte er in diesem Dienst
als Zimmerpage der strahlenden Emelie.
Er sagte, er heiße Philostratus.
Einen auch nur halb so beliebten Mann wie ihn
und vom selben Stand wie er hatte es am Hofe noch nie gegeben;
er war überaus zuvorkommend im Umgang,
so daß sein Ruhm beim ganzen Hofstaat bekannt war.
Man sagte, es wäre eine gute Tat,
wenn Theseus ihn in eine höhere Stellung erheben
und ihm ein würdigeres Amt zuweisen wollte,
wo er seine Tüchtigkeit entfalten könnte.
So war sein Name nach kurzer Zeit überall bekannt,
sowohl wegen seiner Arbeit als auch wegen seiner sittsamen [Rede,
so daß Theseus ihn zu sich holte
und zu einem seiner Kammerjunker machte;

Lyve in Atthenes everemoore unknowe,
And seen his lady wel ny day by day.
And right anon he chaunged his array,
And cladde hym as a povre laborer,
And al allone, save oonly a squier
That knew his privetee and al his cas,
Which was disgised povrely as he was,
To Atthenes is he goon the nexte way.
And to the court he wente upon a day,
And at the gate he profreth his servyse
To drugge and drawe, what so men wol devyse.
And shortly of this matere for to seyn,
He fil in office with a chamberleyn
The which that dwellynge was with Emelye,
For he was wys and koude soone espye,
Of every servaunt, which that serveth here.
Wel koude he hewen wode, and water bere,
For he was yong and myghty for the nones,
And therto he was long and big of bones
To doon that any wight kan hym devyse.
A yeer or two he was in this servyse,
Page of the chambre of Emelye the brighte,
And Philostrate he seyde that he highte.
But half so wel biloved a man as he
Ne was ther nevere in court of his degree;
He was so gentil of condicioun
That thurghout al thc court was his renoun.
They seyden that it were a charitee
That Theseus wolde enhauncen his degree,
And putten hym in worshipful servyse,
Ther as he myghte his vertu excercise.
And thus withinne a while his name is spronge,
Bothe of his dedes and his goode tonge,
That Theseus hath taken hym so neer
That of his chambre he made hym a squier,

und er gab ihm Geld, damit er ein standesgemäßes Leben führen
Auch schickte man ihm von Theben [konnte.
Jahr für Jahr heimlich seine Apanage.
Doch er gab sein Geld ehrlich und überlegt aus,
so daß sich niemand fragte, woher er soviel habe.
Drei Jahre lang lebte er auf diese Weise
und verhielt sich im Frieden wie auch im Krieg so hervorragend,
daß es niemanden gab, der Theseus lieber gewesen wäre.
Arcite lasse ich nun in dieser Glückseligkeit
und werde ein wenig von Palamon berichten.

In Dunkelheit und im schrecklichen und sicheren Kerker
hat Palamon die letzten sieben Jahre verbracht,
gemartert von Kummer und Niedergeschlagenheit.
Wer verspürt nicht doppelte Sorge und doppeltes Leid,
wenn nicht Palamon, den die Liebe so schwächt,
daß er vor Kummer langsam den Verstand verliert?
Dazu ist er noch ein Gefangener,
auf Lebenszeit, nicht nur auf ein Jahr.

Wer könnte in englischer Sprache
sein Martyrium angemessen beklagen? Ich bestimmt nicht –
deshalb gehe ich so rasch wie möglich darüber hinweg.

Es ereignete sich im Mai des siebten Jahres,
am dritten Tag des Monats (so berichten die alten Bücher,
welche die ganze Geschichte ausführlicher behandeln),
entweder durch Zufall oder durch Vorherbestimmung –
denn wenn etwas bestimmt worden ist, trifft es auch ein –,
daß Palamon kurz nach Mitternacht
mit Hilfe eines Freundes seinem Kerker entrann
und so schnell er kann aus der Stadt flieht.
Denn er hatte seinem Wärter einen Trank
von einem besonders zubereiteten Wein gegeben,
mit Narkotika und süßem Opium von Theben versetzt,
so daß der Wärter die ganze Nacht schlief
und nicht aufwachen würde, selbst wenn man ihn wachrütteln
und so floh er, so schnell er konnte. [wollte;

And gaf hym gold to mayntene his degree.
And eek men broghte hym out of his contree,
From yeer to yeer, ful pryvely his rente;
But honestly and slyly he it spente,
That no man wondred how that he it hadde.
And thre yeer in this wise his lif he ladde,
And bar hym so, in pees and eek in werre,
Ther was no man that Theseus hath derre.
And in this blisse lete I now Arcite,
And speke I wole of Palamon a lite.
  In derknesse and horrible and strong prisoun
Thise seven yeer hath seten Palamoun
Forpyned, what for wo and for distresse.
Who feeleth double soor and hevynesse
But Palamon, that love destreyneth so
That wood out of his wit he goth for wo?
And eek therto he is a prisoner
Perpetuelly, noght oonly for a yer.
  Who koude ryme in Englyssh proprely
His martirdom? For sothe it am nat I;
Therfore I passe as lightly as I may.
  It fel that in the seventhe yer, of May
The thridde nyght (as olde bookes seyn,
That al this storie tellen moore pleyn),
Were it by aventure or destynee –
As, whan a thyng is shapen, it shal be –
That soone after the mydnyght Palamoun,
By helpyng of a freend, brak his prisoun
And fleeth the citee faste as he may go.
For he hadde yeve his gayler drynke so
Of a clarree maad of a certeyn wyn,
With nercotikes and opie of Thebes fyn,
That al that nyght, thogh that men wolde him shake,
The gayler sleep; he myghte nat awake.
And thus he fleeth as faste as evere he may.

Die Nacht war schon fast vorüber, der Morgen nah,
so daß er sich unbedingt verstecken mußte.
So schlich sich Palamon ängstlich
zu einem in der Nähe gelegenen Hain.
Kurz gesagt: Es war seine Absicht,
sich den Tag über in diesem Hain zu verstecken,
und sich dann in der Nacht auf den
Weg nach Theben zu machen, um seine Freunde zu bitten,
ihn im Krieg gegen Theseus zu unterstützen.
Kurzum: Er wollte entweder sein Leben verlieren
oder Emelie zur Frau gewinnen.
Dies war seine Überlegung und sein fester Entschluß.
  Nun möchte ich mich wieder Arcite zuwenden,
der nicht ahnte, wie nahe ihm sein Unglück war,
bis Fortuna ihn in die Falle gelockt hatte.
  Die muntere Lerche, Bote des Tages,
grüßt das Morgengrauen mit ihrem Gesang,
und der feurige Phöbus steigt so glänzend empor,
daß der ganze Osten in seinem Licht lacht;
und mit seinen Strahlen trocknet er im Gebüsch
die silbernen Tropfen, die an den Blättern hängen.
Und deshalb ist Arcite, der am Königshof
des Theseus der erste Knappe ist,
aufgestanden und betrachtet den heiteren Tagesanbruch.
Um dem Maien seine Huldigung zu erweisen,
ist er, das Ziel seiner Wünsche vor Augen,
auf einem feurigen Schlachtroß
auf die Felder geritten, um sich dort zu ergötzen,
eine oder zwei Meilen entfernt vom Hof.
Zu dem Hain aber, von dem ich euch berichtet habe,
ließ ihn der Zufall seinen Weg nehmen;
er wollte sich eine Girlande aus Zweigen machen,
aus Blättern des Geißblatts oder des Weißdorn;
und laut sang er zur prächtigen Sonne empor:
»Mai, mit all deinen Blumen und deinem Grün,

The nyght was short and faste by the day
That nedes cost he moot hymselven hyde,
And til a grove faste ther bisyde
With dredeful foot thanne stalketh Palamon.
For, shortly, this was his opinion:
That in that grove he wolde hym hyde al day,
And in the nyght thanne wolde he take his way
To Thebes-ward, his freendes for to preye
On Theseus to helpe him to werreye;
And shortly, outher he wolde lese his lif
Or wynnen Emelye unto his wyf.
This is th'effect and his entente pleyn.

Now wol I turne to Arcite ageyn,
That litel wiste how ny that was his care,
Til that Fortune had broght him in the snare.

The bisy larke, messager of day,
Salueth in hir song the morwe gray,
And firy Phebus riseth up so bright
That al the orient laugheth of the light,
And with his stremes dryeth in the greves
The silver dropes hangynge on the leves.
And Arcita, that in the court roial
With Theseus is squier principal,
Is risen and looketh on the myrie day.
And for to doon his observaunce to May,
Remembrynge on the poynt of his desir,
He on a courser, startlynge as the fir,
Is riden into the feeldes hym to pleye,
Out of the court, were it a myle or tweye.
And to the grove of which that I yow tolde
By aventure his wey he gan to holde
To maken hym a gerland of the greves,
Were it of wodebynde or hawethorn leves,
And loude he song ayeyn the sonne shene:
"May, with alle thy floures and thy grene,

sei willkommen, du schöner, frischer Mai;
ich hoffe, auch etwas Grünes zu erhalten.«
Und fröhlichen Herzens stieg er von seinem Roß,
lief eilends in den Hain hinein
und spazierte auf einem Pfad auf und ab,
dort, wo sich Palamon zufällig
in einem Busch versteckt hatte, so daß niemand ihn sehen [konnte;
denn ihm war schrecklich bange um sein Leben.
Er hatte keine Ahnung, daß es Arcite war,
weiß Gott, er hätte sich dies niemals träumen lassen.
Aber es ist wahr, was man von alters her sagt,
daß »das Feld Augen und der Wald Ohren hat!«
Es ist ratsam, daß sich ein Mensch vorsichtig verhält,
denn jeden Tag trifft er ihm unbekannte Menschen.
Arcite wußte überhaupt nichts von seinem Kameraden,
der so nahe war, daß er seine ganze Rede hören konnte –
denn der sitzt jetzt ganz still im Busch.

Nachdem Arcite genug umhergegangen war
und lustig sein Rondel gesungen hatte,
verfiel er plötzlich ins Sinnieren,
wie es ja die Liebenden in ihrem sonderbaren Verhalten tun –
bald auf den Wipfeln, dann unten im Gebüsch,
bald auf, dann ab, wie der Eimer im Brunnen.
Genau wie der Freitag, um die Wahrheit zu sagen:
bald scheint die Sonne, dann regnet es –
so kann die launische Venus
die Herzen ihrer Untertanen beeinflussen; so launisch
wie ihr Tag ist auch ihr Wesen.
Selten gleicht der Freitag den anderen Wochentagen.

Nach seinem Gesang begann Arcite zu seufzen
und setzte sich auf der Stelle nieder.
»Ach«, sagte er, »daß ich je geboren wurde!
Wie lange, Juno, willst du mit deiner Grausamkeit
die Stadt Theben noch bekriegen?
O weh, vernichtet ist

Welcome be thou, faire, fresshe May,
In hope that I som grene gete may."
And from his courser, with a lusty herte,
Into the grove ful hastily he sterte,
And in a path he rometh up and doun,
Ther as by aventure this Palamoun
Was in a bussh, that no man myghte hym se,
For soore afered of his deeth was he.
No thyng ne knew he that it was Arcite;
God woot he wolde have trowed it ful lite.
But sooth is seyd, go sithen many yeres,
That "feeld hath eyen and the wode hath eres."
It is ful fair a man to bere hym evene,
For al day meeteth men at unset stevene.
Ful litel woot Arcite of his felawe,
That was so ny to herknen al his sawe,
For in the bussh he sitteth now ful stille.
Whan that Arcite hadde romed al his fille,
And songen al the roundel lustily,
Into a studie he fil sodeynly,
As doon thise loveres in hir queynte geres,
Now in the crope, now doun in the breres,
Now up, now doun, as boket in a welle.
Right as the Friday, soothly for to telle,
Now it shyneth, now it reyneth faste,
Right so kan geery Venus overcaste
The hertes of hir folk; right as hir day
Is gereful, right so chaungeth she array.
Selde is the Friday al the wowke ylike.
Whan that Arcite had songe, he gan to sike
And sette hym doun withouten any moore.
"Allas," quod he, "that day that I was bore!
How longe, Juno, thurgh thy crueltee,
Woltow werreyen Thebes the citee?
Allas, ybroght is to confusioun

das königliche Blut des Kadmos und Amphion –
des Kadmos, der der erste war,
der Theben erbaute, die Stadt gründete
und als erster zum König der Stadt gewählt wurde.
Ich stamme aus seinem Geschlecht, bin sein Nachkomme
in direkter Linie, von königlicher Abstammung also,
und nun bin ich so unfrei und geknechtet,
daß ich meinem Todfeind
als Knappe unterwürfig diene.
Und doch tut mir Juno eine noch größere Schmach an,
denn ich darf meinen richtigen Namen nicht nennen;
einst war ich gewohnt, Arcite zu heißen,
und heiße nun Philostratus, bin keinen Heller wert.
O weh, du grausamer Mars! O weh, Juno!
So hat euer Zorn unser ganzes Geschlecht vernichtet,
bis auf mich und den armen Palamon,
den Theseus im Kerker martert.
Und um mich obendrein gänzlich zu verderben,
hat die Liebe mit ihrem feurigen Pfeil
mein treues, sorgenvolles Herz so schmerzend durchbohrt,
daß mir mein Tod schon vor meinem Hemd bestimmt war.
Ihr tötet mich mit Euren Augen, Emelie!
Ihr seid der Grund, weshalb ich sterbe.
Um meinen restlichen Kummer
gäbe ich kein Jota,
wenn ich Euch einen Gefallen tun könnte.«
Und mit diesen Worten fiel er in ein Sinnen,
lange Zeit, und danach sprang er auf.
Palamon, dem so war, als ob ihm das Herz
plötzlich von einem kalten Schwert durchbohrt würde,
zitterte vor Zorn und konnte sich nicht länger zurückhalten.
Und als er Arcites Rede gehört hatte,
sprang er auf, als ob er wahnsinnig wäre, sein Gesicht
stürzte aus den dichten Büschen hervor [totenbleich,
und sagte: »Arcite, du falscher, übler Verräter,

The blood roial of Cadme and Amphioun –
Of Cadmus, which that was the firste man
That Thebes bulte, or first the toun bigan,
And of the citee first was crouned kyng.
Of his lynage am I and his ofspryng
By verray ligne, as of the stok roial,
And now I am so caytyf and so thral,
That he that is my mortal enemy,
I serve hym as his squier povrely.
And yet dooth Juno me wel moore shame,
For I dar noght biknowe myn owene name;
But ther as I was wont to highte Arcite,
Now highte I Philostrate, noght worth a myte.
Allas, thou felle Mars! Allas, Juno!
Thus hath youre ire oure lynage al fordo,
Save oonly me and wrecched Palamoun,
That Theseus martireth in prisoun.
And over al this, to sleen me outrely
Love hath his firy dart so brennyngly
Ystiked thurgh my trewe, careful herte
That shapen was my deeth erst than my sherte.
Ye sleen me with youre eyen, Emelye!
Ye been the cause wherfore that I dye.
Of al the remenant of myn oother care
Ne sette I nat the montance of a tare,
So that I koude doon aught to youre plesaunce."
And with that word he fil doun in a traunce
A longe tyme, and after he up sterte.
  This Palamoun, that thoughte that thurgh his herte
He felte a coold swerd sodeynliche glyde,
For ire he quook; no lenger wolde he byde.
And whan that he had herd Arcites tale,
As he were wood, with face deed and pale,
He stirte hym up out of the buskes thikke
And seide: "Arcite, false traytour wikke,

nun bist du ertappt, der du meine Herrin so liebst,
derentwegen ich dieses Leid und diesen Kummer habe;
du hast mein Blut in dir, bist mir als Ratgeber verpflichtet,
wie ich dir früher schon sehr oft gesagt habe;
du hast den Herzog Theseus getäuscht
und hast zu Unrecht einen falschen Namen angenommen!
Ich möchte tot sein – oder du mußt sterben.
Du sollst meine Herrin Emelie nicht lieben,
nur ich will sie lieben, kein anderer;
denn ich bin Palamon, dein Todfeind.
Und obwohl ich keine Waffe bei mir trage,
sondern gerade mit Glück dem Kerker entronnen bin,
zweifle ich doch nicht daran, daß du entweder sterben
oder Emelie nicht lieben wirst.
Wähle das, was du willst, – es gibt sonst kein Entkommen!«
  Arcite zückte mit zornerfülltem Herzen,
nachdem er ihn erkannt und seine Rede vernommen hatte,
wütend wie ein Löwe sein Schwert
und sagte dies: »Bei Gott im Himmel,
wenn du nicht krank und toll wärst vor Liebe
und überdies noch Waffen bei dir hättest,
würdest du diesen Hain niemals verlassen,
sondern du würdest durch meine Hand sterben.
Denn ich mißachte die Abmachung und das Versprechen,
das ich, wie du sagst, dir gegeben habe.
Wie, du großer Narr, bedenke doch, daß Liebe frei ist,
und ich werde Emelie trotz all deiner Anstrengungen lieben!
Da du jedoch ein würdiger Ritter bist
und sie durch Kampf gewinnen willst,
gebe ich dir hiermit mein Versprechen: Ich werde morgen,
ohne daß es irgend jemand wissen wird,
ritterlich gerüstet hier sein, ganz bestimmt.
Ich werde dir die notwendige Rüstung mitbringen;
wähle dir nur die beste Rüstung aus, laß mir die schlechteste.
Und heute abend werde ich dir Speise und Trank bringen,

Now artow hent, that lovest my lady so,
For whom that I have al this peyne and wo,
And art my blood, and to my conseil sworn,
As I ful ofte have told thee heerbiforn,
And hast byjaped heere duc Theseus,
And falsly chaunged hast thy name thus!
I wol be deed, or elles thou shalt dye.
Thou shalt nat love my lady Emelye,
But I wol love hire oonly and namo;
For I am Palamon, thy mortal foo.
And though that I no wepene have in this place,
But out of prison am astert by grace,
I drede noght that outher thow shalt dye,
Or thow ne shalt nat loven Emelye.
Chees which thou wolt, or thou shalt nat asterte!"
  This Arcite, with ful despitous herte,
Whan he hym knew, and hadde his tale herd,
As fiers as leon pulled out his swerd,
And seyde thus: "By God that sit above,
Nere it that thou art sik and wood for love,
And eek that thow no wepne hast in this place,
Thou sholdest nevere out of this grove pace,
That thou ne sholdest dyen of myn hond.
For I defye the seurete and the bond
Which that thou seist that I have maad to thee.
What! Verray fool, thynk wel that love is free,
And I wol love hire maugree al thy myght!
But for as muche thou art a worthy knyght
And wilnest to darreyne hire by bataille,
Have heer my trouthe; tomorwe I wol nat faille,
Withoute wityng of any oother wight,
That heere I wol be founden as a knyght,
And bryngen harneys right ynough for thee;
And ches the beste, and leef the worste for me.
And mete and drynke this nyght wol I brynge

soviel du brauchst, und Decken für dein Nachtlager.
Und solltest du meine Herrin gewinnen
und mich in diesem Hain töten,
dann sollst du sie von mir aus als deine Herrin haben.«
Palamon antwortete: »Ich gehe darauf ein.«
Und so trennten sie sich bis zum folgenden Morgen,
nachdem sie sich ihr Wort gegeben hatten.
O Cupido, der du keine Barmherzigkeit kennst!
O Macht, die keinen Nebenbuhler duldet!
Zu Recht wird gesagt, daß weder Liebe noch Herrschaft
freiwillig einen Nebenbuhler dulden.
Dies fanden auch Arcite und Palamon.
Arcite ritt sofort in die Stadt zurück;
und am folgenden Morgen, noch ehe es hell war,
hat er heimlich zwei Rüstungen hergerichtet,
beide geeignet und tauglich,
um den Zweikampf der beiden auf offenem Feld auszutragen;
auf einem Pferd trug er so alleine, wie er auf die Welt gekommen
die ganze Ausrüstung vor sich her. [war,
Zur festgesetzten Zeit und am festgesetzten Ort haben sich im
Arcite und Palamon getroffen. [Hain
Ihre Gesichtsfarbe veränderte sich alsbald
wie die des Jägers im Reich von Thrakien,
der mit einem Speer am Paß steht,
wenn er Löwen oder Bären jagt,
und sie durch die Büsche stürmen hört,
wobei Äste brechen und Blätter herabfallen;
er denkt dann: »Hier kommt mein Todfeind!
Es gibt keinen Zweifel, entweder muß er sterben oder ich;
entweder muß ich ihn am Paß erledigen
oder er tötet mich, falls mir dies nicht gelingt.«
So ging es den beiden, als sich ihre Gesichtsfarbe veränderte,
denn jeder kannte den anderen nur zu gut.
Es gab kein ›Guten Tag‹, keine Begrüßung,
sondern ohne ein Wort, ohne Wiederholung der Abmachung

Everich of hem heelp for to armen oother
As freendly as he were his owene brother;
And after that, with sharpe speres stronge
They foynen ech at oother wonder longe.
Thou myghtest wene that this Palamon
In his fightyng were a wood leon,
And as a crueel tigre was Arcite;
As wilde bores gonne they to smyte,
That frothen whit as foom for ire wood.
Up to the ancle foghte they in hir blood.
And in this wise I lete hem fightyng dwelle,
And forth I wole of Theseus yow telle.
  The destinee, ministre general,
That executeth in the world over al
The purveiaunce that God hath seyn biforn,
So strong it is that, though the world had sworn
The contrarie of a thyng by ye or nay,
Yet somtyme it shal fallen on a day
That falleth nat eft withinne a thousand yeer.
For certeinly, oure appetites heer,
Be it of werre, or pees, or hate, or love,
Al is this reuled by the sighte above.
  This mene I now by myghty Theseus,
That for to hunten is so desirus,
And namely at the grete hert in May,
That in his bed ther daweth hym no day
That he nys clad, and redy for to ryde
With hunte and horn and houndes hym bisyde.
For in his huntyng hath he swich delit
That it is al his joye and appetit
To been hymself the grete hertes bane,
For after Mars he serveth now Dyane.
  Cleer was the day, as I have toold er this,
And Theseus with alle joye and blis,
With his Ypolita, the faire queene,

und Emelie, die ganz in Grün gekleidet war,
zur königlichen Jagd aufgemacht.
Und zu dem in der Nähe gelegenen Hain,
wo, so sagte man ihm, ein Hirsch sich aufhalte,
hat sich Theseus auf dem kürzesten Weg begeben.
Er ritt auf genau jene Lichtung zu,
über die der Hirsch gewöhnlich die Flucht ergriff,
einen Bach überquerte und seinen Weg fortsetzte.
Der Herzog wollte eine oder zwei Hetzjagden auf ihn machen
mit den Hunden, die er am liebsten dazu benutzte.
Und als der Herzog auf die Lichtung gekommen war,
schaute er gegen das Licht der Sonne und sofort
war er Arcites und Palamons gewahr,
die wild kämpften wie zwei Eber.
Die glänzenden Schwerter hieben auf und nieder,
so mächtig, daß der schwächste Hieb,
so schien es, eine Eiche hätte fällen können.
Er wußte nicht, wer die beiden waren.
Der Herzog stieß seinem Jagdpferd die Sporen in die Seiten
und war mit einem Sprung zwischen den beiden;
er zog sein Schwert und rief: »Halt!
Hört auf, sonst kostet es euch den Kopf.
Beim mächtigen Mars! Derjenige soll sofort sterben,
den ich noch einen Schlag ausführen sehe.
So sagt mir, was für Leute ihr seid,
die ihr euch erkühnt, hier so mächtig zu kämpfen,
ohne Schiedsrichter oder Kampfrichter,
als ob es um ein königliches Turnier ginge.«
Palamon antwortete sofort
und sagte: »Herr, was bedarf es weiterer Worte?
Wir beide haben den Tod verdient.
Wir sind zwei unglückliche Geschöpfe, zwei Gefangene,
denen das eigene Leben eine Last ist.
Da du ein gerechter Herr und Richter bist,
gewähre uns weder Gnade noch Schutz;

And Emelye, clothed al in grene,
On huntyng be they riden roially.
And to the grove that stood ful faste by,
In which ther was an hert, as men hym tolde,
Duc Theseus the streighte wey hath holde.
And to the launde he rideth hym ful right,
For thider was the hert wont have his flight,
And over a brook, and so forth on his weye.
This duc wol han a cours at hym or tweye
With houndes swiche as that hym list comaunde.
And whan this duc was come unto the launde,
Under the sonne he looketh, and anon
He was war of Arcite and Palamon,
That foughten breme as it were bores two.
The brighte swerdes wenten to and fro
So hidously that with the leeste strook
It semed as it wolde felle an ook.
But what they were, no thyng he ne woot.
This duc his courser with his spores smoot,
And at a stert he was bitwix hem two,
And pulled out a swerd and cride, "Hoo!
Namoore, up peyne of lesynge of youre heed!
By myghty Mars, he shal anon be deed
That smyteth any strook that I may seen.
But telleth me what myster men ye been,
That been so hardy for to fighten heere
Withouten juge or oother officere,
As it were in a lystes roially."
This Palamon answerde hastily
And seyde, "Sire, what nedeth wordes mo?
We have the deeth disserved bothe two.
Two woful wrecches been we, two caytyves,
That been encombred of oure owene lyves;
And as thou art a rightful lord and juge,
Ne yif us neither mercy ne refuge,

töte nur mich zuerst, im Namen der heiligen Nächstenliebe!
Aber töte auch meinen Kameraden, genauso wie mich.
Oder töte diesen zuerst, denn du weißt ja gar nicht,
daß dieser dein Todfeind, daß dieser Arcite ist,
der bei Todesstrafe aus deinem Land verbannt ist
und somit den Tod verdient hat.
Denn er ist es, der an dein Tor kam
und sich als Philostratus ausgab.
So hat er dich viele Jahre lang betrogen –
und du hast ihn zu deinem ersten Knappen gemacht;
er ist es, der Emelie liebt.
Da nun der Tag gekommen ist, da ich sterben soll,
will ich alles beichten:
Ich bin der erbärmliche Palamon,
der in böser Absicht aus deinem Kerker geflohen ist.
Ich bin dein Todfeind; auch bin ich es,
der die strahlend schöne Emelie so heiß liebt,
daß ich sofort vor ihren Augen sterben möchte.
Deshalb erbitte ich meinen Tod, erbitte mein Urteil;
doch töte meinen Kameraden gleichfalls,
denn wir beide haben den Tod verdient.«
Der würdige Herzog gab sofort Antwort
und sagte: »Mein Urteil ist schnell gesprochen.
Euer Mund hat euch durch eure Beichte
verdammt, ich will es bestätigen;
ihr braucht nicht auf die Folterbank gespannt zu werden.
Ihr sollt sterben, beim mächtigen, roten Mars!«
Sofort begann die Königin aus weiblichem Mitgefühl
zu weinen – und auch Emelie
und alle Damen im Gefolge.
Es war ein großer Jammer, so dünkte es sie,
daß sich so etwas zutragen sollte;
denn beide waren edle Männer von hohem Stand,
und dieser Kampf fand ja nur der Liebe wegen statt.
Beim Anblick der klaffenden und schmerzenden Wunden

But sle me first, for seinte charitee!
But sle my felawe eek as wel as me;
Or sle hym first, for though thow knowest it lite,
This is thy mortal foo, this is Arcite,
That fro thy lond is banysshed on his heed,
For which he hath deserved to be deed.
For this is he that cam unto thy gate
And seyde that he highte Philostrate.
Thus hath he japed thee ful many a yer,
And thou hast maked hym thy chief squier;
And this is he that loveth Emelye.
For sith the day is come that I shal dye,
I make pleynly my confessioun
That I am thilke woful Palamoun
That hath thy prisoun broken wikkedly.
I am thy mortal foo, and it am I
That loveth so hoote Emelye the brighte
That I wol dye present in hir sighte.
Wherfore I axe deeth and my juwise;
But sle my felawe in the same wise,
For bothe han we deserved to be slayn."
  This worthy duc answerde anon agayn,
And seyde, "This is a short conclusioun.
Youre owene mouth, by youre confessioun,
Hath dampned yow, and I wol it recorde;
It nedeth noght to pyne yow with the corde.
Ye shal be deed, by myghty Mars the rede!"
  The queene anon, for verray wommanhede,
Gan for to wepe, and so dide Emelye,
And alle the ladyes in the compaignye.
Greet pitee was it, as it thoughte hem alle,
That evere swich a chaunce sholde falle,
For gentil men they were of greet estaat,
And no thyng but for love was this debaat;
And saugh hir blody woundes wyde and soore,

riefen alle, Hochgestellte und Niedere:
»Habt Erbarmen, Herr, mit uns Frauen!«
Und sie fielen auf ihre bloßen Knie
und hätten auch auf der Stelle seine Füße geküßt,
bis schließlich sein Zorn nachgelassen hatte –
denn Mitleid ergreift ein edles Herz schnell.
Obwohl er zunächst vor Zorn bebte und zitterte,
überdachte er doch kurz und geschwind
das Vergehen der beiden und die Ursache;
und obwohl sein Zorn sie für schuldig befand,
entschuldigte doch sein Verstand die beiden;
er dachte folgendermaßen: Jeder Mann
wird sich in der Liebe selbst helfen, sofern er dies vermag,
und wird sich auch aus dem Gefängnis befreien.
Sein Herz hatte auch Erbarmen
mit den Damen, denn diese weinten unaufhörlich.
In seinem edlen Herzen überlegte er dann
und sagte leise zu sich selbst: »Schande
über einen Herrn, der kein Erbarmen hat,
sondern wie ein Löwe sein will, in Worten wie in Taten,
zu denen, die reuig sind und sich fürchten,
wie auch zu dem, der stolz und hochmütig ist
und von seinem Vorhaben nicht ablassen will.
Der Herrscher hat wenig Einsicht,
der in einem solchen Fall nicht abwägen kann,
sondern Stolz und Demut gleich bewertet.«
Kurzum, nachdem sich sein Zorn gelegt hatte,
schaute er mit leuchtenden Augen auf
und sprach mit lauter Stimme folgende Worte:
»Der Gott der Liebe – ah, gelobt sei Gott!
Welch mächtiger und welch großer Herr er ist!
Kein Hindernis ist seiner Macht gewachsen.
Wegen seiner Wunder darf man ihn einen Gott nennen,
denn er kann nach seinem Gutdünken
aus jedem Herzen das machen, was ihm gefällt.

And alle crieden, bothe lasse and moore,
"Have mercy, Lord, upon us wommen alle!"
And on hir bare knees adoun they falle
And wolde have kist his feet ther as he stood;
Til at the laste aslaked was his mood,
For pitee renneth soone in gentil herte.
And though he first for ire quook and sterte,
He hath considered shortly, in a clause,
The trespas of hem bothe, and eek the cause,
And although that his ire hir gilt accused,
Yet in his resoun he hem bothe excused,
As thus: he thoghte wel that every man
Wol helpe hymself in love, if that he kan,
And eek delivere hymself out of prisoun.
And eek his herte hadde compassioun
Of wommen, for they wepen evere in oon,
And in his gentil herte he thoughte anon,
And softe unto hymself he seyde, "Fy
Upon a lord that wol have no mercy,
But been a leon, bothe in word and dede,
To hem that been in repentaunce and drede,
As wel as to a proud despitous man
That wol mayntene that he first bigan.
That lord hath litel of discrecioun,
That in swich cas kan no divisioun
But weyeth pride and humblesse after oon."
And shortly, whan his ire is thus agoon,
He gan to looken up with eyen lighte
And spak thise same wordes al on highte:
"The god of love, a benedicite!
How myghty and how greet a lord is he!
Ayeyns his myght ther gayneth none obstacles.
He may be cleped a god for his myracles,
For he kan maken, at his owene gyse,
Of everich herte as that hym list divyse.

Schaut her, hier sind Arcite und Palamon,
die wahrhaftig meinem Kerker entkommen waren,
die in Theben hätten königlich leben können
und wissen, daß ich ihr Todfeind bin
und ihr Leben auch in meiner Macht steht;
und dennoch hat die Liebe beide sehenden Auges
hierher geführt – zu ihrem Tod.
Seht, ist das nicht eine große Torheit?
Wer ist ein Narr, wenn nicht der, der liebt?
Schaut her, bei Gott im Himmel,
seht, wie sie bluten! Sehen sie nicht trefflich aus?
Ihr Herr, der Gott der Liebe, hat ihnen
diesen Lohn und dieses Entgelt für ihren Dienst bezahlt.
Und dennoch, sehr weise zu sein, meinen die,
die der Liebe dienen, ganz gleich, was geschehen mag.
Doch der größte Witz von allem ist,
daß die, wegen der sie diesen ganzen Spaß haben,
ihnen genauso sehr dafür danken kann wie ich.
Sie versteht von all diesem hitzigen Treiben nicht mehr,
bei Gott, als ein Kuckuck oder ein Hase! Doch alles
muß ausprobiert werden, sei es heiß oder kalt; ein Mann
muß einmal ein Narr sein, in seiner Jugend oder im Alter –
ich habe diese Erfahrung schon vor langer Zeit gemacht,
denn in meiner Jugend stand auch ich im Dienst der Liebe.
Und da ich über die Schmerzen der Liebe Bescheid weiß
und weiß, wie schrecklich sie einen Mann verwirren kann,
vergebe ich, der ich oft in ihren Netzen gefangen war,
euch diesen Fehltritt vollständig –
auf das Bitten der Königin hin, die hier kniet,
und auch auf das von Emelie, meiner lieben Schwester.
Ihr beide sollt mir auf der Stelle schwören,
daß ihr mein Land nie mehr verletzen
und mit mir zu keiner Zeit Krieg führen werdet,
sondern daß ihr in allen Dingen meine Freunde seid.
Ich vergebe euch diesen Verstoß ganz und gar.«

Lo heere this Arcite and this Palamoun,
That quitly weren out of my prisoun,
And myghte han lyved in Thebes roially,
And witen I am hir mortal enemy,
And that hir deth lith in my myght also,
And yet hath love, maugree hir eyen two,
Broght hem hyder bothe for to dye.
Now looketh, is nat that an heigh folye?
Who may been a fool but if he love?
Bihoold, for Goddes sake that sit above,
Se how they blede! Be they noght wel arrayed?
Thus hath hir lord, the god of love, ypayed
Hir wages and hir fees for hir servyse!
And yet they wenen for to been ful wyse
That serven love, for aught that may bifalle.
But this is yet the beste game of alle,
That she for whom they han this jolitee
Kan hem therfore as muche thank as me.
She woot namoore of al this hoote fare,
By God, than woot a cokkow or an hare!
But all moot ben assayed, hoot and coold;
A man moot ben a fool, or yong or oold –
I woot it by myself ful yore agon,
For in my tyme a servant was I oon.
And therfore, syn I knowe a loves peyne
And woot hou soore it kan a man distreyne,
As he that hath ben caught ofte in his laas,
I yow foryeve al hoolly this trespaas,
At requeste of the queene, that kneleth heere,
And eek of Emelye, my suster deere.
And ye shul bothe anon unto me swere
That nevere mo ye shal my contree dere,
Ne make werre upon me nyght ne day,
But been my freendes in all that ye may.
I yow foryeve this trespas every deel."

Sie schworen einen heiligen Eid auf seine Bedingungen
und erbaten seinen Schutz und seine Gnade.
Er schenkte ihnen seine Huld und sagte dann:
»Wenn es um königliche Abstammung und Reichtum geht –
selbst wenn sie Königin oder Prinzessin wäre,
ist jeder von euch ohne Zweifel würdig,
sie zu heiraten, wenn die Zeit dafür gekommen ist;
ich spreche für meine Schwester Emelie,
derentwegen ihr so kämpft und so eifersüchtig seid.
Ihr wißt selbst, daß sie nicht zwei Männer
zugleich heiraten kann, und streitet ihr auch ewig weiter.
Einer von euch, sei es ihm nun recht oder nicht,
wird sich mit Pfeifen trösten müssen;
das heißt, sie kann nicht beide haben,
wenn ihr auch noch so eifersüchtig und wütend seid.
Deshalb werde ich euch in eine Lage versetzen,
in der jedem von euch das Schicksal zuteil werden wird,
das ihm beschieden ist. Hört zu, auf welche Weise.
Hört euer Los, das ich euch verkünden will.
Es ist mein Wille, meine unumstößliche Entscheidung,
die keinen Widerspruch duldet,
und wenn es euch gefällt, macht das Beste daraus.
Jeder von euch soll gehen, wohin ihm beliebt,
frei, ohne Lösegeld und ungehindert.
Und heute in fünfzig Wochen, weder früher noch später,
soll jeder von euch hundert Ritter hierher bringen,
die in jeder Hinsicht für ein Turnier gerüstet
und bereit sind, für sie zu kämpfen.
Und dies verspreche ich euch fest,
bei meiner Treue, so wahr ich ein Ritter bin,
daß ich demjenigen von euch beiden, der die Oberhand behält –
das heißt also, daß entweder er oder du
mit den hundert Rittern, die ich gerade genannt habe,
den Gegner tötet oder aus den Schranken vertreibt –,
Emelie zur Frau geben werde,

And they hym sworen his axyng faire and weel,
And hym of lordshipe and of mercy preyde,
And he hem graunteth grace, and thus he seyde:
"To speke of roial lynage and richesse,
Though that she were a queene or a princesse,
Ech of you bothe is worthy, doutelees,
To wedden whan tyme is; but nathelees –
I speke as for my suster Emelye,
For whom ye have this strif and jalousye –
Ye woot yourself she may nat wedden two
Atones, though ye fighten everemo,
That oon of you, al be hym looth or lief,
He moot go pipen in an yvy leef;
This is to seyn, she may nat now han bothe,
Al be ye never so jalouse ne so wrothe.
And forthy I yow putte in this degree,
That ech of yow shal have his destynee
As hym is shape, and herkneth in what wyse;
Lo, heere youre ende of that I shal devyse.
My wyl is this, for plat conclusioun,
Withouten any repplicacioun –
If that you liketh, take it for the beste:
That everich of you shal goon where hym leste
Frely, withouten raunson or daunger,
And this day fifty wykes, fer ne ner,
Everich of you shal brynge an hundred knyghtes
Armed for lystes up at alle rightes,
Al redy to darreyne hire by bataille.
And this bihote I yow withouten faille,
Upon my trouthe, and as I am a knyght,
That wheither of yow bothe that hath myght –
This is to seyn, that wheither he or thow
May with his hundred, as I spak of now,
Sleen his contrarie, or out of lystes dryve,
Thanne shal I yeve Emelya to wyve

dem Fortuna eine solch hohe Gunst erweist.
Ich werde den Turnierplatz hier an dieser Stelle erbauen.
Und so wahr sich Gott meiner Seele erbarmen möge,
ich will ein gerechter und unbestechlicher Richter sein.
Ihr sollt keine andere Abmachung mit mir treffen als die,
daß einer von euch beiden entweder getötet oder gefangengenommen wird.
Und sofern ihr meint, daß es so gut ist,
gebt eure Zustimmung und seid zufrieden.
Dies ist euer Los und euer Schicksal.«
Wer strahlt nun, wenn nicht Palamon?
Wer hüpft vor Freude nun, wenn nicht Arcite?
Wer könnte die Freude beschreiben oder wer könnte
sie in Reime fassen, die dort herrschte,
nachdem Theseus so große Gnade hatte walten lassen?
Jeder, der anwesend war, fiel auf die Knie
und dankte ihm von ganzem Herzen, wie er nur konnte,
und besonders die beiden Thebaner bedankten sich wiederholt.
So nahmen sie frohen Mutes und freudigen Herzens
Abschied und ritten heimwärts
nach Theben mit seinen alten, weitläufigen Mauern.

Hier endet der zweite Teil.

Hier folgt der dritte Teil.

Ich bin sicher, man würde es als Nachlässigkeit erachten,
wenn ich vergäße, über die Ausgaben
des Theseus zu berichten, der so geschäftig daranging,
den Turnierplatz königlich erbauen zu lassen,
so daß eine solch prächtige Arena entstand, wie es,
so darf ich wohl sagen, auf der Welt keine andere gab.
Der Umfang betrug eine Meile,
umschlossen von einer Steinmauer und einem Graben.
Die Arena war kreisrund,
mit abgestuften Sitzreihen, an die sechzig Meter hoch,
so daß kein Zuschauer in der einen Reihe
seinem Hintermann die Sicht versperrte.

To whom that Fortune yeveth so fair a grace.
The lystes shal I maken in this place,
And God so wisly on my soule rewe
As I shal evene juge been and trewe.
Ye shul noon oother ende with me maken,
That oon of yow ne shal be deed or taken.
And if yow thynketh this is weel ysayd,
Seyeth youre avys, and holdeth you apayd.
This is youre ende and youre conclusioun."
Who looketh lightly now but Palamoun?
Who spryngeth up for joye but Arcite?
Who kouthe telle, or who kouthe it endite,
The joye that is maked in the place
Whan Theseus hath doon so fair a grace?
But doun on knees wente every maner wight,
And thonked hym with al hir herte and myght,
And namely the Thebans often sithe.
And thus with good hope and with herte blithe
They taken hir leve, and homward gonne they ride
To Thebes with his olde walles wyde.

Explicit secunda pars.

Sequitur pars tercia.

I trowe men wolde deme it necligence
If I foryete to tellen the dispence
Of Theseus, that gooth so bisily
To maken up the lystes roially,
That swich a noble theatre as it was
I dar wel seyen in this world ther nas.
The circuit a myle was aboute,
Walled of stoon, and dyched al withoute.
Round was the shap, in manere of compas,
Ful of degrees, the heighte of sixty pas,
That whan a man was set on o degree,
He letted nat his felawe for to see.

Im Osten war ein aus weißem Marmor erbautes Tor,
gegenüber im Westen ein ebensolches.
Und, um es kurz zu machen, ein solcher Turnierplatz
ist auf der ganzen Welt in so kurzer Zeit noch nie erbaut worden,
denn im ganzen Land gab es keinen Gelehrten
der Geometrie oder Arithmetik,
keinen Maler, keinen Bildhauer,
der bei Theseus nicht in Lohn und Brot gestanden wäre,
um die Arena zu planen und zu bauen.
Und um die Riten und das Opfer zu verrichten,
ließ er im Osten, oberhalb des Tores,
zu Ehren der Venus, der Göttin der Liebe,
einen Altar und eine Kapelle errichten;
und oberhalb des Westtores ließ er, Mars zum Gedenken,
eine ebenso prächtige Kapelle errichten,
die ihn gut ein Fuder Gold kostete.
Und gen Norden, in einer Zinne der Mauer,
ließ Theseus aus weißem Alabaster und rotem Korall
eine prächtig aussehende Kapelle
zu Ehren Dianas, Göttin der Keuschheit,
einbauen, die vorzüglich ausgeführt war.
Doch hätte ich fast vergessen,
die prächtigen Bildhauerarbeiten und Gemälde zu beschreiben,
mit ihren Formen, ihrem Aussehen und ihren Figuren,
die in diesen drei Kapellen waren.
Zunächst sah man im Tempel der Venus
an der Wand die mitleiderregenden Abbildungen
des gestörten Schlafes, der kalten Seufzer,
der heiligen Tränen und des Wehklagens,
der glühenden Qualen des Verlangens,
die die Diener der Liebe in diesem Leben erdulden;
der Schwüre, die ihr Versprechen bekräftigen;
der Freude und Hoffnung, des Verlangens, der Torheit,
Schönheit, Jugend, Ausgelassenheit, des Reichtums,
Zaubers und der Gewalt, der Lügen, Schmeicheleien,

Estward ther stood a gate of marbul whit,
Westward right swich another in the opposit.
And shortly to concluden, swich a place
Was noon in erthe, as in so litel space;
For in the lond ther was no crafty man
That geometrie or ars-metrike kan,
Ne portreyour, ne kervere of ymages,
That Theseus ne yaf him mete and wages
The theatre for to maken and devyse.
And for to doon his ryte and sacrifise,
He estward hath, upon the gate above,
In worshipe of Venus, goddesse of love,
Doon make an auter and an oratorie;
And on the gate westward, in memorie
Of Mars, he maked hath right swich another,
That coste largely of gold a fother.
And northward, in a touret on the wal,
Of alabastre whit and reed coral,
An oratorie, riche for to see,
In worshipe of Dyane of chastitee,
Hath Theseus doon wroght in noble wyse.
But yet hadde I foryeten to devyse
The noble kervyng and the portreitures,
The shap, the contenaunce, and the figures
That weren in thise oratories thre.
First in the temple of Venus maystow se
Wroght on the wal, ful pitous to biholde,
The broken slepes, and the sikes colde,
The sacred teeris, and the waymentynge,
The firy strokes of the desirynge
That loves servantz in this lyf enduren;
The othes that hir covenantz assuren;
Plesaunce and Hope, Desir, Foolhardynesse,
Beautee and Youthe, Bauderie, Richesse,
Charmes and Force, Lesynges, Flaterye,

Verschwendung, des Fleißes und der Eifersucht;
Venus trug eine Girlande aus gelben Dotterblumen,
auf ihrer Hand saß ein Kuckuck;
Feste, Instrumente, Tänze, Reigen,
Lust und Pracht und alle die Dinge,
die zur Liebe gehören, die ich schon aufgezählt habe und noch aufzählen werde,
waren der Reihe nach an der Wand abgebildet;
und noch viel mehr, als ich nennen kann.
Denn wahrlich, der ganze Berg Kithäron,
auf dem Venus ihren Hauptwohnsitz hat,
war an der Wand abgebildet,
samt dem Garten mit seinem fröhlichen Treiben.
Auch war der Torhüter, Müßiggang, nicht vergessen,
auch nicht Narziß, der Schöne der Sage,
auch nicht die Torheit König Salomos,
auch nicht die Stärke des Herkules,
die Zauberkünste der Medea und Circe,
auch nicht Turnus mit seinem kühnen, ungestümen Sinn,
der reiche Krösus in elender Knechtschaft.
Ihr könnt also sehen, daß weder Weisheit noch Reichtum,
oder Schönheit, Schlauheit, Stärke und Tapferkeit
Venus entgegenzutreten vermögen,
denn sie kann die Welt regieren, wie sie will.
Seht, alle diese Menschen waren so lange in ihren Schlingen gefangen,
bis sie vor Kummer oftmals seufzten.
Es mögen hier ein, zwei Beispiele genügen,
obwohl ich tausend andere anführen könnte.
Die Statue der Venus – ein herrlicher Anblick:
sie war nackt und schwamm auf dem Meer;
vom Nabel abwärts war sie ganz
mit grünen Wellen bedeckt, die so durchsichtig waren wie Glas.
In der Rechten trug sie eine Leier
und auf dem Haupte – ein schöner Anblick –
einen Kranz aus Rosen, frisch und angenehm duftend,
über ihrem Haupte flatterten ihre Tauben.

Despense, Bisynesse, and Jalousye,
That wered of yelewe gooldes a gerland,
And a cokkow sittynge on hir hand;
Festes, instrumentz, caroles, daunces,
Lust and array, and alle the circumstaunces
Of love, which that I rekned and rekne shal,
By ordre weren peynted on the wal,
And mo than I kan make of mencioun.
For soothly al the mount of Citheroun,
Ther Venus hath hir principal dwellynge,
Was shewed on the wal in portreyynge,
With al the gardyn and the lustynesse.
Nat was foryeten the porter, Ydelnesse,
Ne Narcisus the faire of yore agon,
Ne yet the folye of kyng Salomon,
Ne yet the grete strengthe of Ercules –
Th'enchauntementz of Medea and Circes –
Ne of Turnus, with the hardy fiers corage,
The riche Cresus, kaytyf in servage.
Thus may ye seen that wysdom ne richesse,
Beautee ne sleighte, strengthe ne hardynesse,
Ne may with Venus holde champartie,
For as hir list the world than may she gye.
Lo, alle thise folk so caught were in hir las,
Til they for wo ful ofte seye "allas!"
Suffiseth heere ensamples oon or two,
And though I koude rekene a thousand mo.
  The statue of Venus, glorious for to se,
Was naked, fletynge in the large see,
And fro the navele doun al covered was
With wawes grene, and brighte as any glas.
A citole in hir right hand hadde she,
And on hir heed, ful semely for to se,
A rose gerland, fressh and wel smellynge;
Above hir heed hir dowves flikerynge.

Vor ihr stand ihr Sohn Cupido,
an seinen Schultern hatte er ein Paar Flügel
und er war blind, wie er ja häufig dargestellt wird;
er trug einen Bogen und glänzende, scharfe Pfeile.
Weshalb sollte ich euch nicht auch alle
Bilder beschreiben, die auf die Wand
im Tempel des mächtigen, roten Mars gemalt waren?
Die Wand war in ihrer ganzen Länge und Breite bemalt
und glich dem Inneren des schaurigen Platzes,
den man in Thrakien den großen Tempel des Mars nennt,
in jener kalten, frostigen Region,
in der Mars seinen Hauptwohnsitz hat.
Zunächst war ein Wald auf die Wand gemalt,
in welchem weder Mensch noch Tier wohnen,
mit knorpeligen, verwachsenen, kahlen alten Bäumen,
mit spitzen, schrecklich anzusehenden Stümpfen,
durch den ein Ächzen und Stöhnen ging,
als ob ein Sturm jeden Ast abbrechen wollte.
Am Fuße eines Abhanges
stand der Tempel des waffengewaltigen Mars,
ganz aus geschwärztem Stahl erbaut, der Eingang
war lang und gerade – ein schrecklicher Anblick.
Aus ihm kam ein Sturm und ein solches Brausen,
daß die Tore erbebten.
Das Nordlicht schien durch die Tore hinein,
denn die Mauern hatten keine Fenster,
durch welche man einen Lichtstrahl hätte erblicken können.
Das Tor war ganz aus beständigem Diamant,
waagrecht und senkrecht eingefaßt
mit hartem Eisen; und um dem Gebäude Festigkeit zu verleihen,
war jede Säule, die den Tempel trug,
mächtig wie eine Tonne, gefertigt aus glänzendem, hellen Eisen.
Dort sah ich zuerst die dunklen Ränkespiele
des Verrats und all seine Machenschaften;
den grausamen Zorn, rot wie die Glut,

Biforn hire stood hir sone Cupido;
Upon his shuldres wynges hadde he two,
And blynd he was, as it is often seene;
A bowe he bar and arwes brighte and kene.
Why sholde I noght as wel eek telle yow al
The portreiture that was upon the wal
Withinne the temple of myghty Mars the rede?
Al peynted was the wal, in lengthe and brede,
Lyk to the estres of the grisly place
That highte the grete temple of Mars in Trace,
In thilke colde, frosty regioun
Ther as Mars hath his sovereyn mansioun.
First on the wal was peynted a forest,
In which ther dwelleth neither man ne best,
With knotty, knarry, bareyne trees olde,
Of stubbes sharpe and hidouse to biholde,
In which ther ran a rumbel in a swough,
As though a storm sholde bresten every bough.
And dounward from an hille, under a bente,
Ther stood the temple of Mars armypotente,
Wroght al of burned steel, of which the entree
Was long and streit, and gastly for to see.
And therout came a rage and swich a veze
That it made al the gate for to rese.
The northren lyght in at the dores shoon,
For wyndowe on the wal ne was ther noon,
Thurgh which men myghten any light discerne.
The dore was al of adamant eterne,
Yclenched overthwart and endelong
With iren tough; and for to make it strong,
Every pyler, the temple to sustene,
Was tonne-greet, of iren bright and shene.
Ther saugh I first the derke ymaginyng
Of Felonye, and al the compassyng;
The crueel Ire, reed as any gleede;

den Taschendieb und auch die bleiche Furcht;
den Lächelnden mit dem Dolch unter dem Gewand,
den brennenden Stall im schwarzen Rauch;
den hinterhältigen Mord im Schlaf,
den offenen Krieg mit blutüberströmten Wunden;
den Streit, mit blutigem Dolch und scharfer Drohung.
Voller Gekreische war dieser traurige Ort.
Doch sah ich auch den Selbstmörder dort –
sein Herzblut hat sein Haar durch und durch getränkt;
den Nagel, nachts durch die Schläfe getrieben;
den kalten Tod, mit weit geöffnetem Munde.
In der Mitte des Tempels thronte das Unheil,
voller Gram und mit unwirschem Gesicht.
Auch sah ich die Raserei in ihrer Wut lachen,
die bewaffnete Klage, die Anklage und die heftige Gewalttätigkeit;
den Leichnam im Gebüsch, mit durchschnittener Kehle;
tausend Erschlagene – nicht durch die Pest hinweggerafft;
den Tyrannen mit der gewalttätig entrissenen Beute,
die zerstörte Stadt, in der nichts zurückgeblieben war;
auch sah ich die tanzenden, lodernden Schiffe;
den Jäger, erdrückt von wilden Bären;
das Schwein, das das Kind in der Wiege frißt;
den verbrühten Koch – trotz seines langen Löffels.
Vom Unglück, das Mars bringt, war nichts vergessen worden.
Der von seinem Wagen überrollte Fuhrmann
lag plattgequetscht unter dem Rad.
Im Gefolge des Mars waren auch
der Bader und der Metzger und der Schmied,
der auf seinem Amboß scharfe Schwerter schmiedet.
Und ganz oben, in einem Turm dargestellt,
sah ich die Eroberung in großem Pomp sitzen,
über dem Haupt ein scharfes Schwert,
befestigt an einem feinen Faden.
Abgebildet war auch der Mord an Caesar,
am großen Nero und an Antonius.

The pykepurs, and eek the pale Drede;
The smylere with the knyf under the cloke;
The shepne brennynge with the blake smoke;
The tresoun of the mordrynge in the bedde;
The open werre, with woundes al bibledde;
Contek, with blody knyf and sharp manace.
Al ful of chirkyng was that sory place.
The sleere of hymself yet saugh I ther –
His herte-blood hath bathed al his heer –
The nayl ydryven in the shode anyght;
The colde deeth, with mouth gapyng upright.
Amyddes of the temple sat Meschaunce,
With disconfort and sory contenaunce.
Yet saugh I Woodnesse, laughynge in his rage,
Armed Compleint, Outhees, and fiers Outrage;
The careyne in the busk, with throte ycorve;
A thousand slayn, and nat of qualm ystorve;
The tiraunt, with the pray by force yraft;
The toun destroyed, ther was no thyng laft.
Yet saugh I brent the shippes hoppesteres;
The hunte strangled with the wilde beres;
The sowe freten the child right in the cradel;
The cook yscalded, for al his longe ladel.
Noght was foryeten by the infortune of Marte.
The cartere overryden with his carte –
Under the wheel ful lowe he lay adoun.
Ther were also, of Martes divisioun,
The barbour, and the bocher, and the smyth,
That forgeth sharpe swerdes on his styth.
And al above, depeynted in a tour,
Saugh I Conquest, sittynge in greet honour,
With the sharpe swerd over his heed
Hangynge by a soutil twynes threed.
Depeynted was the slaughtre of Julius,
Of grete Nero, and of Antonius;

Obwohl sie zu jener Zeit noch nicht geboren waren,
war ihr Tod dennoch im voraus abgebildet,
aufgrund von Mars' Drohung, als künftiges Geschick.
So war es auf diesem Bild dargestellt,
wie es droben in den Sternen abgebildet ist,
wer umgebracht oder aus Liebe sterben wird.
Ein Beispiel aus alten Geschichten mag genügen –
ich könnte nicht alle wiedergeben, selbst wenn ich wollte.
Die Statue des Mars stand auf einem Kampfwagen,
er war schwer bewaffnet und schaute grimmig drein, als ob er von Sinnen wäre.
Und über seinem Haupt glänzten zwei
Sternbilder, die in den Schriften
Puella und Rubeus genannt werden –
so war der Gott der Waffen geschmückt.
Zu seinen Füßen stand ein Wolf
mit roten Augen, der einen Mann fraß;
mit kunstvollem Pinsel war diese Geschichte abgebildet worden,
zu Ehren des Mars und zu seinem Ruhm.
Nun aber zum Tempel der keuschen Diana;
ich werde mich bemühen, euch so kurz wie möglich
die ganzen Abbildungen dort zu schildern.
Die Wände waren von unten bis oben
mit Darstellungen der Jagd und sittsamer Keuschheit bedeckt.
Dort sah ich, wie die beklagenswerte Kallisto,
als Diana ihr zürnte,
in eine Bärin verwandelt wurde;
und danach wurde sie zum Polarstern;
so war das gemalt, mehr kann ich euch nicht sagen.
Ihr Sohn ist auch ein Stern, wie jeder sehen kann.
Dort sah ich Daphne in einen Baum verwandelt,
ich meine nicht die Göttin Diana,
sondern des Peneus Tochter, die Daphne hieß.
Dort sah ich Aktäon in einen Hirsch verwandelt,
als Strafe dafür, daß er Diana ganz nackt gesehen hatte.
Ich sah, wie seine Hunde ihn fingen

Al be that thilke tyme they were unborn,
Yet was hir deth depeynted ther-biforn
By manasynge of Mars, right by figure;
So was it shewed in that portreiture,
As is depeynted in the sterres above
Who shal be slayn or elles deed for love.
Suffiseth oon ensample in stories olde;
I may nat rekene hem alle though I wolde.
  The statue of Mars upon a carte stood
Armed, and looked grym as he were wood;
And over his heed ther shynen two figures
Of sterres, that been cleped in scriptures,
That oon Puella, that oother Rubeus –
This god of armes was arrayed thus.
A wolf ther stood biforn hym at his feet
With eyen rede, and of a man he eet;
With soutil pencel was depeynted this storie
In redoutynge of Mars and of his glorie.
  Now to the temple of Dyane the chaste,
As shortly as I kan, I wol me haste,
To telle yow al the descripsioun.
Depeynted been the walles up and doun
Of huntyng and of shamefast chastitee.
Ther saugh I how woful Calistopee,
Whan that Diane agreved was with here,
Was turned from a womman til a bere,
And after was she maad the loode sterre.
Thus was it peynted; I kan sey yow no ferre.
Hir sone is eek a sterre, as men may see.
Ther saugh I Dane, yturned til a tree –
I mene nat the goddesse Diane,
But Penneus doghter, which that highte Dane.
Ther saugh I Attheon an hert ymaked,
For vengeaunce that he saugh Diane al naked;
I saugh how that his houndes have hym caught

und dann fraßen, denn sie erkannten ihn nicht.
Doch war gleich daneben noch mehr abgebildet –
wie Atalante den wilden Eber jagte,
mit Meleager und vielen anderen,
wofür ihm Diana Sorge und Kummer bereitete.
Dort sah ich viele wunderbare Geschichten abgebildet,
die ich jedoch nicht in Erinnerung bringen möchte.
Die Göttin selbst saß aufrecht auf einem Hirsch,
zu ihren Füßen spielten kleine Jagdhunde;
unterhalb ihrer Füße war ein Mond
im Zunehmen dargestellt, doch bald würde er abnehmen.
Diana war in Gelbgrün gekleidet,
einen Bogen in der Hand und Pfeile im Köcher.
Die Augen richtete sie nach unten,
dorthin, wo Pluto sein düsteres Reich hat.
Eine kreißende Frau war vor ihr abgebildet, die,
da ihr Kind so lange nicht kommen wollte,
erbärmlich nach Lucina rief
und sagte: »Hilf mir, denn du vermagst es am besten.«
Der dieses gemalt hatte, konnte wahrlich nach dem Leben [malen;
er hatte sich die Farben viele Florinen kosten lassen.
Nun ist der Turnierplatz fertiggestellt und Theseus,
der mit großen Kosten die Ausschmückung
jedes Details der Tempel und der Arena hatte vornehmen lassen,
hatte nach der Fertigstellung überaus großes Gefallen daran.
Doch möchte ich Theseus ein wenig vernachlässigen
und stattdessen über Palamon und Arcite berichten.
Der Tag ihrer Rückkehr rückt näher,
an dem jeder einhundert Ritter mit sich bringen sollte,
um die Schlacht zu wagen, wie ich euch gesagt habe.
Um das Versprechen einzuhalten, hat jeder
einhundert Ritter nach Athen gebracht,
die für den Kampf in jeder Hinsicht gut gerüstet waren.
Und wahrlich, manch einer dachte,
daß es seit Anbeginn der Welt –

And freeten hym, for that they knewe hym naught.
Yet peynted was a litel forther moor
How Atthalante hunted the wilde boor,
And Meleagre, and many another mo,
For which Dyane wroghte hym care and wo.
Ther saugh I many another wonder storie,
The which me list nat drawen to memorie.
This goddesse on an hert ful hye seet,
With smale houndes al aboute hir feet,
And undernethe hir feet she hadde a moone –
Wexynge it was and sholde wanye soone.
In gaude grene hir statue clothed was,
With bowe in honde and arwes in a cas.
Hir eyen caste she ful lowe adoun
Ther Pluto hath his derke regioun.
A womman travaillynge was hire biforn;
But for hir child so longe was unborn,
Ful pitously Lucyna gan she calle
And seyde, "Help, for thou mayst best of alle!"
Wel koude he peynten lifly that it wroghte;
With many a floryn he the hewes boghte.
Now been thise lystes maad, and Theseus,
That at his grete cost arrayed thus
The temples and the theatre every deel,
Whan it was doon, hym lyked wonder weel.
But stynte I wole of Theseus a lite,
And speke of Palamon and of Arcite.
The day approcheth of hir retournynge,
The everich sholde an hundred knyghtes brynge
The bataille to darreyne, as I yow tolde.
And til Atthenes, hir covenant for to holde,
Hath everich of hem broght an hundred knyghtes,
Wel armed for the werre at alle rightes.
And sikerly ther trowed many a man
That nevere, sithen that the world bigan,

was ritterliche Tapferkeit betrifft –,
soweit sich Gottes Schöpfung erstreckt, noch nie
eine so prächtige, aus so wenigen bestehende Schar gegeben
Denn jeder, der die Ritterschaft liebte [habe.
und gerne einen berühmten Namen haben wollte,
hatte darum gebeten, an diesem Turnier teilnehmen zu dürfen –
und glücklich war der, der auserwählt worden war.
Denn fände morgen ein ähnliches Ereignis statt,
so wißt ihr wohl, daß jeder wackere Ritter,
der die Minne liebt und über Kraft verfügt,
sei es in England oder anderswo,
sehr gerne zur Stelle wäre,
um für eine Dame zu kämpfen. Bei Gott!
Das wäre ein fröhliches Schauspiel.
Genauso dachten die Ritter um Palamon.
Mit ihm waren viele Ritter gekommen;
einer trägt ein Panzerhemd
mit Küraß und leichtem Waffenrock;
ein anderer trägt einen mächtigen Panzerharnisch;
wieder ein anderer einen preußischen Schild oder eine Tartsche;
und wieder ein anderer legt seine Beinschienen an,
hat eine Axt als Waffe, während ein anderer eine Eisenkeule hat:
Es gibt keine neue Mode, die nicht schon einmal dagewesen
Bewaffnet waren sie, wie ich euch erzählt habe – [wäre.
jeder nach seinem Gutdünken.
Dort im Gefolge Palamons kann man
Lykurg persönlich sehen, den großen König von Thrakien;
sein Bart war schwarz und sein Gesicht männlich;
die runden Augen in seinem Gesicht
glänzten gelbrot,
und wie ein Greif schaute er umher,
mit seinen großen, buschigen Augenbrauen;
er hatte große Gliedmaßen und starke, kräftige Muskeln,
breite Schultern und lange, muskulöse Arme.
Gemäß dem Brauch seines Landes

As for to speke of knyghthod of hir hond,
As fer as God hath maked see or lond,
Nas of so fewe so noble a compaignye.
For every wight that lovede chivalrye
And wolde, his thankes, han a passant name,
Hath preyed that he myghte been of that game;
And wel was hym that therto chosen was,
For if ther fille tomorwe swich a cas,
Ye knowen wel that every lusty knyght
That loveth paramours and hath his myght,
Were it in Engelond or elleswhere,
They wolde, hir thankes, wilnen to be there –
To fighte for a lady, benedicitee!
It were a lusty sighte for to see.
And right so ferden they with Palamon.
With hym ther wenten knyghtes many on;
Som wol ben armed in an haubergeoun,
And in a brestplate and a light gypoun;
And som wol have a paire plates large;
And som wol have a Pruce sheeld or a targe;
Som wol ben armed on his legges weel,
And have an ax, and som a mace of steel –
Ther is no newe gyse that it nas old.
Armed were they, as I have yow told,
Everych after his opinioun.
Ther maistow seen, comynge with Palamoun,
Lygurge hymself, the grete kyng of Trace.
Blak was his berd, and manly was his face;
The cercles of his eyen in his heed,
They gloweden bitwixen yelow and reed,
And lik a grifphon looked he aboute,
With kempe heeris on his browes stoute;
His lymes grete, his brawnes harde and stronge,
His shuldres brode, his armes rounde and longe;
And as the gyse was in his contree,

stand er aufrecht in einem goldenen Kampfwagen,
der mit vier weißen Stieren bespannt war.
Statt eines Waffenrockes über der Rüstung
trug er ein mit gelben, wie Gold glänzenden Nieten
besetztes Bärenfell, das sehr alt und pechschwarz war.
Sein langes Haar hatte er auf den Rücken gekämmt,
es war so schwarz und glänzte wie das Gefieder eines Raben.
Auf dem Haupt trug er ein armdickes, schweres, goldenes Diadem,
das mit glänzenden Edelsteinen besetzt war,
mit prächtigen Rubinen und Diamanten.
Weiße Doggen umgaben seinen Kampfwagen –
mehr als zwanzig, so groß wie Stiere
und für die Löwen- und Hirschjagd abgerichtet;
und sie folgten ihm mit sorgfältig verschnürtem Maulkorb
und goldenen Halsbändern, ringsum mit Ringen besetzt.
Einhundert Edelleute hatte er in seinem Gefolge,
alle wohl gerüstet, ihr Herz kühn und unerschrocken.
Mit Arcite, wie man in den Geschichten finden kann,
kam der große Emetrius, der König von Indien,
auf einem rotbraunen Schlachtroß mit ehernem Geschirr
und mit einem mit Gold durchwirkten Tuch bedeckt
dahergeritten – wie der Gott der Waffen, Mars.
Sein Waffenrock war aus Tuch aus Tarsus gefertigt,
besetzt mit großen, runden, weißen Perlen.
Sein Sattel war mit gehämmertem Gold neu belegt worden;
über seinen Schultern hing ein Mantel,
über und über mit feuerroten, glänzenden Rubinen besetzt;
sein krauses Haar war in Locken gelegt,
es war blond und gleißte wie die Sonne.
Seine Nase war markant, seine Augen zitronengelb,
seine Lippen rund, seine Gesichtsfarbe rot;
in seinem Gesicht waren ein paar Sommersprossen
von gelblich-schwarzer Farbe;
und wie ein Löwe ließ er seine Blicke umherschweifen.
Ich schätze ihn auf fünfundzwanzig Jahre.

Ful hye upon a chaar of gold stood he,
With foure white boles in the trays.
In stede of cote-armure over his harnays,
With nayles yelewe and brighte as any gold,
He hadde a beres skyn, col-blak for old.
His longe heer was kembd bihynde his bak;
As any ravenes fethere it shoon for blak;
A wrethe of gold, arm-greet, of huge wighte,
Upon his heed, set ful of stones brighte,
Of fyne rubyes and of dyamauntz.
Aboute his chaar ther wenten white alauntz,
Twenty and mo, as grete as any steer,
To hunten at the leoun or the deer,
And folwed hym with mosel faste ybounde,
Colered of gold, and tourettes fyled rounde.
An hundred lordes hadde he in his route,
Armed ful wel, with hertes stierne and stoute.
With Arcita, in stories as men fynde,
The grete Emetreus, the kyng of Inde,
Upon a steede bay trapped in steel,
Covered in clooth of gold, dyapred weel,
Cam ridynge lyk the god of armes, Mars.
His cote-armure was of clooth of Tars
Couched with perles white and rounde and grete;
His sadel was of brend gold newe ybete;
A mantelet upon his shulder hangynge,
Bret-ful of rubyes rede as fyr sparklynge;
His crispe heer lyk rynges was yronne,
And that was yelow, and glytered as the sonne.
His nose was heigh, his eyen bright citryn,
His lippes rounde, his colour was sangwyn;
A fewe frakenes in his face yspreynd,
Bitwixen yelow and somdel blak ymeynd;
And as a leon he his lookyng caste.
Of fyve and twenty yeer his age I caste.

Sein Bart hatte schon prächtig zu sprießen begonnen;
seine Stimme schmetterte wie eine Trompete.
Auf dem Kopf trug er einen grünen Lorbeerkranz,
frisch und gefällig anzusehen.
Auf der Hand trug er zu seinem Vergnügen
einen zahmen Adler, weiß wie eine Lilie.
Einhundert Edelleute hatte er mit sich gebracht,
die, mit Ausnahme des Hauptes, voll gerüstet waren,
prächtig, mit allen Einzelheiten.
Ihr könnt mir glauben, daß Herzöge, Grafen, Könige
in dieser edlen Schar versammelt waren,
der Minne wegen und um das Ansehen der Ritterschaft zu
Rings um diesen König tummelten sich [mehren.
viele zahme Löwen und Leoparden.
Und so sind diese Edlen, allesamt,
am Sonntag zu der Stadt gekommen,
so gegen 9 Uhr, und sind dort abgestiegen.
Theseus, der Herzog und edle Ritter,
ließ sie, nachdem er sie in seine Stadt geleitet
und einen jeden seinem Stand entsprechend untergebracht hatte,
festlich bewirten; er scheute keine Anstrengung,
es ihnen angenehm zu machen und ihnen jede Ehre zu erweisen,
so daß man heute noch der Ansicht ist,
kein Sterblicher könnte es besser machen.
Über die Musik, die Aufwartung beim Festmahl,
die großen Geschenke für hoch und nieder,
die reiche Ausstattung von Theseus' Palast,
wer oben oder wer unten an der Tafel saß, [waren,
welche Damen die schönsten oder die besten Tänzerinnen
oder welche von ihnen am besten tanzen und singen konnte,
wer am einfühlsamsten über die Liebe sprach,
was für Falken oben auf der Stange saßen,
was für Hunde auf dem Boden lagen –
über all das berichte ich nun nicht, [sein.
sondern nur über das Wesentliche, das scheint mir das Beste zu
Nun komme ich zum Kern der Sache, hört mir zu, wenn es euch
[beliebt.

His berd was wel bigonne for to sprynge;
His voys was as a trompe thonderynge.
Upon his heed he wered of laurer grene
A gerland, fressh and lusty for to sene.
Upon his hand he bar for his deduyt
An egle tame, as any lilye whyt.
An hundred lordes hadde he with hym there,
Al armed, save hir heddes, in al hir gere,
Ful richely in alle maner thynges.
For trusteth wel that dukes, erles, kynges
Were gadered in this noble compaignye,
For love and for encrees of chivalrye.
Aboute this kyng ther ran on every part
Ful many a tame leon and leopart.
And in this wise thise lordes, alle and some,
Been on the Sonday to the citee come
Aboute pryme, and in the toun alight.
This Theseus, this duc, this worthy knyght,
Whan he had broght hem into his citee,
And inned hem, everich at his degree,
He festeth hem, and dooth so greet labour
To esen hem and doon hem al honour
That yet men wenen that no mannes wit
Of noon estaat ne koude amenden it.
The mynstralcye, the service at the feeste,
The grete yiftes to the meeste and leeste,
The riche array of Theseus paleys,
Ne who sat first ne last upon the deys,
What ladyes fairest been or best daunsynge,
Or which of hem kan dauncen best and synge,
Ne who moost felyngly speketh of love;
What haukes sitten on the perche above,
What houndes liggen on the floor adoun –
Of al this make I now no mencioun,
But al th'effect; that thynketh me the beste.
Now cometh the point, and herkneth if yow leste.

Sonntagnachts, noch bevor der Tag anbrach,
hörte Palamon die Lerche singen
(obwohl es bis zum Tagesanbruch noch zwei Stunden waren,
sang die Lerche dennoch) und stand
mit frommem Herzen und frohem Mut
auf, um seine Wallfahrt
zur segensreichen und gütigen Citherea anzutreten –
ich meine Venus, die ehrbare und würdige.
Und in ihrer Stunde ging er bedächtig
zum Turnierplatz, wo ihr Tempel war.
Er kniete nieder und demütigen Blickes
und wehen Herzens sagte er, wie ihr hören werdet:
»Schönste der Schönen, o meine Herrin, Venus,
Tochter des Jupiter und Gattin des Vulkan,
du Freudenspenderin vom Berg Citheron;
um deiner Liebe zu Adonis willen,
hab Erbarmen mit meinen bitteren, schmerzvollen Tränen
und schließe mein demütiges Gebet in dein Herz.
Aber ach, mir fehlen die Worte,
um das Ausmaß meiner Höllenqualen zu beschreiben;
mein Herz kann mein Leid nicht zum Ausdruck bringen;
ich bin so verwirrt, daß ich nichts anderes sagen kann
als: ›Gnade, schöne Herrin, die du [verwundet bin!‹
meine Gedanken genau kennst und siehst, wie sehr ich
Bedenke dies alles und hab Erbarmen mit meiner Pein,
so wahr ich zukünftig
nach meinen Kräften dein treuer Diener sein
und die Keuschheit stets bekämpfen werde.
Dies sei mein Gelöbnis, wenn du mir hilfst!
Ich mache mir nichts daraus, mit den Waffen zu prahlen; auch
bitte ich nicht darum, morgen den Sieg davontragen zu dürfen,
auch nicht um Ruhm in dieser Sache, noch darum, mit eitlem
Ruhm wegen Waffenkunst landauf, landab gepriesen zu werden;
doch möchte ich Emelie ganz für mich besitzen
und in deinem Dienst sterben.

The Sonday nyght, er day bigan to sprynge,
Whan Palamon the larke herde synge
(Although it nere nat day by houres two,
Yet song the larke) and Palamon right tho
With hooly herte and with an heigh corage,
He roos to wenden on his pilgrymage
Unto the blisful Citherea benigne –
I mene Venus, honurable and digne.
And in hir houre he walketh forth a pas
Unto the lystes ther hire temple was,
And doun he kneleth, and with humble cheere
And herte soor he seyde as ye shal heere:
"Faireste of faire, O lady myn, Venus,
Doughter to Jove and spouse of Vulcanus,
Thow gladere of the mount of Citheron,
For thilke love thow haddest to Adoon,
Have pitee of my bittre teeris smerte,
And taak myn humble preyere at thyn herte.
Allas! I ne have no langage to telle
Th'effectes ne the tormentz of myn helle;
Myn herte may myne harmes nat biwreye;
I am so confus that I kan noght seye
But 'Mercy, lady bright, that knowest weele
My thought and seest what harmes that I feele!'
Considere al this and rewe upon my soore,
As wisly as I shal for everemoore,
Emforth my myght, thy trewe servant be,
And holden werre alwey with chastitee.
That make I myn avow, so ye me helpe!
I kepe noght of armes for to yelpe,
Ne I ne axe nat tomorwe to have victorie,
Ne renoun in this cas, ne veyne glorie
Of pris of armes blowen up and doun;
But I wolde have fully possessioun
Of Emelye, and dye in thy servyse.

Finde du Mittel und Wege dafür:
ich kümmere mich nicht darum, ob es besser wäre,
wenn ich diese besiege oder diese mich;
lediglich darum, daß ich meine Dame in meine Arme schließen
Selbst wenn Mars der Gott der Waffen ist, [darf.
ist deine Macht im Himmel droben doch so groß,
daß ich meine Liebste gut gewinnen kann, wenn es dir gefällt.
Deinen Tempel will ich stets verehren;
auch werde ich, wohin ich auch reite oder gehe, auf deinem Altar
Opfer darbringen und Feuer entzünden.
Und wenn du anders gesonnen bist, meine huldvolle Herrin,
dann bitte ich dich darum, daß Arcite mir morgen
einen Speer durchs Herz bohren möge;
denn habe ich mein Leben verloren, dann kümmere ich mich
wenn Arcite sie zur Frau gewinnt. [nicht darum,
Dies sei der Sinn und Zweck meines Gebetes:
Gib mir meine Liebste, du segensreiche, gute Herrin.«
Nachdem Palamon sein Gebet verrichtet hatte,
brachte er sofort sein Opfer dar,
überaus demütig und unter Einhaltung des Zeremoniells;
doch werde ich jetzt nicht alle Einzelheiten seiner Verehrung
Schließlich erbebte das Standbild der Venus [berichten.
und gab ein Zeichen, aus dem er entnahm,
daß sein Gebet an diesem Tag erhört worden war.
Denn obgleich das Zeichen eine Verzögerung andeutete,
wußte er dennoch genau, daß seine Bitte erfüllt worden war;
und freudigen Herzens begab er sich sogleich zu seiner Unter-
In der dritten Stunde, als Palamon [kunft zurück.
sich zum Tempel der Venus begeben hatte,
ging die Sonne auf und Emelie stand auf
und eilte zum Tempel der Diana.
Ihre Jungfrauen, die sie dorthin mitnahm,
hatten bereits das Feuer vorbereitet,
den Weihrauch, die Gewänder und all das,
was noch zu einem Opfer gehört,

Fynd thow the manere hou and in what wyse:
I recche nat but it may bettre be
To have victorie of hem, or they of me,
So that I have my lady in myne armes.
For though so be that Mars is god of armes,
Youre vertu is so greet in hevene above
That if yow list, I shal wel have my love.
Thy temple wol I worshipe everemo,
And on thyn auter, where I ride or go,
I wol doon sacrifice and fires beete.
And if ye wol nat so, my lady sweete,
Thanne preye I thee, tomorwe with a spere
That Arcita me thurgh the herte bere.
Thanne rekke I noght, whan I have lost my lyf,
Though that Arcita wynne hire to his wyf.
This is th'effect and ende of my preyere:
Yif me my love, thow blisful lady deere."
  When the orison was doon of Palamon,
His sacrifice he dide, and that anon,
Ful pitously, with alle circumstaunces,
Al telle I noght as now his observaunces;
But atte laste the statue of Venus shook,
And made a signe, wherby that he took
That his preyere accepted was that day.
For thogh the signe shewed a delay,
Yet wiste he wel that graunted was his boone,
And with glad herte he wente hym hoom ful soone.
  The thridde houre inequal that Palamon
Bigan to Venus temple for to gon,
Up roos the sonne, and up roos Emelye
And to the temple of Dyane gan hye.
Hir maydens, that she thider with hire ladde,
Ful redily with hem the fyr they hadde,
Th'encens, the clothes, and the remenant al
That to the sacrifice longen shal;

die Füllhörner voller Met, wie es der Sitte entsprach;
nichts fehlte, um ihr Opfer darbringen zu können.
Nachdem der Tempel mit schönen Tüchern geschmückt und mit [Weihrauch geweiht war,
wusch Emelie demütigen Herzens
ihren Körper mit Wasser aus einem Brunnen.
Doch wie sie ihr Zeremoniell verrichtete, wage ich nicht zu [erzählen,
es sei denn ganz allgemein;
dennoch wäre es eine Freude, alle Einzelheiten zu hören.
Jedem, der wohlgesinnt ist, wäre dies keine Last,
doch ist es gut, wenn man frei ist.
Ihr glänzendes, wallendes Haar wurde gekämmt
und eine Krone aus grünem Eichenlaub
wurde mit Geschick und Anmut auf ihr Haupt gesetzt.
Sie machte sich daran, zwei Feuer auf dem Altar zu entfachen
und verrichtete sodann ihr Opfer, wie man bei
Statius von Theben und in den alten Büchern nachlesen kann.
Nachdem das Feuer entfacht war, sprach sie demütigen Sinnes
zu Diana, wie ihr hören werdet:
»O keusche Göttin der grünen Wälder,
die du auf Himmel, Erde und Meere blickst,
Königin des finsteren, tiefen Reiches von Pluto,
Göttin der Jungfrauen, die du mein Herz
seit vielen Jahren kennst und weißt, was ich mir wünsche;
verschone mich mit deiner Rache und deinem Zorn,
den Aktäon so grausam zu verspüren bekam.
Keusche Göttin, du weißt genau, daß ich mir
wünsche, mein Leben lang Jungfrau zu sein,
nie möchte ich Geliebte oder Frau sein.
Wie du weißt, gehöre ich noch zu deiner Dienerschaft
und bin Jungfrau; und ich liebe die Jagd und die Pirsch,
liebe es, in den wilden Wäldern umherzustreifen –
nicht jedoch, Gattin und Mutter zu werden.
Ich möchte mich nicht einem Mann hingeben.
Nun, Herrin, hilf mir, denn du vermagst es
der drei Naturen wegen, die in dir vereinigt sind.

The hornes fulle of meeth, as was the gyse –
Ther lakked noght to doon hir sacrifise.
Smokynge the temple, ful of clothes faire,
This Emelye, with herte debonaire,
Hir body wessh with water of a welle.
But hou she dide hir ryte I dar nat telle,
But it be any thing in general;
And yet it were a game to heeren al.
To hym that meneth wel it were no charge;
But it is good a man been at his large.
Hir brighte heer was kembd, untressed al;
A coroune of a grene ook cerial
Upon hir heed was set ful fair and meete.
Two fyres on the auter gan she beete,
And dide hir thynges, as men may biholde
In Stace of Thebes and thise bookes olde.
Whan kyndled was the fyr, with pitous cheere
Unto Dyane she spak as ye may heere:
"O chaste goddesse of the wodes grene,
To whom bothe hevene and erthe and see is sene,
Queene of the regne of Pluto derk and lowe,
Goddesse of maydens, that myn herte hast knowe
Ful many a yeer, and woost what I desire,
As keepe me fro thy vengeaunce and thyn ire,
That Attheon aboughte cruelly.
Chaste goddesse, wel wostow that I
Desire to ben a mayden al my lyf,
Ne nevere wol I be no love ne wyf.
I am, thow woost, yet of thy compaignye,
A mayde, and love huntynge and venerye,
And for to walken in the wodes wilde,
And noght to ben a wyf and be with childe.
Noght wol I knowe compaignye of man.
Now help me, lady, sith ye may and kan,
For tho thre formes that thou hast in thee.

Sende Palamon, der mich so liebt,
und Arcite, der mich so schmerzlich liebt –
nur um diese eine Gnade bitte ich dich –,
Liebe und Frieden zwischen ihnen beiden
und bewirke, daß ihr Herz sich von mir abwendet,
so daß ihre heiße Liebe und ihr Verlangen,
ihre scharfe Qual und ihr Feuer
ein Ende nehme oder sich in eine andere Richtung kehre.
Und wenn es so ist, daß du mir keine Gnade angedeihen lassen willst,
oder wenn mein Schicksal so bestimmt ist,
daß ich einen von beiden nehmen muß,
dann gib mich dem, der mich am meisten begehrt.
Göttin der reinen Keuschheit, sieh doch
die bitteren Tränen, die auf meine Wangen fallen.
Da du Jungfrau und unser aller Beschützerin bist,
bewahre du meine Jungfernschaft und behüte sie wohl,
und solange ich lebe, will ich dir als Jungfrau dienen.«
Die Feuer auf dem Altar loderten hell auf,
während Emelie so in ihr Gebet versunken war.
Doch plötzlich sah sie eine seltsame Erscheinung,
denn jäh verlöschte eines der Feuer
und flammte wieder auf; und gleich darauf
verlöschte das andere Feuer gänzlich;
und während es verlöschte, zischte es
wie nasses Holz im Feuer.
Und aus den Enden der Scheite rannen sofort
viele Tropfen heraus, die Blut glichen;
Emelie erschrak deswegen so sehr,
daß sie fast von Sinnen war, und begann zu schreien,
denn sie wußte nicht, was dies zu bedeuten hatte;
doch nur aus Angst schrie sie so;
und sie weinte so sehr, daß es einen jammern konnte.
Gleich darauf erschien Diana
mit einem Bogen in der Hand, so wie eine Jägerin,
und sagte: »Tochter, laß ab von deinem Schmerz.

And Palamon, that hath swich love to me,
And eek Arcite, that loveth me so soore,
This grace I preye thee withoute moore,
As sende love and pees bitwixe hem two,
And fro me turne awey hir hertes so
That al hire hoote love and hir desir,
And al hir bisy torment, and hir fir
Be queynt, or turned in another place.
And if so be thou wolt nat do me grace,
Or if my destynee be shapen so
That I shal nedes have oon of hem two,
As sende me hym that moost desireth me.
Bidhoold, goddesse of clene chastitee,
The bittre teeris that on my chekes falle.
Syn thou art mayde and kepere of us alle,
My maydenhede thou kepe and wel conserve,
And whil I lyve, a mayde I wol thee serve."
The fires brenne upon the auter cleere,
Whil Emelye was thus in hir preyere.
But sodeynly she saugh a sighte queynte,
For right anon oon of the fyres queynte
And quyked agayn, and after that anon
That oother fyr was queynt and al agon;
And as it queynte it made a whistelynge,
As doon thise wete brondes in hir brennynge,
And at the brondes ende out ran anon
As it were blody dropes many oon;
For which so soore agast was Emelye
That she was wel ny mad and gan to crye,
For she ne wiste what it signyfied,
But oonly for the feere thus hath she cried,
And weep that it was pitee for to heere.
And therwithal Dyane gan appeere,
With bowe in honde, right as an hunteresse,
And seyde, "Doghter, stynt thyn hevynesse.

Unter den Göttern droben ist bestimmt
und durch ewig gültiges Wort niedergelegt und bestätigt,
daß du mit einem der beiden vermählt werden sollst,
die deinetwegen so viel Sorge und Kummer haben;
doch mit welchem, darf ich nicht sagen.
Lebwohl, ich kann nicht länger bleiben.
Die Feuer, die auf meinem Altar brennen,
werden dir, bevor du von hier weggehst,
kundtun, was dir in diesem Fall in der Liebe bestimmt ist.«
Und mit diesen Worten rasselten und klapperten
die Pfeile im Köcher der Göttin;
und sie entfernte sich und war verschwunden;
Emelie war darüber erstaunt
und sagte: »Was bedeutet dies, o weh?
Ich stelle mich in deinen Schutz,
Diana, und zu deiner Verfügung.«
Dann ging sie geradewegs nach Hause.
Dies ist der Kern der Sache – mehr gibt es nicht zu sagen.
In der darauffolgenden Stunde des Mars
hat sich Arcite zum Tempel des
grausamen Mars begeben, um sein Opfer zu verrichten,
samt den gesamten Riten seiner heidnischen Religion.
Mit demütigem Herzen und mit großer Andacht
sprach er in seinem Gebet zu Mars so:
»O starker Gott, der du in den kalten Reichen
von Thrakien verehrt und als Herrscher anerkannt wirst;
und der du in jedem Reich, in jedem Land
alle Waffen mit deinem Zügel lenkst
und ihnen nach deinem Willen den Sieg gewährst,
nimm mein demütiges Opfer an.
Wenn es meiner Jugend zusteht
und meine Kraft würdig ist, deiner Gottheit
zu dienen, so daß ich einer deines Gefolges sein kann,
dann bitte ich dich, erbarme dich meiner Pein.
Denn diese Pein und dieses heiße Feuer,

Among the goddes hye it is affermed,
And by eterne word writen and confermed,
Thou shalt ben wedded unto oon of tho
That han for thee so muchel care and wo,
But unto which of hem I may nat telle.
Farwel, for I ne may no leger dwelle.
The fires which that on myn auter brenne
Shulle thee declaren, er that thou go henne,
Thyn aventure of love, as in this cas."
And with that word, the arwes in the caas
Of the goddesse clateren faste and rynge,
And forth she wente and made a vanysshynge;
For which this Emelye astoned was,
And seyde, "What amounteth this, allas?
I putte me in thy proteccioun,
Dyane, and in thy disposicioun."
And hoom she goth anon the nexte weye.
This is th'effect; ther is namoore to seye.
The next houre of Mars folwynge this,
Arcite unto the temple walked is
Of fierse Mars to doon his sacrifise,
With alle the rytes of his payen wyse.
With pitous herte and heigh devocioun,
Right thus to Mars he seyde his orisoun:
"O stronge god, that in the regnes colde
Of Trace honoured art and lord yholde,
And hast in every regne and every lond
Of armes al the brydel in thyn hond,
And hem fortunest as thee lyst devyse,
Accepte of me my pitous sacrifise.
If so be that my youthe may deserve,
And that my myght be worthy for to serve
Thy godhede, that I may been oon of thyne,
Thanne preye I thee to rewe upon my pyne.
For thilke peyne and thilke hoote fir

mit welchem du selbst einmal vor Begierde entbrannt warst,
als du die Schönheit der
schönen, jungen, frischen, willigen Venus genossen hattest
und sie gefügig in deinen Armen hieltest
– obgleich es dir einmal übel erging,
als dich Vulkan in seinen Stricken gefangen hatte
und dich, o weh, bei seiner Gattin liegend fand –,
um dieser Sorge willen, die dein Herz dann verspürte,
habe auch Erbarmen mit meiner quälenden Pein.
Ich bin jung und unerfahren, wie du weißt,
und, wie ich glaube, von der Liebe mehr verletzt,
als es ein Mensch je war. Denn die, die mich
all dieses Leid ertragen läßt, kümmert sich überhaupt
nicht darum, ob ich untergehe oder oben schwimme.
Ich weiß genau, bevor sie mir ihre Gunst gewährt,
muß ich sie durch meine Stärke auf dem Turnierplatz gewinnen;
und ich weiß auch genau, ohne Hilfe und Gnade
deinerseits kann meine Stärke nichts erreichen.
Nun also, Herr, hilf mir morgen in meinem Kampf,
um des Feuers willen, das dich einst gemartert hat,
wie es nun mich martert,
und bewirke, daß ich morgen den Sieg davontrage.
Die Mühe sei mein, dein sei der Ruhm!
Deinen erhabenen Tempel werde ich mehr als
jede andere Stätte verehren; und immer werde ich mit aller Kraft
zu deinem Gefallen arbeiten und mich in deinem harten Hand-
In deinem Tempel werde ich mein Banner [werk anstrengen.
und alle Waffen meines Gefolges aufhängen;
und stets, solange ich lebe,
werde ich ein ewiges Feuer für dich entzündet halten.
Und auch an dieses Gelöbnis werde ich mich halten:
Meinen prächtigen Bart, mein wallendes Haar,
die noch nie Gewalt durch
Rasiermesser oder Schere erfahren haben, will ich dir schenken
und will dein treuer Diener sein, solange ich lebe.

In which thow whilom brendest for desir,
Whan that thow usedest the beautee
Of faire, yonge, fresshe Venus free,
And haddest hire in armes at thy wille –
Although thee ones on a tyme mysfille,
Whan Vulcanus hadde caught thee in his las
And foond thee liggynge by his wyf, allas! –
For thilke sorwe that was in thyn herte,
Have routhe as wel upon my peynes smerte.
I am yong and unkonnynge, as thow woost,
And, as I trowe, with love offended moost
That evere was any lyves creature,
For she that dooth me al this wo endure
Ne reccheth nevere wher I synke or fleete.
And wel I woot, er she me mercy heete,
I moot with strengthe wynne hire in the place,
And wel I woot, withouten help or grace
Of thee ne may my strengthe noght availle.
Thanne help me, lord, tomorwe in my bataille,
For thilke fyr that whilom brente thee,
As wel as thilke fyr now brenneth me,
And do that I tomorwe have victorie.
Myn be the travaille, and thyn be the glorie!
Thy sovereyn temple wol I moost honouren
Of any place, and alwey moost labouren
In thy plesaunce and in thy craftes stronge,
And in thy temple I wol my baner honge
And alle the armes of my compaignye,
And everemo, unto that day I dye,
Eterne fir I wol bifore thee fynde.
And eek to this avow I wol me bynde:
My beerd, myn heer, that hongeth long adoun,
That nevere yet ne felte offensioun
Of rasour nor of shere, I wol thee yive,
And ben thy trewe servant whil I lyve.

Nun, Herr, hab Erbarmen mit meiner schmerzenden Sorge;
verleihe mir den Sieg, um mehr bitte ich dich nicht.«
Das Gebet des starken Arcite war zu Ende
und sogleich rasselten die am Tempeltor hängenden Ringe
und das Tor selbst knarrte,
worüber Arcite einigermaßen erschrak.
Die Feuer auf dem Altar brannten leuchtend
und tauchten den Tempel in helles Licht;
augenblicklich verströmte die Erde einen süßen Duft,
und Arcite erhob sogleich die Hände
und gab noch mehr Weihrauch ins Feuer,
wobei er noch weitere Riten verrichtete; und schließlich
fing die Rüstung der Statue des Mars an zu klirren;
und mit diesem Geräusch hörte er ein
sehr leises und dumpfes Raunen, das »Sieg!« sprach.
Deshalb rühmte und verehrte er den Mars.
Freudig also und auf Wohlergehen hoffend,
begab sich Arcite sogleich zu seiner Unterkunft zurück,
er war so froh wie der Vogel über die gleißende Sonne.
Sofort begann ein großer Streit
im Himmel droben wegen dieser Zusage,
und zwar zwischen Venus, der Göttin der Liebe,
und Mars, dem grimmigen, waffengewaltigen Gott,
so daß Jupiter Mühe hatte, diesen zu schlichten;
bis schließlich der bleiche, kalte Saturn,
der so viele Begebenheiten kannte,
aufgrund seiner langjährigen Erfahrung einen Ausweg fand,
mit dem er bald jede Seite zufriedengestellt hatte.
Zu Recht wird gesagt, daß das Alter einen großen Vorteil hat:
das Alter besitzt sowohl Weisheit als auch Erfahrung; man
mag das Alter zwar an Schnelligkeit übertreffen, nicht aber an Erfahrung.
Sogleich fand Saturn, damit der Streit und Zwist
ein Ende habe – wenn dies auch gegen seine Natur sein mag –,
ein Mittel gegen diesen Streit.

Now, lord, have routhe upon my sorwes soore;
Yif me [victorie]; I aske thee namoore."
The preyere stynt of Arcita the stronge,
The rynges on the temple dore that honge,
And eek the dores, clatereden ful faste,
Of which Arcita somwhat hym agaste.
The fyres brenden upon the auter brighte
That it gan al the temple for to lighte;
A sweete smel the ground anon up yaf,
And Arcita anon his hand up haf,
And moore encens into the fyr he caste,
With othere rytes mo; and atte laste
The statue of Mars bigan his hauberk rynge,
And with that soun he herde a murmurynge
Ful lowe and dym, and seyde thus, "Victorie!"
For which he yaf to Mars honour and glorie.
And thus with joye and hope wel to fare
Arcite anon unto his in is fare,
As fayn as fowel is of the brighte sonne.
And right anon swich strif ther is bigonne,
For thilke grauntyng, in the hevene above,
Bitwixe Venus, the goddesse of love,
And Mars, the stierne god armypotente,
That Juppiter was bisy it to stente,
Til that the pale Saturnus the colde,
That knew so manye of aventures olde,
Foond in his olde experience an art
That he ful soone hath plesed every part.
As sooth is seyd, elde hath greet avantage;
In elde is bothe wysdom and usage;
Men may the olde atrenne and noght atrede.
Saturne anon, to stynten strif and drede,
Al be it that it is agayn his kynde,
Of al this strif he gan remedie fynde.

»Meine liebe Tochter Venus«, sagte Saturn,
»meine Himmelsbahn, die sich sehr weit erstreckt,
verfügt über größere Kraft, als irgend jemand weiß.
Mein ist das Ertrinken in der so düsteren See,
mein ist die Gefangenschaft im dunklen Verlies,
mein ist das Erwürgen und das Erhängen,
das Murren und der Aufstand des gemeinen Volkes,
das Stöhnen und der heimliche Giftmord.
Ich besorge die Rache und die strenge Züchtigung,
solange ich im Sternbild des Löwen bin.
Mein ist die Zerstörung der weiten Hallen,
der Fall der Türme und Mauern
auf Sappeur oder Zimmermann.
Ich tötete Simson, als er die Säulen ins Wanken brachte,
und mein sind die tödlichen Krankheiten,
die dunklen Ränkespiele und die lang vorbereiteten
mein Blick ist der Vater der Pest. [Verschwörungen;
Nun weine nicht mehr, ich werde dafür Sorge tragen,
daß Palamon, dein eigener Ritter,
seine Dame haben wird, wie du ihm verheißen hast.
Selbst wenn Mars seinem Ritter helfen wird, muß dennoch
zwischen euch einmal Friede sein,
obwohl ihr nicht einer Natur seid,
was ja täglich zu dieser Zwietracht führt.
Ich bin dein Ahnherr, stehe zu deinen Diensten;
weine du nicht mehr, ich will dir deinen Wunsch erfüllen.«

Nun werde ich nicht weiter von den Göttern droben
von Mars und von Venus, der Göttin der Liebe, [berichten,
sondern euch ohne Umschweife
den Schlußteil dessen vortragen, weshalb ich zu erzählen
[begann.

Hier endet der dritte Teil.

"My deere doghter Venus," quod Saturne,
"My cours, that hath so wyde for to turne,
Hath moore power that woot any man.
Myn is the drenchyng in the see so wan;
Myn is the prison in the derke cote;
Myn is the stranglyng and hangyng by the throte,
The murmure and the cherles rebellyng,
The groynynge, and the pryvee empoysonyng;
I do vengeance and pleyn correccioun,
Whil I dwelle in the signe of the leoun.
Myn is the ruyne of the hye halles,
The fallynge of the toures and of the walles
Upon the mynour or the carpenter.
I slow Sampsoun, shakynge the piler;
And myne be the maladyes colde,
The derke tresons, and the castes olde;
My lookyng is the fader of pestilence.
Now weep namoore; I shal doon diligence
That Palamon, that is thyn owene knyght,
Shal have his lady, as thou hast him hight.
Though Mars shal helpe his knyght, yet nathelees
Bitwixe you ther moot be som tyme pees,
Al be ye noght of o compleccioun,
That causeth al day swich divisioun.
I am thyn aiel, redy at thy wille;
Weep now namoore; I wol thy lust fulfille."
Now wol I stynten of the goddes above,
Of Mars, and of Venus, goddesse of love,
And telle yow as pleynly as I kan
The grete effect, for which that I bygan.

Explicit tercia pars.

Hier folgt der vierte Teil.

Groß war das Fest in Athen an jenem Tag,
und die wonnevolle Zeit jenes Maimonates
bewirkte auch, daß sich jeder so wohlfühlte,
daß alle den ganzen Montag über turnierten und tanzten
und ihn im hohen Dienst der Venus verbrachten.
Doch weil sie früh aufstehen würden,
um dem großen Kampf beizuwohnen,
gingen sie abends zeitig zur Ruhe.
Am folgenden Morgen, als der Tag sich regte,
war das Stampfen von Pferden und das Klirren von Rüstungen
in allen umliegenden Herbergen zu vernehmen.
Dem Palast entgegen ritt manche Schar
von Edelleuten auf Streitrossen und Sattelpferden.
Dort konnte man viele Arten von Rüstungen sehen –
ausgefallen, kostbar und gut gearbeitet,
was Goldschmiedekunst, Stickerei und Schmiedekunst angeht;
glänzende Schilde, Stirnplatten und Pferdegeschirr,
aus Gold geschmiedete Helme, Halsberge und Waffenröcke,
Edelleute in kostbaren Gewändern und hoch zu Roß,
Ritter des Gefolges und auch Knappen,
die Lanzenspitzen befestigten und Helme festschnallten,
Schilde mit Riemen versahen und fest verschnürten
(wo es zu helfen galt, war keiner müßig);
schäumende Pferde, die am goldenen Zaumzeug
kauten; und geschäftige Waffenschmiede,
die mit Feile und Hammer hin und her rannten;
Gefolgsleute zu Fuß, auch viel gemeines Volk
mit kurzen Prügeln, in dichtem Gedränge;
Pfeifen, Trompeten, Pauken und Fanfaren,
mit denen in der Schlacht das Zeichen zum Blutvergießen gegeben wird;
der Palast, überall voller Leute,
hier drei, dort zehn, die ihre Ansichten austauschten
und das Schicksal der beiden thebanischen Ritter erörterten.

Sequitur pars quarta.

Greet was the feeste in Atthenes that day,
And eek the lusty seson of that May
Made every wight to been in swich plesaunce
That al that Monday justen they and daunce,
And spenden it in Venus heigh servyse.
But by the cause that they sholde ryse
Eerly, for to seen the grete fight,
Unto hir reste wenten they at nyght.
And on the morwe, whan that day gan sprynge,
Of hors and harneys noyse and claterynge
Ther was in hostelryes al aboute,
And to the paleys rood ther many a route
Of lordes upon steedes and palfreys.
Ther maystow seen devisynge of harneys
So unkouth and so riche, and wroght so weel
Of goldsmythrye, of browdynge, and of steel;
The sheeldes brighte, testeres, and trappures,
Gold-hewen helmes, hauberkes, cote-armures;
Lordes in parementz on hir courseres,
Knyghtes of retenue, and eek squieres
Nailynge the speres, and helmes bokelynge;
Giggynge of sheeldes, with layneres lacynge –
There as nede is they weren no thyng ydel;
The fomy steedes on the golden brydel
Gnawynge, and faste the armurers also
With fyle and hamer prikynge to and fro;
Yemen on foote, and communes many oon
With shorte staves, thikke as they may goon;
Pypes, trompes, nakers, clariounes,
That in the bataille blowen blody sounes;
The paleys ful of peple up and doun,
Heere thre, ther ten, holdynge hir questioun,
Dyvynynge of thise Thebane knyghtes two.

Manche sagten dies, andere: »So wird es ausgehen!« – manche
ergriffen Partei für den mit dem schwarzen Bart, andere für
den Kahlen; wieder andere für den mit dem vollen Haupthaar;
manche sagten, er schaue grimmig drein und werde kämpfen:
»Er hat eine Streitaxt, die gut zwanzig Pfund schwer ist.«
So war die Halle mit Mutmaßungen erfüllt,
nachdem die Sonne schon lange aufgegangen war.

Der große Theseus, der von seinem Schlaf erwachte –
so laut war die Musik und der Lärm –,
blieb dennoch so lange in seinem Gemach des reichen Palastes,
bis man die thebanischen Ritter, beide gleichermaßen
geehrt, in seinen Palast geleitet hatte.
Herzog Theseus hatte bei einem Fenster Platz genommen,
er war geschmückt wie ein Gott auf seinem Thron.
Das Volk drängte sich alsbald dorthin,
um ihn zu sehen und ihn demütig zu verehren
und auch um seinen Befehl und seinen Spruch zu hören.
Ein Herold rief von der Ballustrade so lange zur Ruhe auf,
bis der Lärm des Volkes aufgehört hatte;
und als er sah, daß die Menge verstummt war,
tat er des mächtigen Herzogs Willen kund:

»Der Herrscher ist in seiner großen Weisheit
zu der Einsicht gelangt, daß es eine Vernichtung
edlen Blutes wäre, entschiede
man die Angelegenheit mit einem Kampf auf Leben und Tod.
Damit sie nicht zu Tode kommen,
will er seine ursprüngliche Anordnung ändern.
Demjenigen droht die Todesstrafe,
der irgendein Geschoß, eine Streitaxt, einen Dolch
in die Schranken reicht oder dorthin mitbringt; auch kein
Kurzschwert, mit dessen scharfer Spitze man zustechen kann,
darf irgend jemand zücken oder an seiner Seite tragen.
Auch darf niemand mehr als einmal mit
scharf geschliffener Lanze auf seinen Gegner losreiten;
wenn jemand möchte, darf er zu Fuß weiterkämpfen, um sich zu
[verteidigen.

Somme seyden thus, somme seyde "it shal be so";
Somme helden with hym with the blake berd,
Somme with the balled, somme with the thikke herd;
Somme seyde he looked grymme, and he wolde fighte:
"He hath a sparth of twenty pound of wighte."
Thus was the halle ful of divynynge,
Longe after that the sonne gan to sprynge.
  The grete Theseus, that of his sleep awaked
With mynstralcie and noyse that was maked,
Heeld yet the chambre of his paleys riche
Til that the Thebane knyghtes, bothe yliche
Honured, were into the paleys fet.
Duc Theseus was at a wyndow set,
Arrayed right as he were a god in trone.
The peple preesseth thiderward ful soone
Hym for to seen, and doon heigh reverence,
And eek to herkne his heste and his sentence.
An heraud on a scaffold made an "Oo!"
Til al the noyse of peple was ydo,
And whan he saugh the peple of noyse al stille,
Tho shewed he the myghty dukes wille:
  "The lord hath of his heigh discrecioun
Considered that it were destruccioun
To gentil blood to fighten in the gyse
Of mortal bataille now in this emprise.
Wherfore, so shapen that they shal nat dye,
He wol his firste purpos modifye.
No man therfore, up peyne of los of lyf,
No maner shot, ne polax, ne short knyf
Into the lystes sende or thider brynge;
Ne short swerd, for to stoke with poynt bitynge,
No man ne drawe, ne bere it by his syde.
Ne no man shal unto his felawe ryde
But o cours with a sharpe ygrounde spere;
Foyne, if hym list, on foote, hymself to were.

Und wer unterliegt, soll aufgegriffen,
nicht aber getötet werden; er wird vielmehr zu den Palisaden
die auf jeder Seite errichtet werden; [gebracht,
mit Gewalt soll er dorthin geschafft werden und dort bleiben.
Und sollte es geschehen, daß der Anführer
einer Partei gefangen wird oder seinen Gegner tötet,
dann soll das Turnier nicht fortgesetzt werden.
Gott helfe euch! Macht euch nun auf den Weg, zeigt eure Stärke!
Kämpft tapfer mit Langschwert und Keule.
Geht nun daran, dies ist der Wille des Herrschers!«
Die Stimme des Volkes erklang bis zum Himmel empor,
so sehr jauchzte es mit freudiger Stimme:
»Gott beschütze einen solchen Herrscher, der so gütig ist
und kein Blutvergießen wünscht!«
Die Trompeten schmettern und die Fanfaren ertönen.
Die Schar reitet zu den Turnierschranken,
wie befohlen, quer durch die große Stadt,
die mit Goldtuch, nicht mit Serge geschmückt war.
Ganz wie ein Herrscher ritt der edle Herzog einher,
zu seinen Seiten die beiden Thebaner;
danach folgte die Königin, dann Emelie
und dann eine weitere Gruppe,
in Zweierreihen, je nach Stand.
So reiten sie durch die Stadt hindurch
und kommen rechtzeitig bei den Turnierschranken an.
Es war noch nicht ganz 9 Uhr,
als Theseus auf dem prächtigen Ehrenplatz saß,
mit Hippolyta, der Königin, und Emelie;
die anderen Damen hatten auf den Rängen Platz genommen.
Die ganze Menge drängt sich zu den Plätzen hin.
Und durch das Tor unter der Marsstatue im Westen
sind Arcite und seine Hundertschaft
mit rotem Banner gleich darauf in die Arena gekommen.
Zur gleichen Zeit ist Palamon
durch das Tor unter der Venusstatue im Osten eingeritten,

And he that is at meschief shal be take
And noght slayn, but be broght unto the stake
That shal ben ordeyned on either syde;
But thider he shal by force, and there abyde.
And if so falle the chieftayn be take
On outher syde, or elles sleen his make,
No lenger shal the turneiynge laste.
God spede you! Gooth forth and ley on faste!
With long swerd and with mace fighteth youre fille.
Gooth now youre wey; this is the lordes wille."

The voys of peple touchede the hevene,
So loude cride they with murie stevene,
"God save swich a lord, that is so good
He wilneth no destruccion of blood!"
Up goon the trompes and the melodye,
And to the lystes rit the compaignye,
By ordinance, thurghout the citee large,
Hanged with clooth of gold, and nat with sarge.

Ful lik a lord this noble duc gan ryde,
Thise two Thebans upon either syde,
And after rood the queen and Emelye,
And after that another compaignye
Of oon and oother, after hir degree.
And thus they passen thurghout the citee,
And to the lystes come they by tyme.
It nas nat of the day yet fully pryme
Whan set was Theseus ful riche and hye,
Ypolita the queen, and Emelye,
And othere ladys in degrees aboute.
Unto the seetes preesseth al the route.
And westward, thurgh the gates under Marte,
Arcite, and eek the hondred of his parte,
With baner reed is entred right anon;
And in that selve moment Palamon
Is under Venus, estward in the place,

mit weißem Banner und furchtloser Miene.
Selbst wenn man überall auf der Welt suchen wollte,
man fände keine zwei so ebenbürtige
und gleichwertige Fähnlein.
Niemand war so klug, daß er hätte sagen können,
die eine Truppe habe einen Vorteil gegenüber der anderen,
ob in Würde, in Herkunft, oder bezüglich des Alters –
so ebenbürtig waren sie ausgewählt worden, meine ich.
Dann stellten sie sich in zwei gleichen Reihen auf.
Nachdem man ihre Namen einzeln aufgerufen hatte,
um hinsichtlich ihrer Anzahl Betrug zu verhindern,
wurden die Tore verschlossen und eine laute Stimme ertönte:
»Tut eure Pflicht, ihr jungen, stolzen Ritter!«
  Die Herolde ritten nicht länger auf und ab;
Trompeten und Fanfaren ertönten dann laut.
Was gibt es noch zu sagen, als daß im Osten wie im Westen
die Lanzen fest angelegt werden,
die scharfen Sporen in die Seiten drücken.
Dort sieht man, wer tjostieren und reiten kann;
dort zersplittern Lanzenschafte auf dicken Schilden,
einer fühlt, wie ihm das Brustbein durchbohrt wird.
Die Lanzen richten sich zwanzig Fuß hoch auf.
Die wie Silber glänzenden Schwerter fahren aus der Scheide,
sie zerschlagen und zertrümmern die Helme;
das Blut schießt in schrecklichen roten Strömen hervor.
Mit mächtigen Keulen zersplittern sie die Knochen.
Hier schlägt sich einer durch das dichteste Gedränge,
dort straucheln starke Rösser, Mann und Pferd gehen zu Boden.
Hier rollt einer vor den Füßen der anderen wie ein Ball,
dort sticht einer zu Fuß mit dem Lanzenschaft auf einen anderen [ein
und bringt ihn samt Pferd zu Boden.
Wieder ein anderer wird durch den Leib getroffen und
gegen seinen Willen gepackt und zu den Palisaden gebracht,
wie vereinbart war, und dort mußte er bleiben.
Auch auf der anderen Seite wird einer weggeführt.

With baner whyt and hardy chiere and face.
In al the world, to seken up and doun,
So evene, withouten variacioun,
Ther nere swiche compaignyes tweye,
For ther was noon so wys that koude seye
That any hadde of oother avauntage
Of worthynesse, ne of estaat, ne age,
So evene were they chosen, for to gesse.
And in two renges faire they hem dresse.
Whan that hir names rad were everichon,
That in hir nombre gyle were ther noon,
Tho were the gates shet, and cried was loude:
"Do now youre devoir, yonge knyghtes proude!"

The heraudes lefte hir prikyng up and doun;
Now ryngen trompes loude and clarioun.
Ther is namoore to seyn, but west and est
In goon the speres ful sadly in arrest;
In gooth the sharpe spore into the syde.
Ther seen men who kan juste and who kan ryde;
Ther shyveren shaftes upon sheeldes thikke;
He feeleth thurgh the herte-spoon the prikke.
Up spryngen speres twenty foot on highte;
Out goon the swerdes as the silver brighte;
The helmes they tohewen and toshrede;
Out brest the blood with stierne stremes rede;
With myghty maces the bones they tobreste.
He thurgh the thikkeste of the throng gan threste;
Ther stomblen steedes stronge, and doun gooth al,
He rolleth under foot as dooth a bal;
He foyneth on his feet with his tronchoun,
And he hym hurtleth with his hors adoun;
He thurgh the body is hurt and sithen take,
Maugree his heed, and broght unto the stake;
As forward was, right there he moste abyde.
Another lad is on that oother syde.

Und manchmal gebot ihnen Theseus Einhalt,
damit sie sich, wenn sie wollten, erfrischen und ausruhen konnten.
An diesem Tag sind die beiden Thebaner oft
aufeinander gestoßen und haben sich Leid zugefügt;
jeder hat den anderen schon zweimal vom Pferd geworfen.
Nie hat es einen Tiger im Tal Gargaphie gegeben,
der, wenn ihm sein Junges weggenommen wurde,
so grausam gegen seinen Jäger war, wie Arcite
aus Eifersucht gegen Palamon ist.
In Benmarin gibt es auch keinen Löwen, der so wütet,
wenn er gejagt wird oder rasend vor Hunger ist,
oder der so nach dem Blut seiner Beute lechzt,
wie Palamon danach, seinen Feind Arcite zu töten.
Die eifersüchtigen Schläge dringen durch ihre Helme,
rotes Blut rinnt auf beiden Seiten herab.
　Doch alles hat einmal ein Ende.
Denn noch vor Sonnenuntergang
begann der starke König Emetrius,
Palamon zu bedrängen, als dieser mit Arcite kämpfte,
und stieß ihm sein Schwert tief ins Fleisch;
und mit der Anstrengung von zwanzig Männern wird er,
unbesiegt, ergriffen und zu den Palisaden geschleppt.
Als er Palamon zu Hilfe eilen wollte,
wurde auch der starke König Lykurg zu Boden geworfen,
und König Emetrius wurde trotz seiner großen Stärke
eine Schwertlänge weit aus dem Sattel geschleudert,
so schlug Palamon auf ihn ein, bevor er überwältigt war;
doch es nützte ihm nicht, er wurde zu den Palisaden gebracht.
Sein mutiges Herz konnte ihm nicht helfen,
er mußte dort bleiben, als er gefangen war,
und sich der Übermacht wie auch den Kampfregeln beugen.
　Wer trauert nun, wenn nicht der kummervolle Palamon,
der nicht mehr weiterkämpfen darf?
Als Theseus diese Situation erkannt hatte,
rief er denen, die noch immer kämpften,

And some tyme dooth hem Theseus to reste,
Hem to refresshe and drynken, if hem leste.
Ful ofte a day han thise Thebanes two
Togydre ymet, and wroght his felawe wo;
Unhorsed hath ech oother of hem tweye.
Ther nas no tygre in the vale of Galgopheye,
Whan that hir whelp is stole whan it is lite,
So crueel on the hunte as is Arcite
For jelous herte upon this Palamon.
Ne in Belmarye ther nys so fel leon,
That hunted is, or for his hunger wood,
Ne of his praye desireth so the blood,
As Palamon to sleen his foo Arcite.
The jelous strokes on hir helmes byte;
Out renneth blood on bothe hir sydes rede.

Som tyme an ende ther is of every dede.
For er the sonne unto the reste wente,
The stronge kyng Emetreus gan hente
This Palamon, as he faught with Arcite,
And made his swerd depe in his flessh to byte,
And by the force of twenty is he take
Unyolden, and ydrawen to the stake.
And in the rescus of this Palamoun
The stronge kyng Lygurge is born adoun,
And kyng Emetreus, for al his strenghte,
Is born out of his sadel a swerdes lengthe,
So hitte him Palamoun er he were take.
But al for noght; he was broght to the stake.
His hardy herte myghte hym helpe naught:
He moste abyde, whan that he was caught,
By force and eek by composicioun.

Who sorweth now but woful Palamoun,
That moot namoore goon agayn to fighte?
And whan that Theseus hadde seyn this sighte,
Unto the folk that foghten thus echon

zu: »Halt! Hört auf, das Turnier ist zu Ende!
Ich will ein gerechter Richter sein und nicht parteiisch.
Arcite von Theben soll Emelie haben,
denn das Glück war ihm hold, und so hat er sie zu Recht
Sofort bricht im Volk ein Getöse aus, [gewonnen.«
aus Freude über dieses Urteil, so laut und so gewaltig,
daß es schien, als ob die Arena zusammenstürzen müßte.
Was soll nun die schöne Venus droben tun?
Was sagt sie nun? Was tut die Königin der Liebe?
Sie weint so schrecklich, da ihr Wunsch nicht in Erfüllung
bis ihre Tränen in die Arena drunten fallen. [gegangen ist,
Sie sagte: »Ich bin entehrt, kein Zweifel.«
Saturn sprach: »Tochter, sei ruhig! [bekommen;
Mars hat seinen Willen, sein Ritter hat seinen Wunsch erfüllt
doch bei meinem Haupte, du sollst bald zufrieden sein.«
Die Trompeter, die die Fanfaren schmettern,
die Herolde, die laut rufen und schreien,
sind glücklich und freuen sich mit Herrn Arcite.
Doch laßt den Lärm und hört nur,
welches Wunder sich gleich darauf ereignete.
Der mutige Arcite hat seinen Helm abgenommen
und reitet, um sein Gesicht zu zeigen, auf einem Roß
auf dem weiten Platz hin und her,
wobei er zu Emelie aufschaut;
auch sie schenkte ihm einen freundlichen Blick
(denn alle Frauen, dies sei ganz allgemein gesagt,
folgen der Gunst des Glückes)
und war eines Sinnes und eines Herzens mit ihm.
Aus der Erde schoß eine höllische Furie empor,
von Pluto auf Bitten des Saturn gesandt,
vor der Arcites Pferd aus Angst scheute
und zur Seite sprang und beim Sprung strauchelte;
und ehe Arcite sich's versah,
schlug er mit dem Hinterkopf auf dem Boden auf,
so daß er wie tot auf der Stelle liegen blieb,

He cryde, "Hoo! namoore, for it is doon!
I wol be trewe juge, and no partie.
Arcite of Thebes shal have Emelie,
That by his fortune hath hire faire ywonne."
Anon ther is a noyse of peple bigonne
For joye of this, so loude and heighe withalle
It semed that the lystes sholde falle.
What kan now faire Venus doon above?
What seith she now? What dooth this queene of love,
But wepeth so, for wantynge of hir wille,
Til that hir teeres in the lystes fille?
She seyde, "I am ashamed, doutelees."
Saturnus seyde, "Doghter, hoold thy pees!
Mars hath his wille, his knyght hath al his boone,
And, by myn heed, thow shalt been esed soone."
The trompours, with the loude mynstralcie,
The heraudes, that ful loude yelle and crie,
Been in hire wele for joye of daun Arcite.
But herkneth me, and stynteth noyse a lite,
Which a myracle ther bifel anon.
This fierse Arcite hath of his helm ydon,
And on a courser, for to shewe his face,
He priketh endelong the large place
Lokynge upward upon this Emelye;
And she agayn hym caste a freendlich ye
(For wommen, as to speken in comune,
Thei folwen alle the favour of Fortune)
And was al his chiere, as in his herte.
Out of the ground a furie infernal sterte,
From Pluto sent at requeste of Saturne,
For which his hors for fere gan to turne,
And leep aside, and foundred as he leep;
And er that Arcite may taken keep,
He pighte hym on the pomel of his heed,
That in the place he lay as he were deed,

mit vom Sattelhorn zerschmetterter Brust.
Er lag da, so schwarz wie Kohle oder wie eine Krähe,
so war ihm das Blut ins Gesicht gestiegen.
Sogleich wurde er von dieser Stelle weggetragen
und unter großer Trauer zum Palast des Theseus gebracht.
Dann wurde er aus seiner Rüstung herausgeschnitten
und sofort behutsam auf ein Bett gelegt,
denn er war bei Bewußtsein und lebte noch;
fortwährend aber rief er nach Emelie.
Herzog Theseus kehrte mit seinem ganzen Gefolge
in seine Stadt Athen zurück,
mit großer Freude und mit großer Pracht.
Und obwohl sich dieses Unglück ereignet hatte,
wollte er niemanden beunruhigen.
Man sagte auch, daß Arcite nicht sterben,
sondern daß er von seiner Krankheit geheilt würde.
Auch waren sie froh darüber,
daß niemand getötet worden war,
wenngleich alle schwer verwundet waren, besonders einer,
dessen Brustbein von einer Lanze durchbohrt worden war.
Für andere Wunden, wie auch für gebrochene Arme,
hatten einige Salben bereit, andere Zaubersprüche;
sie tranken Kräuterarzneien und auch Salbei,
denn sie wollten ihre Gliedmaßen retten.
Deshalb tröstete und ehrte der edle Herzog
einen jeden, so gut er konnte,
und die ganze lange Nacht hindurch ließ er ein Fest zu Ehren
der fremden Ritter feiern, wie es nur recht und billig war.
Da sprach man nicht von Niederlage,
sondern es ging zu wie beim Tjostieren oder Turnieren,
wo es wahrlich keine Niederlage gab.
Denn ein Sturz ist lediglich ein Mißgeschick;
wenn man mit Gewalt zu den Palisaden geschleppt worden war,
ohne daß man sich ergeben hatte – von zwanzig Rittern gepackt,
als einzelner, ganz allein,

His brest tobrosten with his sadel-bowe.
As blak he lay as any cole or crowe,
So was the blood yronnen in his face.
Anon he was yborn out of the place,
With herte soor, to Theseus paleys.
Tho was he korven out of his harneys
And in a bed ybrought ful faire and blyve,
For he was yet in memorie and alyve,
And alwey criynge after Emelye.
  Duc Theseus, with al his compaignye,
Is comen hoom to Atthenes his citee,
With alle blisse and greet solempnitee.
Al be it that this aventure was falle,
He nolde noght disconforten hem alle.
Men seyde eek that Arcite shal nat dye;
He shal been heeled of his maladye.
And of another thyng they weren as fayn,
That of hem alle was ther noon yslayn,
Al were they soore yhurt, and namely oon,
That with a spere was thirled his brest boon.
To othere woundes and to broken armes
Somme hadden salves, and somme hadden charmes;
Fermacies of herbes, and eek save
They dronken, for they wolde hir lymes have.
For which this noble duc, as he wel kan,
Conforteth and honoureth every man,
And made revel al the longe nyght
Unto the straunge lordes, as was right.
Ne ther was holden no disconfitynge
But as a justes or a tourneiynge;
For soothly ther was no disconfiture.
For fallyng nys nat but an aventure,
Ne to be lad by force unto the stake
Unyolden, and with twenty knyghtes take,
O persone allone, withouten mo,

an Armen, Füßen und Zehen fortgezerrt
und das Pferd von den Stockschlägen
der Fußleute, Dienstleute und Knechte weggetrieben –
wurde einem das auch nicht als Schande angerechnet;
niemand darf dies als Feigheit bezeichnen.
Deshalb ließ Theseus,
um allem Neid und aller Mißgunst ein Ende zu setzen,
das Verdienst einer jeden Partei sogleich verkünden:
Beide waren einander ebenbürtig.
Er machte ihnen je nach Stand Geschenke
und ließ drei volle Tage lang ein Fest feiern.
Dann begleitete er die Ritter würdig
eine gute Tagesreise weit aus seiner Stadt.
Und jeder ging dann auf dem schnellsten Weg nach Hause [zurück.
Man verabschiedete sich mit einem einfachen »Lebe wohl, alles [Gute!«
Über diese Schlacht will ich nichts mehr berichten,
sondern will von Palamon und Arcite sprechen.

Arcites Brust schwillt immer mehr an, und die Wunde
neben seinem Herzen verschlimmert sich.
Das geronnene Blut zersetzt sich trotz aller ärztlichen Kunst
und verbleibt in seinem Körper,
so daß ihm weder Aderlaß noch Schröpfen
noch Kräutertränke helfen können.
Die Abwehrkraft oder die körperliche Kraft,
wegen dieser Eigenschaft die natürliche Kraft genannt,
kann das Gift weder verdrängen noch ausstoßen.
Seine Lungenröhren schwellen an,
und jeder Muskel tief in seiner Brust
ist durch Gift und Fäulnis zerstört.
Nichts vermag sein Leben zu retten,
weder Erbrechen noch Abführmittel.
Ganz zerstört ist jener Teil seines Körpers;
die Natur zeigt keine Wirkung mehr.
Und gewiß, wo die Natur nicht helfen kann,
ist die Medizin verloren! Tragt den Mann zur Kirche!

And haryed forth by arme, foot, and too,
And eke his steede dryven forth with staves
With footmen, bothe yemen and eek knaves –
It nas arretted hym no vileynye;
Ther may no man clepen it cowardye.
For which anon duc Theseus leet crye,
To stynten alle rancour and envye,
The gree as wel of o syde as of oother,
And eyther syde ylik as ootheres brother;
And yaf hem yiftes after hir degree,
And fully heeld a feeste dayes three,
And conveyed the kynges worthily
Out of his toun a journee largely.
And hoom wente every man the righte way.
Ther was namoore but "Fare wel, have good day!"
Of this bataille I wol namoore endite,
But speke of Palamon and of Arcite.

Swelleth the brest of Arcite, and the soore
Encreesseth at his herte moore and moore.
The clothered blood, for any lechecraft,
Corrupteth, and is in his bouk ylaft,
That neither veyne-blood, ne ventusynge,
Ne drynke of herbes may ben his helpynge.
The vertu expulsif, or animal,
Fro thilke vertu cleped natural
Ne may the venym voyden ne expelle.
The pipes of his longes gonne to swelle,
And every lacerte in his brest adoun
Is shent with venym and corrupcioun.
Hym gayneth neither, for to gete his lif,
Vomyt upward, ne dounward laxatif.
Al is tobrosten thilke regioun;
Nature hath now no dominacioun.
And certeinly, ther Nature wol nat wirche,
Fare wel phisik! Go ber the man to chirche!

Kurzum, Arcite muß sterben.
Er schickte deshalb nach Emelie
und Palamon, seinem teuren Vetter.
Er sprach dann folgendes, wie ihr vernehmen werdet:
»Der bekümmerte Geist meines Herzens vermag es nicht,
auch nur den kleinsten Teil meiner schmerzenden Sorgen
Euch, Herrin, kundzutun, die ich über alle Maßen liebe;
doch vertraue ich den Dienst für meine Seele
Euch vor allen anderen an,
da mein Leben nicht länger währen kann.
Ach, welcher Kummer! Ach, welch starke Schmerzen,
habe ich Euretwegen ertragen, und dazu noch so lange!
O Tod! O Emelie!
O daß ich aus unserer Gemeinschaft scheiden muß!
O meine Herzenskönigin! O meine Frau!
Herrin über mein Herz, die Ihr meinem Leben ein Ende setztet!
Was ist diese Welt? Was begehrt der Mensch?
Gerade noch mit seiner Liebsten und jetzt schon im kalten Grab,
allein und ohne Freunde.
Leb wohl, meine süße Feindin, meine Emelie!
Schließt mich sanft in Eure Arme,
um der Liebe Gottes willen, und hört mir zu.

Mit meinem Vetter Palamon hier habe ich
seit langer Zeit in Streit und Zwietracht gelebt –
aus Liebe zu Euch, aber auch aus Eifersucht.
Möge Jupiter meine Seele leiten,
damit ich angemessen über einen Diener der Liebe sprechen [kann,
wahrheitsgemäß, über alle seine Eigenschaften –
als da sind: Wahrheit, Ehre, Ritterstand,
Weisheit, Demut, Rang und edle Abkunft,
Großmut und alles, was sonst noch dazugehört –
und so wahr Jupiter meiner Seele beistehe,
auf der Welt kenne ich keinen,
der so würdig ist, geliebt zu werden, wie Palamon,
der Euch dient und dies sein Leben lang tun will.

This al and som, that Arcita moot dye;
For which he sendeth after Emelye,
And Palamon, that was his cosyn deere.
Thanne seyde he thus, as ye shal after heere:
"Naught may the woful spirit in myn herte
Declare o point of alle my sorwes smerte
To yow, my lady, that I love moost,
But I biquethe the servyce of my goost
To yow aboven every creature,
Syn that my lyf may no lenger dure.
Allas, the wo! Allas, the peynes stronge,
That I for you have suffred, and so longe!
Allas, the deeth! Allas, myn Emelye!
Allas, departynge of oure compaignye!
Allas, myn hertes queene! Allas, my wyf,
Myn hertes lady, endere of my lyf!
What is this world? What asketh men to have?
Now with his love, now in his colde grave
Allone, withouten any compaignye.
Fare wel, my sweete foo, myn Emelye!
And softe taak me in youre armes tweye,
For love of God, and herkneth what I seye.
"I have heer with my cosyn Palamon
Had strif and rancour many a day agon
For love of yow, and for my jalousye.
And Juppiter so wys my soule gye,
To speken of a servaunt proprely,
With alle circumstances trewely –
That is to seyen, trouthe, honour, knyghthede,
Wysdom, humblesse, estaat, and heigh kynrede,
Fredom, and al that longeth to that art –
So Juppiter have of my soule part,
As in this world right now ne knowe I non
So worthy to ben loved as Palamon,
That serveth yow, and wol doon al his lyf.

Und wenn Ihr jemals heiraten solltet,
dann denkt an Palamon, diesen edlen Mann.«
Mit diesen Worten versagte seine Stimme,
denn von den Füßen bis zur Brust hinauf hatte sich
die Kälte des Todes ausgebreitet, die ihn bezwungen hatte;
und mehr noch: Aus seinen Armen
schwand die Lebenskraft und erlosch schließlich ganz.
Lediglich der Verstand,
der in seinem kranken und verwundeten Herzen wohnte,
verließ ihn erst, als sein Herz den Tod verspürte.
Seine Augen verloren ihren Glanz, sein Atem stockte,
dennoch richtete er seine Augen auf seine Dame.
Seine letzten Worte waren: »Gnade, Emelie!«
Die Seele verließ seinen Körper und ging dorthin,
wohin ich noch nie kam; wohin, kann ich nicht sagen.
Deshalb schweige ich, ich bin kein Theologe.
Über Seelen finde ich nichts in meiner Vorlage, ich möchte
auch die Ansichten anderer nicht wiedergeben, selbst wenn
sie über den Aufenthaltsort der Seelen geschrieben haben.
Arcite ist jetzt erkaltet, möge Mars dort seine Seele behüten!
Ich will jetzt wieder von Emelie berichten.

Emelie schrie auf und Palamon jammerte.
Theseus fing seine Schwester auf, als sie
in Ohnmacht fiel, und trug sie von der Leiche weg.
Was nützt es, den restlichen Tag damit zuzubringen,
euch zu erzählen, wie sie Tag und Nacht weinte?
Denn in einem solchen Fall haben Frauen so großen Kummer,
wenn ihre Gatten von ihnen gegangen sind,
daß sie meist sehr tief trauern
oder aber so krank werden,
daß sie schließlich sterben.

Unendlich groß ist die Trauer, unzählbar sind die Tränen
von alt und jung
in der ganzen Stadt wegen des Todes dieses Thebaners.
Um ihn weint groß und klein.

And if that evere ye shul ben a wyf,
Foryet nat Palamon, the gentil man."
And with that word his speche faille gan,
For from his feet up to his brest was come
The coold of deeth, that hadde hym overcome,
And yet mooreover, for in his armes two
The vital strenghte is lost and al ago.
Oonly the intellect, withouten moore,
That dwelled in his herte syk and soore,
Gan faillen whan the herte felte deeth.
Dusked his eyen two, and failled breeth,
But on his lady yet caste he his ye;
His laste word was, "Mercy, Emelye!"
His spirit chaunged hous and wente ther,
As I cam nevere, I kan nat tellen wher.
Therfore I stynte; I nam no divinistre;
Of soules fynde I nat in this registre,
Ne me ne list thilke opinions to telle
Of hem, though that they writen wher they dwelle.
Arcite is coold, ther Mars his soule gye!
Now wol I speken forth of Emelye.
  Shrighte Emelye, and howleth Palamon,
And Theseus his suster took anon
Swownynge, and baar hire fro the corps away.
What helpeth it to tarien forth the day
To tellen how she weep bothe eve and morwe?
For in swich cas wommen have swich sorwe,
Whan that hir housbondes ben from hem ago,
That for the moore part they sorwen so,
Or ellis fallen in swich maladye
That at the laste certeinly they dye.
  Infinite been the sorwes and the teeres
Of olde folk and folk of tendre yeeres
In al the toun for deeth of this Theban.
For hym ther wepeth bothe child and man;

Solch großes Klagen gab es sicherlich damals nicht,
als Hektor gleich nach seinem Tode
nach Troja hineingebracht wurde. Ach, was war das für ein Jammer!
Wie zerkratzten sie sich die Wangen und wie rauften sie sich das Haar!
»Warum wolltest du sterben«, weinten die Frauen,
»hattest doch genügend Gold, dazu noch Emelie?»
  Niemand konnte Theseus trösten,
bis auf seinen alten Vater Egeus,
der die Unbeständigkeit der Welt kannte,
hatte er doch selbst die Wechselfälle der Welt erlebt:
Freude nach Leid und Leid nach Freude;
und er nannte ihm Beispiele und ähnliche Fälle.
  »So wenig, wie je einer gestorben ist«, sagte er,
»der nicht in irgendeinem Stand auf dieser Welt gelebt hätte,
so wenig hat je einer gelebt«, sagte er,
»seit Anbeginn der Welt, der nicht hätte sterben müssen.
Die Welt ist nichts als ein Weg voller Leid,
und wir sind Pilger, die von hier nach dort gehen.
Der Tod ist das Ende jedes weltlichen Schmerzes.«
Und er sagte noch viel mehr
in diesem Sinne, um
die Menschen weise zu ermahnen, sich wieder zu trösten.
  Herzog Theseus dachte nun angestrengt und eifrig
darüber nach, wo die Grabstätte
des guten Arcite am besten sein
und wie sie seinem Stande die höchste Ehre machen würde.
Schließlich kam er zum Entschluß,
daß er dort, wo Arcite und Palamon zuerst
aus Liebe einen Kampf ausgetragen hatten,
im nämlichen süßen und grünen Hain,
wo er die Liebessehnsucht verspürt,
wo er geklagt und der Liebe heiße Glut verspürt hatte,
einen Scheiterhaufen errichten lassen wollte,
um die Totenfeier zu begehen.
Und er befahl, die alten Eichen alsbald

So greet wepyng was ther noon, certayn,
Whan Ector was ybroght, al fressh yslayn,
To Troye. Allas, the pitee that was ther,
Cracchynge of chekes, rentynge eek of heer.
"Why woldestow be deed," thise wommen crye,
"And haddest gold ynough, and Emelye?"
No man myghte gladen Theseus,
Savynge his olde fader Egeus,
That knew this worldes transmutacioun,
As he hadde seyn it chaunge bothe up and doun,
Joye after wo, and wo after gladnesse,
And shewed hem ensamples and liknesse.
"Right as ther dyed nevere man," quod he,
"That he ne lyvede in erthe in some degree,
Right so ther lyvede never man," he seyde,
"In al this world, that som tyme he ne deyde.
This world nys but a thurghfare ful of wo,
And we been pilgrymes, passynge to and fro.
Deeth is an ende of every wordly soore."
And over al this yet seyde he muchel moore
To this effect, ful wisely to enhorte
The peple that they sholde hem reconforte.
Duc Theseus, with al his bisy cure,
Caste now wher that the sepulture
Of goode Arcite may best ymaked be,
And eek moost honurable in his degree.
And at the laste he took conclusioun
That ther as first Arcite and Palamoun
Hadden for love the bataille hem bitwene,
That in that selve grove, swoote and grene,
Ther as he hadde his amorouse desires,
His compleynte, and for love his hoote fires,
He wolde make a fyr in which the office
Funeral he myghte al accomplice.
And leet comande anon to hakke and hewe

zu fällen und zu zerkleinern und sie bündelweise
zu schichten, so daß sie gut brennen würden.
Seine Offiziere machten sich eiligen Schrittes auf den Weg
und ritten auf seinen Befehl hin sofort los.
Danach ließ Theseus alsbald
eine Bahre besorgen und sie ganz
mit aus Gold gewirktem Tuch ausschlagen, dem besten, das er besaß.
Und mit dem gleichen Tuch ließ er Arcite einkleiden;
an den Händen trug er weiße Handschuhe,
auf dem Kopf eine Girlande aus grünem Lorbeer,
in der Hand hatte er ein scharfes, blitzendes Schwert.
Theseus legte ihn auf die Bahre, das Gesicht blieb unbedeckt.
Dann weinte er, daß es einen jammern konnte.
Und damit ihn das ganze Volk sehen konnte,
brachte er ihn nach Tagesanbruch in die Halle,
die vom Weinen und Klagen widerhallte.

Da kam der leiderfüllte Thebaner Palamon
mit zerzaustem Bart und Asche im zottigen Haar,
er war in Schwarz gekleidet, sein Gewand ganz feucht von Tränen;
dann Emelie, die mehr weinte als alle anderen
und die Traurigste der ganzen Trauergemeinde war.
Um die Trauerfeier
seinem Stande gemäß noch würdiger und prächtiger zu gestalten,
ließ Theseus drei Rösser herbeibringen,
die mit glänzendem Stahl geschirrt
und mit dem Wappen des Ritters Arcite geschmückt waren.
Auf den Rössern, es waren große Schimmel,
saßen Reiter, von denen der eine Arcites Schild,
der andere seine Lanze hoch aufgerichtet in den Händen hielt,
der dritte seinen türkischen Bogen
(Köcher und Gehenk waren feuervergoldet);
mit kummervoller Miene ritten sie im Schritt
auf den Hain zu, wie ihr noch vernehmen werdet.
Die Edelsten der Griechen bei dieser Feier
hatten die Bahre auf den Schultern und trugen sie

The okes olde, and leye hem on a rewe
In colpons wel arrayed for to brenne.
His officers with swifte feet they renne
And ryde anon at his comandement.
And after this, Theseus hath ysent
After a beere, and it al overspradde
With clooth of gold, the richeste that he hadde.
And of the same suyte he cladde Arcite;
Upon his hondes hadde he gloves white,
Eek on his heed a coroune of laurer grene,
And in his hond a swerd ful bright and kene.
He leyde hym, bare the visage, on the beere;
Therwith he weep that pitee was to heere.
And for the peple sholde seen hym alle,
Whan it was day, he broghte hym to the halle,
That roreth of the criyng and the soun.
  Tho cam this woful Theban Palamoun,
With flotery berd and ruggy, asshy heeres,
In clothes blake, ydropped al with teeres;
And, passynge othere of wepynge, Emelye,
The rewefulleste of al the compaignye.
In as muche as the servyce sholde be
The moore noble and rich in his degree,
Duc Theseus leet forth thre steedes brynge,
That trapped were in steel al gliterynge,
And covered with the armes of daun Arcite.
Upon thise steedes, that weren grete and white,
Ther seten folk, of whiche oon baar his sheeld,
Another his spere up on his hondes heeld,
The thridde baar with hym his bowe Turkeys
(Of brend gold was the caas and eek the harneys);
And riden forth a paas with sorweful cheere
Toward the grove, as ye shul after heere.
The nobleste of the Grekes that ther were
Upon hir shuldres caryeden the beere,

gemessenen Schrittes und mit geröteten und nassen Augen
auf der Hauptstraße zur Stadt hinaus,
die mit schwarzem Tuch behängt war;
auch die Straße war überaus reichlich mit schwarzem Tuch
Auf der rechten Seite ging der alte Egeus, [ausgelegt.
auf der linken Herzog Theseus;
beide trugen Gefäße aus kostbarem Gold,
gefüllt mit Honig, Milch, Blut und Wein;
dann kam Palamon mit einem stattlichen Gefolge
und danach die kummervolle Emelie,
die das Feuer in der Hand trug, wie es damals Brauch war,
um ihre Pflichten bei der Totenfeier zu verrichten.
Viel Arbeit und umfangreiche Vorbereitungen
erforderte die Feier und die Errichtung des Scheiterhaufens,
dessen grüne Spitze bis in den Himmel ragte,
und zwanzig Klafter weit reckte er die Arme aus –
das heißt, so breit waren die Äste.
Zuerst wurden viele Ladungen Stroh aufgeschichtet.
Doch wie der Scheiterhaufen weiter oben aufgeschichtet war,
und die Namen der Bäume – wie Eiche,
Fichte, Birke, Espe, Holunder, Stechpalme, Pappel, Weide,
Ulme, Platane, Esche, Buchsbaum, Kastanie, Linde, Lorbeer,
Ahorn, Dornbusch, Buche, Haselnuß, Eibe, Kornelkirsche –,
und wie sie gefällt wurden, möchte ich nicht berichten,
auch nicht, wie die Götter hin und her rannten,
als sie ihres Wohnortes beraubt waren,
wo sie sich in Ruhe und Frieden aufgehalten hatten,
die Nymphen, Faune und Dryaden;
nicht, wie die wilden Tiere und Vögel
aus Angst flohen, als der Wald gefällt war,
oder wie der Waldboden vor dem Licht erschrak –
er war es ja nicht gewohnt, die helle Sonne zu sehen; [wurde,
auch nicht, wie der Scheiterhaufen zunächst mit Stroh errichtet
dann mit trockenen Scheiten, die man in drei Teile gespalten
dann mit grünen Zweigen und Spezereien, [hatte,

With slakke paas and eyen rede and wete,
Thurghout the citee by the maister strete,
That sprad was al with blak, and wonder hye
Right of the same is the strete ywrye.
Upon the right hond wente olde Egeus,
And on that oother syde duc Theseus,
With vessels in hir hand of gold ful fyn,
Al ful of hony, milk, and blood, and wyn;
Eek Palamon, with ful greet compaignye;
And after that cam woful Emelye,
With fyr in honde, as was that tyme the gyse,
To do the office of funeral servyse.
  Heigh labour and ful greet apparaillynge
Was as the service and the fyr-makynge,
That with his grene top the hevene raughte;
And twenty fadme of brede the armes straughte –
This is to seyn, the bowes weren so brode.
Of stree first ther was leyd ful many a lode.
But how the fyr was maked upon highte,
Ne eek the names that the trees highte,
As ook, firre, birch, aspe, alder, holm, popler,
Wylugh, elm, plane, assh, box, chasteyn, lynde, laurer,
Mapul, thorn, bech, hasel, ew, whippeltree –
How they weren feld shal nat be toold for me;
Ne hou the goddes ronnen up and doun,
Disherited of hire habitacioun,
In which they woneden in reste and pees,
Nymphes, fawnes and amadrides;
Ne hou the beestes and the briddes alle
Fledden for fere, whan the wode was falle;
Ne how the ground agast was of the light,
That was nat wont to seen the sonne bright;
Ne how the fyr was couched first with stree,
And thanne with drye stikkes cloven a thre,
And thanne with grene wode and spicerye,

dann mit Tuch aus Gold und mit Edelsteinen
und Girlanden, mit vielen Blüten durchsetzt,
zudem Myrrhe und Weihrauch mit sehr starkem Duft;
auch nicht, wie Arcite inmitten aller dieser Dinge lag,
noch davon, welche Kostbarkeiten rings um seinen Leichnam
auch davon nicht, wie Emelie, der Sitte entsprechend, [lagen,
den Scheiterhaufen zur Totenfeier in Brand steckte; [schürte;
auch nicht davon, wie sie ohnmächtig wurde, als man das Feuer
oder davon, was sie sprach und was sie ersehnte; [wurden,
auch davon nicht, welche Edelsteine ins Feuer geworfen
nachdem das Feuer hell entfacht war und lichterloh brannte;
auch darüber nicht, wie einige ihren Schild, andere ihre Lanze,
Teile ihrer Kleidung, die sie gerade trugen,
und Becher voll Wein, Milch und Blut
mitten hinein ins lodernde Feuer warfen;
auch davon nicht, wie die Griechen in einem großen Kreis
dreimal ums Feuer ritten,
gegen den Uhrzeigersinn, wobei sie laut schrien
und dreimal mit den Lanzen klapperten;
nicht, wie die Damen dreimal schrien
und wie Emelie nach Hause geführt wurde;
nicht, wie Arcite zu lebloser Asche verbrannt wurde;
nicht, wie das Totenfest abgehalten wurde,
jene ganze Nacht hindurch; auch nicht, wie die Griechen
die Totenspiele begingen; ich möchte nicht berichten, wer
mit nacktem, eingeöltem Körper der beste Ringkämpfer war,
und wer sich am geschicktesten anstellte, ohne in die Klemme zu
Ich will auch nicht davon erzählen, wie sie [geraten.
heim nach Athen zogen, als die Spiele beendet waren;
vielmehr möchte ich zum Kern der Sache kommen
und meine lange Geschichte zu Ende erzählen.

Im Laufe der Zeit und mit den Jahren
hat die Trauer ein Ende, und das Weinen
der Griechen hört im allgemeinen Einvernehmen auf.
Dann, schien mir, wurde eine Versammlung

And thanne with clooth of gold and with perrye,
And gerlandes, hangynge with ful many a flour;
The mirre, th'encens, with al so greet odour;
Ne how Arcite lay among al this,
Ne what richesse aboute his body is;
Ne how that Emelye, as was the gyse,
Putte in the fyr of funeral servyse;
Ne how she swowned whan men made the fyr,
Ne what she spak, ne what was hir desir;
Ne what jeweles men in the fyre caste,
Whan that the fyr was greet and brente faste;
Ne how somme caste hir sheeld, and somme hir spere,
And of hire vestimentz, whiche that they were,
And coppes fulle of wyn, and milk, and blood,
Into the fyr, that brente as it were wood;
Ne how the Grekes, with an huge route,
Thries riden al the fyr aboute
Upon the left hand, with a loud shoutynge,
And thries with hir speres claterynge;
And thries how the ladyes gonne crye;
And how that lad was homward Emelye;
Ne how Arcite is brent to asshen colde;
Ne how that lyche-wake was yholde
Al thilke nyght; ne how the Grekes pleye
The wake-pleyes; ne kepe I nat to seye
Who wrastleth best naked with oille enoynt,
Ne who that baar hym best, in no disjoynt.
I wol nat tellen eek how that they goon
Hoom til Atthenes, whan the pley is doon;
But shortly to the point thanne wol I wende
And maken of my longe tale an ende.
  By processe and by lengthe of certeyn yeres,
Al stynted is the moornynge and the teres
Of Grekes, by oon general assent.
Thanne semed me ther was a parlement

zur Beratung gewisser Dinge und Angelegenheiten nach Athen
Unter anderem beriet man darüber, [einberufen.
ob man mit einigen Ländern ein Bündnis eingehen sollte,
um so die völlige Unterwerfung der Thebaner zu erreichen.
Deshalb ließ der würdige Theseus sofort
nach dem edlen Palamon schicken,
der nicht wußte, weshalb und zu welchem Zweck;
und so eilte er traurig und in schwarzem Gewand
sofort auf den Befehl herbei.
Danach schickte Theseus nach Emelie.
Nachdem alle Platz genommen hatten und es ruhig geworden
und nachdem Theseus eine Weile gewartet hatte, [war,
bevor ein Wort aus seinem weisen Herzen kam,
richtete er seine Augen dorthin, wo es ihm lieb war.
Und mit traurigem Gesicht seufzte er leise;
danach tat er seinen Willen folgendermaßen kund:
»Der, der droben die Ursache aller Dinge zuerst in Bewegung
hat, als er die schöne Kette der Liebe schuf, sie [gesetzt hat,
mit großen Auswirkungen versehen und seine Ziele waren hoch.
Er wußte genau, weshalb und was er damit beabsichtigte;
denn mit dieser schönen Kette der Liebe hat er
Feuer, Luft, Wasser und Erde
mit solchen Banden verbunden, daß sie nicht entfliehen können.
Derselbe Fürst, der alles bewegt«, sagte er,
»hat auf dieser erbärmlichen Erde hier unten
eine bestimmte Anzahl von Tagen, eine bestimmte Spanne
für alles, was auf der Welt hervorgebracht wird; [festgesetzt
über diesen Zeitraum hinaus kann nichts weiter existieren,
wenngleich die festgesetzte Frist auch unterschritten werden
Es bedarf hier nicht des Zitierens einer Autorität, [kann.
die Erfahrung beweist es ja –
es sei denn, ich wollte mich noch deutlicher ausdrücken.
Die Menschen können nun aus dieser Ordnung gut erkennen,
daß der, der alles bewegt, unveränderlich und ewig ist.
Jeder, es sei denn ein Narr, erkennt,

At Atthenes, upon certein pointz and caas;
Among the whiche pointz yspoken was,
To have with certein contrees alliaunce,
And have fully of Thebans obeisaunce.
For which this noble Theseus anon
Leet senden after gentil Palamon,
Unwist of hym what was the cause and why,
But in his blake clothes sorwefully
He cam at his comandement in hye.
Tho sente Theseus for Emelye.
Whan they were set, and hust was al the place,
And Theseus abiden hadde a space
Er any word cam fram his wise brest,
His eyen sette he ther as was his lest.
And with a sad visage he siked stille,
And after that right thus he seyde his wille:
"The First Moevere of the cause above,
Whan he first made the faire cheyne of love,
Greet was th'effect, and heigh was his entente.
Wel wiste he why, and what thereof he mente,
For with that faire cheyne of love he bond
The fyr, the eyr, the water, and the lond
In certeyn boundes, that they may nat flee.
That same Prince and that Moevere," quod he,
"Hath stablissed in this wrecched world adoun
Certeyne dayes and duracioun
To al that is engendred in this place,
Over the whiche day they may nat pace,
Al mowe they yet tho dayes wel abregge.
Ther nedeth noght noon auctoritee t'allegge,
For it is preeved by experience,
But that me list declaren my sentence.
Thanne may men by this ordre wel discerne
That thilke Moevere stable is and eterne.
Wel may men knowe, but it be a fool,

daß ein jeder Teil von einem Ganzen stammt,
denn die Natur hat ihren Anfang
nicht von einem Teil oder dem Bruchstück eines Dinges genommen,
sondern von etwas Perfektem und Dauerhaftem;
dann aber verfällt sie zum Verweslichen.
Und in weiser Vorsehung
hat er deshalb seine Ordnung so gefügt,
daß die Gattungen und ihr Wachstum
in Aufeinanderfolge bestehen
und nicht ewig dauern sollen – das ist die Wahrheit.
Das kann man verstehen und mit eigenen Augen sehen.

Seht doch die Eiche an, die sehr langsam wächst,
wenn sie sich aus einem Keim entwickelt hat;
sie hat ein sehr langes Leben, wie wir ja wissen,
geht aber schließlich dennoch ein.

Bedenkt auch, wie der harte Stein
unter unseren Füßen, auf den wir treten und über den wir gehen,
dennoch verwittert, wenn er am Wegesrand liegt.
Selbst der mächtige Fluß trocknet manchmal aus;
die großen Städte sehen wir niedergehen und zerfallen.
Daran können wir sehen, daß jedes Ding ein Ende hat.

Am Beispiel von Mann und Frau sehen wir auch deutlich,
daß jedermann in einer der beiden Lebenhälften
sterben muß: entweder in der Jugend oder im Alter,
ob König oder Diener;
einer in seinem Bett, ein anderer auf hoher See,
wieder ein anderer auf dem weiten Schlachtfeld, wie wir gesehen haben;
nichts hilft da, alles nimmt den gleichen Lauf.
Darum sage ich: Ein jedes Ding muß sterben.

Wer ist dafür verantwortlich, wenn nicht Jupiter, der König,
der Herr und Ursache aller Dinge ist,
der jedes Ding zu seinem ihm eigenen Ursprung zurückverwandelt,
von wo es kommt – ist es nicht so?
Und es nützt keiner lebenden Kreatur,
gleich welcher Art, dagegen anzukämpfen.

That every part dirryveth from his hool,
For nature hath nat taken his bigynnyng
Of no partie or cantel of a thyng,
But of a thyng that parfit is and stable,
Descendynge so til it be corrumpable.
And therfore, of his wise purveiaunce,
He hath so wel biset his ordinaunce
That speces of thynges and progressiouns
Shullen enduren by successiouns,
And nat eterne, withouten any lye.
This maystow understonde and seen at ye.
"Loo the ook, that hath so long a norisshynge
From tyme that it first bigynneth to sprynge,
And hath so long a lif, as we may see,
Yet at the laste wasted is the tree.
"Considereth eek how that the harde stoon
Under oure feet, on which we trede and goon,
Yet wasteth it as it lyth by the weye.
The brode ryver somtyme wexeth dreye;
The grete tounes se we wane and wende.
Thanne may ye se that al this thyng hath ende.
"Of man and womman seen we wel also
That nedes, in oon of this termes two –
This is to seyn, in youthe or elles age –
He moot be deed, the kyng as shal a page;
Som in his bed, som in the depe see,
Som in the large feeld, as men may see;
Ther helpeth noght, al goth that ilke weye.
Thanne may I seyn that al this thyng moot deye.
"What maketh this but Juppiter, the kyng,
That is prince and cause of alle thyng,
Convertynge al unto his propre welle
From which it is dirryved, sooth to telle?
And heer-agayns no creature on lyve,
Of no degree, availleth for to stryve.

Deshalb entspricht es der Vernunft, so scheint mir,
aus der Not eine Tugend zu machen
und das willig anzunehmen, was wir nicht umgehen können,
besonders das, was uns allen bestimmt ist.
Und wer damit hadert, begeht eine Torheit
und lehnt sich auf gegen den, der alles lenkt.
Wahrlich, es ist die größte Ehre für einen Mann,
sterben zu dürfen, wenn seine Tatkraft sich voll entfaltet hat,
wenn er seines guten Namens sicher ist.
Dann hat er weder sich noch seinen Freunden Schande zugefügt.
Und seinen Freunden müßte sein Tod dann, wenn er
seinen letzten Atemzug in Ehren getan hat, eher eine Freude sein
als dann, wenn sein Name mit zunehmenden Alter verblaßt,
denn dann wird seine Tapferkeit vergessen sein.
Deshalb ist es für den guten Ruf am besten,
dann zu sterben, wenn man den größten Ruhm erworben hat.
Das Gegenteil von alledem ist Starrsinnigkeit.
Weshalb hadern wir, weshalb bekümmern wir uns darüber,
daß Arcite, die Blüte der Ritterschaft,
mit Würde und mit Ehre
aus dem üblen Verlies dieses Lebens gegangen ist?
Weshalb hadern hier sein Vetter und seine Frau,
die er so liebte, wegen des glücklichen Umstandes seines Todes?
Kann er ihnen hierfür danken? Nein, bei Gott, nicht im geringsten,
da sie sowohl seiner Seele als auch sich selbst schaden
und dabei dennoch nicht glücklicher werden.
Was kann ich am Ende dieser langen Rede sagen,
als daß ich dazu rate, daß wir nach Leid fröhlich seien
und Jupiter für seine große Gnade danken?
Und ehe wir von dieser Stätte weggehen,
rate ich dazu, daß wir zweifaches Leid
in eine vollkommene, immerwährende Freude verwandeln.
Und schaut nur dorthin, wo der Kummer am größten ist,
dort wollen wir beginnen und Linderung schaffen.
Schwester«, sagte er, »meine volle Zustimmung findet,

"Thanne is it wysdom, as it thynketh me,
To maken vertu of necessitee,
And take it weel that we may nat eschue,
And namely that to us alle is due.
And whoso gruccheth ought, he dooth folye,
And rebel is to hym that al may gye.
And certeinly a man hath moost honour
To dyen in his excellence and flour,
Whan he is siker of his goode name;
Thanne hath he doon his freend, ne hym, no shame.
And gladder oghte his freend been of his deeth,
Whan with honour up yolden is his breeth,
Than whan his name apalled is for age,
For al forgeten is his vassellage.
Thanne is it best, as for a worthy fame,
To dyen whan that he is best of name.
"The contrarie of al this is wilfulnesse.
Why grucchen we, why, have we hevynesse,
That goode Arcite, of chivalrie flour,
Departed is with duetee and honour
Out of this foule prisoun of this lyf?
Why grucchen heere his cosyn and his wyf
Of his welfare, that loved hem so weel?
Kan he hem thank? Nay, God woot, never a deel,
That both his soule and eek hemself offende,
And yet they mowe hir lustes nat amende.
"What may I conclude of this longe serye,
But after wo I rede us to be merye
And thanken Juppiter of al his grace?
And er that we departen from this place
I rede that we make of sorwes two
O parfit joye, lastynge everemo.
And looketh now, wher moost sorwe is herinne,
Ther wol we first amenden and bigynne.
"Suster," quod he, "this is my fulle assent,

was ich als Rat meiner ganzen Versammlung vernommen habe;
des edlen Palamons, Eures eigenen Ritters,
der Euch mit willigem Herzen und ganzer Kraft
seit eurer ersten Begegnung dient,
sollt Ihr Euch um Eurer Gnade willen erbarmen
und ihn zu Eurem Gatten und Herrn nehmen.
Gebt mir Eure Hand, denn dies ist unser Wunsch.
Zeigt Euer frauliches Mitleid.
Bei Gott, er ist eines Königsbruders Sohn,
und selbst wenn er ein armer Junker wäre,
müßte man ihn, da er Euch so lange Jahre gedient
und Euretwillen große Mühsal auf sich genommen hat,
dennoch in Betracht ziehen, glaubt mir nur,
denn edles Mitleid sollte Gerechtigkeit übertreffen.«
Dann sprach er zu dem Ritter Palamon:
»Ich glaube, es bedarf keiner langen Rede,
um Eure Zustimmung hierzu zu erhalten.
Tretet näher und nehmt Eure Dame bei der Hand.«
Zwischen ihnen wurde alsbald der Bund geschlossen,
den man Ehe oder Heirat nennt,
und zwar mit der vollen Zustimmung des Rates und der Edlen.
Und so hat Palamon mit Freude und Musik
Emelie geehelicht.
Möge Gott, der die ganze weite Welt erschaffen hat,
ihm seine Liebe schenken, die er so teuer erkauft hat.
Nun ist Palamon glückselig
und lebt in höchster Freude, in Reichtum und im Glück;
Emelie liebt ihn überaus zärtlich,
und er dient ihr mit solchem Edelmut,
daß es zwischen ihnen niemals ein häßliches Wort
der Eifersucht oder Unstimmigkeit gab.
So endet nun ›Palamon und Emelie‹;
und Gott erhalte unsere werte Pilgerschar! Amen.

Hier ist die Erzählung des Ritters beendet.

With al th'avys heere of my parlement,
That gentil Palamon, youre owene knyght,
That serveth you with wille, herte, and myght,
And ever hath doon syn ye first hym knewe,
That ye shul of youre grace upon hym rewe,
And taken hym for housbonde and for lord.
Lene me youre hond, for this is oure accord.
Lat se now of youre wommanly pitee.
He is a kynges brother sone, pardee;
And though he were a povre bacheler,
Syn he hath served you so many a yeer,
And had for you so greet adversitee,
It moste been considered, leeveth me,
For gentil mercy oghte to passen right."
Thanne seyde he thus to Palamon the knight:
"I trowe ther nedeth litel sermonyng
To make yow assente to this thyng.
Com neer, and taak youre lady by the hond."
Bitwixen hem was maad anon the bond
That hight matrimoigne or mariage,
By al the conseil and the baronage.
And thus with alle blisse and melodye
Hath Palamon ywedded Emelye.
And God, that al this wyde world hath wroght,
Sende hym his love that hath it deere aboght;
For now is Palamon in alle wele,
Lyvynge in blisse, in richesse, and in heele,
And Emelye hym loveth so tendrely,
And he hire serveth so gentilly,
That nevere was ther no word hem bitwene
Of jalousie or any oother teene.
Thus endeth Palomon and Emelye;
And God save al this faire compaignye! Amen.

Heere is ended the Knyghtes Tale.

DER PROLOG DES MÜLLERS

Hier folgen die Worte zwischen dem Wirt und dem Müller.

Als der Ritter seine Geschichte erzählt hatte,
gab es in der ganzen Pilgerschar keinen, ob jung oder alt,
der nicht gesagt hätte, es sei eine vortreffliche Geschichte,
würdig genug, dem Gedächtnis anvertraut zu werden;
und vor allem vertrat jeder der Edlen diese Ansicht.
Unser Wirt lachte und fluchte: »So wahr es mir gut geht,
das läuft gut; der Anfang ist gemacht.
Nun wollen wir sehen, wer die nächste Geschichte erzählen wird;
denn wahrlich, das Spiel hat gut begonnen.
Nun sollt Ihr, Herr Mönch, wenn Ihr könnt,
etwas erzählen, um die Erzählung des Ritters zu erwidern.«
Der Müller, der vor Trunkenheit ganz blaß war,
so daß er sich kaum auf seinem Pferd halten konnte,
wollte weder Hut oder Kappe abnehmen
noch aus Höflichkeit jemandem den Vortritt lassen,
vielmehr rief er mit Pilatus Stimme
und fluchte: »Bei Christi Armen, Blut und Leib,
ich kenne auch eine vornehme Geschichte,
mit der ich jetzt die Erzählung des Ritters erwidern will.«
Unser Wirt sah, daß er vom Bier trunken war,
und sagte: »Warte, Robin, mein lieber Bruder,
ein Besserer soll uns die nächste Geschichte erzählen.
Halt ein, und laß uns in geeigneter Weise fortfahren.«
»Bei Gottes Seele«, sagte der, »das möchte ich nicht,
denn ich will erzählen, sonst gehe ich meines Wegs.«
Unser Wirt antwortete: »Dann erzähl halt, zum Teufel!
Du bist ein Narr, dein Verstand ist gelähmt.«
»Nun hört alle her!« sagte der Müller.
»Doch zuerst bekenne ich,

THE MILLER'S PROLOGUE

Heere folwen the wordes bitwene the Hoost and the Millere.

Whan that the Knyght had thus his tale ytoold,
In al the route nas ther yong ne oold
That he ne seyde it was a noble storie
And worthy for to drawen to memorie,
And namely the gentils everichon.
Oure Hooste lough and swoor, "So moot I gon,
This gooth aright; unbokeled is the male.
Lat se now who shal telle another tale;
For trewely the game is wel bigonne.
Now telleth ye, sir Monk, if that ye konne,
Somwhat to quite with the Knyghtes tale."
The Millere, that for dronken was al pale,
So that unnethe upon his hors he sat,
He nolde avalen neither hood ne hat,
Ne abyde no man for his curteisie,
But in Pilates voys he gan to crie,
And swoor, "By armes, and by blood and bones,
I kan a noble tale for the nones,
With which I wol now quite the Knyghtes tale."
Oure Hooste saugh that he was dronke of ale,
And seyde, "Abyd, Robyn, my leeve brother;
Som bettre man shal telle us first another.
Abyd, and lat us werken thriftily."
"By Goddes soule," quod he, "that wol nat I;
For I wol speke or elles go my wey."
Oure Hoost answerde, "Tel on, a devel wey!
Thou art a fool; thy wit is overcome."
"Now herkneth," quod the Millere, "alle and some!
But first I make a protestacioun

daß ich betrunken bin, ich merke das an meiner Stimme;
und wenn ich deshalb falsch spreche oder erzähle,
dann bitte ich euch, dies dem Bier von Southwark zur Last zu
Denn ich will eine Legende und Vita erzählen, [legen.
die von einem Zimmermann und seiner Frau handelt,
wie ein Student diesen Handwerker zum Narren hielt.«
Der Gutsverwalter antwortete und sagte: »Halt deine Klappe!
Laß dein schändliches, von deiner Trunkenheit herrührendes
Eine Sünde ist es und eine große Torheit, [Treiben.
jemanden zu verletzen oder ihn zu entehren
und Frauen in einen solchen Ruf zu bringen.
Du kannst zur Genüge von anderen Dingen erzählen.«
Der trunkene Müller antwortete darauf sogleich
und sagte: »Lieber Bruder Oswald,
wer keine Frau hat, ist auch kein Hahnrei.
Doch will ich damit nicht sagen, daß du einer bist;
es gibt viele sehr gute Frauen,
und einer schlechten stehen stets tausend gute gegenüber.
Das weißt du genau, es sei denn, du wärest von Sinnen.
Warum ärgerst du dich jetzt über meine Geschichte?
Bei Gott! Ich habe eine Frau – genauso wie du;
bei den Ochsen vor meinem Pflug aber wollte ich
nicht mehr auf mich nehmen, als genug ist –
wie etwa von mir selbst sagen, ich sei ein Hahnrei;
ich will fest glauben, daß ich keiner bin.
Ein Gatte soll keine Nachforschungen anstellen
über Gottes Geheimnisse, auch nicht über die seiner Frau.
Wenn er dabei nämlich Gottes reichen Segen findet,
braucht er nicht auch noch nach dem Rest zu suchen.«
Was soll ich sonst noch sagen? Der Müller war ja nicht
gewillt, den anderen zuliebe mit seinen Worten zurückzuhalten,
sondern erzählte seine rüpelhafte Geschichte auf seine Weise.
Es mißfällt mir, daß ich sie hier wiederholen muß.
Und deshalb bitte ich jeden ehrbaren Mann
um der Liebe Gottes willen, das, was ich sage, nicht

That I am dronke; I knowe it by my soun.
And therfore if that I mysspeke or seye,
Wyte it the ale of Southwerk, I you preye.
For I wol telle a legende and a lyf
Bothe of a carpenter and of his wyf,
How that a clerk hath set the wrightes cappe."
The Reve answerde and seyde, "Stynt thy clappe!
Lat be thy lewed dronken harlotrye.
It is a synne and eek a greet folye
To apeyren any man, or hym defame,
And eek to bryngen wyves in swich fame.
Thou mayst ynogh of othere thynges seyn."
This dronke Millere spak ful soone ageyn
And seyde, "Leve brother Osewold,
Who hath no wyf, he is no cokewold.
But I sey nat therfore that thou art oon;
Ther been ful goode wyves many oon,
And evere a thousand goode ayeyns oon badde.
That knowestow wel thyself, but if thou madde.
Why artow angry with my tale now?
I have a wyf, pardee, as wel as thow;
Yet nolde I, for the oxen in my plogh,
Take upon me moore than ynogh,
As demen of myself that I were oon;
I wol bileve wel that I am noon.
An housbonde shal nat been inquisityf
Of Goddes pryvetee, nor of his wyf.
So he may fynde Goddes foyson there,
Of the remenant nedeth nat enquere."
What sholde I moore seyn, but this Millere
He nolde his wordes for no man forbere,
But tolde his cherles tale in his manere.
M'athynketh that I shal reherce it heere.
And therfore every gentil wight I preye,
For Goddes love, demeth nat that I seye

auf eine böse Absicht zurückzuführen, denn ich muß ja alle
Geschichten wiedergeben, seien sie nun besser oder schlechter,
andernfalls müßte ich einen Teil meines Erzählstoffes verfälschen.
Und deshalb möge der, der sie nicht hören will,
weiterblättern und eine andere Geschichte auswählen;
er wird nämlich genug längere und kürzere,
wahre Geschichten finden, die sich mit edlem Verhalten
sowie mit Moral und Frömmigkeit befassen.
Tadelt nicht mich, wenn ihr die falsche Wahl trefft.
Der Müller ist ein Rüpel, das wißt ihr genau,
auch der Gutsverwalter war einer – und es gab noch mehr –,
und beide erzählten anzügliche Geschichten.
Bedenkt dies und tadelt nicht mich.
Auch soll man aus Spaß keinen Ernst machen.

DIE ERZÄHLUNG DES MÜLLERS

Hier beginnt die Erzählung des Müllers.

Einst lebte in Oxford
ein reicher Kerl, der zahlende Gäste in seinen Haushalt aufnahm
und von Beruf Zimmermann war.
Ein armer Student wohnte bei ihm,
der die Künste studiert hatte; doch sein ganzes Sinnen
war darauf gerichtet, die Astrologie zu erlernen.
Er beherrschte einige Methoden,
um durch Befragung der Sterne Auskunft zu erteilen,
wenn man ihn zu bestimmten Stunden fragte,
wann es Dürre oder Niederschläge gebe,
oder wenn man ihn danach fragte, was sich
zutragen werde; ich kann nicht alles aufzählen.
Diesen Studenten nannte man den netten Nikolas.
In Dingen heimlicher Liebe und ihrer Freuden kannte er sich aus,

Of yvel entente, but for I moot reherce
Hir tales alle, be they bettre or werse,
Or elles falsen som of my mateere.
And therfore, whoso list it nat yheere,
Turne over the leef and chese another tale;
For he shal fynde ynowe, grete and smale,
Of storial thyng that toucheth gentillesse,
And eek moralitee and hoolynesse.
Blameth nat me if that ye chese amys.
The Millere is a cherl; ye knowe wel this.
So was the Reve eek and othere mo,
And harlotrie they tolden bothe two.
Avyseth yow, and put me out of blame;
And eek men shal nat maken ernest of game.

THE MILLER'S TALE

Heere bigynneth the Millere his tale.

Whilom ther was dwellynge at Oxenford
A riche gnof, that gestes heeld to bord,
And of his craft he was a carpenter.
With hym ther was dwellynge a poure scoler,
Hadde lerned art, but al his fantasye
Was turned for to lerne astrologye,
And koude a certeyn of conclusiouns,
To demen by interrogaciouns,
If that men asked hym, in certein houres
Whan that men sholde have droghte or elles shoures,
Or if men asked hym what sholde bifalle
Of every thyng; I may nat rekene hem alle.
This clerk was cleped hende Nicholas.
Of deerne love he koude and of solas;

und er war auch schlau und ein großer Geheimniskrämer
und schien sanftmütig wie ein Mädchen.
Er hatte in jener Herberge eine Kammer
für sich allein, ohne Mitbewohner,
die mit wohlriechenden Kräutern hübsch geschmückt war;
und er selbst duftete so angenehm wie die Wurzel
des Ingwer oder wie Süßholz.
Sein Almagest, Bücher unterschiedlichen Formates,
sein Astrolabium, das zu seiner Kunst gehörte,
und seine Rechensteine lagen säuberlich für sich
auf Regalen, die am Kopfende seines Bettes angebracht waren;
seine Wäschetruhe war mit einem groben roten Wolltuch bedeckt,
und darauf lag ein prächtiger Psalter,
auf dem er abends Weisen spielte,
so angenehm, daß die ganze Kammer davon erfüllt war;
und er sang: ›Der Engel spricht zur Jungfrau‹,
danach die Königsmelodie.
Gar oft wurde seine fröhliche Kehle gepriesen.
Und dieser nette Student verbrachte seine Zeit so,
wie es die Zuwendungen seiner Freunde und seine festen Einkünfte erlaubten.

Der Zimmermann hatte vor kurzem
eine Frau geheiratet, die er mehr als sein Leben liebte;
achtzehn Jahre war sie alt.
Eifersüchtig war er und hielt sie eingesperrt wie in einem engen Käfig,
denn sie war wild und jung, und er war alt
und sah sich schon zum Hahnrei gemacht.
Cato kannte er nicht, denn sein Wissen war dürftig,
Cato, der riet, man solle seinesgleichen ehelichen.
Man solle seinen Umständen entsprechend heiraten,
denn Jugend und Alter sind oft im Widerstreit.
Doch da er in die Falle gegangen war,
mußte er mit seiner Sorge zurechtkommen – wie andere auch.

Schön war diese junge Frau, und obendrein
war ihr Körper zierlich und schlank wie der eines Wiesels.
Einen rundum mit Seide besetzten Gürtel,

And therto he was sleigh and ful privee,
And lyk a mayden meke for to see.
A chambre hadde he in that hostelrye
Allone, withouten any compaignye,
Ful fetisly ydight with herbes swoote;
And he hymself as sweete as is the roote
Of lycorys or any cetewale.
His Almageste, and bookes grete and smale,
His astrelabie, longynge for his art,
His augrym stones layen faire apart,
On shelves couched at his beddes heed;
His presse ycovered with a faldyng reed;
And al above ther lay a gay sautrie,
On which he made a-nyghtes melodie
So swetely that all the chambre rong;
And *Angelus ad virginem* he song;
And after that he song the Kynges Noote.
Ful often blessed was his myrie throte.
And thus this sweete clerk his tyme spente
After his freendes fyndyng and his rente.

This carpenter hadde wedded newe a wyf,
Which that he lovede moore than his lyf;
Of eighteteene yeer she was of age.
Jalous he was, and heeld hire narwe in cage,
For she was wylde and yong, and he was old
And demed hymself been lik a cokewold.
He knew nat Catoun, for his wit was rude,
That bad man sholde wedde his simylitude.
Men sholde wedden after hire estaat,
For youthe and elde is often at debaat.
But sith that he was fallen in the snare,
He moste endure, as oother folk, his care.

Fair was this yonge wyf, and therwithal
As any wezele hir body gent and smal.
A ceynt she werede, barred al of silk,

eine Schürze, weiß wie Morgenmilch
und mit vielen Falten, trug sie um ihre Lenden gebunden.
Weiß war ihre Bluse; sie war vorne
und hinten sowie ringsum am Kragen
mit tiefschwarzer Seide besetzt, innen und außen.
Die Bänder ihrer weißen Haube
waren wie der Kragen gearbeitet;
ihr breites Stirnband aus Seide trug sie hoch angesetzt.
Und sicherlich, kokette Augen hatte sie;
ihre Augenbrauen waren zu schmalen Bändern gezupft,
geschwungen waren sie und schwarz wie Schlehen.
Sie war viel entzückender anzusehen
als ein Birnbaum mit reifen Frühbirnen
und wirkte geschmeidiger als die Wolle eines Widders.
An ihrem Gürtel hing eine Lederbörse,
mit Seidenquasten und Messingperlen versehen.
Selbst wenn man suchen würde, auf der ganzen Welt gäbe es
keinen Mann mit so viel Phantasie, daß er sich
ein solches Liebchen oder eine solche Dirne vorstellen könnte.
Der Glanz ihrer Gesichtshaut war strahlender
als der einer frisch geprägten Münze aus dem Tower.
Was aber ihren Gesang betrifft, so war er so kräftig und munter
wie der einer Schwalbe auf dem Scheunendach.
Dazu konnte sie hüpfen und herumtollen
wie ein Zicklein oder wie ein Kalb, das seiner Mutter folgt.
Ihr Mund war so süß wie Honigbier oder Met
oder ein Vorrat an Äpfeln, gelagert auf Heu oder Heidekraut.
Lebhaft war sie wie ein munteres Fohlen,
hochgewachsen wie eine Stange und gerade wie ein Bolzen.
Auf ihrem Unterkragen trug sie eine Brosche,
so groß wie der Knauf eines Rundschildes.
Ihre Schuhe waren bis weit hinauf am Bein geschnürt,
sie war ein Himmelsschlüsselchen, ein verlockendes Gewächs,
das jeder Edelmann sich ins Bett legen,
aber auch jeder gute Bauer ehelichen könnte.

A barmclooth as whit as morne milk
Upon hir lendes, ful of many a goore.
Whit was hir smok, and broyden al bifoore
And eek bihynde, on hir coler aboute,
Of col-blak silk, withinne and eek withoute.
The tapes of hir white voluper
Were of the same suyte of hir coler;
Her filet brood of silk, and set ful hye.
And sikerly she hadde a likerous ye;
Ful smale ypulled were hire browes two,
And tho were bent and blake as any sloo.
She was ful moore blisful on to see
Than is the newe pere-jonette tree,
And softer than the wolle is of a wether.
And by hir girdel heeng a purs of lether,
Tasseled with silk and perled with latoun.
In al this world, to seken up and doun,
There nys no man so wys that koude thenche
So gay a popelote or swich a wenche.
Ful brighter was the shynyng of hir hewe
Than in the Tour the noble yforged newe.
But of hir song, it was as loude and yerne
As any swalwe sittynge on a berne.
Therto she koude skippe and make game,
As any kyde or calf folwynge his dame.
Hir mouth was sweete as bragot or the meeth,
Or hoord of apples leyd in hey or heeth.
Wynsynge she was, as is a joly colt,
Long as a mast, and upright as a bolt.
A brooch she baar upon hir lowe coler,
As brood as is the boos of a bokeler.
Hir shoes were laced on hir legges hye.
She was a prymerole, a piggesnye,
For any lord to leggen in his bedde,
Or yet for any good yeman to wedde.

Nun, meine Herrschaften, und dann, ihr Herren, es trug sich
eines Tages zu, daß der nette Nikolas
mit dieser jungen Frau zu tollen und zu spielen begann,
während ihr Gatte in Osney war,
denn Studenten sind ja sehr subtil und sehr erfinderisch;
und er packte sie verstohlen beim Schoß
und sagte: »Bekomme ich nicht meinen Willen,
Geliebte, werde ich gewiß vor heimlicher Liebe zu dir
Und er hielt ihre Schenkel fest umschlungen [vergehen.«
und sagte: »Geliebte, liebe mich sofort,
sonst werde ich sterben, so wahr mir Gott helfe!«
Sie aber bockte wie ein Füllen, das man zum Beschlagen
und drehte den Kopf heftig zur Seite [einpfercht,
und sagte: »Ich will dich nicht küssen, wahrlich nicht!
He, laß das«, sagte sie, »laß das, Nikolas,
sonst werde ich um Hilfe rufen!
Bei deiner Höflichkeit – nimm deine Hände weg!«
Nikolas flehte sofort um Gnade
und redete so nett und bot sich so sehr an,
daß sie ihm schließlich ihre Liebe gewährte
und einen Eid schwor, beim heiligen Thomas von Kent,
daß sie zu seinen Diensten sein würde,
sobald sie eine Gelegenheit hierzu sähe.
»Mein Gatte ist so eifersüchtig –
wenn du nicht warten und heimlich vorgehen kannst,
weiß ich genau, ich werde sterben«, sagte sie.
»Du mußt in dieser Sache überaus vorsichtig sein.«
»Mach dir deswegen keine Sorgen«, sagte Nikolas,
»ein Student hätte seine Zeit schlecht genützt,
wenn er einen Zimmermann nicht betrügen könnte.«
Und so kamen sie überein und schworen sich,
daß sie eine Zeitlang warten wollten, wie ich schon gesagt habe.
Nachdem Nikolas das Ganze also eingefädelt
und sie kräftig um die Lenden gefaßt hatte,
küßte er sie zärtlich, nahm seinen Psalter
und spielte kräftig darauf und ließ die Melodien erklingen.

Now, sire, and eft, sire, so bifel the cas
That on a day this hende Nicholas
Fil with this yonge wyf to rage and pleye,
Whil that hir housbonde was at Oseneye,
As clerkes ben ful subtile and ful queynte;
And prively he caughte hire by the queynte,
And seyde, "Ywis, but if ich have my wille,
For deerne love of thee, lemman, I spille."
And heeld hire harde by the haunchebones,
And seyde, "Lemman, love me al atones,
Or I wol dyen, also God me save!"
And she sproong as a colt dooth in the trave,
And with hir heed she wryed faste awey,
And seyde, "I wol nat kisse thee, by my fey!
Why, lat be!" quod she. "Lat be, Nicholas,
Or I wol crie 'out, harrow' and 'allas'!
Do wey youre handes, for youre curteisye!"
This Nicholas gan mercy for to crye,
And spak so faire, and profred him so faste,
That she hir love hym graunted atte laste,
And swoor hir ooth, by Seint Thomas of Kent,
That she wol been at his comandement,
Whan that she may hir leyser wel espie.
"Myn housbonde is so ful of jalousie
That but ye wayte wel and been privee,
I woot right wel I nam but deed," quod she.
"Ye moste been ful deerne, as in this cas."
"Nay, therof care thee noght," quod Nicholas.
"A clerk hadde litherly biset his whyle,
But if he koude a carpenter bigyle."
And thus they been accorded and ysworn
To wayte a tyme, as I have told biforn.
Whan Nicholas had doon thus everideel
And thakked hire abote the lendes weel,
He kiste hire sweete and taketh his sawtrie,
And pleyeth faste, and maketh melodie.

Später geschah es, daß sich diese gute Frau in der Absicht,
Christus den ihm gebührenden Dienst zu erweisen,
an einem Feiertag auf den Weg zur Gemeindekirche machte.
Ihre Stirn glänzte hell wie der Tag,
so hatte sie sie gewaschen, nachdem sie ihre Arbeit verrichtet
Nun gab es an dieser Kirche einen Gemeindediener, [hatte.
der Absolon hieß.
Sein Haar war gekräuselt und glänzte wie Gold
und breitete sich aus wie ein großer, breiter Fächer;
schnurgerade und glattgezogen lag sein auffallender Scheitel.
Seine Gesichtsfarbe war rot, seine Augen grau wie die einer
Mit Schuhen aus kunstvoll durchbrochenem Leder [Gans.
und roten Strümpfen schritt er elegant einher.
Er war mit einem schmucken und enganliegenden
Rock von hellem Blau bekleidet,
der über und über mit schönen Spitzen besetzt war.
Und darüber trug er ein feines Chorhemd,
weiß wie die Blüte am Zweig.
Ein frohes Bürschchen war er, so wahr mir Gott helfe.
Er konnte gut zur Ader lassen, Haare schneiden und rasieren
und Verträge über Landerwerb oder Entlastungsurkunden ferti-
Auf zwanzig Arten konnte er springen und tanzen, [gen.
so wie es damals in Oxford gelehrt wurde;
und dabei konnte er seine Beine hin und her werfen
und Lieder auf einer kleinen Fiedel spielen;
dazu sang er noch manchmal laut im Falsett.
Und genauso gut konnte er auf einer Zither spielen. [Schenke,
In der ganzen Stadt gab es kein einziges Brauhaus, keine einzige
die er mit seinen vergnüglichen Darbietungen nicht aufgesucht
sofern es dort eine lustige Schankmagd gab. Damit ich [hätte –
aber bei der Wahrheit bleibe: Er war etwas überempfindlich
gegen das Furzen und etwas wählerisch, was die Ausdrucksweise
Unser Absolon, der munter und frohgestimmt war, [betrifft.
ging am Feiertag mit einem Räucherfaß hin und her
und beweihräucherte die Frauen der Gemeinde kräftig.

Thanne fil it thus, that to the paryssh chirche,
Cristes owene werkes for to wirche,
This goode wyf went on an haliday.
Hir forheed shoon as bright as any day,
So was it wasshen whan she leet hir werk.
Now was ther of that chirche a parissh clerk,
The which that was ycleped Absolon.
Crul was his heer, and as the gold it shoon,
And strouted as a fanne large and brode;
Ful streight and evene lay his joly shode.
His rode was reed, his eyen greye as goos.
With Poules wyndow corven on his shoos,
In hoses rede he wente fetisly.
Yclad he was ful smal and proprely
Al in a kirtel of a lyght waget;
Ful faire and thikke been the poyntes set.
And therupon he hadde a gay surplys
As whit as is the blosme upon the rys.
A myrie child he was, so God me save.
Wel koude he laten blood, and clippe and shave,
And maken a chartre of lond or acquitaunce.
In twenty manere koude he trippe and daunce
After the scole of Oxenforde tho,
And with his legges casten to and fro,
And pleyen songes on a smal rubible;
Therto he song som tyme a loud quynyble;
And as wel koude he pleye on a giterne.
In al the toun nas brewhous ne taverne
That he ne visited with his solas,
Ther any gaylard tappestere was.
But sooth to seyn, he was somdeel squaymous
Of fartyng, and of speche daungerous.
This Absolon, that jolif was and gay,
Gooth with a sencer on the haliday,
Sensynge the wyves of the parisshe faste;

Er warf viele liebevolle Blicke auf sie
und besonders auf die Frau unseres Zimmermanns.
Sie zu betrachten, dünkte ihn ein fröhliches Leben:
sie war so anmutig, süß und verführerisch.
Ich darf wohl sagen, wäre sie eine Maus gewesen
und er ein Kater, hätte er sie sofort gefangen.
Unser Gemeindediener, unser munterer Absolon,
verspürte ein solches Liebesverlangen im Herzen,
daß er von keiner Frau ein Opfer annahm;
aus Höflichkeit, sagte er, wolle er keines.
Der Mond schien sehr hell in jener Nacht,
und Absolon nahm seine Zither,
denn er beabsichtigte, um der Liebe willen wach zu bleiben.
Und er machte sich auf den Weg, frohgemut und amourös
bis er zum Haus des Zimmermanns kam, [gestimmt,
kurz nachdem die Hähne gekräht hatten;
dort stellte er sich bei einem Flügelfenster auf,
das in der Wand des Hauses des Zimmermanns eingelassen war.
Er sang mit seiner edlen, leisen Stimme:
»Nun, liebe Dame, wenn es dein Wille ist,
bitte ich Euch, Euch meiner zu erbarmen«,
wozu er gekonnt auf der Zither spielte.
Unser Zimmermann wachte auf, hörte ihn singen,
redete mit seiner Frau und sagte sogleich:
»Wie, Alison! Hörst du nicht, wie Absolon
an der Mauer unter unserem Schlafzimmer so schmachtend
Und darauf antwortete sie ihrem Mann: [singt?«
»Ja, weiß Gott, John, ich höre es genau.«
Das geht noch weiter. Wollt ihr etwa noch mehr verlangen?
Tag für Tag wirbt unser feiner Absolon so sehr
um sie, daß ihm weh und ach wird.
Er wacht den ganzen Tag und die ganze Nacht;
er kämmt seine fülligen Locken und macht sich hübsch;
er wirbt um sie durch Vermittler und Fürsprecher;
er schwor, daß er ihr eigener Diener sein wolle;

And many a lovely look on hem he caste,
And namely on this carpenteris wyf.
To looke on hire hym thoughte a myrie lyf,
She was so propre and sweete and likerous.
I dar wel seyn, if she hadde been a mous,
And he a cat, he wolde hire hente anon.
This parissh clerk, this joly Absolon,
Hath in his herte swich a love-longynge
That of no wyf took he noon offrynge;
For curteisie, he seyde, he wolde noon.

The moone, whan it was nyght, ful brighte shoon,
And Absolon his gyterne hath ytake;
For paramours he thoghte for to wake.
And forth he gooth, jolif and amorous,
Til he cam to the carpenteres hous
A litel after cokkes hadde ycrowe,
And dressed hym up by a shot-wyndowe
That was upon the carpenteris wal.
He syngeth in his voys gentil and smal,
"Now, deere lady, if thy wille be,
I praye yow that ye wole rewe on me,"
Ful wel acordaunt to his gyternynge.
This carpenter awook, and herde him synge,
And spak unto his wyf, and seyde anon,
"What! Alison! Herestow nat Absolon,
That chaunteth thus under oure boures wal?"
And she answerde hir housbonde therwithal,
"Yis, God woot, John, I heere it every deel."

This passeth forth; what wol ye bet than weel?
Fro day to day this joly Absolon
So woweth hire that hym is wo bigon.
He waketh al the nyght and al the day;
He kembeth his lokkes brode, and made hym gay;
He woweth hire by meenes and brocage,
And swoor he wolde been hir owene page;

er singt und schlägt wie die Nachtigall;
er schickte ihr gewürzten Wein, Met und gewürztes Bier
und Waffeln, ganz heiß und frisch vom Feuer;
und da sie aus der Stadt war, bot er ihr Geld an,
denn manche Leute wollen mit Reichtum gewonnen werden,
andere dagegen mit Schlägen, wieder andere mit Höflichkeit.
Um seine Gewandtheit und Meisterschaft zu zeigen, spielte er
hoch oben auf der Bühne den Herodes. [einmal
Doch was nützt es ihm in diesem Fall?
Sie liebt den netten Nikolas so sehr,
daß Absolon ins Bockshorn blasen kann;
nichts als Verachtung erntete er für seine Mühen.
Und so macht sie Absolon zu ihrem Affen,
und sein ganzes ernsthaftes Bemühen wird zum Spott.
Dies Sprichwort sagt die volle Wahrheit, es ist keine Lüge,
man sagt zu Recht so: »Der Gewiefte nebenan macht
den fernen Geliebten stets lästig.«
Mag Absolon auch wahnsinnig oder zornig sein –
da er ihr so weit entfernt erschien,
stand ihm der nahe Nikolas im Weg.
Nun verhalte dich gut, du kluger Nikolas,
denn Absolon kann klagen und »o weh« singen.
Und es ereignete sich, daß unser Zimmermann sich
an einem Samstag nach Osney aufgemacht hatte.
Der kluge Nikolas und Alison
beschlossen gemeinsam,
Nikolas solle für sie eine List ersinnen,
um den einfältigen, eifersüchtigen Gatten zu betrügen;
und wenn das Spiel liefe wie geplant,
würde sie die ganze Nacht in seinen Armen verbringen,
denn das war sein Wunsch und auch der ihre.
Und sogleich, ohne daß er noch viel gesagt hätte –
denn unser Nikolas wollte nicht länger damit warten –,
trägt er ganz heimlich Speisen und Getränke
in seine Kammer, genug für einen oder zwei Tage;

He syngeth, brokkynge as a nyghtyngale;
He sente hire pyment, meeth, and spiced ale,
And wafres, pipyng hoot out of the gleede;
And, for she was of town, he profred meede;
For som folk wol ben wonnen for richesse,
And somme for strokes, and somme for gentillesse.
  Somtyme, to shewe his lightnesse and maistrye,
He pleyeth Herodes upon a scaffold hye.
But what availleth hym as in this cas?
She loveth so this hende Nicholas
That Absolon may blowe the bukkes horn;
He ne hadde for his labour but a scorn.
And thus she maketh Absolon hire ape,
And al his ernest turneth til a jape.
Ful sooth is this proverbe, it is no lye,
Men seyn right thus: "Alwey the nye slye
Maketh the ferre leeve to be looth."
For though that Absolon be wood or wrooth,
By cause that he fer was from hire sight,
This nye Nicholas stood in his light.
  Now ber thee wel, thou hende Nicholas,
For Absolon may waille and synge "allas."
And so bifel it on a Saterday,
This carpenter was goon til Osenay;
And hende Nicholas and Alisoun
Acorded been to this conclusioun,
That Nicholas shal shapen hym a wyle
This sely jalous housbonde bigyle;
And if so be the game wente aright,
She sholde slepen in his arm al nyght,
For this was his desir and hire also.
And right anon, withouten wordes mo,
This Nicholas no lenger wolde tarie,
But dooth ful softe unto his chambre carie
Bothe mete and drynke for a day or tweye,

und er bat sie, ihrem Gatten dann,
wenn dieser nach Nikolas fragen sollte,
zu sagen, sie wisse nicht, wo der sei;
er sei ihr den ganzen Tag nicht unter die Augen gekommen;
sie nehme an, er liege krank darnieder,
denn ihre Magd habe ihn trotz allen Rufens nicht finden können,
er würde überhaupt nicht antworten.

An jenem ganzen Samstag verhielt es sich so,
daß Nikolas ruhig in seiner Kammer lag;
er aß und schlief oder tat, was ihm gefiel,
bis zum Sonnenuntergang am Sonntag.
Unser einfältiger Zimmermann wunderte sich sehr
über Nikolas und darüber, was ihm fehlen mochte,
und sagte: »Mir ist Angst, beim heiligen Thomas,
mit Nikolas stimmt etwas nicht.
Gott verhüte, daß er etwa plötzlich sterben sollte!
Gewiß, diese Welt ist zur Zeit völlig unberechenbar.
Heute sah ich, wie ein Leichnam zur Kirche getragen wurde –
letzten Montag habe ich den Mann noch arbeiten sehen.

Geh hinauf«, sagte er gleich darauf zu seinem Knecht,
»ruf an seiner Tür oder klopfe mit einem Stein daran.
Sieh nach, was los ist, und sag's mir ohne Umschweife.«

Der Knecht begibt sich fest entschlossen nach oben,
und als er vor der Kammertür stand,
rief und klopfte er wie ein Verrückter:
»Was! Wie! Was tut Ihr, Meister Nikolas?
Wie könnt Ihr nur den ganzen Tag lang schlafen?«

Doch ganz umsonst, nicht ein Wort vernahm er.
Knapp über dem Boden entdeckte er in einem Brett ein Loch,
durch das die Katze zu schlüpfen pflegte;
durch dieses Loch konnte er weit in die Kammer hineinblicken,
und schließlich entdeckte er ihn.
Unser Nikolas saß da und starrte unentwegt nach oben,
als ob er den Neumond angestarrt hätte.
Der Knecht geht nach unten und sagt seinem Meister sogleich,
in welchem Zustand er diesen Mann erblickt hat.

And to hire housbonde bad hire for to seye,
If that he axed after Nicholas,
She sholde seye she nyste where he was;
Of al that day she saugh hym nat with ye;
She trowed that he was in maladye,
For, for no cry hir mayde koude hym calle,
He nolde answere for thyng that myghte falle.
This passeth forth al thilke Saterday,
That Nicholas stille in his chambre lay,
And eet and sleep, or dide what hym leste,
Til Sonday, that the sonne gooth to reste.
This sely carpenter hath greet merveyle
Of Nicholas, or what thyng myghte hym eyle,
And seyde, "I am adrad, by Seint Thomas,
It stondeth nat aright with Nicholas.
God shilde that he deyde sodeynly!
This world is now ful tikel, sikerly.
I saugh today a cors yborn to chirche
That now, on Monday last, I saugh hym wirche.
"Go up," quod he unto his knave anoon,
"Clepe at his dore, or knokke with a stoon.
Looke how it is, and tel me boldely."
This knave gooth hym up ful sturdily,
And at the chambre dore whil that he stood,
He cride and knokked as that he were wood,
"What, how! What do ye, maister Nicholay?
How may ye slepen al the longe day?"
But al for noght; he herde nat a word.
An hole he foond, ful lowe upon a bord,
Ther as the cat was wont in for to crepe,
And at that hole he looked in ful depe,
And at the laste he hadde of hym a sight.
This Nicholas sat evere capyng upright,
As he had kiked on the newe moone.
Adoun he gooth, and tolde his maister soone
In what array he saugh this ilke man.

Unser Zimmermann bekreuzigte sich
und sagte: »Hilf uns, heilige Frideswide!
Wie wenig weiß ein Mensch doch, was ihm zustößt.
Dieser Mann ist wegen seiner Astrinomie
entweder verrückt geworden oder in Agonie verfallen.
Ich wußte schon lange, daß es so kommen würde!
Der Mensch sollte Gottes Geheimnisse nicht erforschen.
Ja, allemal gesegnet sei der Laie,
der nichts als seinen Glauben kennt!
So erging es einem anderen Studenten mit der Astrinomie,
er ging auf den Feldern umher, um die
Sterne danach zu befragen, was geschehen sollte,
bis er schließlich in eine Mergelgrube fiel –
diese hatte er nicht gesehen. Beim heiligen Thomas,
der nette Nikolas tut mir aber wirklich leid!
Er soll wegen seines Studierens getadelt werden,
wenn es in meiner Macht liegt, bei Christus, dem Himmelskönig!
Hol mir einen Stock, damit ich den als Hebel ansetzen kann,
während du, Robin, die Tür anhebst.
Er soll aus seinem Studieren gerissen werden, meine ich.«
Und er machte sich auf den Weg zur Kammertür.
Sein Knecht war ein wirklich starker Bursche
und hob sie sogleich aus den Angeln;
die Tür fiel sofort auf den Boden.
Noch immer saß Nikolas stumm und wie versteinert da
und starrte unentwegt in die Luft.
Unser Zimmermann wähnte ihn in Verzweiflung,
packte ihn kräftig bei den Schultern,
schüttelte ihn fest und rief laut:
»Was! Nikolas! Was! Wie! Was, schau nach unten!
Wach auf und denk an Christi Leiden!
Ich schlage das Kreuz über dir gegen Elfen und Wichte.«
Und mit diesen Worten sprach er sogleich den Nachtzauber
in alle vier Ecken des Hauses;
und draußen vor der Türschwelle sagte er:

This carpenter to blessen hym bigan,
And seyde, "Help us, Seinte Frydeswyde!
A man woot litel what hym shal bityde.
This man is falle, with his astromye,
In some woodnesse or in som agonye.
I thoghte ay wel how that it sholde be!
Men sholde nat knowe of Goddes pryvetee.
Ye, blessed be alwey a lewed man
That noght but oonly his bileve kan!
So ferde another clerk with astromye;
He walked in the feeldes for to prye
Upon the sterres, what ther sholde bifalle,
Til he was in a marle-pit yfalle;
He saugh nat that. But yet, by Seint Thomas,
Me reweth soore of hende Nicholas.
He shal be rated of his studiyng,
If that I may, by Jhesus, hevene kyng!
Get me a staf, that I may underspore,
Whil that thou, Robyn, hevest up the dore.
He shal out of his studiyng, as I gesse."
And to the chambre dore he gan hym dresse.
His knave was a strong carl for the nones,
And by the haspe he haaf it of atones;
Into the floor the dore fil anon.
This Nicholas sat ay as stille as stoon,
And evere caped upward into the eir.
This carpenter wende he were in despeir,
And hente hym by the sholdres myghtily,
And shook hym harde, and cride spitously,
"What! Nicholay! What, how! What, looke adoun!
Awak, and thenk on Cristes passioun!
I crouche thee from elves and fro wightes."
Therwith the nyght-spel seyde he anon-rightes
On foure halves of the hous aboute,
And on the thresshfold of the dore withoute:

»Jesus Christus und heiliger Benedikt,
beschützt dieses Haus vor jedem bösen Geist;
gegen die Geister der Nacht das weiße Paternoster!
Wohin bist du gegangen, Schwester des heiligen Petrus?«
Und schließlich begann unser netter Nikolas
schmerzlich zu seufzen und sagte: »O weh!
Soll die ganze Welt nun alsbald zugrunde gehen?«
Unser Zimmermann antwortete: »Was sagst du da? Wie!
Denk an Gott, wie wir es tun, wir Männer, die hart arbeiten!«
Unser Nikolas antwortete: »Hol mir was zu trinken,
ich werde mit dir dann im Geheimen
über gewisse Dinge reden, die dich und mich betreffen;
ich möchte es niemand anderem sagen, ganz gewiß nicht.«
Unser Zimmermann geht nach unten und kommt wieder
und bringt ein großes Maß starken Bieres; [zurück
und nachdem jeder der beiden sein Quantum getrunken hatte,
verschloß unser Nikolas sorgfältig die Tür
und hieß den Zimmermann neben sich Platz nehmen.
Er sagte: »John, mein Gastgeber, der du mir lieb und teuer
du sollst mir hier auf Treu und Glauben schwören, [bist,
daß du den folgenden Rat niemandem offenbaren wirst,
denn es ist Christi Rat, den ich dir gebe.
Verrätst du ihn jemandem, bist du verloren;
diese Vergeltung wird dir nämlich dann zuteil:
Wenn du mich verrätst, wirst du wahnsinnig werden.«
»Nein, Christus möge das verhüten, bei seinem heiligen Blut!«
sprach da unser einfältiger Mann. »Ich bin kein Schwätzer,
nein, obwohl ich dies sage, schwatze ich nicht gern.
Was du auch sagen wirst, ich werde es niemals verraten, weder
einem Kind noch einer Frau, bei dem, der die Hölle besiegt
»Nun, John«, sagte Nikolas, »ich will nicht lügen; [hat!«
bei meinem Sterndeuten habe ich,
als ich in den hellen Mond schaute, entdeckt,
daß am kommenden Montag, nach dem ersten Viertel der Nacht,
ein Regen niedergehen wird, und zwar so heftig und irrsinnig,

"Jhesu Crist and Seinte Benedight,
Blesse this hous from every wikked wight,
For nyghtes verye, the white *pater-noster*!
Where wentestow, Seinte Petres soster?"
And atte laste this hende Nicholas
Gan for to sik soore, and seyde, "Allas!
Shal al the world be lost eftsoones now?"
This carpenter answerde, "What seystow?
What! Thynk on God, as we doon, men that swynke."
This Nicholas answerde, "Fecche me drynke,
And after wol I speke in pryvetee
Of certeyn thyng that toucheth me and thee.
I wol telle it noon oother man, certeyn."
This carpenter goth doun, and comth ageyn,
And broghte of myghty ale a large quart;
And whan that ech of hem had dronke his part,
This Nicholas his dore faste shette,
And doun the carpenter by hym he sette.
He seyde "John, myn hooste, lief and deere,
Thou shalt upon thy trouthe swere me heere
That to no wight thou shalt this conseil wreye,
For it is Cristes conseil that I seye,
And if thou telle it man, thou art forlore;
For this vengeaunce thou shalt han therfore,
That if thou wreye me, thou shalt be wood."
"Nay, Crist forbede it, for his hooly blood!"
Quod tho this sely man, "I nam no labbe,
Ne, though I seye, I nam nat lief to gabbe.
Sey what thou wolt, I shal it nevere telle
To child ne wyf, by hym that harwed helle!"
"Now John," quod Nicholas, "I wol nat lye;
I have yfounde in myn astrologye,
As I have looked in the moone bright,
That now a Monday next, at quarter nyght,
Shal falle a reyn, and that so wilde and wood

daß dagegen Noahs Sintflut nur halb so schlimm war.
Diese Welt«, sagte er, »wird in weniger als einer Stunde
ganz überflutet sein, so mächtig wird es regnen.
Die Menschheit wird also ertrinken und untergehen.«
Unser Zimmermann antwortete: »O weh, meine Frau!
Wird auch sie ertrinken? O weh, meine Alison!«
Aus Kummer darüber sank er fast zu Boden
und sagte: »Gibt es denn in diesem Fall keine Rettung?«
»Aber natürlich, bei Gott«, sagte der clevere Nikolas,
»sofern du nach meinem Rat und meiner Anleitung handelst.
Du darfst nicht nach deinem eigenen Kopf handeln;
denn Salomo, der überaus weise war, sagt:
›Erledige alles entsprechend dem Ratschlag, dann wirst du es [nicht bereuen.‹
Und wenn du einen guten Rat befolgen willst,
verbürge ich mich, daß ich auch ohne Mast und Segel
sie und dich und mich bestimmt retten werde.
Hast du nicht gehört, wie Noah gerettet wurde,
als unser Herr ihn im voraus davor gewarnt hatte,
daß die ganze Welt im Wasser untergehen werde?«
»Doch«, sagte unser Zimmermann, »schon vor langer Zeit.«
»Hast du nicht auch gehört«, sagte Nikolas,
»von den Sorgen, die Noah mit seinem Haushalt hatte,
bevor er seine Gattin aufs Schiff bringen konnte?
Es wäre ihm damals lieber gewesen, dafür kann ich mich [verbürgen,
lieber als alle seine schwarzen Hammel,
daß sie ein Schiff für sich allein gehabt hätte.
Weißt du nun, was man am besten tun sollte?
Dies verlangt nach Eile, und in einer eiligen Angelegenheit
darf man nicht lange predigen oder zögern.
Geh gleich und schaff uns, hier in dieses Haus, alsbald
einen Backtrog oder auch einen Bottich herbei,
einen für jeden von uns; doch achte darauf, daß sie groß genug [sind,
damit wir in ihnen wie in einem Kahn fahren können;
sieh zu, daß wir genügend Verpflegung haben,
wenigstens für einen Tag – pfeif auf die folgende Zeit!

That half so greet was nevere Noes flood.
This world," he seyde, "in lasse than an hour
Shal al be dreynt, so hidous is the shour.
Thus shal mankynde drenche, and lese hir lyf."
This carpenter answerde, "Allas, my wyf!
And shal she drenche? Allas, myn Alisoun!"
For sorwe of this he fil almoost adoun,
And seyde, "Is ther no remedie in this cas?"
"Why, yis, for Gode," quod hende Nicholas,
"If thou wolt werken after loore and reed.
Thou mayst nat werken after thyn owene heed;
For thus seith Salomon, that was ful trewe:
'Werk al by conseil, and thou shalt nat rewe.'
And if thou werken wolt by good conseil,
I undertake, withouten mast and seyl,
Yet shal I saven hire and thee and me.
Hastow nat herd hou saved was Noe,
Whan that oure Lord hadde warned hym biforn
That al the world with water sholde be lorn?"
"Yis," quod this Carpenter, "ful yoore ago."
"Hastou nat herd," quod Nicholas, "also
The sorwe of Noe with his felaweshipe,
Er that he myghte gete his wyf to shipe?
Hym hadde be levere, I dar wel undertake,
At thilke tyme, than alle his wetheres blake
That she hadde had a ship hirself allone.
And therfore, woostou what is best to doone?
This asketh haste, and of an hastif thyng
Men may nat preche or maken tariyng.
"Anon go gete us faste into this in
A knedyng trogh, or ellis a kymelyn,
For ech of us, but looke that they be large,
In which we mowe swymme as in a barge,
And han therinne vitaille suffisant
But for a day – fy on the remenant!

Das Wasser wird weniger werden und schließlich verschwinden,
etwa gegen 9 Uhr am darauffolgenden Tag.
Doch darf dein Knecht Robin nichts davon erfahren;
auch deine Magd Gill kann ich nicht retten;
frag nicht, weshalb; wenn du mich auch fragst –
Gottes Geheimnis will ich nicht verraten.
Dies sei dir genug, es sei denn, dein Verstand verlasse dich:
Dir wird so große Gnade zuteil werden wie Noah.
Deine Gattin werde ich sicher retten, ohne Zweifel.
Mach dich nun auf den Weg und spute dich in dieser [Angelegenheit.
Hast du aber die drei Backtröge
für sie und dich und mich besorgt,
dann sollst du sie hoch oben im Dach aufhängen,
damit niemand unsere Vorbereitungen erspähe.
Und wenn du so verfahren bist, wie ich gesagt habe,
du also unsere ganze Verpflegung hineingelegt hast,
nebst einer Axt, um den Strick zu zerhauen,
wenn das Wasser kommt, damit wir dann fahren können,
dann brich auch hoch oben im Giebel ein Loch in die Wand,
zur Gartenseite hin, über dem Stall,
damit wir ungehindert unsere Fahrt aufnehmen können.
Wenn dann der große Regen vorüber ist,
dann wirst du so fröhlich schwimmen – dafür verbürge ich [mich –
wie die weiße Ente hinter ihrem Enterich.
Dann werde ich rufen: ›He, Alison! He, John!
Seid froh, denn die Flut wird bald vorüber sein.‹
Und du wirst dann sagen: ›Sei gegrüßt, Meister Nikolas!
Guten Morgen, ich sehe dich wohl, denn es ist Tag.‹
Und dann werden wir unser Leben lang Herren sein,
über die ganze Welt, wie Noah und seine Frau.
Doch in einem warne ich dich ganz besonders:
Sei in der nämlichen Nacht,
wenn wir in unser Schiff gestiegen sind, wohl beraten,
daß keiner von uns auch nur ein Wort spreche
oder rufe oder weine, sondern jeder im Gebet versunken sei;
denn es ist Gottes eigener, uns teurer Befehl.

The water shal aslake and goon away
Aboute pryme upon the nexte day.
But Robyn may nat wite of this, thy knave,
Ne eek thy mayde Gille I may nat save;
Axe nat why, for though thou aske me,
I wol nat tellen Goddes pryvetee.
Suffiseth thee, but if thy wittes madde,
To han as greet a grace as Noe hadde.
Thy wyf shal I wel saven, out of doute.
Go now thy wey, and speed thee heer-aboute.
"But whan thou hast, for hire and thee and me,
Ygeten us thise knedyng tubbes thre,
Thanne shaltow hange hem in the roof ful hye,
That no man of oure purveiaunce espye.
And whan thou thus hast doon as I have seyd,
And hast oure vitaille faire in hem yleyd,
And eek an ax to smyte the corde atwo,
Whan that the water comth, that we may go
And breke an hole an heigh, upon the gable,
Unto the gardyn-ward, over the stable,
That we may frely passen forth oure way,
Whan that the grete shour is goon away.
Thanne shaltou swymme as myrie, I undertake,
As dooth the white doke after hire drake.
Thanne wol I clepe, 'How, Alison! How, John!
Be myrie, for the flood wol passe anon.'
And thou wolt seyn, 'Hayl, maister Nicholay!
Good morwe, I se thee wel, for it is day.'
And thanne shul we be lordes al oure lyf
Of al the world, as Noe and his wyf.
"But of o thyng I warne thee ful right:
Be wel avysed on that ilke nyght
That we ben entred into shippes bord,
That noon of us ne speke nat a word,
Ne clepe, ne crie, but be in his preyere;
For it is Goddes owene heeste deere.

Deine Gattin und du, ihr müßt weit auseinander hängen,
damit es zwischen euch zu keiner Sünde kommen kann,
weder durch die Augen noch durch die Tat –
dieser Befehl ist ausgesprochen. Geh, Gott helfe dir zum Gelingen!
Morgen abend, wenn alles schläft,
wollen wir in unsere Backtröge steigen
und dort sitzen und auf Gottes Gnade warten.
Geh nun deines Weges, ich habe keine Zeit mehr,
um darüber noch länger zu predigen.
Man sagt ja: ›Laß es den Weisen erledigen und schweige.‹
Du bist so weise, du brauchst keine Belehrung.
Geh, rette unser Leben, ich bitte dich darum.«

Unser einfältiger Zimmermann macht sich auf den Weg.
Sehr oft sagte er »o weh« und »o Jammer«
und vertraute seiner Frau sein Geheimnis an,
und sie wußte Bescheid und verstand besser als er,
was die ganze sonderbare Weissagung bedeutete.
Dennoch verhielt sie sich so, als ob sie sterben sollte,
und sagte: »O weh! Mach dich sofort auf den Weg,
hilf uns entkommen, sonst werden wir alle sterben!
Ich bin deine treue, wahrhaftig angetraute Frau;
Geh, lieber Gemahl, und hilf unser Leben retten.«

Seht, wie groß Gemütsbewegung sein kann!
Menschen können vor Einbildung sterben,
so tief kann der Eindruck aufgenommen werden.
Unser einfältiger Zimmermann beginnt zu zittern;
es dünkt ihn wahrlich, daß er sehen kann,
wie Noahs Flut heranrollt wie das Meer,
um Alison zu ertränken, seinen lieben Schatz.
Er weint, klagt, ist recht niedergeschlagen;
er seufzt mit vielen kummervollen Seufzern;
er geht und besorgt sich einen Backtrog,
danach eine Wanne und einen Bottich
und schickte sie unbemerkt in sein Haus,
wo er sie heimlich im Dach aufhängte.

"Thy wyf and thou moote hange fer atwynne;
For that bitwixe yow shal be no synne,
Namoore in lookyng than ther shal in deede.
This ordinance is seyd. Go, God thee speede!
Tomorwe at nyght, whan men ben alle aslepe,
Into oure knedyng-tubbes wol we crepe,
And sitten there, abidyng Goddes grace.
Go now thy wey; I have no lenger space
To make of this no lenger sermonyng.
Men seyn thus, 'sende the wise, and sey no thyng.'
Thou art so wys, it needeth thee nat teche.
Go, save oure lyf, and that I the biseche."
This sely carpenter goth forth his wey.
Ful ofte he seide "Allas and weylawey,"
And to his wyf he tolde his pryvetee,
And she was war, and knew it bet than he,
What al this queynte cast was for to seye.
But nathelees she ferde as she wolde deye,
And seyde, "Allas! go forth thy wey anon,
Help us to scape, or we been dede echon!
I am thy trewe, verray wedded wyf;
Go, deere spouse, and help to save oure lyf."
Lo, which a greet thyng is affeccioun!
Men may dyen of ymaginacioun,
So depe may impressioun be take.
This sely carpenter bigynneth quake;
Hym thynketh verraily that he may see
Noees flood come walwynge as the see
To drenchen Alisoun, his hony deere.
He wepeth, weyleth, maketh sory cheere;
He siketh with ful many a sory swogh;
He gooth and geteth hym a knedyng trogh,
And after that a tubbe and a kymelyn,
And pryvely he sente hem to his in,
And heng hem in the roof in pryvetee.

Eigenhändig fertigte er drei Leitern,
damit sie an Holmen und Sprossen
zu den im Gebälk hängenden Wannen hinaufsteigen könnten;
und er versah Trog und Wannen mit Proviant,
mit Brot und Käse und gutem Bier in einem Krug,
so viel, daß es für einen Tag gut reichte.
Aber noch bevor er all diese Vorkehrungen traf,
schickte er seinen Knecht und auch seine Magd
nach London, um etwas für ihn zu erledigen.
Und als es an jenem Montag Nacht wurde,
verschloß er, ohne daß er eine Kerze bei sich hatte, seine Tür
und machte alles fertig, wie es sein sollte.
Und gleich darauf stiegen alle drei hinauf;
sie saßen etliche Zeit, ohne zu reden.
»Nun das Vaterunser, dann still!« sagte Nikolas,
und »Still!« sagte John und »Still!« sagte Alison.
Unser Zimmermann sprach ein Gebet
und sitzt still und spricht ein Gebet für sich,
während er auf den Regen wartet und darauf, ob er ihn hören [könne.
Wegen des harten Arbeitens überkam der Tiefschlaf
unseren Zimmermann, meine ich,
so um die Sperrstunde oder auch etwas später;
wegen der Bewegtheit seines Gemüts stöhnte er kummervoll,
und wiederholt drehte er sich, da sein Kopf unbequem lag.
Nikolas tastet sich die Leiter hinab
und auch Alison strebt sehr leise nach unten;
ohne viel zu reden gehen sie ins Bett –
dort, wo der Zimmermann gewöhnlich liegt.
Dort gibt es ein Fest und ein Treiben;
und so liegen Alison und Nikolas beieinander,
beschäftigt mit Spaß und Vergnügen,
bis die Laudes-Glocke zu läuten begann,
und die Brüder im Altarraum ihren Gesang anstimmten.
Unser Gemeindediener, unser verliebter Absolon,
dem die Liebe ja so schmerzlich zusetzt,

His owene hand he made laddres thre,
To clymben by the ronges and the stalkes
Unto the tubbes hangynge in the balkes,
And hem vitailled, bothe trogh and tubbe,
With breed, and chese, and good ale in a jubbe,
Suffisynge right ynogh as for a day.
But er that he hadde maad al this array,
He sente his knave, and eek his wenche also,
Upon his nede to London for to go.
And on the Monday, whan it drow to nyght,
He shette his dore withoute candel-lyght,
And dressed alle thyng as it sholde be.
And shortly, up they clomben alle thre;
They seten stille wel a furlong way.
"Now, *Pater-noster*, clom!" seyde Nicholay,
And "Clom!" quod John, and "Clom!" seyde Alisoun.
This carpenter seyde his devocioun,
And stille he sit, and biddeth his preyere,
Awaitynge on the reyn, if he it heere.
The dede sleep, for wery bisynesse,
Fil on this carpenter right, as I gesse,
Aboute corfew-tyme, or litel moore;
For travaille of his goost he groneth soore,
And eft he routeth, for his heed myslay.
Doun of the laddre stalketh Nicholay,
And Alisoun ful softe adoun she spedde;
Withouten wordes mo they goon to bedde,
Ther as the carpenter is wont to lye.
Ther was the revel and the melodye;
And thus lith Alison and Nicholas,
In bisynesse of myrthe and of solas,
Til that the belle of laudes gan to rynge,
And freres in the chauncel gonne synge.
This parissh clerk, this amorous Absolon,
That is for love alwey so wo bigon,

war an diesem Montag zusammen mit anderen
in Osney, um sich dort zu amüsieren und zu vergnügen;
und da es sich so ergab, fragte er einen Klosterbruder
ganz heimlich nach John, dem Zimmermann.
Er zog ihn beiseite, ging mit ihm vor die Kirche hinaus und
sagte: »Ich weiß es nicht, ich habe ihn hier nicht arbeiten sehen,
seit Samstag nicht; ich vermute, er wird weggegangen sein,
um dort Bauholz zu besorgen, wohin der Abt ihn geschickt hat.
Denn gewöhnlich besorgt er das Bauholz
und bleibt dann einen oder zwei Tage auf dem Außenhof;
wenn nicht, dann ist er bestimmt zuhause.
Wo er sein mag, kann ich nicht genau sagen.«

Unser Absolon war sehr froh und erleichtert
und dachte: »Nun ist es an der Zeit, die ganze Nacht zu wachen;
denn das ist sicher: Ich habe ihn nicht in der Nähe
seiner Tür gesehen – seit Tagesanbruch nicht.

Wenn ich Erfolg haben will, muß ich beim Hahnenschrei
ganz heimlich an sein Fenster klopfen,
das weit unten in der Wand seines Schlafzimmers ist.
Alison will ich jetzt mein ganzes
Liebesverlangen kundtun; denn so viel werde ich erreichen,
daß ich sie zumindest küssen werde.
Irgendeinen Trost werde ich ganz gewiß erhalten.
Mein Mund hat den ganzen Tag lang gejuckt,
und das ist ein Zeichen zumindest fürs Küssen.
Die ganze Nacht hindurch träumte mir, ich sei bei einem Fest gewesen.
Deshalb werde ich eine oder zwei Stunden schlafen,
und dann will ich die ganze Nacht lang wachen und mich vergnügen.«

Nachdem der erste Hahn gekräht hat,
steht unser fröhlicher, verliebter Absolon, auf
und zieht sich vom Scheitel bis zur Sohle schmuck an.
Doch zuerst kaut er Kardamom und Lakritze,
um angenehm zu riechen, noch bevor er sein Haar gekämmt hat.
Unter seine Zunge hat er ein Treuliebchen gelegt,
denn er meinte, dadurch sei er anziehend.

Upon the Monday was at Oseneye
With compaignye, hym to disporte and pleye,
And axed upon cas a cloisterer
Ful prively after John the carpenter;
And he drough hym apart out of the chirche,
And seyde, "I noot; I saugh hym heere nat wirche
Syn Saterday; I trowe that he be went
For tymber, ther oure abbot hath hym sent;
For he is wont for tymber for to go
And dwellen at the grange a day or two;
Or elles he is at his hous, certeyn.
Where that he be, I kan nat soothly seyn."
  This Absolon ful joly was and light
And thoghte, "Now is tyme to wake al nyght,
For sikirly I saugh hym nat stirynge
Aboute his dore, syn day bigan to sprynge.
  "So moot I thryve, I shal, at cokkes crowe,
Ful pryvely knokken at his wyndowe
That stant ful lowe upon his boures wal.
To Alison now wol I tellen al
My love-longynge, for yet I shal nat mysse
That at the leeste wey I shal hire kisse.
Som maner confort shal I have, parfay.
My mouth hath icched al this longe day;
That is a signe of kissyng atte leeste.
Al nyght me mette eek I was at a feeste.
Therfore I wol go slepe an houre or tweye,
And al the nyght thanne wol I wake and pleye."
  Whan that the firste cok hath crowe, anon
Up rist this joly lovere Absolon,
And hym arraieth gay, at poynt-devys.
But first he cheweth greyn and lycorys,
To smellen sweete, er he hadde kembd his heer.
Under his tonge a trewe-love he beer,
For therby wende he to ben gracious.

Er geht zum Haus des Zimmermanns,
und er steht still unter dem Flügelfenster –
es reichte bis zu seiner Brust herunter, so weit unten war es –,
und er hustet leise, mit dünner Stimme:
»Was macht Ihr, Honigwabe, süße Alison,
mein schöner Vogel, mein süßes Zimtstückchen?
Erwacht, meine Geliebte, und sprecht mit mir!
Ihr denkt sehr wenig an mein Leid, [auch bin.
der ich ja wegen der Liebe zu Euch ins Schwitzen komme, wo ich
Es ist kein Wunder, daß ich verschmachte und ins Schwitzen
ich rufe kläglich wie ein Lamm nach der Brust. [komme;
Gewiß, Geliebte, ich habe solches Liebesverlangen,
daß mein Klagen so echt wie das der Turteltaube ist.
Ich vermag nicht mehr zu essen als eine Maid.«
»Geh weg vom Fenster, Hanswurst«, sagte sie,
»so wahr mir Gott helfe, es wird kein ›Komm, küß mich‹ geben.
Ich liebe einen anderen – wäre es nicht so, müßte man mich
und der ist viel besser als du, Absolon, bei Christus! [tadeln –,
Geh deines Weges, oder ich werfe einen Stein nach dir;
und laß mich schlafen, bei zwanzig Teufeln!«
»O weh!« sagte Absolon, »Ach,
daß wahre Liebe je so übel vergolten wurde!
Dann küß mich wenigstens, wenn es schon nicht mehr sein kann,
um Jesu und meiner Liebe willen.«
»Wirst du dann deines Weges gehen?« fragte sie.
»Ja, gewiß, Geliebte«, sagte unser Absolon.
»Dann halt dich bereit«, sagte sie, »ich komme gleich.«
Und zu Nikolas sagte sie leise:
»Ruhig jetzt, dann wirst du wirklich was zu lachen haben.«
Unser Absolon kniete nieder
und sagte: »Ich bin in jeder Hinsicht ein Fürst,
denn ich hoffe, daß hernach noch mehr kommt.
Liebste, deine Gnade; süßer Vogel, deine Gunst!«
Sie öffnet das Fenster, und zwar in aller Eile.
»Mach schon«, sagte sie, »beeil dich, spute dich,
sonst werden unsere Nachbarn dich noch entdecken!«

He rometh to the carpenteres hous,
And stille he stant under the shot-wyndowe –
Unto his brest it raughte, it was so lowe –
And softe he cougheth with a semy soun:
"What do ye, hony-comb, sweete Alisoun,
My faire bryd, my sweete cynamome?
Awaketh, lemman myn, and speketh to me!
Wel litel thynken ye upon my wo,
That for youre love I swete ther I go.
No wonder is thogh that I swelte and swete;
I moorne as dooth a lamb after the tete.
Ywis, lemman, I have swich love-longynge
That lik a turtel trewe is my moornynge.
I may nat ete na moore than a mayde."
"Go fro the wyndow, Jakke fool," she sayde;
"As help me God, it wol nat be 'com pa me.'
I love another – and elles I were to blame –
Wel bet than thee, by Jhesu, Absolon.
Go forth thy wey, or I wol caste a ston,
And lat me slepe, a twenty devel wey!"
"Allas," quod Absolon, "and weylawey,
That trewe love was evere so yvel biset!
Thanne kysse me, syn it may be no bet,
For Jhesus love, and for the love of me."
"Wiltow thanne go thy wey therwith?" quod she.
"Ye, certes, lemman," quod this Absolon.
"Thanne make thee redy," quod she, "I come anon."
And unto Nicholas she seyde stille,
"Now hust, and thou shalt laughen al thy fille."
This Absolon doun sette hym on his knees
And seyde, "I am a lord at alle degrees;
For after this I hope ther cometh moore.
Lemman, thy grace, and sweete bryd, thyn oore!"
The wyndow she undoth, and that in haste.
"Have do," quod she, "com of, and speed the faste,
Lest that oure neighebores thee espie."

Unser Absolon wischt sich den Mund ganz trocken.
Dunkel war die Nacht, wie Pech oder wie Kohle,
als sie ihren Arsch zum Fenster hinausstreckte;
und Absolon, ihm widerfuhr nichts Besseres, aber auch nichts Schlechteres,
als daß er mit seinem Mund ihren nackten Arsch küßte,
recht innig, ehe er dessen gewahr wurde.
Er schreckte zurück und dachte, daß irgend etwas nicht stimmte,
denn er wußte wohl, daß eine Frau keinen Bart hat.
Er hatte aber etwas ganz Rauhes und Langhaariges fühlen können;
er sagte: »Pfui! O weh! Was hab ich getan?«
»Hihi!« sagte sie und schloß das Fenster;
und Absolon geht traurig von dannen.
»Ein Bart! Das war gekonnt!« sagte der nette Nikolas.
»Bei Gottes Leib, das läuft ja glänzend!«
Unser einfältiger Absolon hörte jedes Wort
und biß sich vor Ärger auf die Lippen
und sagte zu sich selbst: »Dir werd ich's schon vergelten.«
Wer reibt und rubbelt sich nun die Lippen,
mit Erde, mit Sand, mit Stroh, mit Tuch, mit Spänen,
wenn nicht Absolon, der unaufhörlich sein Geschick beklagt:
»Meine Seele überschreibe ich dem Satan,
falls mir diese ganze Stadt mehr bedeuten würde
als die Rache für diese Schmach«, sagte er.
»O weh«, sagte er, »o weh, daß ich dem nicht entgangen bin!«
Seine heiße Liebe war erkaltet und ganz erloschen;
denn seit dem Augenblick, da er ihren Arsch geküßt hatte,
zählte die Liebe für ihn überhaupt nichts mehr –
von seiner Krankheit war er nämlich geheilt.
Sehr oft schwor er der Liebe ab
und weinte wie ein geschlagenes Kind.
Leisen Schrittes ging er die Straße entlang,
bis er zu einem Schmied kam, den man Meister Gerveys hieß
und der in seiner Schmiede Geräte zum Pflügen schmiedete;
er schärfte geschäftig Schar und Pflugmesser.
Unser Absolon klopfte fest entschlossen an
und sagte: »Mach auf, Gerveys, und zwar sofort!«

This Absolon gan wype his mouth ful drie.
Derk was the nyght as pich, or as the cole,
And at the wyndow out she putte hir hole,
And Absolon, hym fil no bet ne wers,
But with his mouth he kiste hir naked ers
Ful savourly, er he were war of this.
Abak he stirte, and thoughte it was amys,
For wel he wiste a womman hath no berd.
He felte a thyng al rough and long yherd,
And seyde, "Fy! allas! what have I do?"
"Tehee!" quod she, and clapte the wyndow to,
And Absolon gooth forth a sory pas.
"A berd! A berd!" quod hende Nicholas,
"By Goddes corpus, this goth faire and weel."
This sely Absolon herde every deel,
And on his lippe he gan for anger byte,
And to hymself he seyde, "I shal thee quyte."
Who rubbeth now, who froteth now his lippes
With dust, with sond, with straw, with clooth, with chippes,
But Absolon, that seith ful ofte, "Allas!
"My soule bitake I unto Sathanas,
But me were levere than al this toun," quod he,
"Of this despit awroken for to be.
Allas," quod he, "allas, I ne hadde ybleynt!"
His hoote love was coold and al yqueynt;
For fro that tyme that he hadde kist hir ers,
Of paramours he sette nat a kers,
For he was heeled of his maladie.
Ful ofte paramours he gan deffie,
And weep as dooth a child that is ybete.
A softe paas he wente over the strete
Until a smyth men cleped daun Gerveys,
That in his forge smythed plough harneys;
He sharpeth shaar and kultour bisily.
This Absolon knokketh al esily,
And seyde, "Undo, Gerveys, and that anon."

»Wie, wer bist du?« – »Ich bin es, Absolon.«
»Was, Absolon! Bei Christi süßem Kreuz,
was steht Ihr so früh auf? He, gelobt sei Gott!
Was bekümmert Euch? Irgendein leichtes Mädchen, weiß Gott,
hat Euch so früh auf Trab gebracht.
Beim heiligen Neot, Ihr wißt wohl, was ich meine!«
Unser Absolon kümmerte sich nicht die Bohne
um sein ganzes Getue; er erwiderte kein einziges Wort;
er hatte mehr im Sinn,
als Gerveys ahnen konnte, und sagte: »Teurer Freund,
dieses heiße Pflugmesser in der Esse dort,
leih es mir bitte, ich muß etwas damit erledigen,
ich werd's dir auch sehr bald wieder bringen.«
Gerveys antwortete: »Sicher, selbst wenn es Gold wäre
oder unzählige Goldmünzen in einem Beutel, würdest du
bekommen, was du willst, so wahr ich ein echter Schmied bin.
Ei, bei Christi Widersacher! Was wollt Ihr damit tun?«
»Darum«, sagte Absolon, »mag es bestellt sein, wie es will,
morgen früh werde ich es dir ausführlich erklären« –
und packte das Pflugmesser am kalten Griff.
Ganz leise schlich er sich aus der Tür
und ging zur Hauswand des Zimmermanns.
Zuerst hustet er, dann klopft er
ans Fenster, genau so wie zuvor.
Unsere Alison antwortete: »Wer ist dort,
der so klopft? Ich wette, es ist ein Dieb.«
»Nein, nein«, sagte er, »weiß Gott, meine süße Geliebte,
ich bin dein Absolon, mein Schätzchen.
Einen Ring aus Gold«, sagte er, »habe ich dir mitgebracht.
Meine Mutter gab ihn mir, so wahr mir Gott helfe;
er ist sehr schön und dazu vorzüglich graviert.
Den will ich dir geben, wenn du mich küßt.«
Unser Nikolas war aufgestanden, um zu pissen,
und beabsichtigte, den ganzen Spaß noch zu steigern:
Der sollte ihm den Arsch küssen, bevor er davonginge.

"What, who artow?" "It am I, Absolon."
"What, Absolon! for Cristes sweete tree,
Why rise ye so rathe? Ey, benedicitee!
What eyleth yow? Som gay gerl, God it woot,
Hath broght yow thus upon the viritoot.
By Seinte Note, ye woot wel what I mene."
This Absolon ne roghte nat a bene
Of al his pley; no word agayn he yaf;
He hadde moore tow on his distaf
Than Gerveys knew, and seyde, "Freend so deere,
That hoote kultour in the chymenee heere,
As lene it me; I have therwith to doone,
And I wol brynge it thee agayn ful soone."
Gerveys answerde, "Certes, were it gold,
Or in a poke nobles alle untold,
Thou sholdest have, as I am trewe smyth.
Ey, Cristes foo! What wol ye do therwith?"
"Therof," quod Absolon, "be as be may.
I shal wel telle it thee to-morwe day" –
And caughte the kultour by the colde stele.
Ful softe out at the dore he gan to stele,
And wente unto the carpenteris wal.
He cogheth first, and knokketh therwithal
Upon the wyndowe, right as he dide er.
This Alison answerde, "Who is ther
That knokketh so? I warante it a theef."
"Why, nay," quod he, "God woot, my sweete leef,
I am thyn Absolon, my deerelyng.
Of gold," quod he, "I have thee broght a ryng.
My mooder yaf it me, so God me save;
Ful fyn it is, and therto wel ygrave.
This wol I yeve thee, if thou me kisse."
This Nicholas was risen for to pisse,
And thoughte he wolde amenden al the jape;
He sholde kisse his ers er that he scape.

Er öffnet hastig das Fenster
und streckt heimlich den Arsch hinaus,
über die Hinterbacken hinaus, bis zu den Schenkeln.
Und eben jetzt sagt unser Gemeindediener, unser Absolon:
»Sprich, süßes Vögelchen; ich weiß nicht, wo du bist.«
Unser Nikolas ließ sofort einen Furz,
so mächtig wie ein Donnerschlag,
so daß jener von diesem Schlag fast blind wurde;
und er hielt sein heißes Eisen bereit
und schlug es Nikolas mitten auf den Arsch.
Die Haut ging etwa eine Handbreit ab,
so verbrannte das heiße Pflugmesser seinen Hintern.
Und vor Schmerz meinte er, sterben zu müssen.
Wie ein Verrückter begann er vor Schmerz zu brüllen:
»Hilfe! Wasser! Wasser! Bei Gottes Herzen, so helft mir doch!«
Unser Zimmermann schreckte aus seinem Schlummer hoch
und hörte jemand wie verrückt »Wasser« rufen
und dachte: »O weh, nun kommt Noahs Flut!»
Er sagt kein Wort, sondern richtet sich auf,
hackt mit seiner Axt das Seil durch,
und nun geht's hinab; er hielt sich nicht damit auf,
sein Brot oder sein Bier zu verkaufen, bis er auf den Dielen
am Boden ankam; und dort blieb er bewußtlos liegen.
Alison und Nikolas schreckten auf,
und auf der Straße angelangt, riefen sie: »Herbei!« und »Zu Hilfe!«
Die ganze Nachbarschaft
kam herbeigerannt, um den Mann zu begaffen,
der immer noch bewußtlos war und blaß und bleich –
denn mit dem Fall hatte er sich den Arm gebrochen;
er mußte aber zu seinem Unglück stehen,
denn wenn er sprach, wurde ihm sofort
vom netten Nikolas und von Alison widersprochen.
Sie sagten zu jedem, daß er verrückt sei,
er fürchte sich aus Einbildung so sehr vor Noahs Flut,
daß er sich wegen seines Wahns

And up the wyndowe dide he hastily,
And out his ers he putteth pryvely
Over the buttok, to the haunche-bon;
And therwith spak this clerk, this Absolon,
"Spek, sweete bryd, I noot nat where thou art."
This Nicholas anon leet fle a fart
As greet as it had been a thonder-dent,
That with the strook he was almoost yblent;
And he was redy with his iren hoot,
And Nicholas amydde the ers he smoot.
Of gooth the skyn an hande-brede aboute,
The hoote kultour brende so his toute,
And for the smert he wende for to dye.
As he were wood, for wo he gan to crye,
"Help! Water! Water! Help, for Goddes herte!"
This carpenter out of his slomber sterte,
And herde oon crien "water!" as he were wood,
And thoughte, "Allas, now comth Nowelis flood!"
He sit hym up withouten wordes mo,
And with his ax he smoot the corde atwo,
And doun gooth al; he foond neither to selle,
Ne breed ne ale, til he cam to the celle
Upon the floor, and ther aswowne he lay.
Up stirte hire Alison and Nicholay,
And criden "Out" and "Harrow" in the strete.
The neighebores, bothe smale and grete,
In ronnen for to gauren on this man,
That yet aswowne lay, bothe pale and wan,
For with the fal he brosten hadde his arm.
But stonde he moste unto his owene harm;
For whan he spak, he was anon bore doun
With hende Nicholas and Alisoun.
They tolden every man that he was wood;
He was agast so of Nowelis flood
Thurgh fantasie that of his vanytee

drei Backtröge gekauft
und diese hoch oben im Dach aufgehängt habe;
um der Liebe Gottes willen habe er sie darum gebeten,
ebenfalls im Dach oben zu sitzen und ihm Gesellschaft zu leisten.
Die Leute lachten ob seines Wahns;
sie schauten und gafften ins Dach hinauf
und machten sich aus seinem Leid einen Spaß.
Denn was unser Zimmermann auch sagte –
es nützte nichts, keiner hörte auf seine Argumente.
Mit starken Eiden wurde er so niedergeschworen,
daß man ihn in der ganzen Stadt für einen Verrückten hielt;
denn jeder Student hielt sogleich zum anderen.
Sie sagten: »Der Mann ist verrückt, mein lieber Bruder.«
Und jedermann lachte über diesen Streit.
So hat's denn einer mit der Frau des Zimmermanns getrieben –
trotz dessen Wachsamkeit und Eifersucht;
und Absolon hat ihr unteres Auge geküßt;
und Nikolas ist in den Hintern gebrannt worden.
Die Erzählung ist zu Ende – Gott erhalte unsere ganze Pilgerschar!

Hier endet die Erzählung des Müllers.

DER PROLOG DES GUTSVERWALTERS

Der Prolog zur Erzählung des Gutsverwalters.

Als das Lachen über diese köstliche Erzählung
von Absolon und dem netten Nikolas verklungen war,
sagten die einzelnen Leute Unterschiedliches,
die meisten aber lachten und unterhielten sich vergnügt.
Ich sah auch niemand, der sich über die Erzählung grämte –
außer Oswald, dem Gutsverwalter.
Da er von Beruf Zimmermann war,

He hadde yboght hym knedyng tubbes thre,
And hadde hem hanged in the roof above;
And that he preyed hem, for Goddes love,
To sitten in the roof, *par compaignye*.
The folk gan laughen at his fantasye;
Into the roof they kiken and they cape,
And turned al his harm unto a jape.
For what so that this carpenter answerde,
It was for noght; no man his reson herde.
With othes grete he was so sworn adoun
That he was holde wood in al the toun;
For every clerk anonright heeld with oother.
They seyde, "The man is wood, my leeve brother";
And every wight gan laughen at this stryf.
Thus swyved was this carpenteris wyf,
For al his kepyng and his jalousye,
And Absolon hath kist hir nether ye,
And Nicholas is scalded in the towte.
This tale is doon, and God save al the rowte!

Heere endeth the Millere his tale.

THE REEVE'S PROLOGUE

The prologe of the Reves Tale.

Whan folk hadde laughen at this nyce cas
Of Absolon and hende Nicholas,
Diverse folk diversely they seyde,
But for the moore part they loughe and pleyde.
Ne at this tale I saugh no man hym greve,
But it were oonly Osewold the Reve.
By cause he was of carpenteris craft,

war noch ein Rest von Zorn in seiner Brust;
er fing an zu murren und schimpfte ein wenig auf die Erzählung.
»So wahr es mir gut geht«, sagte er, »ich könnte es dir ganz gut
mit der Überlistung eines stolzen Müllers heimzahlen,
wenn mir der Sinn nach Anzüglichkeiten stünde.
Doch ich bin alt, das Alter verdirbt mir die Freude am Spiel,
die Zeit des frischen Grases ist vorüber, mein Futter ist nun Heu [und Stroh;
mein graues Haar zeigt die Zahl meiner Jahre;
wie mein Haar ist auch mein Herz gealtert,
es sei denn, es geht mir so wie der Mistel –
nämliche Frucht wird mit dem Alter immer übler,
bis sie schließlich im Müll oder im Stroh verfault ist.
So geht es uns alten Männern, fürchte ich:
wir werden ja nicht reif, bis wir schließlich verfault sind;
wir tanzen, solange die Welt pfeifen will.
Denn stets plagt uns das Verlangen,
selbst mit grauem Haar noch einen grünen Schwanz zu haben –
so wie der Lauch; selbst wenn unsere Kraft erlahmt sein mag,
gelüstet es unseren Willen dennoch stets nach törichtem Treiben.
Können wir etwas nicht mehr tun, dann wollen wir wenigstens
darüber reden. Selbst unter unserer alten Asche glimmt es noch.
Wir haben vier Gluten, die ich beschreiben werde:
Prahlerei, Lügen, Zorn und Habgier –
diese vier Funken gehören zum Alter.
Unsere alten Glieder mögen wohl nicht mehr zu benutzen sein,
doch wird der Wille wahrlich nicht versagen.
Mein Appetit ist aber stets wie der eines jungen Mannes,
schon seit den vielen Jahren, die vergangen sind,
seitdem mein Lebensstrom zu fließen anfing.
Sofort nach meiner Geburt hat nämlich
der Tod den Hahn geöffnet und den Lebensstrom fließen lassen;
und seither ist der Strom geflossen,
so daß das Faß schon fast ganz leer ist.
Der Lebensstrom tröpfelt nun auf den Faßreif.
Die törichte Zunge kann gut klingen und tönen

A litel ire is in his herte ylaft;
He gan to grucche, and blamed it a lite.
  "So theek," quod he, "ful wel koude I thee quite
With bleryng of a proud milleres ye,
If that me liste speke of ribaudye.
But ik am oold; me list not pley for age;
Gras tyme is doon; my fodder is now forage;
This white top writeth myne olde yeris;
Myn herte is also mowled as myne heris,
But if I fare as dooth an open-ers –
That ilke fruyt is ever lenger the wers,
Til it be roten in mullok or in stree.
We olde men, I drede, so fare we:
Til we be roten, kan we nat be rype;
We hoppen alwey whil that the world wol pype.
For in oure wyl ther stiketh evere a nayl,
To have an hoor heed and a grene tayl,
As hath a leek; for thogh oure myght be goon,
Oure wyl desireth folie evere in oon.
For whan we may nat doon, than wol we speke;
Yet in oure asshen olde is fyr yreke.
  "Foure gleedes han we, which I shal devyse –
Avauntyng, liyng, anger, coveitise;
This foure sparkles longen unto eelde.
Oure olde lemes mowe wel been unweelde,
But wyl ne shal nat faillen, that is sooth.
And yet ik have alwey a coltes tooth,
As many a yeer as it is passed henne
Syn that my tappe of lif bigan to renne.
For sikerly, whan I was bore, anon
Deeth drough the tappe of lyf and leet it gon,
And ever sithe hath so the tappe yronne
Til that almoost al empty is the tonne.
The streem of lyf now droppeth on the chymbe.
The sely tonge may wel rynge and chymbe

über den Kummer, der seit langem vorüber ist;
nur die Senilität bleibt den Alten, sonst nichts!«
Als unser Wirt diese Predigt gehört hatte,
sprach er so würdig wie ein König
und sagte: »Worauf will diese ganze Weisheit hinaus?
Weshalb sollen wir den ganzen Tag über die Heilige Schrift [sprechen?
Der Teufel ließ einen Gutsverwalter predigen
oder einen Schuster Schiffsherr oder Arzt werden.
Beginn mit deiner Geschichte, vergeude keine Zeit!
Seht, dort liegt Deptford, und es ist schon halb acht.
Seht, dort liegt Greenwich, wo es viele Halunken gibt! Es wäre
wirklich an der Zeit, daß du mit deiner Geschichte beginnst.«
»Nun, meine Herren«, sagte der Gutsverwalter Oswald,
»ich bitte euch alle, daß ihr euch nun nicht beschwert,
wenn ich mit meiner Antwort ihm auch die Narrenkappe [aufsetze;
es ist ja erlaubt, Gewalt mit Gewalt zu vergelten.
Unser trunkener Müller hat uns gerade erzählt,
wie ein Zimmermann betrogen wurde –
wahrscheinlich aus Gehässigkeit, denn ich bin ja einer.
Und mit eurer Erlaubnis will ich es ihm gleich heimzahlen;
in der ihm eigenen rohen Manier will ich sprechen.
Ich bete zu Gott, daß er sich das Genick breche.
Den Splitter in meinem Auge sieht er wohl,
den Balken in seinem eigenen jedoch nicht.«

DIE ERZÄHLUNG DES GUTSVERWALTERS

Hier beginnt die Erzählung des Gutsverwalters.

Bei Trumpington, nicht weit von Cambridge entfernt,
verläuft ein Bach, über den eine Brücke führt.
An diesem Bach steht eine Mühle;
und was ich euch erzähle, ist die reine Wahrheit:

Of wrecchednesse that passed is ful yoore;
With olde folk, save dotage, is namoore!"
  Whan that oure Hoost hadde herd this sermonyng,
He gan to speke as lordly as a kyng.
He seide, "What amounteth al this wit?
What shul we speke alday of hooly writ?
The devel made a reve for to preche,
Or of a soutere a shipman or a leche.
Sey forth thy tale, and tarie nat the tyme.
Lo Depeford, and it is half-wey pryme!
Lo Grenewych, ther many a shrewe is inne!
It were al tyme thy tale to bigynne."
  "Now, sires," quod this Osewold the Reve,
"I pray yow alle that ye nat yow greve,
Thogh I answere, and somdeel sette his howve;
For leveful is with force force of-showve.
  "This dronke Millere hath ytoold us heer
How that bigyled was a carpenteer,
Peraventure in scorn, for I am oon.
And, by youre leve, I shal hym quite anoon;
Right in his cherles termes wol I speke.
I pray to God his nekke mote to-breke;
He kan wel in myn eye seen a stalke,
But in his owene he kan nat seen a balke."

THE REEVE'S TALE

Heere bigynneth the Reves Tale.

  At Trumpyngtoun, nat fer fro Cantebrigge,
Ther gooth a brook, and over that a brigge,
Upon the whiche brook ther stant a melle;
And this is verray sooth that I yow telle:

Seit vielen Tagen wohnte dort ein Müller.
Der war so stolz und eitel wie ein Pfau.
Pfeifen konnte er und fischen und Netze flicken
und einen heben und gut ringen und schießen;
am Gürtel trug er stets einen langen Dolch,
dessen Klinge genauso scharf wie die eines Schwertes war.
Ein feines Stilett hatte er in seinem Beutel.
Jeder hatte Angst vor ihm und wagte es nicht, ihn zu berühren.
Ein Schlachtmesser aus Sheffield trug er in seinem Strumpf.
Sein Gesicht war rund, und er hatte eine Stupsnase.
Sein Schädel war kahl wie der eines Affen.
Auf Märkten war er ein rechter Störenfried.
Niemand wagte es, Hand an ihn zu legen,
denn er schwor, daß der sofort dafür büßen sollte.
Wahrlich, er war ein Korn- und Mehldieb,
ein ganz gerissener, und Stehlen war ihm zur Gewohnheit geworden.
Er wurde hämischer Symkyn genannt.
Eine Frau hatte er, und zwar aus edlem Geschlecht –
der Pfarrer des Ortes war ihr Vater.
Zusammen mit ihr hatte er sehr viele Messingpfannen weggegeben,
damit Symkyn eine Verbindung mit seinem Blut eingehen sollte.
Sie war in einem Nonnenkloster erzogen worden;
Symkyn wollte nämlich keine Ehefrau, so sagte er selbst,
es sei denn, sie sei wohlerzogen und Jungfrau,
anders könne er seinen Stand des freien Bauern nicht bewahren.
Und sie war stolz und keck wie eine Elster.
Das Paar gab ein prächtiges Bild ab:
An Festtagen ging er gewöhnlich vor ihr her,
die Spitze seiner Kapuze um den Kopf gebunden,
und nach ihm kam sie, in einem roten Gewand,
und Symkyn trug Strümpfe in der gleichen Farbe.
Niemand durfte sie anders als mit »Dame« anreden;
kein Mann, der in ihre Nähe kam, wäre so kühn gewesen
und hätte ihr Anträge gemacht oder mit ihr getändelt,
Symkyn hätte ihn sonst nämlich

A millere was ther dwellynge many a day.
As any pecok he was proud and gay.
Pipen he koude und fisshe, and nettes beete,
And turne coppes, and wel wrastle and sheete;
Ay by his belt he baar a long panade,
And of a swerd ful trenchant was the blade.
A joly poppere baar he in his pouche;
Ther was no man, for peril, dorste hym touche.
A Sheffeld thwitel baar he in his hose.
Round was his face, and camus was his nose;
As piled as an ape was his skulle.
He was a market-betere atte fulle.
Ther dorste no wight hand upon hym legge,
That he ne swoor he sholde anon abegge.
A theef he was for sothe of corn and mele,
And that a sly, and usaunt for to stele.
His name was hoote deynous Symkyn.
A wyf he hadde, ycomen of noble kyn;
The person of the toun hir fader was.
With hire he yaf ful many a panne of bras,
For that Symkyn sholde in his blood allye.
She was yfostred in a nonnerye;
For Symkyn wolde no wyf, as he sayde,
But she were wel ynorissed and a mayde,
To saven his estaat of yomanrye.
And she was proud, and peert as is a pye.
A ful fair sighte was it upon hem two;
On halydayes biforn hire wolde he go
With his typet wounde aboute his heed,
And she cam after in a gyte of reed;
And Symkyn hadde hosen of the same.
Ther dorste no wight clepen hire but "dame";
Was noon so hardy that wente by the weye
That with hire dorste rage or ones pleye,
But if he wolde be slayn of Symkyn

mit seinem Dolch, seinem Messer oder seinem Stilett
Denn eifersüchtige Leute sind stets gefährlich, [umgebracht.
zumindest möchten sie, daß ihre Frauen dies glauben.
Da sie ja nicht ganz rein war,
stank sie vor Stolz
und war voller Verachtung und Spott.
Ihr dünkte, sogar eine Dame sollte ihr Ehre erweisen
wegen ihrer Abstammung und ihrer Erziehung,
die sie im Nonnenkloster erhalten hatte.
Die beiden hatten eine Tochter
von zwanzig Jahren, sonst keine weiteren Kinder,
bis auf ein sechs Monate altes Kind,
das in der Wiege lag und ein schönes Knäblein war.
Diese Maid war drall und fest gewachsen,
hatte eine Stupsnase und Augen grau wie Glas,
hatte einen dicken Hintern und hohe, runde Brüste;
ihr Haar aber war ganz blond – ich will nicht lügen.
Da sie hübsch war, beabsichtigte der Gemeindepfarrer,
sie zu seiner Erbin zu machen,
sowohl seines Gutes als auch seines Hauses,
und betreffs ihrer Heirat war er nicht leicht zufriedenzustellen.
Seine Absicht war, sie edel zu verheiraten,
mit würdigem Blut aus einem alten Geschlecht:
denn das Gut der Heiligen Kirche muß ja für das
von der Heiligen Kirche stammende Blut ausgegeben werden.
Deshalb wollte er seinem heiligen Blut Ehre erweisen,
selbst wenn er die Heilige Kirche dafür verschlingen müßte.
Zweifellos hatte der Müller große Einkünfte
vom Getreide und Malz des ganzen umliegenden Landes;
und besonders von einem großen Kolleg,
genannt King's Hall zu Cambridge,
das bei ihm sein Getreide und sein Malz mahlen ließ.
Eines Tages geschah es nun,
daß der Verwalter mit einer Krankheit darniederlag;
man meinte wahrlich, daß er sterben würde.

With panade, or with knyf, or boidekyn.
For jalous folk ben perilous everemo –
Algate they wolde hire wyves wenden so.
And eek, for she was somdel smoterlich,
She was a digne as water in a dich,
And ful of hoker and of bisemare.
Hir thoughte that a lady sholde hire spare,
What for hire kynrede and hir nortelrie
That she hadde lerned in the nonnerie.
A doghter hadde they bitwixe hem two
Of twenty yeer, withouten any mo,
Savynge a child that was of half yeer age;
In cradel it lay and was a propre page.
This wenche thikke and wel ygrowen was,
With kamus nose and eyen greye as glas,
With buttokes brode and brestes rounde and hye.
But right fair was hire heer; I wol nat lye.
This person of the toun, for she was feir,
In purpos was to maken hire his heir,
Bothe of his catel and his mesuage,
And straunge he made it of hir mariage.
His purpos was for to bistowe hire hye
Into som worthy blood of auncetrye;
For hooly chirches good moot been despended
On hooly chirches blood, that is descended.
Therfore he wolde his hooly blood honoure,
Though that he hooly chirche sholde devoure.
Greet sokene hath this millere, out of doute,
With whete and malt of al the land aboute;
And nameliche ther was a greet collegge
Men clepen the Soler Halle at Cantebregge;
Ther was hir whete and eek hir malt ygrounde.
And on a day it happed, in a stounde,
Sik lay the maunciple on a maladye;
Men wenden wisly that he sholde dye.

Deswegen stahl der Müller sowohl vom Mehl als auch vom
hundertmal mehr als zuvor; [Getreide
früher hatte er nur mäßig gestohlen,
aber jetzt war er ein unverschämter Dieb,
weshalb der Rektor schimpfte und tobte.
Doch der Müller kümmerte sich nicht die Bohne drum:
er tönte laut und schwor, daß es nicht wahr sei.
Es gab da zwei junge, arme Studenten,
die in diesem Kolleg wohnten, von dem ich rede.
Sie waren eigenwillig und einem Streich nicht abgeneigt;
und nur weil sie ihre Freude und ihr Vergnügen haben wollten,
bedrängten sie den Rektor mit der Bitte,
daß er sie für kurze Zeit beurlaube, [überwachen könnten;
damit sie zur Mühle gehen und das Mahlen des Getreides
und sie würden auch mit ihrem Hals dafür einstehen,
daß der Müller ihnen keinen halben Sack
Getreide mit List stehlen oder mit Gewalt rauben könnte;
und schließlich gab der Rektor seine Einwilligung.
Der eine hieß John, der andere Aleyn;
beide kamen aus einer Stadt, die Strother heißt,
weit oben im Norden, ich kann nicht sagen, wo.
Aleyn bereitete seine Ausrüstung vor
und packte den Sack sofort auf ein Pferd. [John,
Und Aleyn, der Student, machte sich auf den Weg und mit ihm
beide mit einem gutem Schwert und einem Schild an der Seite.
John kannte den Weg – sie brauchten keinen Führer –;
und bei der Mühle angelangt, setzte er den Sack auf den Boden.
Aleyn redete als erster: »Symond, es möge dir gut gehen!
Wie geht es deiner schönen Tochter und wie deiner Frau?«
»Aleyn, willkommen«, sagte Symkyn, »bei meinem Leben!
Und auch du, John; wie denn, was führt euch hierher?«
»Bei Gott, Symond«, sagte John, »Not kennt kein Gebot!
Wer keinen Diener hat, muß selbst arbeiten,
andernfalls ist er ein Narr, wie die Studenten sagen.
Unser Verwalter, fürchte ich, wird sterben,

For which this millere stal bothe mele und corn
An hundred tyme moore than biforn;
For therbiforn he stal but curteisly,
But now he was a theef outrageously,
For which the wardeyn chidde and made fare.
But therof sette the millere nat a tare;
He craketh boost, and swoor it was nat so.
Thanne were ther yonge povre scolers two,
That dwelten in this halle, of which I seye.
Testif they were, and lusty for to pleye,
And, oonly for hire myrthe and revelrye,
Upon the wardeyn bisily they crye
To yeve hem leve, but a litel stounde,
To goon to mille and seen hir corn ygrounde;
And hardily they dorste leye hir nekke
The millere sholde not stele hem half a pekke
Of corn by sleighte, ne by force hem reve;
And at the laste the wardeyn yaf hem leve.
John highte that oon, and Aleyn highte that oother;
Of o toun were they born, that heighte Strother,
Fer in the north; I kan nat telle where.
This Aleyn maketh redy al his gere,
And on an hors the sak he caste anon.
Forth goth Aleyn the clerk, and also John,
With good swerd and with bokeler by hir syde.
John knew the wey – hem nedede no gyde –
And at the mille the sak adoun he layth.
Aleyn spak first: "Al hayl, Symond, y-fayth!
Hou fares thy faire doghter and thy wyf?"
"Aleyn, welcome", quod Symkyn, "by my lyf!
And John also, how now, what do ye heer?"
"Symond," quod John, "by God, nede has na peer.
Hym boes serve hymself that has na swayn,
Or elles he is a fool, as clerkes sayn.
Oure manciple, I hope he wil be deed,

so knirschen ihm die Backenzähne im Mund.
Und deshalb sind wir gekommen, ich und Aleyn,
um unser Korn zu mahlen und wieder zurückzubringen.
Beeil dich bitte, damit wir alsbald von hier wegkommen.«
»Das soll geschehen«, sagte Symkyn, »ganz bestimmt!
Was wollt ihr unterdessen tun?«
»Bei Gott, ich will genau neben dem Schüttelsieb stehen«,
sagte John, »und zusehen, wie das Getreide hineinkommt.
Beim Geschlecht meines Vaters, ich habe noch nie gesehen,
wie das Schüttelsieb hin und her springt!«
Aleyn antwortete: »John, willst du das wirklich tun?
Dann will ich unten stehen, bei meinem Haupte,
und zusehen, wie das Mehl herabfällt,
hinein in den Trog – das soll mein Zeitvertreib sein.
Denn wahrlich, John, ich bin wie Ihr:
ich bin ein ebenso schlechter Müller.«
Der Müller lächelte über ihre Einfalt
und dachte: »Das Ganze ist doch nichts als eine List.
Sie glauben, niemand könnte sie betrügen;
so wahr es mir gut geht – die werde ich übers Ohr hauen,
trotz der Spitzfindigkeit ihrer Philosophie!
Je mehr List sie an den Tag legen,
desto mehr will ich stehlen, wenn ich das Mehl herausnehme.
Statt Mehl werde ich ihnen auch noch Kleie geben.
›Die größten Gelehrten sind nicht immer die klügsten‹,
wie einst die Stute zum Wolf sagte.
Ich kümmere mich nicht die Bohne um ihre Künste.«
Ganz heimlich und vorsichtig ging er zur Tür hinaus,
als er die Zeit für gekommen hielt.
Er ließ seinen Blick umherschweifen, bis er sah,
wo die Studenten ihr Pferd angebunden hatten;
es stand hinter der Mühle, im Schatten einer Laube.
Sogleich geht er zu dem Pferd
und nimmt ihm sofort die Zügel ab.
Und als das Pferd los war, setzte es sich in Bewegung

Swa werkes ay the wanges in his heed;
And forthy is I come, and eek Alayn,
To grynde oure corn and carie it ham agayn;
I pray yow spede us heythen that ye may."
  "It shal be doon," quod Symkyn, "by my fay!
What wol ye doon whil that it is in hande?"
  "By God, right by the hopur wil I stande,"
Quod John, "and se howgates the corn gas in.
Yet saugh I nevere, by my fader kyn,
How that the hopur wagges til and fra."
  Aleyn answerde, "John, and wiltow swa?
Thanne will I be bynethe, by my croun,
And se how that the mele falles doun
Into the trough; that sal be my disport.
For John, y-faith, I may been of youre sort;
I is as ille a millere as ar ye."
  This millere smyled of hir nycetee,
And thoghte, "Al this nys doon but for a wyle.
They wene that no man may hem bigyle,
But by my thrift, yet shal I blere hir ye,
For al the sleighte in hir philosophye.
The moore queynte crekes that they make,
The moore wol I stele whan I take.
In stide of flour yet wol I yeve hem bren.
'The gretteste clerkes been noght wisest men,'
As whilom to the wolf thus spak the mare.
Of al hir art countc I noght a tarc."
  Out at the dore he gooth ful pryvely,
Whan that he saugh his tyme, softely.
He looketh up and doun til he hath founde
The clerkes hors, ther as it stood ybounde
Bihynde the mille, under a levesel;
And to the hors he goth hym faire and wel;
He strepeth of the brydel right anon.
And whan the hors was laus, he gynneth gon

und galoppierte zum Marschland, zu den wilden Stuten –
und los ging's mit Wiehern, über Stock und Stein.
Der Müller kehrte zurück; er sagte kein einziges Wort,
sondern ging seinem Geschäft nach und spaßte mit den
bis ihr Getreide fertig und fein gemahlen war. [Studenten,
Und nachdem das Mehl in Säcke gefüllt und verschnürt ist,
geht unser John hinaus und bemerkt, daß sein Pferd weg ist;
und – »Herbei! O weh!« rief er,
»Unser Pferd ist weg, Aleyn, bei Christi Leib,
beeil dich! Komm heraus, Mann, und zwar sofort!
O weh, unser Rektor hat sein Packpferd verloren!«
Unser Aleyn vergaß alles, das Mehl und das Getreide;
mit keinem Gedanken dachte er noch an seine Ökonomie.
»Wie, wohin ist es denn gegangen?« rief er sogleich.
Die Müllerin kam schnell dahergelaufen.
Sie sagte: »O weh! Euer Pferd rennt zum Marschland,
zu den wilden Stuten, so schnell es nur kann.
Tadel dem, dessen Hand es so nachlässig angebunden hat,
und dem, der die Zügel hätte fester binden sollen!«
»O weh«, sagte John, »Aleyn, bei Christi Schmerzen,
leg dein Schwert ab, ich will meines auch ablegen!
Ich bin so behende wie ein Reh, weiß Gott!
Bei Gottes Herzen, uns beiden wird es nicht entkommen!
Weshalb hast du das Packpferd nicht in die Scheune gebracht?
So ein Unglück! Bei Gott, Aleyn, du bist ein Narr!«
Die törichten Studenten sind sehr schnell
zum Marschland gerannt – Aleyn und auch John.
Und als der Müller sah, daß sie weg waren,
nahm er einen halben Scheffel ihres Mehls
und bat seine Frau, es zu einem Laib Brot zu verarbeiten.
Er sagte: »Ich glaube, die Studenten hatten Angst.
Ein Müller kann einen Studenten dennoch zum Narren halten,
trotz dessen ganzer Kunst; laß sie jetzt ihres Weges gehen!
Sieh nur, wie das Pferd rennt! Ja, laß die Knaben sich vergnügen.
Bei meinem Haupte, sie werden ihr Pferd nicht so einfach fangen
[können!«

Toward the fen, ther wilde mares renne,
And forth with “wehee,” thurgh thikke and thurgh [thenne.
  This millere gooth agayn, no word he seyde,
But dooth his note, and with the clerkes pleyde
Til that hir corn was faire and weel ygrounde.
And whan the mele is sakked and ybounde,
This John goth out and fynt his hors away,
And gan to crie “Harrow!” and “Weylaway!
Oure hors is lorn, Alayn, for Goddes banes,
Step on thy feet! Com of, man, al atanes!
Allas, our wardeyn has his palfrey lorn.”
This Aleyn al forgat, bothe mele and corn;
Al was out of his mynde his housbondrie.
“What, whilk way is he geen?” ha gan to crie.
  The wyf cam lepynge inward with a ren.
She seyde, “Allas! youre hors goth to the fen
With wilde mares, as faste as he may go.
Unthank come on his hand that boond hym so,
And he that bettre sholde han knyt the reyne!”
  “Allas,” quod John, “Aleyn, for Cristes peyne
Lay doun thy swerd, and I wil myn alswa.
I is ful wight, God waat, as is a raa;
By Goddes herte, he sal nat scape us bathe!
Why ne had thow pit the capul in the lathe?
Ilhayl! By God, Alayn, thou is a fonne!”
  This sely clerkes han ful faste yronne
Toward the fen, bothe Aleyn and eek John.
  And whan the millere saugh that they were gon,
He half a busshel of hir flour hath take,
And bad his wyf go knede it in a cake.
He seyde, “I trowe the clerkes were aferd.
Yet kan a millere make a clerkes berd,
For al his art; now lat hem goon hir weye!
Lo, wher he gooth! Ye, lat the children pleye.
They gete hym nat so lightly, by my croun.”

Die unglücklichen Studenten rennen hin und her:
»Halt ihn, halt ihn! Steh, steh! Hier unten, schau dich um;
geh, pfeife du, und ich werd' ihn hier abfangen!«
Kurzum, erst als es ganz nacht geworden war,
konnten sie unter Aufbietung aller Kräfte
ihr Packpferd fangen – es rannte ja immer so schnell;
schließlich aber konnten sie es in einem Graben einfangen.
Müde und durchnäßt wie ein Tier im Regen
kommt der törichte John, und mit ihm kommt Aleyn.
»O weh«, sagte John, »daß ich je geboren wurde!
Nun sind wir der Verachtung und dem Spott ausgesetzt.
Das Getreide hat man uns gestohlen; wir werden Narren heißen,
sowohl beim Rektor als auch bei allen unseren Kommilitonen
und ganz besonders beim Müller, o Schande!«
So klagt John, als er auf dem Weg zur
Mühle schreitet, mit Bayard am Zügel.
Er fand den Müller am Feuer sitzen,
denn es war Nacht, und sie konnten nicht mehr weitergehen;
so baten sie ihn um der Liebe Gottes willen
um Herberge und Speise und wollten auch dafür bezahlen.
Der Müller entgegnete: »Wenn Raum für euch da ist,
so wie es ist, sollt ihr beherbergt werden.
Mein Haus ist klein, doch ihr habt die Künste studiert;
ihr könnt mit Argumenten einen Raum,
der zwanzig Fuß mißt, eine Meile breit machen.
Laßt uns nun sehen, ob der Platz reicht –
oder macht ihn durch Disputieren geräumiger, wie es ja eure Art ist.«
»Nun, Symond«, sagte John, »beim heiligen Cuthbert,
du bist immer für einen Spaß zu haben; und das war gut geantwortet.
Ich habe sagen hören, ›man soll eines von beiden
nehmen, das, was man findet, oder das, was gebracht wird.‹
Doch vor allem bitte ich dich, lieber Gastgeber,
schaff uns Speise und Trank herbei und bewirte uns;
wir werden dir auch alles vollständig bezahlen.
Mit leeren Händen kann man keine Habichte herbeilocken;
sieh hier unser Silber, bereit zum Ausgeben.«

Thise sely clerkes rennen up and doun
With "Keep! Keep! Stand! Stand! Jossa, warderere,
Ga whistle thou, and I shal kepe hym heere!"
But shortly, til that it was verray nyght,
They koude nat, though they dide al hir myght,
Hir capul cacche, he ran alwey so faste,
Til in a dych they caughte hym atte laste.
Wery and weet, as beest is in the reyn,
Comth sely John, and with him comth Aleyn.
"Allas," quod John, "the day that I was born!
Now are we dryve til hethyng and til scorn.
Oure corn is stoln; men wil us fooles calle,
Bathe the wardeyn and oure felawes alle,
And namely the millere, weylaway!"
Thus pleyneth John as he gooth by the way
Toward the mille, and Bayard in his hond.
The millere sittynge by the fyr he fond,
For it was nyght, and forther myghte they noght;
But for the love of God they hym bisoght
Of herberwe and of ese, as for hir peny.
The millere seyde agayn, "If ther be eny,
Swich as it is, yet shal ye have youre part.
Myn hous is streit, but ye han lerned art;
Ye konne by argumentes make a place
A myle brood of twenty foot of space.
Lat se now if this place may suffise,
Or make it rowm with speche, as is youre gise."
"Now, Symond," seyde John, "by Seint Cutberd,
Ay is thou myrie, and this is faire answerd.
I have herd seyd, 'Man sal taa of twa thynges:
Slyk as he fyndes, or taa slyk as he brynges.'
But specially I pray thee, hooste deere,
Get us som mete and drynke, and make us cheere,
And we wil payen trewely atte fulle.
With empty hand men may na haukes tulle;
Loo, heere oure silver, redy for to spende."

Der Müller schickte seine Tochter in den Ort,
um Brot und Bier zu holen, und briet ihnen eine Gans
und band ihr Pferd fest, damit es nicht mehr ausreißen würde;
und in seiner eigenen Kammer machte er ihnen ein Bett,
aus Bettüchern und Decken wohl bereitet,
nicht mehr als zehn oder zwölf Fuß von seinem eigenen Bett entfernt.
Seine Tochter hatte ein Bett ganz für sich allein,
in derselben Kammer, ganz in der Nähe.
Besser ließ es sich nicht machen. Und weshalb nicht?
Es gab nämlich keine geräumigere Herberge in diesem Haus.
Sie speisen und reden zu ihrer Unterhaltung
und trinken dabei fortwährend köstliches Starkbier.
Um Mitternacht legten sie sich dann zur Ruhe.

Der Müller hatte seinen Schädel gut poliert;
vor Trunkenheit war er ganz bleich, nicht rot.
Er rülpst und spricht durch die Nase,
als ob er einen Frosch im Hals habe oder erkältet sei.
Er ging zu Bett, und mit ihm seine Frau;
sie war so unbeschwert und fröhlich wie eine Dohle,
so sehr hatte sie nämlich ihre fröhliche Kehle befeuchtet.
Die Wiege stellte sie ans Fußende ihres Bettes,
damit sie sie schaukeln und das Kind stillen konnte.
Und nachdem der Krug leergetrunken war,
ging die Tochter sogleich zu Bett;
und zu Bett gingen auch Aleyn und John;
es war nichts mehr übrig – sie brauchten kein Schlafmittel.
Der Müller hatte wahrlich so viel Bier getrunken,
daß er im Schlaf schnarchte wie ein Pferd
und sich nicht darum kümmerte, was sein Hinterteil machte.
Seine Gattin begleitete ihn mit einem sehr lauten Schnarchbaß,
man konnte ihr Geschnarche meilenweit hören;
auch die Tochter schnarchte – zur Gesellschaft.

Als der Student Aleyn diese Melodie vernahm,
stieß er John in die Seite und sagte: »Schläfst du?
Hast du schon jemals einen solchen Gesang vernommen?

This millere into toun his doghter sende
For ale and breed, and rosted hem a goos,
And boond hire hors, it sholde namoore go loos,
And in his owene chambre hem made a bed,
With sheetes and with chalons faire yspred
Noght from his owene bed ten foot or twelve.
His doghter hadde a bed, al by hirselve,
Right in the same chambre by and by.
It myghte be no bet, and cause why?
Ther was no roumer herberwe in the place.
They soupen and they speke, hem to solace,
And drynken evere strong ale atte beste.
Aboute mydnyght wente they to reste.

Wel hath this millere vernysshed his heed;
Ful pale he was for dronken, and nat reed.
He yexeth, and he speketh thurgh the nose
As he were on the quakke, or on the pose.
To bedde he goth, and with hym goth his wyf.
As any jay she light was and jolyf,
So was hir joly whistle wel ywet.
The cradel at hir beddes feet is set,
To rokken, and to yeve the child to sowke.
And whan that dronken al was in the crowke,
To bedde wente the doghter right anon;
To bedde goth Aleyn and also John;
Ther nas na moore – hem nedede no dwale.
This millere hath so wisely bibbed ale
That as an hors he fnorteth in his sleep,
Ne of his tayl bihynde he took no keep.
His wyf bar hym a burdon, a ful strong;
Men myghte hir rowtyng heere two furlong;
The wenche rowteth eek, *par compaignye*.

Aleyn the clerk, that herde this melodye,
He poked John, and seyde, "Slepestow?
Herdestow evere slyk a sang er now?

Hör nur, sie führen ein derartiges Abendsingen auf –
möge der Aussatz ihre Körper befallen!
Wer hat je etwas so Sonderbares gehört?
Ja, ihnen soll ein recht übles Ende zuteil werden.
Die ganze Nacht lang wird mich der Schlaf nicht überkommen;
dennoch, macht nichts, alles wird sich zum Besten wenden.
Denn, John«, sagte er, »soll es mir jemals wieder gut gehen,
dann werde ich, sofern ich kann, es mit der Dirne dort drüben
Das Gesetz sieht für uns eine Entschädigung vor; [treiben.
denn, John, es gibt ein Gesetz, das besagt,
daß ein Mann, sollte er in einem Punkt Unrecht erlitten haben,
in einem anderen Entschädigung erhalten soll.
Das Getreide hat man uns gestohlen, wahrlich, genau so verhält
und wir haben einen schlechten Tag gehabt; [es sich,
und da ich keinen Ersatz
für meinen Verlust erhalten werde, will ich eine Entschädigung.
Bei Gottes Seele, es soll nicht anders sein!«
John antwortete: »Aleyn, nimm dich in acht!
Der Müller ist ein gefährlicher Mann«, sagte er,
»und falls er aus dem Schlaf erwacht,
könnte er uns beiden etwas antun.«
Aleyn antwortete: »Ich scher mich einen Dreck um ihn.«
Und er steht auf und kriecht zu der Dirne ins Bett.
Die Dirne lag auf dem Rücken und schlief fest
und bemerkte ihn erst, als er schon so nahe war,
daß es zum Schreien bereits zu spät war;
und um es kurz zu sagen, sie waren beieinander.
Nun vergnüg dich, Aleyn, denn ich will von John berichten.
John bleibt eine Zeitlang ruhig liegen
und klagt und jammert vor sich hin.
»O weh«, sagte er, »das ist ein böser Spaß!
Nun kann ich sagen, daß ich dabei der Affe bin.
Denn mein Kommilitone hat eine Entschädigung für seine
Er hält die Tochter des Müllers in den Armen. [Schmach:
Er hat sich daran gewagt und seine Not gelindert,

Lo, swilk a complyn is ymel hem alle;
A wilde fyr upon thair bodyes falle!
Wha herkned evere slyk a ferly thyng?
Ye, they sal have the flour of il endyng.
This lange nyght ther tydes me na reste;
But yet, na fors, al sal be for the beste.
For, John," seyde he, "als evere moot I thryve,
If that I may, yon wenche wil I swyve.
Som esement has lawe yshapen us,
For, John, ther is a lawe that says thus:
That gif a man in a point be agreved,
That in another he sal be releved.
Oure corn is stoln, sothly, it is na nay,
And we han had an il fit al this day;
And syn I sal have neen amendement
Agayn my los, I will have esement.
By Goddes sale, it sal neen other bee!"
  This John answerde, "Alayn, avyse thee!
The millere is a perilous man," he seyde,
"And gif that he out of his sleep abreyde,
He myghte doon us bathe a vileynye."
  Aleyn answerde, "I counte hym nat a flye."
And up he rist, and by the wenche he crepte.
This wenche lay uprigthe and faste slepte,
Til he so ny was, er she myghte espie,
That it had been to late for to crie,
And shortly for to seyn, they were aton.
Now pley, Aleyn, for I wol speke of John.
  This John lith stille a furlong wey or two,
And to hymself he maketh routhe and wo.
"Allas!" quod he, "this is a wikked jape;
Now may I seyn that I is but an ape.
Yet has my felawe somwhat for his harm;
He has the milleris doghter in his arm.
He auntred hym, and has his nedes sped,

ich aber liege wie ein Sack Kleie im Bett;
und wenn diese Geschichte einmal zum besten gegeben wird,
werde ich als Tölpel dastehen, als Waschlappen!
Ich will aufstehen und mein Glück versuchen, ganz bestimmt!
›Der Mutlose hat kein Glück‹, so heißt es ja.«
Und er stand auf und ging leise
zur Wiege hin und nahm sie in die Hände
und trug sie vorsichtig zum Fußende seines Bettes.
Bald danach hörte das Schnarchen der Müllerin auf;
sie erwachte und ging austreten,
kam wieder und vermißte die Wiege
und tastete hier und dort danach, doch sie fand sie nicht.
»O weh«, sagte sie, »fast wäre ich in die falsche Richtung [gegangen;
ich wäre fast ins Bett des Studenten gestiegen.
Ja, gelobt sei Gott! Dann wäre es mir übel ergangen.«
Und sie tastete sich weiter, bis sie die Wiege fand.
Mit den Händen tastete sie sich immer weiter,
fand schließlich das Bett und dachte nichts Schlechtes,
da ja die Wiege daneben stand.
Sie wußte nicht, wo sie war, denn es war Nacht.
So kroch sie geradewegs zum Studenten hinein
und lag ruhig und wollte wieder einschlafen.
Binnen kurzer Zeit richtet sich John, der Student, auf
und bedrängt die gute Frau mächtig.
Ein solch freudiges Fest hatte sie schon lange nicht mehr gehabt;
er stößt fest und tief zu, als ob er wahnsinnig wäre.
Dies freudige Leben führten die zwei Studenten,
bis der Hahn sein drittes Krähen anhob.
Aleyn wurde mit Tagesanbruch müde,
denn er hatte die ganze lange Nacht hindurch hart gearbeitet;
und er sagte: »Leb wohl, Malyne, süßes Geschöpf!
Der Tag ist da, ich kann nicht länger bleiben;
wohin ich auch gehe oder fahre, ich werde stets
dein eigener Student sein; so wird mir Glück zuteil!«

And I lye as a draf-sak in my bed;
And when this jape is tald another day,
I sal been halde a daf, a cokenay!
I wil arise and auntre it, by my fayth!
'Unhardy is unseely,' thus men sayth."
And up he roos, and softely he wente
Unto the cradel, and in his hand it hente,
And baar it softe unto his beddes feet.
Soone after this the wyf hir rowtyng leet,
And gan awake, and wente hire out to pisse,
And cam agayn, and gan hir cradel mysse,
And groped heer and ther, but she foond noon.
"Allas!" quod she, "I hadde almoost mysgoon;
I hadde almoost goon to the clerkes bed.
Ey, benedicite! Thanne hadde I foule ysped!"
And forth she gooth til she the cradel fond.
She gropeth alwey forther with hir hond,
And foond the bed, and thoghte noght but good,
By cause that the cradel by it stood,
And nyste wher she was, for it was derk;
But faire and wel she creep in to the clerk,
And lith ful stille, and wolde han caught a sleep.
Withinne a while this John the clerk up leep,
And on this goode wyf he leith on soore.
So myrie a fit ne hadde she nat ful yoore;
He priketh harde and depe as he were mad.
This joly lyf han thise two clerkes lad
Til that the thridde cok bigan to synge.
Aleyn wax wery in the dawenynge,
For he had swonken al the longe nyght,
And seyde, "Fare weel, Malyne, sweete wight!
The day is come; I may no lenger byde;
But everemo, wher so I go or ryde,
I is thyn awen clerk, swa have I seel!"

»Nun, süßer Geliebter«, sagte sie, »geh, leb wohl!
Doch bevor du gehst, möchte ich dir etwas anvertrauen:
Wenn du auf dem Nachhauseweg an der Mühle vorbeigehst,
wirst du, genau beim hinteren Tor,
einen Laib Brot von einem halben Scheffel finden,
der aus deinem Mehl gemacht wurde,
das ich meinem Vater stehlen half.
Und, süßer Geliebter, Gott behüte und bewahre dich!«
Und bei diesen Worten war sie dem Weinen nahe.
Aleyn stand auf und dachte: »Bevor es Tag wird,
will ich zu meinem Freund ins Bett kriechen« –
und er ertastete mit der Hand sogleich die Wiege. [gegangen.
»Bei Gott!« dachte er. »Ich bin wahrlich in die falsche Richtung
Von der nächtlichen Arbeit ist mein Kopf ganz verwirrt,
was mich in die falsche Richtung gehen ließ.
An der Wiege erkenne ich, daß ich in die falsche Richtung ging –
hier liegen der Müller und seine Frau.«
Und er tastet sich weiter – bei zwanzig Teufeln in die falsche
und kommt zum Bett, in dem der Müller liegt. [Richtung –
Und er glaubte, bei seinem Kameraden hineinzukriechen –
und schlüpfte sogleich beim Müller hinein
und packte diesen am Genick und sprach leise.
Er sagte: »Du, John, du Saukopf, wach auf,
bei Christi Seele, und höre von einem edlen Spiel!
Denn bei dem Herrn, der heiliger Jakob heißt,
während ich's in dieser kurzen Nacht dreimal
ausgiebig mit der Tochter des Müllers getrieben habe,
hast du Angst gehabt, wie ein Feigling.« [getan?
»Was, falscher Hurensohn«, sagte der Müller, »hast du das
O niederträchtiger Verräter! Falscher Student!« sprach er.
»Bei Gottes Würde – du bist des Todes!
Wer konnte es wagen, so kühn zu sein und meine Tochter zu
die ja von so edler Abstammung ist?« [entehren,
Und er packte Aleyn am Kehlkopf,
und der griff ihn dann heftig an

"Now, deere lemman," quod she, "go, far weel!
But er thow go, o thyng I wol thee telle:
Whan that thou wendest homward by the melle,
Right at the entree of the dore bihynde
Thou shalt a cake of half a busshel fynde
That was ymaked of thyn owene mele,
Which that I heelp my sire for to stele.
And, goode lemman, God thee save and kepe!"
And with that word almoost she gan to wepe.
Aleyn up rist, and thoughte, "Er that it dawe,
I wol go crepen in by my felawe,"
And fond the cradel with his hand anon.
"By God," thoughte he, "al wrang I have mysgon.
Myn heed is toty of my swynk to-nyght,
That makes me that I ga nat aright.
I woot wel by the cradel I have mysgo;
Heere lith the millere and his wyf also."
And forth he goth, a twenty devel way,
Unto the bed ther as the millere lay.
He wende have cropen by his felawe John,
And by the millere in he creep anon,
And caughte hym by the nekke, and softe he spak.
He seyde, "Thou John, thou swynes-heed, awak,
For Cristes saule, and heer a noble game.
For by that lord that called is Seint Jame,
As I have thries in this shorte nyght
Swyved the milleres doghter bolt upright,
Whil thow hast, as a coward, been agast."
"Ye, false harlot," quod the millere, "hast?
A, false traitour! False clerk!" quod he,
Thow shalt be deed, by Goddes dignitee!
Who dorste be so boold to disparage
My doghter, that is come of swich lynage?"
And by the throte-bolle he caughte Alayn,
And he hente hym despitously agayn,

und schlug ihm mit der Faust auf die Nase.
Das Blut schoß in Strömen auf seine Brust;
und mit gebrochener Nase und gebrochenem Kiefer wälzen sie
auf dem Boden – wie zwei Schweine in einem Sack; [sich
sie kommen wieder hoch und gehen wieder zu Boden –
bis der Müller schließlich über einen Stein stolperte
und rücklings auf seine Frau fiel,
die nichts von diesem tollen Kampf wußte,
denn sie war für kurze Zeit eingeschlafen,
wie auch John, der Student, der die ganze Nacht wach gewesen
und mit dem Fall schreckte sie aus dem Schlaf hoch. [war;
»Hilfe! Heiliges Kreuz von Bromholm!« stieß sie hervor,
»In Deine Hände! Herr, zu Dir rufe ich!
Wach auf, Symond! Der Teufel ist auf mich gefallen.
Mir ist das Herz gebrochen! Hilf! Ich muß sterben!
Auf meinem Bauch und auf meinem Kopf liegt einer.
Hilf, Symkyn, die verdammten Studenten streiten!«
Unser John fuhr aus dem Bett, so schnell er nur konnte,
und tastete die ganze Wand
nach einem Stock ab; sie fuhr auch aus dem Bett,
kannte aber die Kammer besser als unser John.
Sogleich hatte sie an der Wand einen Stock gefunden
und sah einen schwachen Lichtschein,
denn der helle Mond schien zu einem Loch herein;
und in diesem Licht sah sie alle beide,
doch wußte sie nicht genau, wer wer war;
dennoch aber sah sie ein weißes Ding vor ihren Augen.
Und als sie dieses weiße Ding erblickt hatte –
sie glaubte, der Student hätte eine Nachtmütze aufgesetzt –,
rückte sie mit dem Stock näher und näher heran;
sie beabsichtigte, unseren Aleyn ausgiebig zu verdreschen –
und schlug dem Müller auf seinen kahlen Schädel,
so daß er zu Boden ging und schrie: »Zu Hilfe, ich sterbe!«
Die Studenten verprügelten ihn kräftig und ließen ihn liegen.
Dann brachen sie auf, nahmen sogleich ihr Pferd

And on the nose he smoot hym with his fest.
Doun ran the blody streem upon his brest;
And in the floor, with nose and mouth tobroke,
They walwe as doon two pigges in a poke;
And up they goon, and doun agayn anon,
Til that the millere sporned at a stoon,
And doun he fil bakward upon his wyf,
That wiste no thyng of this nyce stryf;
For she was falle aslepe a lite wight
With John the clerk, that waked hadde al nyght,
And with the fal out of hir sleep she breyde.
"Help! hooly croys of Bromeholm," she seyde,
"*In manus tuas!* Lord, to thee I calle!
Awak, Symond! The feend is on me falle.
Myn herte is broken; help! I nam but deed!
Ther lyth oon upon my wombe and on myn heed.
Help, Symkyn, for the false clerkes fighte!"
This John stirte up as faste as ever he myghte,
And graspeth by the walles to and fro,
To fynde a staf; and she stirte up also,
And knew the estres bet than dide this John,
And by the wal a staf she foond anon,
And saugh a litel shymeryng of al light,
For at an hole in shoon the moone bright,
And by that light she saugh hem bothe two,
But sikerly she nyste who was who,
But as she saugh a whit thyng in hir ye.
And whan she gan this white thyng espye,
She wende the clerk hadde wered a volupeer,
And with the staf she drow ay neer and neer,
And wende han hit this Aleyn at the fulle,
And smoot the millere on the pyled skulle,
That doun he gooth, and cride, "Harrow! I dye!"
Thise clerkes beete hym weel and lete hym lye,
And greythen hem, and tooke hir hors anon,

und auch ihr Mehl und machten sich auf den Weg.
Und an der Mühle nahmen sie auch ihren Brotlaib
von einem halben Scheffel Mehl und gut gebacken.
So ist der stolze Müller kräftig verprügelt worden,
hat den Mahlzoll für das Getreide verloren
und hat auch das ganze Nachtessen
von Aleyn und John bezahlt, die ihn kräftig verprügelten.
Mit seiner Frau hat's der eine, mit seiner Tochter der andere [getrieben.
Seht, so geht es einem Müller, der unehrlich ist!
Und deshalb benutzt man dieses Sprichwort mit vollem Recht:
»Wer Übles tut, darf Gutes nicht erwarten«;
ein Betrüger soll selbst betrogen werden.
Und Gott, der in seiner Majestät im Himmel thront,
erhalte groß und klein in unserer ganzen Pilgerschar!
So hab' ich's dem Müller mit meiner Erzählung heimgezahlt.

Hier ist die Erzählung des Gutsverwalters beendet.

DER PROLOG DES KOCHS

Der Prolog zur Erzählung des Kochs.

Während der Gutsverwalter noch erzählte, schien es dem
Koch aus London vor Freude so, als ob der ihm den Rücken [kratzte.
»Ha, ha,« sagte er, »bei Christi Passion!
Dieser Müller hat einen schlagenden Beweis
zu seiner Diskussion der Gastfreiheit erhalten!
Salomo sagte in seinen Sprüchen zu Recht:
›Nimm nicht jeden in dein Haus auf.‹
Spät abends noch Herberge zu gewähren ist nämlich gefährlich.
Man sollte sich wahrlich darüber im klaren sein,
wen man in seine Privatsphäre eingelassen hat.
Ich bitte Gott, er möge mir Kummer und Sorge schicken,

And eek hire mele, and on hir wey they gon.
And at the mille yet they tooke hir cake
Of half a busshel flour, ful wel ybake.
Thus is the proude millere wel ybete,
And hath ylost the gryndynge of the whete,
And payed for the soper everideel
Of Aleyn and of John, that bette hym weel.
His wyf is swyved, and his doghter als.
Lo, swich it is a millere to be fals!
And therfore this proverbe is seyd ful sooth,
"Hym thar nat wene wel that yvele dooth."
A gylour shal hymself bigyled be.
And God, that sitteh heighe in magestee,
Save al this compaignye, grete and smale!
Thus have I quyt the Millere in my tale.

Heere is ended the Reves Tale.

THE COOK'S PROLOGUE

The prologe of the Cokes Tale.

The Cook of Londoun, whil the Reve spak,
For joye him thoughte he clawed him on the bak.
"Ha! ha!" quod he, "For Cristes passion,
This millere hadde a sharp conclusion
Upon his argument of herbergage!
Wel seyde Salomon in his langage,
'Ne bryng nat every man into thyn hous,'
For herberwynge by nyghte is perilous.
Wel oghte a man avysed for to be
Whom that he broghte into his pryvetee.
I pray to God, so yeve me sorwe and care

falls ich jemals, seit ich Hodge of Ware genannt werde,
von einem Müller gehört hätte, den man noch besser überlistet hätte.
Er hatte ein böses Spiel in der Nacht.
Doch Gott verhüte, daß wir hiermit schließen;
sollte ihr also einverstanden sein, von mir,
der ich ein armer Mann bin, eine Geschichte zu hören,
will ich euch, so gut ich es kann,
einen kleinen Scherz erzählen, der sich in unserer Hauptstadt zutrug.«
Unser Wirt antwortete und sprach: »Ich gestatte es dir.
Leg los, Roger; achte darauf, daß es für uns verträglich wird –
du hast ja viele alte Pasteten durch Trocknen noch länger haltbar gemacht
und auch viele Jack-of-Dover-Pasteten verkauft,
die bereits zweimal aufgewärmt waren. Schon viele
Pilger haben sich gewünscht, der Himmel möge dich verfluchen,
denn ihnen ist immer noch schlecht von deiner Petersilie,
die sie zusammen mit deinen Mastgänsen gegessen haben;
in deiner Garküche schwirren nämlich viele Fliegen umher.
Mach dich nun ans Erzählen, edler Roger, wie man dich nennt.
Aber zürne mir bitte nicht, wenn ich einen Spaß mache;
man darf in fröhlicher Runde die volle Wahrheit sagen.«
»Du sagst die volle Wahrheit«, sagte Roger, »kein Zweifel.
Doch ist ›ein wahrer Spaß ein schlechter Spaß‹, wie der Flame sagt.
Und deshalb, Harry Bailly, bei deiner Treue,
zürne du mir nicht, wenn ich, bevor wir von hier weggehen,
eine Geschichte von einem Wirt erzähle.
Trotzdem möchte ich sie jetzt noch nicht erzählen; bevor wir
aber voneinander scheiden, habe ich es dir gewiß heimgezahlt.«
Und bei diesen Worten lachte er und war fröhlich
und erzählte seine Geschichte, wie ihr sogleich hören werdet.

If evere, sitthe I highte Hogge of Ware,
Herde I a millere bettre yset a-werk.
He hadde a jape of malice in the derk.
But God forbede that we stynte heere;
And therfore, if ye vouche-sauf to heere
A tale of me, that am a povre man,
I wol yow telle, as wel as evere I kan,
A litel jape that fil in oure citee."
Oure Hoost answerde and seide, "I graunte it thee.
Now telle on, Roger; looke that it be good,
For many a pastee hastow laten blood,
And many a Jakke of Dovere hastow soold
That hath been twies hoot and twies coold.
Of many a pilgrym hastow Cristes curs,
For of thy percely yet they fare the wors,
That they han eten with thy stubbel goos,
For in thy shoppe is many a flye loos.
Now telle on, gentil Roger by thy name.
But yet I pray thee, be nat wroth for game;
A man may seye ful sooth in game and pley."
"Thou seist ful sooth", quod Roger, "by my fey!
But 'sooth pley, quaad pley,' as the Flemyng seith.
And therfore, Herry Bailly, by thy feith,
Be thou nat wrooth, er we departen heer,
Though that my tale be of an hostileer.
But nathelees I wol nat telle it yit;
But er we parte, ywis, thou shalt be quit."
And therwithal he lough and made cheere,
And seyde his tale, as ye shul after heere.

DIE ERZÄHLUNG DES KOCHS

Hier beginnt die Erzählung des Kochs.

Einst wohnte ein Lehrling in unserer Hauptstadt,
der das Kaufmannshandwerk erlernte.
Er war so munter wie ein Stieglitz im Gebüsch,
so braun wie eine Beere, ein feines kleines Kerlchen
mit schwarzen, sehr sorgfältig gekämmten Locken.
Tanzen konnte er so gut und unterhaltsam,
daß man ihn Perkyn Frohsinn nannte.
Er war so voller Liebe und Verlangen,
wie der Bienenstock voll süßen Honigs ist:
Glücklich die Frau, der es vergönnt war, seinen Weg zu kreuzen.
Bei jeder Hochzeit pflegte er zu singen und zu tanzen;
er liebte die Schenke mehr als den Laden.
Ging nämlich ein Festzug durch Cheapside,
pflegte er aus dem Laden weg dorthin zu eilen –
bevor er nicht das ganze Spektakel gesehen
und genug getanzt hatte, kam er nie zurück –,
und er versammelte eine Schar Gleichgesinnter um sich,
um mit ihnen zu tanzen, zu singen und dergleichen Kurzweil zu
sie verabredeten dann, daß sie sich treffen wollten, [haben;
um in einer bestimmten Straße Würfel zu spielen.
Denn in der ganzen Stadt gab es keinen Lehrling,
der die Würfel besser werfen konnte
als Perkyn; und darüberhinaus war er freigebig
in seinen Ausgaben, und zwar an heimlichen Orten.
Dies merkte sein Meister nur zu gut an seinem Geschäft,
denn oft fand er seine Kasse ganz leer vor.
Denn gewiß, bei einem lebenslustigen Lehrling, der sich
dem Würfeln, den Ausschweifungen und der Liebe verschrie-
muß der Meister mit seinem Laden herhalten, [ben hat,

THE COOK'S TALE

Heere bigynneth the Cookes Tale.

A prentys whilom dwelled in oure citee,
And of a craft of vitailliers was hee.
Gaillard he was as goldfynch in the shawe,
Broun as a berye, a propre short felawe,
With lokkes blake, ykembd ful fetisly.
Dauncen he koude so wel and jolily
That he was cleped Perkyn Revelour.
He was as ful of love and paramour
As is the hyve ful of hony sweete;
Wel was the wenche with hym myghte meete.
At every bridale wolde he synge and hoppe;
He loved bet the taverne than the shoppe.
For whan ther any ridyng was in Chepe,
Out of the shoppe thider wolde he lepe –
Til that he hadde al the sighte yseyn,
And daunced wel, he wolde nat come ayeyn –
And gadered hym a meynee of his sort
To hoppe and synge and maken swich disport;
And ther they setten stevene for to meete,
To pleyen at the dys in swich a streete.
For in the toune nas ther no prentys
That fairer koude caste a paire of dys
Than Perkyn koude, and therto he was free
Of his dispense, in place of pryvetee.
That fond his maister wel in his chaffare,
For often tyme he foond his box ful bare.
For sikerly a prentys revelour
That haunteth dys, riot, or paramour,
His maister shal it in his shoppe abye,

selbst wenn er keinen Anteil am Vergnügen hat.
Diebstahl und ausschweifender Lebenswandel sind nämlich
auch wenn er Zither oder Fiedel spielen kann. [dasselbe,
Unterhaltung und Ehrlichkeit befinden sich bei Leuten niederen
stets in heftigem Streit, wie man ja sehen kann. [Standes
Unser fröhlicher Lehrling blieb bei seinem Meister,
bis seine Lehrzeit fast beendet war,
obwohl er von früh bis spät gescholten
und manchmal mit Gejohle nach Newgate abgeführt wurde.
Doch schließlich erinnerte sich sein Meister
eines Tages, als Perkyn seine Papiere erbat,
an ein Sprichwort, welches folgendes besagt:
»Es ist besser, den faulen Apfel aus dem Vorrat zu entfernen,
bevor er auch den Rest zum Faulen bringt.«
So verhält es sich auch mit einem lasterhaften Diener:
Es ist ein wesentlich geringerer Schaden, ihn ziehen zu lassen,
als zuzulassen, daß er alle Diener im Haus verdirbt.
Deshalb sprach sein Meister ihn los
und schickte ihn weg – mit Schimpf und Schande!
Und so erhielt unser fröhlicher Lehrling seine Freiheit.
Nun mag er sich die ganze Nacht vergnügen oder auch nicht.
Weil es aber keinen Dieb ohne Hehler gibt,
der ihm hilft, das zu verschwenden oder zu Geld zu machen,
was er stehlen oder borgen kann,
schickte er sein Bett und seine Kleider sofort
zu einem Gesellen seines Schlages,
der Würfeln, Unterhaltung und Vergnügen liebte
und eine Frau hatte, die zum Schein einen Laden
betrieb, ihren Lebensunterhalt aber mit Prostitution verdiente.

Al have he no part of the mynstralcye.
For thefte and riot, they been convertible,
Al konne he pleye on gyterne or ribible.
Revel and trouthe, as in a lowe degree,
They been ful wrothe al day, as men may see.
  This joly prentys with his maister bood,
Til he were ny out of his prentishood,
Al were he snybbed bothe erly and late,
And somtyme lad with revel to Newegate.
But atte laste his maister hym bithoghte,
Upon a day, whan he his papir soghte,
Of a proverbe that seith this same word:
"Wel bet is roten appul out of hoord
Than that it rotie al the remenaunt."
So fareth it by a riotous servaunt;
It is ful lasse harm to lete hym pace,
Than he shende alle the servantz in the place.
Therfore his maister yaf hym acquitance,
And bad hym go, with sorwe and with meschance!
And thus this joly prentys hadde his leve.
Now lat hym riote al the nyght or leve.
And for ther is no theef withoute a lowke,
That helpeth hym to wasten and to sowke
Of that he brybe kan or borwe may,
Anon he sente his bed and his array
Unto a compeer of his owene sort,
That lovede dys, and revel, and disport,
And hadde a wyf that heeld for contenance
A shoppe, and swyved for hir sustenance.

Fragment II (Gruppe B^{1})

EINLEITUNG ZUR ERZÄHLUNG DES RECHTSGELEHRTEN

Die Worte des Wirtes an die Pilgerschar.

Unser Wirt sah wohl, daß die glänzende Sonne
das Rund ihres künstlichen Tages bereits vor mehr
als einer halben Stunde zu einem Viertel durchlaufen hatte;
und obwohl er nicht gerade bewandert in dieser Wissenschaft [war,
wußte er doch, es war der achtzehnte Tag
im April, der den Mai ankündigt.
Er sah deutlich, daß der Schatten eines jeden Baumes
ebenso lang war
wie der lotrechte Gegenstand, der ihn warf.
Aufgrund des Schattens folgerte er,
daß Phoebus, der so klar und glänzend schien,
auf 45 Grad Höhe emporgestiegen war.
Für diesen Tag, bezogen auf diese Breiten,
bedeutete das 10 Uhr, so schloß er;
und plötzlich machte er mit seinem Pferd eine Kehrtwendung.
»Meine Herrschaften«, sagte er, »ich mache euch darauf [aufmerksam,
daß ein Viertel des Tages bereits vergangen ist.
Um der Liebe Gottes und des heiligen Johannes willen,
verliert möglichst keine Zeit.
Herrschaften, die Zeit verrinnt Tag und Nacht;
sie stiehlt sich heimlich davon, wenn wir schlafen,
und wenn wir wachen, verrinnt sie aufgrund unserer [Nachlässigkeit
so wie der Strom, der auf seinem Weg
von den Bergen in die Ebene hinunter nie zurückkehrt.
Seneca und viele Philosophen klagen mehr über den Verlust
von Zeit als über den des Goldes in der Schatztruhe;

Fragment II (Group B^1)

INTRODUCTION TO THE MAN OF LAW'S TALE

The wordes of the Hoost to the compaignye.

Oure Hooste saugh wel that the brighte sonne
The ark of his artificial day hath ronne
The ferthe part, and half an houre and moore,
And though he were nat depe ystert in loore,
He wiste it was the eightetethe day
Of Aprill, that is messager to May;
And saugh wel that the shadwe of every tree
Was as in lengthe the same quantitee
That was the body erect that caused it.
And therfore by the shadwe he took his wit
That Phebus, which that shoon so clere and brighte,
Degrees was fyve and fourty clombe on highte,
And for that day, as in that latitude,
It was ten of the clokke, he gan conclude,
And sodeynly he plighte his hors aboute.
"Lordynges," quod he, "I warne yow, al this route,
The fourthe party of this day is gon.
Now for the love of God and of Seint John,
Leseth no tyme, as ferforth as ye may.
Lordynges, the tyme wasteth nyght and day,
And steleth from us, what pryvely slepynge,
And what thurgh necligence in oure wakynge,
As dooth the streem that turneth nevere agayn,
Descendynge fro the montaigne into playn.
Wel kan Senec and many a philosophre
Biwaillen tyme moore than gold in cofre;

denn ›der Verlust von Gütern kann ersetzt werden,
doch der Verlust von Zeit vernichtet uns‹, sagte er.
Zweifelsohne kommt sie ebensowenig wieder
wie Malkyns Jungfernschaft,
die sie in ihrer Lüsternheit verloren hat.
Laßt uns also nicht in Müßigkeit verrotten.
Herr Rechtsgelehrter«, sagte er, »bei Eurem Wohlergehen,
erzählt uns sofort eine Geschichte, wie vereinbart.
Ihr habt Euch freiwillig verpflichtet,
Euch in diesem Fall meinem Urteil zu unterstellen.
Erfüllt nun Euer Versprechen,
dann habt Ihr zumindest Eure Pflicht getan.«
»Wirt«, antwortete der, »bei Gott, ich bin dazu bereit;
unsere Vereinbarung zu brechen ist nicht meine Absicht.
Ein Versprechen ist eine Schuld – ich will deshalb
mein Versprechen getreulich einhalten, mehr kann ich nicht [sagen.
Denn das Gesetz, das man einem anderen gibt,
das sollte man auch selbst beachten;
so lauten unsere Gesetze. Eins aber weiß ich sicher:
Ich kann jetzt keine nützliche Erzählung vortragen,
denn Chaucer, obgleich er nur wie ein Laie
mit Versmaß und kunstgerechtem Reim umgehen kann,
hat ja alle in dem Englisch, dessen er mächtig ist,
schon längst erzählt – das dürfte ja vielen bekannt sein.
Und hat er sie, mein lieber Bruder, nicht im einen
Buch erzählt, dann eben im anderen.
Denn von Liebenden hat er landauf, landab erzählt,
mehr als Ovid darüber in
seinen alten Briefen berichtet hat.
Weshalb sollte ich dann das vortragen, was bereits bekannt ist?
In seiner Jugend verfaßte er ›Keyx und Alkyone‹,
und seither hat er über alle
edlen Frauen und Liebenden berichtet.
Wer in seinem dicken Band nachschlagen will,
der ›Legenden der Heiligen Cupidos‹ genannt wird,

For 'Los of catel may recovered be,
But los of tyme shendeth us,' quod he.
It wol nat come agayn, withouten drede,
Namoore than wole Malkynes maydenhede,
Whan she hath lost it in hir wantownesse.
Lat us nat mowlen thus in ydelnesse.
"Sire Man of Lawe," quod he, "so have ye blis,
Telle us a tale anon, as forward is.
Ye been submytted, thurgh youre free assent,
To stonden in this cas at my juggement.
Acquiteth yow now of youre biheeste;
Thanne have ye do youre devoir atte leeste."
"Hooste," quod he, "*depardieux*, ich assente;
To breke forward is nat myn entente.
Biheste is dette, and I wole holde fayn
Al my biheste, I kan no bettre sayn.
For swich lawe as a man yeveth another wight,
He sholde hymselven usen it, by right;
Thus wole oure text. But nathelees, certeyn,
I kan right now no thrifty tale seyn
That Chaucer, thogh he kan but lewedly
On metres and on rymyng craftily,
Hath seyd hem in swich Englissh as he kan
Of olde tyme, as knoweth many a man;
And if he have noght seyd hem, leve brother,
In o book, he hath seyd hem in another.
For he hath toold of loveris up and doun
Mo than Ovide made of mencioun
In his Episteles, that been ful olde.
What sholde I tellen hem, syn they been tolde?
"In youthe he made of Ceys and Alcione,
And sitthen hath he spoken of everichone,
Thise noble wyves and thise loveris eke.
Whoso that wole his large volume seke,
Cleped the Seintes Legende of Cupide,

kann dort die großen, klaffenden Wunden
der Lukretia und der Thisbe von Babylon sehen,
den Schwerttod der Dido wegen des falschen Äneas;
den Galgen und Baum der Phyllis wegen ihres Demophon;
die Klage der Deianeira und der Hermione,
der Ariadne und Hypsipyle;
die im Meer gelegene wüste Insel;
den wegen seiner Hero ertrunkenen Leander;
die Tränen der Helena wie auch das Leid
der Briseis und deines, o Laodameia;
deine Grausamkeit, Königin Medeia,
mit der du deine kleinen Kinder am Hals aufhängtest –
wegen deines Jason, der in der Liebe so falsch war!
O Hypermnestra, Penelope, Alkestis,
eure Fraulichkeit lobt er mit den Besten!
Er schreibt aber kein einziges Wort
über das schreckliche Beispiel von Canacee,
die sich der Sünde hingab und den eigenen Bruder liebte –
zu derart verdammenswerten Geschichten sage ich ›pfui‹! –,
oder aber über Apollonius von Tyrus
wie der verfluchte König Antiochus
seiner Tochter die Jungfernschaft raubte;
diese Geschichte ist dort besonders schrecklich, wo man liest,
wie er sie zu Boden warf.
Und deshalb wollte Chaucer nach reiflicher Überlegung
in keiner seiner Predigten von solchen
widernatürlichen Scheußlichkeiten berichten;
ich will auch nichts Derartiges vortragen, es sei denn unter [Zwang.
Doch wie soll ich es heute mit meiner Geschichte halten?
Es wäre mir wahrlich verhaßt, mit den
Musen verglichen zu werden, die man Pierides nennt –
Ovid weiß, was ich meine.
Dennoch kümmere ich mich nicht die Bohne drum,
wenn ich nach ihm mit einem Eintopf aufwarte.
Ich rede in Prosa und laß ihn Reime machen.«

Ther may he seen the large woundes wyde
Of Lucresse, and of Babilan Tesbee;
The swerd of Dido for the false Enee;
The tree of Phillis for hire Demophon;
The pleinte of Dianire and of Hermyon,
Of Adriane, and of Isiphilee –
The bareyne yle stondynge in the see –
The dreynte Leandre for his Erro;
The teeris of Eleyne, and eek the wo
Of Brixseyde, and of the, Ladomya;
The crueltee of the, queene Medea,
Thy litel children hangynge by the hals,
For thy Jason, that was of love so fals!
O Ypermystra, Penelopee, Alceste,
Youre wifhod he comendeth with the beste!
  "But certeinly no word ne writeth he
Of thilke wikke ensample of Canacee,
That loved hir owene brother synfully –
Of swiche cursed stories I sey fy! –
Or ellis of Tyro Appollonius,
How that the cursed kyng Antiochus
Birafte his doghter of hir maydenhede,
That is so horrible a tale for to rede,
Whan he hir threw upon the pavement.
And therfore he, of ful avysement,
Nolde nevere write in none of his sermons
Of swiche unkynde abhomynacions,
Ne I wol noon reherce, if that I may.
  "But of my tale how shal I doon this day?
Me were looth be likned, douteless,
To Muses that men clepe Pierides –
Methamorphosios woot what I mene;
But nathelees, I recche noght a bene
Though I come after hym with hawebake.
I speke in prose, and lat him rymes make."

Mit diesen Worten begann er mit ernster Miene
seine Geschichte, wie ihr sogleich hören werdet.

Der Prolog zur Erzählung des Rechtsgelehrten.

Verhaßtes Leid, Zustand der Armut!
Mit Durst, mit Kälte, mit Hunger so beschwert! [Schande.
Um Hilfe zu bitten, empfindest du in deinem Herzen als
Erbittest du aber keine, wirst du zwangsläufig so geschunden
daß die nackte Not deine verborgene Wunde bloßlegt. [sein,
Ob du willst oder nicht, du mußt aus Mangel
entweder stehlen oder betteln oder borgen, was du brauchst!

Du gibst Christus die Schuld und sagst ganz verbittert,
daß er die irdischen Güter falsch verteile;
es ist eine Sünde, wenn du deinem Nachbarn vorhältst
und sagst, du habest zu wenig – er aber habe alles.
»Wahrhaftig«, sagst du, »einmal wird er Rechenschaft
wenn sein Hintern in der Glut schmoren wird, [ablegen –
weil er ja den Bedürftigen in ihrer Not nicht hilft.«

Vernimm den Spruch des Weisen:
»Lieber sterben als Mangel erleiden«
»Dein eigener Nachbar wird dich verachten.«
Bist du nämlich arm, ist dein Ansehen dahin!
Und vernimm, was der Weise noch gesagt hat:
»Jeder Tag ist für den Armen eine Last.«
Hüte dich also davor, in eine solche Lage zu geraten!

Bist du arm, haßt dich dein Bruder,
und alle deine Freunde fliehen vor dir!
O ihr reichen Kaufleute, die ihr alles besitzt,
o ihr edlen, klugen Männer, was dies betrifft!
Eure Säcke werden nicht von den niederen Würfen gefüllt,

And with that word he, with a sobre cheere,
Bigan his tale, as ye shal after heere.

The prologe of the Mannes Tale of Lawe.

O hateful harm, condicion of poverte!
With thurst, with coold, with hunger so confoundid!
To asken help thee shameth in thyn herte;
If thou noon aske, with nede artow so woundid
That verray nede unwrappeth al thy wounde hid!
Maugree thyn heed, thou most for indigence
Or stele, or begge, or borwe thy despence!

Thow blamest Crist and seist ful bitterly
He mysdeparteth richesse temporal;
Thy neighebor thou wytest synfully,
And seist thou hast to lite and he hath al.
"Parfay," seistow, "somtyme he rekene shal,
Whan that his tayl shal brennen in the gleede,
For he noght helpeth needfulle in hir neede."

Herkne what is the sentence of the wise:
"Bet is to dyen than have indigence";
"Thy selve neighebor wol thee despise."
If thou be povre, farwel thy reverence!
Yet of the wise man take this sentence:
"Alle the dayes of povre men been wikke."
Be war, therfore, er thou come to that prikke!

If thou be povre, thy brother hateth thee,
And alle thy freendes fleen from thee, allas!
O riche marchauntz, ful of wele been yee,
O noble, o prudent folk, as in this cas!
Youre bagges been nat fild with ambes as,

sondern von den höchsten, die eure Chancen steigen lassen;
an Weihnachten könnt ihr fröhlich tanzen!

Ihr bereist Länder und Meere um eures Gewinnes willen;
als kluge Leute kennt ihr die Lage
in den Königreichen; ihr seid die Urheber von Nachrichten
und Geschichten über Krieg und Frieden.
Ich wäre nun um eine Erzählung verlegen,
wenn nicht ein Kaufmann mir vor vielen Jahren
eine Geschichte erzählt hätte, die ihr jetzt hören sollt.

DIE ERZÄHLUNG DES RECHTSGELEHRTEN

Hier beginnt die Erzählung des Rechtsgelehrten.

In Syrien gab es einst eine Gilde
von reichen und zudem verläßlichen und ehrlichen Kaufleuten;
in aller Herren Länder verkauften sie ihre Spezereien,
Tuch aus Gold und prächtig gefärbte Seide.
Ihre Ware war so gut und frisch,
daß ein jeder darauf bedacht war,
mit ihnen ins Geschäft zu kommen und ihre Ware zu vertreiben.

Nun ereignete es sich, daß die Meister dieser Gilde
eine Reise nach Rom vorbereiteten;
aus geschäftlichen Gründen oder zum Vergnügen
wollten sie keinen Boten dorthin senden,
sondern kamen selbst nach Rom.
Und an dem Ort, der ihnen vorteilhaft
für ihr Vorhaben erschien, bezogen sie Quartier.

Die Kaufleute hielten sich in jener Stadt
so lange auf, wie es ihnen gefiel.

But with sys cynk, that renneth for youre chaunce;
At Cristemasse myrie may ye daunce!

Ye seken lond and see for yowre wynnynges;
As wise folk ye knowen al th'estaat
Of regnes; ye been fadres of tidynges
And tales, bothe of pees and of debaat.
I were right now of tales desolaat,
Nere that a marchant, goon is many a yeere,
Me taughte a tale, which that ye shal heere.

THE MAN OF LAW'S TALE

Heere begynneth the Man of Lawe his tale.

In Surrye whilom dwelte a compaignye
Of chapmen riche, and therto sadde and trewe,
That wyde-where senten hir spicerye,
Clothes of gold, and satyns riche of hewe.
Hir chaffare was so thrifty and so newe
That every wight hath deyntee to chaffare
With hem, and eek to sellen hem hire ware.

Now fil it that the maistres of that sort
Han shapen hem to Rome for to wende;
Were it for chapmanhod or for disport,
Noon oother message wolde they thider sende,
But comen hemself to Rome; this is the ende.
And in swich place as thoughte hem avantage
For hire entente, they take hir herbergage.

Sojourned han thise merchantz in that toun
A certein tyme, as fil to hire plesance.

Und so geschah es, daß der unübertreffliche Ruhm,
in dem die Tochter des Kaisers, Prinzessin Constanze, stand,
in seinem ganzen Ausmaß
den syrischen Kaufleuten zu Ohren kam –
und zwar tagtäglich, wie ich euch erzählen werde.

Dies war die allgemeine Ansicht:
»Unser Kaiser von Rom – Gott möge ihn behüten! –
hat eine Tochter – seit Anbeginn der Welt
hat es keine Zweite gegeben,
die ihr an Herzensgüte und Schönheit gleichgekommen wäre.
Ich bitte Gott, er möge sie in ihrer Ehre stärken
und sie zur Königin von ganz Europa machen.

Sie besitzt so große Schönheit – ohne Stolz,
Jugend – ohne Unreife oder Torheit;
die Tugend leitet sie in allen ihren Werken,
in ihr hat die Demut jegliche Herrschsucht überwunden.
Sie ist der Spiegel der Höfischheit;
ihr Herz ist der Sitz der Frömmigkeit,
ihre Hand der Diener der Freigebigkeit bei Almosen.«

Und diese Berichte entsprachen der Wahrheit, so wahr es einen Gott gibt.
Doch nun zurück zu unserer Geschichte.
Die Kaufleute ließen ihre Schiffe wieder beladen
und nachdem sie diese begnadete Jungfrau gesehen hatten,
kehrten sie voller Freude nach Syrien zurück;
dort erledigen sie ihre Arbeit wie seit eh und je
und leben in Wohlstand; mehr kann ich euch dazu nicht sagen.

Nun war es aber so, daß der Sultan von Syrien
den Kaufleuten besonders gewogen war;
wenn sie aus der Fremde zurückkamen,
pflegte er sie zum Zeichen seiner besonderen Gnade herzlich
willkommen zu heißen und sie begierig nach Neuigkeiten

And so bifel that th'excellent renoun
Of the Emperoures doghter, dame Custance,
Reported was, with every circumstance,
Unto thise Surryen marchantz in swich wyse,
Fro day to day, as I shal yow devyse.

This was the commune voys of every man:
"Oure Emperour of Rome – God hym see! –
A doghter hath that, syn the world bigan,
To rekene as wel hir goodnesse as beautee,
Nas nevere swich another as is shee.
I prey to God in honour hire susteene,
And wolde she were of al Europe the queene.

"In hire is heigh beautee, withoute pride,
Yowthe, withoute grenehede or folye;
To alle hire werkes vertu is hir gyde;
Humblesse hath slayn in hire al tirannye.
She is mirour of alle curteisye;
Hir herte is verray chambre of hoolynesse,
Hir hand, ministre of fredam for almesse."

And al this voys was sooth, as God is trewe.
But now to purpos lat us turne agayn.
Thise marchantz han doon fraught hir shippes newe,
And whan they han this blisful mayden sayn,
Hoom to Surrye been they went ful fayn,
And doon hir nedes as they han doon yoore,
And lyven in wele; I kan sey yow namoore.

Now fil it that thise marchantz stode in grace
Of hym that was the Sowdan of Surrye;
For whan they cam from any strange place,
He wolde, of his benigne curteisye,
Make hem good chiere, and bisily espye

aus verschiedenen Ländern zu fragen, um die Wunder,
die sie gesehen oder gehört haben mochten, zu erfahren.

Unter anderem berichteten ihm
diese Kaufleute besonders von Prinzessin Constanze
und äußerten sich so feierlich über ihren hohen Adel,
daß der Sultan so großes Gefallen daran fand,
sich in seinen Gedanken mit ihr zu beschäftigen,
daß es seine ganze Wonne und sein Bestreben war,
sie zu lieben, solange sein Leben währen sollte.

Es wurde wohl in dieses große Buch,
das man den Himmel nennt,
bei seiner Geburt mit Sternen geschrieben,
daß er aus Liebe sterben würde, o weh!
Denn in den Sternen steht klar und deutlich –
weiß Gott, für den, der es deuten kann –
der Tod eines jeden Menschen geschrieben.

Bereits viele Jahre zuvor stand in den Sternen schon
der Tod von Hektor geschrieben, von Achilles,
von Pompeius und Julius Caesar, bevor sie geboren waren,
der Kampf um Theben, auch des Herkules,
Simson, Turnus und des Sokrates
Tod; die menschlichen Sinne sind aber so schwach,
daß niemand das Schicksal in seiner ganzen Bedeutung erfassen kann.

Der Sultan ließ seinen geheimen Rat einberufen
und – ich möchte mich in dieser Sache kurz fassen –
legte ihnen seine Absicht dar;
falls ihm nicht die Gnade widerfahre, sagte er zu ihnen,
Constanze binnen kurzer Zeit zu besitzen,
würde er sterben; und er befahl ihnen nachdrücklich,
etwas zur Rettung seines Lebens zu finden.

Tidynges of sondry regnes, for to leere
The wondres that they myghte seen or heere.

Amonges othere thynges, specially,
Thise marchantz han hym toold of dame Custance
So greet noblesse in ernest, ceriously,
That this Sowdan hath caught so greet plesance
To han hir figure in his remembrance,
That al his lust and al his bisy cure
Was for to love hire while his lyf may dure.

Paraventure in thilke large book
Which that men clepe the hevene ywriten was
With sterres, whan that he his birthe took,
That he for love sholde han his deeth, allas!
For in the sterres, clerer than is glas,
Is writen, God woot, whoso koude it rede,
The deeth of every man, withouten drede.

In sterres, many a wynter therbiforn,
Was writen the deeth of Ector, Achilles,
Of Pompei, Julius, er they were born;
The strif of Thebes; and of Ercules,
Of Sampson, Turnus, and of Socrates
The deeth; but mennes wittes ben so dulle
That no wight kan wel rede it atte fulle.

This Sowdan for his privee conseil sente,
And, shortly of this matiere for to pace,
He hath to hem declared his entente,
And seyde hem, certein, but he myghte have grace
To han Custance withinne a litel space,
He nas but deed; and charged hem in hye
To shapen for his lyf som remedye.

Jeder von ihnen gab einen anderen Ratschlag;
sie argumentierten, überlegten hin und her,
brachten manch subtiles Argument vor
und sprachen von Zauberei und Täuschung.
Doch letztendlich
sahen sie darin keinen Vorteil
und auch keine andere Möglichkeit – außer einer Heirat.

Doch dann sahen sie eine Heirat mit so großen Schwierigkeiten
verbunden, als sie darüber nachdachten – das möchte ich klar [und deutlich sagen –,
weil ja ihre beiden Religionen
so unterschiedlich waren, daß sie schließlich sagten,
sie glaubten, »kein christlicher Herrscher wäre gewillt,
sein Kind nach unserem Gesetz zu verheiraten,
das uns Mohammed, unser Prophet, gelehrt hat.«

Er antwortete darauf: »Bevor ich
Constanze verliere, lasse ich mich lieber taufen.
Ich muß der Ihre sein, ich will nur sie.
Ich bitte euch, laßt eure Argumente ruhen;
rettet mein Leben, laßt nicht ab davon,
sie zu gewinnen, die mein Leben in ihrer Obhut hat,
denn mit diesen Qualen vermag ich nicht länger zu leben.«

Was bedarf es weiterer Worte?
Ich sage, durch Vertrag und Verhandlungen
und durch die Vermittlung des Papstes,
der ganzen Kirche und der gesamten Ritterschaft
haben sie im Namen der Bekämpfung des Islam
und der Verbreitung der nützlichen Lehre Christi
das vereinbart, was ihr gleich hören werdet:

Daß der Sultan und seine Fürsten
und alle seine Lehensmänner getauft werden sollten,
er dann Constanze heiraten könne und eine bestimmte

Diverse men diverse thynges seyden;
They argumenten, casten up und doun;
Many a subtil resoun forth they leyden;
They speken of magyk and abusioun.
But finally, as in conclusioun,
They kan nat seen in that noon avantage,
Ne in noon oother wey, save mariage.

Thanne sawe they therinne swich difficultee
By wey of reson, for to speke al playn,
By cause that ther was swich diversitee
Bitwene hir bothe lawes, that they sayn
They trowe that no "Cristen prince wolde fayn
Wedden his child under oure lawe sweete
That us was taught by Mahoun, oure prophete."

And he answerde, "Rather than I lese
Custance, I wol be cristned, doutelees.
I moot been hires; I may noon oother chese.
I prey yow hoold youre argumentz in pees;
Saveth my lyf, and beth noght recchelees
To geten hire that hath my lyf in cure,
For in this wo I may nat longe endure."

What nedeth gretter dilatacioun?
I seye, by tretys and embassadrie,
And by the popes mediacioun,
and al the chirche, and al the chivalrie,
That in destruccioun of mawmettrie,
And in encrees of Cristes lawe deere,
They been acorded, so as ye shal heere:

How that the Sowdan and his baronage
And alle his liges sholde ycristned be,
And he shal han Custance in mariage,

Menge Goldes erhalten solle – wieviel, weiß ich nicht.
Als sie genügend Sicherheiten bereitgestellt hatten, wurde
diese Vereinbarung von beiden Parteien durch Eide bekräftigt.
Schöne Constanze, der allmächtige Gott möge dich nun behüten!

Nun erwarten wohl etliche, vermute ich,
daß ich die ganzen Vorbereitungen schildern sollte,
die der Kaiser aus seinem großen Edelmut
für seine Tochter, Prinzessin Constanze, treffen ließ.
Doch sollte man wissen, daß niemand so große Vorbereitungen
in einem kurzen Satz beschreiben könnte,
wie sie dort für das große Ereignis getroffen wurden.

Bischöfe wurden ernannt, die sie begleiten sollten,
Fürsten, Damen, ruhmreiche Ritter
und viele andere Leute.
Und in der ganzen Stadt wurde verkündet,
daß jeder inbrünstig
zu Christus beten sollte, er möge diese Ehe
segnen und die Reise zu einem glücklichen Ende bringen.

Der Tag ihrer Abreise ist gekommen –
ich sage, der kummerträchtige, verhängnisvolle Tag –,
so daß kein Aufschub mehr möglich war.
Alle machen sich reisefertig.
Constanze, die vor Kummer weder aus noch ein weiß,
erhebt sich bleich und bereitet sich auf ihre Fahrt vor,
denn sie weiß genau: es gibt keinen Ausweg.

O weh! Ist es denn ein Wunder, wenn sie weinte,
sie, die zu einem fremden Volk geschickt werden soll,
weg von Freunden, die sie so zärtlich behütet haben,
nur damit sie sich einem unterwerfe,
den sie gar nicht kennt?
Schon immer waren Ehemänner gut,
das weiß doch jede Ehefrau – mehr möchte ich dazu nicht sagen.

And certein gold, I noot what quantitee;
And heer-to founden sufficient suretee.
This same accord was sworn on eyther syde;
Now, faire Custance, almyghty God thee gyde!

Now wolde som men waiten, as I gesse,
That I sholde tellen al the purveiance
That th'Emperour, of his grete noblesse,
Hath shapen for his doghter, dame Custance.
Wel may men knowen that so greet ordinance
May no man tellen in a litel clause
As was arrayed for so heigh a cause.

Bisshopes been shapen with hire for to wende,
Lordes, ladies, knyghtes of renoun,
And oother folk ynowe; this is th'ende;
And notified is thurghout the toun
That every wight, with greet devocioun,
Sholde preyen Crist that he this mariage
Receyve in gree and spede this viage.

The day is comen of hir departynge;
I seye, the woful day fatal is come,
That ther may be no lenger tariynge,
But forthward they hem dressen, alle and some.
Custance, that was with sorwe al overcome,
Ful pale arist, and dresseth hire to wende;
For wel she seeth ther is noon oother ende.

Allas, what wonder is it thogh she wepte,
That shal be sent to strange nacioun
Fro freendes that so tendrely hire kepte,
And to be bounden under subjeccioun
Of oon, she knoweth nat his condicioun?
Housbondes been alle goode, and han ben yoore;
That knowen wyves; I dar sey yow na moore.

»Vater«, sagte sie, »dein trauriges Kind Constanze,
deine junge, mit so viel Zärtlichkeit erzogene Tochter,
und Ihr, meine Mutter, meine höchste Freude
von allem, außer Christus im Himmel –
Constanze, euer Kind, empfiehlt sich flehentlich
eurer Huld, denn ich soll nach Syrien,
meine Augen werden euch nie wieder erblicken.

O weh! Zum heidnischen Volk
muß ich alsbald, so lautet Euer Wille.
Doch Christus, der für unsere Erlösung starb,
gewähre mir die Gnade, seine Gebote erfüllen zu können!
Ich armes Weib – was macht es, wenn ich stürbe?
Wir Weiber sind zur Knechtschaft und zum Leiden geboren
und um unter der Herrschaft des Mannes zu stehen.«

Ich glaube, daß in Troja, als Pyrrhus die Mauern zerbrach,
oder als Ilion brannte, daß in der Stadt Theben
oder in Rom wegen des Leides, das Hannibal,
der die Römer dreimal besiegte, verursacht hatte,
kein so klägliches Weinen des Mitleids zu vernehmen war
wie das, das in diesem Gemach wegen ihrer Abreise entstand;
doch sie muß fort, ob sie nun weine oder singe.

O *primum mobile*, grausames Firmament!
Mit deiner täglichen Bewegung treibst
und wirbelst du stets all das von Osten nach Westen,
was seiner Natur nach in die andere Richtung strebt.
Deine Bewegung hat den Himmel am Anfang dieser
unheilvollen Reise in eine solche Konstellation gebracht,
daß der grausame Mars diese Ehe bereits vernichtet hat.

Unglücklicher Aszendent mit schiefer Bahn,
wodurch der Herr, hilflos,
aus seinem Winkel in das dunkelste Haus gefallen ist!

"Fader," she seyde, "thy wrecched child Custance,
Thy yonge doghter fostred up so softe,
And ye, my mooder, my soverayn plesance
Over alle thyng, out-taken Crist on-lofte,
Custance youre child hire recomandeth ofte
Unto youre grace, for I shal to Surrye,
Ne shal I nevere seen yow moore with ye.

"Allas, unto the Barbre nacioun
I moste anoon, syn that it is youre wille;
But Crist, that starf for our redempcioun
So yeve me grace his heestes to fulfille!
I, wrecche womman, no fors though I spille!
Wommen are born to thraldom and penance,
And to been under mannes governance."

I trowe at Troye, whan Pirrus brak the wal
Or Ilion brende, at Thebes the citee,
N'at Rome, for the harm thurgh Hanybal
That Romayns hath venquysshed tymes thre,
Nas herd swich tendre wepyng for pitee
As in the chambre was for hire departynge;
But forth she moot, wher-so she wepe or synge.

O firste moevyng! Crueel firmament,
With thy diurnal sweigh that crowdest ay
And hurlest al from est il occident
That naturelly wolde holde another way,
Thy crowdyng set the hevene in swich array
At the bigynnyng of this fiers viage,
That crueel Mars hath slayn this mariage.

Infortunat ascendent tortuous,
Of which the lord is helplees falle, allas,
Out of his angle into the derkeste hous!

O Mars, Urheber dieser Situation!
O schwacher Mond, deine Bahn ist unglückverheißend!
Du bist in Konjunktion, wo du nicht willkommen bist;
wo du willkommen wärst, von dort bist du verbannt.

Törichter Kaiser von Rom, o weh!
Gab es denn keinen Sterndeuter in deiner ganzen Stadt?
Ist denn in einem solchen Fall jeder Zeitpunkt gleich günstig?
Ist es unmöglich, die Sterne nach der günstigen Reisezeit zu [befragen,
besonders für hochgestellte Persönlichkeiten?
Selbst dann nicht, wenn der Zeitpunkt ihrer Geburt bekannt ist?
O weh, wir sind nicht klug genug oder zu langsam!

Die kummervolle, schöne Jungfrau wird feierlich
zum Schiff geleitet, wie es sich gehört.
»Christus sei mit euch allen!« sagte sie;
es folgt nur noch »Leb wohl, schöne Constanze!«
Sie bemüht sich sehr, eine heitere Miene zu zeigen.
So lasse ich sie lossegeln
und kehre zu meiner Erzählung zurück.

Die Mutter des Sultans, dieser Ursprung allen Übels,
erkannte die Absicht ihres Sohnes –
daß er nämlich die althergebrachten Opfer aufgeben will.
Sogleich ließ sie ihren Rat zusammenrufen,
und dieser trat zusammen, um zu erfahren, was sie beabsichtigte.
Als die ganze Gesellschaft versammelt war,
setzte sie sich und begann ihre Rede, wie ihr gleich hören werdet.

»Ihr Herren«, sagte sie, »jeder von euch weiß,
daß mein Sohn im Begriff ist, sich von
den heiligen Gesetzen unseres Koran abzuwenden,
die uns Gottes Prophet Mohammed gegeben hat.
Doch ein Versprechen gebe ich dem großen Gott:
Eher soll das Leben aus meinem Körper fahren
als der Glaube an Mohammed aus meinem Herzen!

O Mars, o atazir, as in this cas!
O fieble moone, unhappy been thy paas!
Thou knyttest thee ther thou art nat receyved;
Ther thou were weel, fro thennes artow weyved.

Imprudent Emperour of Rome, allas!
Was ther no philosophre in al thy toun?
Is no tyme bet than oother in swich cas?
Of viage is ther noon eleccioun,
Namely to folk of heigh condicioun?
Noght whan a roote is of a burthe yknowe?
Allas, we been to lewed or to slowe!

To shippe is brought this woful faire mayde
Solempnely, with every circumstance.
"Now Jhesu Crist be with yow alle!" she sayde;
Ther nys namoore, but "Farewel, faire Custance!"
She peyneth hire to make good contenance;
And forth I lete hire saille in this manere,
And turne I wole agayn to my matere.

The mooder of the Sowdan, welle of vices,
Espied hath hir sones pleyn entente,
How he wol lete his olde sacrifices;
And right anon she for hir conseil sente,
And they been come to knowe what she mente.
And whan assembled was this folk in feere,
She sette hire doun, and seyde as ye shal heere.

"Lordes," quod she, "ye knowen everichon,
How that my sone in point is for to lete
The hooly lawes of our Alkaron,
Yeven by Goddes message Makomete.
But oon avow to grete God I heete,
The lyf shal rather out of my body sterte
Or Makometes lawe out of myn herte!

Was könnte uns dieses neue Gesetz denn bringen –
doch nur Sklaverei für unseren Körper und Pein
und schließlich Höllenqualen,
da wir Mohammed, unseren Glauben, verleugnet haben?
Doch, ihr Herren, wenn ihr beachtet,
was ich sagen werde, und meinen Rat befolgt,
werde ich uns auf ewig Sicherheit verschaffen.«

Sie leisteten einen Eid, und ein jeder wollte
mit ihr leben und sterben und auf ihrer Seite stehen.
Außerdem sollte ein jeder nach bestem Vermögen
seine Freunde zu ihrer Unterstützung gewinnen.
Und sie nahm diese Sache in die Hand –
wie ihr hören sollt und wie ich euch berichten werde –
und sprach wie folgt zu ihnen:

»Wir werden zunächst so tun, als wollten wir das Christentum annehmen –
kaltes Wasser soll uns nur wenig schrecken!
Ich werde ein solches Fest und eine solche Feier veranstalten,
daß ich den Sultan zufriedenstellen werde, glaube ich.
Selbst wenn seine Frau in einem noch so weißen Gewand getauft wurde,
wird sie es schwer haben, das Rot abzuwaschen,
führte sie auch ein Taufbecken voll mit Wasser mit sich.«

O Sultansweib! Wurzel des Unrechts!
Mannweib, du zweite Semiramis!
O Schlange in Gestalt eines Weibes,
der Schlange gleich, die tief in der Hölle angekettet liegt!
O trügerisches Weib, alles, was der Zerstörung
von Tugend und Unschuld mächtig ist, wird von deiner Bosheit
in dir ausgebrütet, du Brutstätte aller Laster!

O Satan, neidisch seit dem Tage,
da du aus dem Paradies vertrieben wurdest,
den alten Weg zu den Frauen kennst du ja gut!

"What sholde us tyden of this newe lawe
But thraldom to oure bodies and penance,
And afterward in helle to be drawe,
For we reneyed Mahoun oure creance?
But, lordes, wol ye maken assurance,
As I shal seyn, assentynge to my loore,
And I shal make us sauf for everemoore?"

They sworen and assenten, every man,
To lyve with hire and dye, and by hire stonde,
And everich, in the beste wise he kan,
To strengthen hire shal alle his frendes fonde;
And she hath this emprise ytake on honde,
Which ye shal heren that I shal devyse,
And to hem alle she spak right in this wyse:

"We shul first feyne us cristendom to take –
Coold water shal nat greve us but a lite! –
And I shal swich a feeste and revel make
That, as I trowe, I shal the Sowdan quite.
For thogh his wyf be cristned never so white,
She shal have nede to wasshe awey the rede,
Thogh she a font-ful water with hire lede."

O Sowdanesse, roote of iniquitee!
Virago, thou Semyrame the secounde!
O serpent under femynynytee,
Lik to the serpent depe in helle ybounde!
O feyned womman, al that may confounde
Vertu and innocence, thurgh thy malice,
Is bred in thee, as nest of every vice!

O Sathan, envious syn thilke day
That thou were chaced from oure heritage,
Wel knowestow to wommen the olde way!

Du bewirktest, daß Eva uns in Knechtschaft brachte –
jetzt willst du diese christliche Ehe zerstören.
So machst du dir Frauen zum Instrument – verfluchter
wenn du Verrat planst. [Augenblick! –,

Die Sultanin, die ich anklage und verfluche,
ließ ihren Rat heimlich auseinandergehen.
Warum sollte ich diese Geschichte länger verzögern?
Eines Tages begibt sie sich zum Sultan
und sagt zu ihm, sie wolle ihrem Glauben abschwören
und aus Priesterhand das Christentum empfangen,
sie bereue, daß sie so lange Heidin gewesen sei;

dabei flehte sie ihn an, ihr die Ehre zu gewähren,
die Christen zu einem Fest einladen zu dürfen –
»Für ihre Unterhaltung werde ich keine Anstrengung scheuen.«
Der Sultan sprach: »Ich werde tun, worum du mich gebeten
Und auf den Knien dankte er ihr für diese Bitte. [hast.«
Er war so froh, er wußte nicht, was er sagen sollte.
Sie küßte ihren Sohn und begab sich nach Hause zurück.

Hier endet der erste Teil.

Hier folgt der zweite Teil.

Die Christen sind in Syrien
als große, feierliche Schar an Land gegangen.
Eilends schickte der Sultan seinen Boten
zuerst zu seiner Mutter, dann in die anderen Landesteile,
und ließ sagen, seine Frau sei angekommen.
Er bat seine Mutter, der Königin entgegenzureiten,
um damit die Ehre seines Reiches zu fördern.

Das Gedränge war groß, und stattlich war die Gesellschaft
von Syrern und Römern, als alle vollständig versammelt waren;
mit allem Prunk empfängt die Mutter des Sultans

Thou madest Eva brynge us in servage;
Thou wolt fordoon this Cristen mariage.
Thyn instrument so – weylawey the while! –
Makestow of wommen, whan thou wolt bigile.

This Sowdanesse, whom I thus blame and warye,
Leet prively hire conseil goon hire way.
What sholde I in this tale lenger tarye?
She rydeth to the Sowdan on a day,
And seyde hym that she wolde reneye hir lay,
And cristendom of preestes handes fonge,
Repentynge hire she hethen was so longe,

Bisechynge hym to doon hire that honour,
That she moste han the Cristen folk to feeste –
"To plesen hem I wol do my labour."
The Sowdan seith, "I wol doon at youre heeste,"
And knelynge thanketh hire of that requeste.
So glad he was, he nyste what to seye.
She kiste hir sone, and hoom she gooth hir weye.

Explicit prima pars.

Sequitur pars secunda.

Arryved been this Cristen folk to londe
In Surrye, with a greet solempne route,
And hastifliche this Sowdan sente his sonde
First to his mooder, and al the regne aboute,
And seyde his wyf was comen, out of doute,
And preyde hire for to ryde agayn the queene,
The honour of his regne to susteene.

Greet was the prees, and riche was th'array
Of Surryens and Romayns met yfeere;
The mooder of the Sowdan, riche and gay,

Constanze mit so freundlicher Miene,
wie eine Mutter ihre liebe Tochter nur empfangen kann;
und zur nächstgelegenen Stadt
ritten sie feierlich in gemäßigtem Trab.

Ich glaube nicht, daß der Triumphzug Caesars,
von dem Lucan so großes Aufheben macht,
königlicher oder bemerkenswerter war
als die Versammlung dieser freudigen Menge.
Doch dieser Skorpion, dieser böse Geist,
die Sultanin, sann trotz ihrer ganzen Schmeichelei
auf Verrat, damit sie tödlich zustechen könnte.

Kurz danach kommt der Sultan selbst herbei,
so königlich, daß man es kaum beschreiben kann,
und heißt Constanze freundlichst und herzlichst willkommen.
So lasse ich sie nun in froher Laune und Freude verweilen;
mir geht es um den Kern der Sache, von der ich berichte.
Als die Zeit gekommen war, dachte man, es sei das Beste,
die Unterhaltung höre auf und man begebe sich zur Ruhe.

Die Zeit war gekommen, zu der die alte Sultanin
das Fest, das ich erwähnt habe, angesetzt hatte,
und die Schar der Christen kleidete sich für das Fest,
die Alten wie die Jungen.
Hier konnte man mehr Festlichkeiten, Prunk und
Köstlichkeiten sehen, als ich euch schildern könnte; doch es kam
sie sehr teuer zu stehen, noch bevor sie sich erheben konnten.

O plötzliches Leid, das du immer
auf weltliche Freuden folgst und Bitterkeit bringst,
du Ende der Freuden unserer weltlichen Mühen!
Unserem Glück folgt zuletzt Leid.
Vernimm diesen Rat, damit du richtig handelst:
An deinem Freudentag sollst du auch an das
Leid oder den Kummer denken, der sich plötzlich einstellt.

Receyveth hire with also glad a cheere
As any mooder myghte hir doghter deere,
And to the nexte citee ther bisyde
A softe paas solempnely they ryde.

Noght trowe I the triumphe of Julius,
Of which that Lucan maketh swich a boost,
Was roialler ne moore curius
Than was th'assemblee of this blisful hoost.
But this scorpioun, this wikked goost,
The Sowdanesse, for al hire flaterynge,
Caste under this ful mortally to stynge.

The Sowdan comth hymself soon after this
So roially that wonder is to telle,
And welcometh hire with alle joye and blis.
And thus in murthe and joye I lete hem dwelle;
The fruyt of this matiere is that I telle.
Whan tyme cam, men thoughte it for the beste
That revel stynte, and men goon to hir reste.

The tyme cam, this olde Sowdanesse
Ordeyned hath this feeste of which I tolde,
And to the feeste Cristen folk hem dresse
In general, ye, bothe yonge and olde.
Heere may men feeste and roialtee biholde,
And deyntees mo than I kan yow devyse;
But al to deere they boghte it er they ryse.

O sodeyn wo, that evere art successour
To worldly blisse, spreynd with bitternesse,
The ende of the joye of oure worldly labour!
Wo occupieth the fyn of oure gladnesse.
Herke this conseil for thy sikernesse:
Upon thy glade day have in thy mynde
The unwar wo or harm that comth bihynde.

Um es nämlich kurz und bündig zu berichten: Auf ein Wort hin sind der Sultan und alle Christen
erschlagen und bei Tisch erstochen worden,
mit einer einzigen Ausnahme: Prinzessin Constanze.
Die alte Sultanin, verfluchte Hexe,
hat mit ihren Genossen diese verruchte Tat getan,
denn sie wollte das ganze Land selbst regieren.

Es gab auch keinen einzigen Syrer, der Christ geworden war
und vom Rat des Sultans wußte,
der nicht erschlagen worden wäre, noch bevor er hätte fliehen [können.
Sogleich packten sie Constanze eilends
und setzten sie, weiß Gott, in ein Boot, das keine Ruder hatte,
und hießen sie segeln lernen –
von Syrien weg und nach Italien zurück.

Den Schatz, den sie mitgebracht hatte,
und, damit ich auch die Wahrheit sage, einen großen Vorrat
an Nahrung und auch Kleidung gaben sie ihr mit;
so fährt sie hinaus auf die salzige See.
O meine Constanze, voller Güte,
o junge, teure Tochter des Kaisers,
er, der der Herrscher über Fortuna ist, sei dein Steuer!

Sie bekreuzigte sich und mit flehentlicher Stimme
sprach sie, zu Christi Kreuz gewendet:
»O leuchtender, verheißungsvoller Altar, heiliges Kreuz,
rot vom Blut des Lammes voller Erbarmen,
das die Welt von der Erbsünde gereinigt hat,
bewahre mich vor dem Teufel und seinen Klauen
an dem Tag, da ich in der tiefen See ertrinken werde.

Siegreiches Kreuz, Hort der Wahrheit,
das du allein würdig warst,
den König der Himmel mit seinen frischen Wunden zu tragen,

For shortly for to tellen, at o word,
The Sowdan and the Cristen everichone
Been al tohewe and stiked at the bord,
But it were oonly dame Custance allone.
This olde Sowdanesse, cursed krone,
Hath with hir freendes doon this cursed dede,
For she hirself wolde al the contree lede.

Ne ther was Surryen noon that was converted,
That of the conseil of the Sowdan woot,
That he nas al tohewe er he asterted.
And Custance han they take anon, foot-hoot,
And in a ship al steerelees, God woot,
They han hir set, and bidde hire lerne saille
Out of Surrye agaynward to Ytaille.

A certein tresor that she thider ladde,
And, sooth to seyn, vitaille greet plentee
They han hire yeven, and clothes eek she hadde,
And forth she sailleth in the salte see.
O my Custance, ful of benignytee,
O Emperoures yonge doghter deere,
He that is lord of Fortune be thy steere!

She blesseth hire, and with ful pitous voys
Unto the croys of Crist thus seyde she:
"O cleere, o welful auter, hooly croys,
Reed of the Lambes blood ful of pitee,
That wessh the world fro the olde iniquitee,
Me fro the feend and fro his clawes kepe,
That day that I shal drenchen in the depe.

Victorious tree, proteccioun of trewe,
That oonly worthy were for to bere
The Kyng of Hevene with his woundes newe,

das weiße Lamm, vom Speer verletzt;
du vertreibst den Teufel aus Mann und Frau,
über die sich deine Glieder schützend erstrecken;
beschütze mich und gib mir die Kraft, meinen Lebenswandel zu bessern.«

Jahre und Tage treibt dieses Geschöpf
durch die Griechische See hin zur Straße
von Gibraltar, so war ihre abenteuerliche Fahrt.
Mit Tränen ißt sie nun ihr Brot,
auf ihren Tod wartet sie immerzu,
bevor sie die wilden Wogen dorthin treiben,
wo sie ankommen soll.

Man könnte fragen, warum sie nicht auch
beim Fest getötet wurde; wer ihren Leib beschützen konnte.
Auf diese Frage entgegne ich:
Wer stand Daniel in der schrecklichen Grube bei,
wo jeder außer ihm, ob Meister oder Diener,
vom Löwen gefressen wurde, bevor er sich rühren konnte?
Kein anderer als Gott, den er in seinem Herzen trug.

Gott gefiel es, sein großes Wunder
an ihr zu zeigen, damit wir seine großen Taten sehen sollen.
Christus, der Trost für jedes Leid,
tut häufig mit bestimmten Mitteln, wie Kleriker wissen,
Dinge in einer ganz bestimmten Absicht, die für den menschlichen
Verstand rätselhaft ist, denn unser Unverstand
kann seine weise Vorhersehung nicht erkennen.

Da sie nun beim Fest nicht getötet wurde,
wer bewahrte sie dann vor dem Ertrinken auf See?
Wer behütete Jona im Magen des Fisches,
bis er in Ninive ausgespien wurde?
Man weiß doch gut, daß dies kein anderer war als der,
der das hebräische Volk vor dem Ertrinken bewahrte,
als es trockenen Fußes durch das Meer hindurchzog.

The white Lamb, that hurt was with a spere,
Flemere of feendes out of hym and here
On which thy lymes feithfully extenden,
Me kepe, and yif me myght my lyf t'amenden."

Yeres and dayes fleet this creature
Thurghout the See of Grece unto the Strayte
Of Marrok, as it was hire aventure.
On many a sory meel now may she bayte;
After hir deeth ful often may she wayte,
Er that the wilde wawes wol hire dryve
Unto the place ther she shal arryve.

Men myghten asken why she was nat slayn
Eek at the feeste? Who myghte hir body save?
And I answere to that demande agayn,
Who saved Danyel in the horrible cave
Ther every wight save he, maister and knave,
Was with the leon frete er he asterte?
No wight but God that he bar in his herte.

God liste to shewe his wonderful myracle
In hire, for we sholde seen his myghty werkis;
Crist, which that is to every harm triacle,
By certeine meenes ofte, as knowen clerkis,
Dooth thyng for certein ende that ful derk is
To mannes wit, that for oure ignorance
Ne konne noght knowe his prudent purveiance.

Now sith she was nat at the feeste yslawe,
Who kepte hire fro the drenchyng in the see?
Who kepte Jonas in the fisshes mawe
Til he was spouted up at Nynyvee?
Wel may men knowe it was no wight but he
That kepte peple Ebrayk from hir drenchynge,
With drye feet thurghout the see passynge.

Wer befahl den vier Geistern der Stürme,
die Land und Meer in Aufruhr versetzen können,
im Norden, Süden, Osten und Westen:
»Laßt ab vom Meer, vom Land, vom Baum!«?
Wahrlich, der das befahl, war der,
der jene Frau stets vor dem Sturm bewahrte,
als sie wachte und als sie schlief.

Woher bekam diese Frau Speise und Trank,
drei Jahre lang und länger? Wie konnten ihre Vorräte ausreichen?
Wer ernährte Maria von Ägypten in ihrer Höhle
oder in der Wüste? Zweifellos kein anderer als Christus.
Es war ja ein ebenso großes Wunder, fünftausend Menschen
mit fünf Brotlaiben und zwei Fischen zu sättigen.
Gott schickte ihr seinen reichen Segen in ihrer großen Not.

Sie treibt weiter, hinein in unser Meer,
durch unsere wilde See, bis sie schließlich
unterhalb einer Festung, deren Namen ich nicht weiß,
fern in Northumberland von den Wellen an Land geworfen [wurde.
Ihr Schiff steckte so fest im Sand,
daß es während einer ganzen Flut nicht wegtreiben wollte;
es war Christi Wille, daß sie dort bleiben sollte.

Der Burgherr ging hinab
um das Wrack anzusehen, durchsuchte das ganze Schiff
und fand die erschöpfte Frau in ihrem Kummer;
er fand auch den Schatz, den sie mitgebracht hatte.
In ihrer Sprache bat sie um die Gnade,
ihr das Leben zu nehmen,
damit sie von ihrem Jammer erlöst würde.

Sie sprach eine Art von schlechtem Latein,
dennoch aber konnte man sie verstehen.
Als der Burgherr seine Suche beendet hatte,

Who bad the foure spirites of tempest
That power han t'anoyen lond and see,
Bothe north and south, and also west and est,
"Anoyeth neither see, ne land, ne tree"?
Soothly, the comandour of that was he
That fro the tempest ay this womman kepte
As wel whan she wook as whan she slepte.

Where myghte this womman mete and drynke have
Thre yeer and moore? How lasteth hire vitaille?
Who fedde the Egipcien Marie in the cave,
Or in desert? No wight but Crist, sanz faille.
Fyve thousand folk it was as greet mervaille
With loves fyve and fisshes two to feede.
God sente his foyson at hir grete neede.

She dryveth forth into oure occian
Thurghout oure wilde see, til atte laste
Under an hoold that nempnen I ne kan,
Fer in Northhumberlond the wawe hire caste,
And in the sond hir ship stiked so faste
That thennes wolde it noght of al a tyde;
The wyl of Crist was that she sholde abyde.

The constable of the castel doun is fare
To seen this wrak, and al the ship he soghte,
And foond this wery womman ful of care;
He foond also the tresor that she broghte.
In hir langage mercy she bisoghte,
The lyf out of hir body for to twynne,
Hire to delivere of wo that she was inne.

A maner Latyn corrupt was hir speche,
But algates therby was she understonde.
The constable, whan hym lyst no longer seche,

brachte er die kummervolle Frau an Land.
Sie kniete nieder und dankte Gotte für seine Hilfe.
Doch wer sie war, wollte sie niemandem sagen,
unter keinen Umständen, selbst wenn sie sterben sollte.

Sie sagte, sie sei auf See so wirr geworden,
daß sie wahrhaftig ihr Gedächtnis verloren habe.
Der Burgherr und seine Frau hatten so großes Mitleid mit ihr,
daß sie vor Kummer weinten.
So emsig und eifrig
diente sie jedem an diesem Ort,
daß jeder, der sie sah, sie sogleich liebgewonnen hatte.

Der Burgherr und Hermengyld, seine Frau,
waren Heiden; heidnisch war auch das ganze Land.
Doch Hermengyld liebte sie wie ihr eigenes Leben,
und Constanze verharrte dort so lange
im Gebet, mit manch bitterer Träne,
bis Jesus in seiner Gnade
Frau Hermengyld, die Burgherrin, bekehrt hatte.

Im ganzen Land wagte es kein Christ, sich öffentlich zu bekennen;
alle Christen waren aus dem Land vertrieben worden
von den Heiden, die die gesamte Küstenregion
des Nordens zu Lande und zu Wasser erobert hatten.
Nach Wales war die Christengemeinde
der alten Briten, die diese Insel bewohnt hatten, geflohen.
Dort war seitdem ihre Zuflucht.

Doch waren nicht alle christlichen Briten vertrieben worden,
und es gab noch einige, die in heimlichen Zusammenkünften
Christus verehrten und so das heidnische Volk täuschten.
Drei von ihnen lebten in der Nähe der Festung.
Einer war blind und konnte nicht sehen –
außer mit den Augen der Seele,
mit denen Menschen schauen, wenn sie erblindet sind.

This woful womman broghte he to the londe.
She kneleth doun and thanketh Goddes sonde;
But what she was she wolde no man seye,
For foul ne fair, thogh that she sholde deye.

She seyde she was so mazed in the see
That she forgat hir mynde, by hir trouthe.
The constable hath of hire so greet pitee,
And eek his wyf, that they wepen for routhe.
She was so diligent, withouten slouthe,
To serve and plesen everich in that place
That alle hir loven that looken in hir face.

This constable and dame Hermengyld, his wyf,
Were payens, and that contree everywhere;
But Hermengyld loved hire right as hir lyf,
And Custance hath so longe sojourned there,
In orisons, with many a bitter teere,
Til Jhesu hath converted thurgh his grace
Dame Hermengyld, constablesse of that place.

In al that lond no Cristen dorste route;
Alle Cristen folk been fled fro that contree
Thurgh payens, that conquereden al aboute
The plages of the north, by land and see.
To Walys fledde the Cristyanytee
Of olde Britons dwellynge in this ile;
Ther was hir refut for the meene while.

But yet nere Cristene Britons so exiled
That ther nere somme that in hir privetee
Honoured Crist and hethen folk bigiled,
And ny the castel swiche ther dwelten three.
That oon of hem was blynd and myghte nat see,
But it were with thilke eyen of his mynde
With whiche men seen, after that they ben blynde.

Die Sonne glänzte hell an jenem Sommertag;
und deshalb hatten sich der Burgherr, seine Frau
und Constanze geradewegs
zum Meer begeben, das nur wenige Minuten entfernt lag,
um sich zu erfreuen und spazierenzugehen.
Auf ihrem Spaziergang trafen sie diesen Blinden,
vom Alter gebeugt, die Augen fest geschlossen.

»Im Namen Christi«, rief der blinde Brite,
»Frau Hermengyld, gebt mir mein Augenlicht wieder!«
Die Frau bekam Angst vor der Stimme,
denn sie fürchtete, ihr Ehemann würde
sie wegen ihrer Liebe zu Christus töten,
bis Constanze sie aufmunterte und ihr auftrug,
als Tochter der Kirche den Willen Christi zu erfüllen.

Den Burgherrn beunruhigte dieser Anblick so sehr,
daß er sagte: »Was bedeutet das Ganze?«
Constanze antwortete: »Herr, es ist die Macht Christi,
sie hilft den Menschen aus den Fallen des Teufels.«
Und sie begann, unsere Religion so überzeugend zu erklären,
daß sie den Burgherrn, noch bevor es Abend war,
bekehrt und zum Glauben an Christus gebracht hatte.

Der Burgherr war jedoch nicht der Herrscher des Ortes,
von dem ich rede und wo er Constanze gefunden hatte,
sondern er hatte ihn seit vielen Jahren zuverlässig beschützt,
als Gefolgsmann Allas, des Königs über ganz Nordhumbrien;
dieser war umsichtig und hatte sich wacker
gegen die Schotten verteidigt, wie allgemein bekannt ist;
doch möchte ich mich wieder meinem Stoff zuwenden.

Satan, der stets darauf aus ist, uns eine Falle zu stellen,
sah Constanzes Vollkommenheit
und überlegte sich sogleich, wie er ihr beikommen könnte.

Bright was the sonne as in that someres day,
For which the constable and his wyf also
And Custance han ytake the righte way
Toward the see a furlong wey or two,
To pleyen and to romen to and fro,
And in hir walk this blynde man they mette,
Croked and oold, with eyen faste yshette.

"In name of Crist," cride this blinde Britoun,
"Dame Hermengyld, yif me my sighte agayn!"
This lady weex affrayed of the soun,
Lest that hir housbonde, shortly for to sayn,
Wolde hire for Jhesu Cristes love han slayn,
Til Custance made hire boold, and bad hire wirche
The wyl of Crist, as doghter of his chirche.

The constable weex abasshed of that sight,
And seyde, "What amounteth al this fare?"
Custance answerde, "Sire, it is Cristes myght,
That helpeth folk out of the feendes snare."
And so ferforth she gan oure lay declare
That she the constable, er that it was eve
Converteth, and on Crist made hym bileve.

This constable was nothyng lord of this place
Of which I speke, ther he Custance fond,
But kepte it strongly many a wyntres space
Under Alla, kyng of al Northhumbrelond,
That was ful wys, and worthy of his hond
Agayn the Scottes, as men may wel heere;
But turne I wole agayn to my mateere.

Sathan, that evere us waiteth to bigile,
Saugh of Custance al hire perfeccioun,
And caste anon how he myghte quite hir while,

Er bewirkte, daß ein junger Ritter, der in dieser Stadt wohnte,
sie so heiß in sündigem Verlangen liebte,
daß es ihm schien, er müsse sterben,
wenn sie ihm nicht wenigstens einmal zu Willen wäre.

Er wirbt um sie, doch ganz umsonst.
Sie wollte auf gar keinen Fall eine Sünde begehen.
Aus Zorn beschäftigte er sich in seinen Gedanken damit,
wie er sie eines schändlichen Todes sterben lassen könnte.
Er wartete, bis der Burgherr abwesend war,
und schlich sich eines Nachts heimlich
in Hermengylds Kammer, als sie schlief.

Müde vom langen Wachen im Gebet
schlafen Constanze und Hermengyld.
Auf Satans Einflüsterungen hin trat der Ritter
sehr leise ans Bett,
durchschnitt Hermengyld die Kehle,
legte das blutige Messer neben Prinzessin Constanze
und schlich sich davon – Gott möge ihm Unglück widerfahren lassen!

Bald danach kehrte der Burgherr nach Hause zurück,
mit Alla, dem König des Landes.
Er fand seine Frau grausam ermordet,
weshalb er in Tränen ausbrach und die Hände rang.
Im Bett entdeckte er das blutige Messer
neben Prinzessin Constanze. O weh, wie sollte sie sich dazu äußern?
Vor lauter Kummer fehlten ihr die Worte.

König Alla wurde von diesem Unglück unterrichtet,
sowie von Zeitpunkt, Ort und Umständen,
unter welchen man Constanze in einem Schiff aufgefunden hatte,
so wie ihr es vorher gehört habt.
Des Königs Herz wurde von Mitleid tief gerührt,
als er ein so gütiges Geschöpf
so niedergeschlagen und im Unglück sah.

And made a yong knyght that dwelte in that toun
Love hire so hoote, of foul affeccioun,
That verraily hym thoughte he sholde spille,
But he of hire myghte ones have his wille.

He woweth hire, but it availleth noght;
She wolde do no synne, by no weye.
And for despit he compassed in his thoght
To maken hire on shameful deeth to deye.
He wayteth whan the constable was aweye,
And pryvely upon a nyght he crepte
In Hermengyldes chambre, whil she slepte.

Wery, forwaked in hire orisouns,
Slepeth Custance, and Hermengyld also.
This knyght, thurgh Sathanas temptaciouns,
Al softely is to the bed ygo,
And kitte the throte of Hermengyld atwo,
And leyde the blody knyf by dame Custance,
And wente his wey, ther God yeve hym meschance!

Soone after cometh this constable hoom agayn,
And eek Alla, that kyng was of that lond,
And saugh his wyf despitously yslayn,
For which ful ofte he weep and wroong his hond,
And in the bed the blody knyf he fond
By Dame Custance. Allas, what myghte she seye?
For verray wo hir wit was al aweye.

To kyng Alla was toold al this meschance,
And eek the tyme, and where, and in what wise
That in a ship was founden this Custance,
As heer-biforn that ye han herd devyse.
The kynges herte of pitee gan agryse,
Whan he saugh so benigne a creature
Falle in disese and in mysaventure.

Denn wie ein Lamm, das man zur Schlachtbank führt,
steht diese Unschuldige vor dem König.
Der falsche Ritter, der diesen Verrat begangen hatte,
beschuldigt sie zu Unrecht, diese Tat verübt zu haben.
Aber dennoch herrschte große Trauer
beim Volk; man sagte, es sei unvorstellbar,
daß sie ein so großes Verbrechen begangen haben sollte.

Denn stets habe man erlebt, wie tugendhaft sie sei
und wie sie Hermengyld wie ihr eigenes Leben geliebt habe.
Jedermann in diesem Haus bezeugte dies,
bis auf den, der Hermengyld mit seinem Messer getötet hatte.
Der edle König war tief gerührt
von diesen Aussagen und beschloß,
noch tiefer nachzuforschen, um die Wahrheit zu erfahren.

O weh! Constanze, du hast keinen Kämpen
und selber kämpfen kannst du nicht – oh, welche Not!
Der aber, der um unserer Erlösung willen starb
und Satan in Ketten band (wo er noch immer liegt),
sei nun dein starker Kämpe an diesem Tag!
Falls Christus nämlich kein Wunder offenbart,
wirst du alsbald schuldlos sterben.

Sie kniete nieder und sagte:
»Unsterblicher Gott, der du Susanna von falscher
Anklage errettet hast, und du, mitleidsvolle Jungfrau,
dich, Maria, meine ich, Tochter der heiligen Anna,
vor deren Kind die Engel Hosianna singen,
wenn ich an diesem Verbrechen unschuldig bin,
dann steht mir bei, sonst muß ich sterben!«

Habt ihr nicht schon einmal ein bleiches Gesicht in einer Menschenmenge gesehen – das eines Mannes, der zu seiner Hinrichtung geführt wurde, da er nicht begnadigt worden war,

For as the lomb toward his deeth is broght,
So stant this innocent bifore the kyng.
This false knyght, that hath this tresoun wroght,
Berth hire on hond that she hath doon thys thyng.
But nathelees, ther was greet moornyng
Among the peple, and seyn they kan nat gesse
That she had doon so greet a wikkednesse,

For they han seyn hire evere so vertuous,
And lovynge Hermengyld right as hir lyf.
Of this baar witnesse everich in that hous,
Save he that Hermengyld slow with his knyf.
This gentil kyng hath caught a greet motyf
Of this witnesse, and thoghte he wolde enquere
Depper in this, a trouthe for to lere.

Allas! Custance, thou hast no champioun,
Ne fighte kanstow noght, so weylaway!
But he that starf for our redempcioun,
And boond Sathan (and yet lith ther he lay),
So be thy stronge champion this day!
For, but if Crist open myracle kithe,
Withouten gilt thou shalt be slayn as swithe.

She sette hire doun on knees, and thus she sayde:
"Immortal God, that savedest Susanne
Fro false blame, and thou, merciful mayde,
Marie I meene, doghter to Seint Anne,
Bifore whos child angeles synge Osanne,
If I be giltlees of this felonye,
My socour be, for ellis shal I dye!"

Have ye nat seyn somtyme a pale face,
Among a prees, of hym that hath be lad
Toward his deeth, wher as hym gat no grace,

und dessen Gesicht eine solche Farbe hatte,
daß man dieses von der Furcht gezeichnete Gesicht
von all den Gesichtern in der Menge unterscheiden konnte?
So steht nun Constanze da und blickt sich um.

O Königinnen, die ihr in Reichtum lebt,
ihr Herzoginnen, und eine jede von euch, ihr Damen,
habt doch ein wenig Mitleid mit ihrem Unglück!
Die Tochter eines Kaisers steht verlassen,
sie hat niemand, dem sie ihr Leid klagen könnte.
O königliches Blut, das du dich in dieser Gefahr befindest,
fern sind deine Freunde in deiner großen Not!

König Alla hatte solches Mitleid,
denn ein edles Herz ist ja voller Anteilnahme,
daß ihm die Tränen nur so aus den Augen flossen.
»Bringt uns schnell ein Buch herbei«, sagte er,
»und wenn dieser Ritter schwört, daß sie
diese Frau getötet hat, werden wir noch darüber beraten,
wen wir zum Richter bestellen wollen.«

Ein britisches Buch, in das Evangelien geschrieben waren,
wurde herbeigebracht; und auf dieses Buch schwor er sogleich,
daß sie schuldig sei; sofort
schlug ihm eine Hand auf den Nacken,
so daß er wie ein Stein zu Boden fiel;
und die Augen barsten ihm aus dem Gesicht –
jeder, der anwesend war, sah dies mit an.

Alle Anwesenden vernahmen eine Stimme,
die sagte: »Obwohl sie unschuldig war, hast du die Tochter
der Heiligen Kirche im Angesicht Gottes verleumdet;
solches hast du getan, und dennoch habe ich geschwiegen!«
Das Wunder hatte die ganze Menge in Furcht versetzt;
alle standen verwirrt da,
aus Furcht vor Rache – nur Constanze nicht.

And swich a colour in his face hath had
Men myghte knowe his face that was bistad
Amonges alle the faces in that route?
So stant Custance, and looketh hire aboute.

O queenes, lyvynge in prosperitee,
Duchesses, and ye ladyes everichone,
Haveth som routhe on hire adversitee!
An Emperoures doghter stant allone;
She hath no wight to whom to make hir mone.
O blood roial, that stondest in this drede,
Fer been thy freendes at thy grete nede!

This Alla kyng hath swich compassioun,
As gentil herte is fulfild of pitee,
That from his eyen ran the water doun.
"Now hastily do fecche a book," quod he,
"And if this knyght wol sweren how that she
This womman slow, yet wol we us avyse
Whom that we wole that shal been oure justise."

A Britoun book, written with Evaungiles,
Was fet, and on this book he swoor anoon
She gilty was, and in the meene whiles
An hand hym smoot upon the nekke-boon,
That doun he fil atones as a stoon,
And bothe his eyen broste out of his face
In sighte of every body in that place.

A voys was herd in general audience,
And seyde, "Thou hast desclaundred, giltelees,
The doghter of hooly chirche in heigh presence;
Thus hastou doon, and yet holde I my pees!"
Of this mervaille agast was al the prees;
As mazed folk they stoden everichone,
For drede of wreche, save Custance allone.

Groß war die Furcht und auch die Reue
bei all denen, die fälschlich einen Verdacht
gegen diese fromme Unschuldige, Constanze, gehegt hatten.
Durch dieses Wunder aber
und durch Constanzes Fürbitte
wurden der König und viele andere an diesem Ort
bekehrt. Dank sei der Gnade Christi!

Der falsche Ritter wurde wegen seines Meineids
auf das Urteil Allas hin sofort getötet –
Constanze aber tat sein Tod sehr leid.
Und danach bewirkte Jesus in seiner Gnade,
daß Alla in aller Feierlichkeit
diese fromme, strahlende Jungfrau zur Frau nahm.
So hat Christus Constanze zur Königin gemacht.

Damit ich nicht lüge: Wer war voller Gram
wegen dieser Hochzeit? Lediglich Donegild,
die Mutter des Königs, die voller Bosheit war.
Sie meinte, ihr verfluchtes Herz müßte zerspringen;
sie wünschte, ihr Sohn hätte dies nicht getan.
Es schien ihr eine Beleidigung,
daß er eine Fremde zur Frau nehmen sollte.

Ich will weder von der Spreu noch vom Stroh
mehr erzählen als vom Weizen.
Weshalb sollte ich über den Pomp
bei der Hochzeit berichten oder davon, welcher Gang zuerst
wer eine Trompete oder ein Horn bläst? [serviert wird,
Die Essenz einer jeden Geschichte ist:
Sie essen, trinken, tanzen, singen und spielen.

Sie gehen zu Bett, wie es Fug und Recht war;
selbst wenn Ehefrauen noch so fromm sind,
müssen sie doch nachts geduldig

Greet was the drede and eek the repentance
Of hem that hadden wrong suspecioun
Upon this sely innocent, Custance;
And for this miracle, in conclusioun,
And by Custances mediacioun,
The kyng – and many another in that place –
Converted was, thanked be Cristes grace!

This false knyght was slayn for his untrouthe
By juggement of Alla hastifly;
And yet Custance hadde of his deeth greet routhe.
And after this Jhesus, of his mercy,
Made Alla wedden ful solempnely
This hooly mayden, that is so bright and sheene;
And thus hath Crist ymaad Custance a queene.

But who was woful, if I shal nat lye,
Of this weddyng but Donegild, and namo,
The kynges mooder, ful of tirannye?
Hir thoughte hir cursed herte brast atwo.
She wolde noght hir sone had do so;
Hir thoughte a despit that he sholde take
So strange a creature unto his make.

Me list nat of the chaf, ne of the stree,
Maken so long a tale as of the corn.
What sholde I tellen of the roialtee
At mariage, or which cours goth biforn;
Who bloweth in a trumpe or in an horn?
The fruyt of every tale is for to seye:
They ete, and drynke, and daunce, and synge, and pleye.

They goon to bedde, as it was skile and right;
For thogh that wyves be ful hooly thynges,
They moste take in pacience at nyght

das ertragen, was denen Freude macht,
mit denen sie durch den Ehering verbunden sind;
und sie müssen ihre Frömmigkeit ein wenig beiseite legen
in diesen Stunden – es kann nicht anders sein.

Und alsbald zeugte er mit ihr einen Knaben.
Einem Bischof und seinem Burgherrn
vertraute er seine Frau an, als er
nach Schottland zog, um seine Feinde aufzuspüren. [ist,
Nun hat die schöne Constanze, die so bescheiden und demütig
das Kind so lange unter ihrem Herzen getragen, bis sie sich
still in ihrer Kammer hält und den Willen Christi erwartet.

Als ihre Zeit gekommen war, gebar sie einen Knaben;
am Taufstein tauften sie ihn auf den Namen Mauritius.
Der Burgherr ließ einen Boten kommen
und schrieb seinem König Alla,
daß das freudige Ereignis stattgefunden habe,
und ließ ihm noch weitere wichtige Nachrichten übermitteln.
Der nimmt den Brief und macht sich auf den Weg.

Der Bote, der auf seinen eigenen Vorteil bedacht ist,
reitet sogleich zur Mutter des Königs
und grüßt sie untertänigst:
»Herrin«, sagte er, »Ihr dürft Euch freuen
und Gott hunderttausendmal danken!
Meine Herrin, die Königin, hat ein Kind geboren,
zur Freude und zum Segen dieses ganzen Reiches.

Seht hier die versiegelten Briefe mit der Botschaft,
die ich so schnell wie möglich überbringen soll.
Wenn Ihr Eurem Sohn, dem König, etwas ausrichten wollt,
stehe ich Tag und Nacht zu Euren Diensten.«
Donegild antwortete: »Nicht sofort;
ich möchte, daß du die ganze Nacht hier ausruhst.
Morgen will ich dir sagen, was ich begehre.«

Swiche manere necessaries as been plesynges
To folk that han ywedded hem with rynges,
And leye a lite hir hoolynesse aside,
As for the tyme – it may no bet bitide.

On hire he gat a knave child anon,
And to a bisshop, and his constable eke,
He took his wyf to kepe, whan he is gon
To Scotlond-ward, his foomen for to seke.
Now faire Custance, that is so humble and meke,
So longe is goon with childe, til that stille
She halt hire chambre, abidyng Cristes wille.

The tyme is come a knave child she beer;
Mauricius at the fontstoon they hym calle.
This constable dooth forth come a messageer,
And wroot unto his kyng, that cleped was Alle,
How that this blisful tidyng is bifalle,
And othere tidynges spedeful for to seye.
He taketh the lettre, and forth he gooth his weye.

This messager, to doon his avantage,
Unto the kynges mooder rideth swithe,
And salueth hire ful faire in his langage:
"Madame," quod he, "ye may be glad and blithe,
And thanketh God an hundred thousand sithe!
My lady queene hath child, withouten doute,
To joye and blisse to al this regne aboute.

"Lo, heere the lettres seled of this thyng,
That I moot bere with al the haste I may.
If ye wol aught unto youre sone the kyng,
I am youre servant, bothe nyght and day."
Donegild answerde, "As now at this tyme, nay;
But heere al nyght I wol thou take thy reste.
To-morwe wol I seye thee what me leste."

Der Bote trank viel Bier und Wein,
und heimlich stahl man ihm die Briefe aus seiner
Schatulle, während er schlief wie ein Schwein.
Sehr geschickt wurde
in böser Absicht ein Brief gefälscht,
der an den König gerichtet war und eine Nachricht
seines Burgherrn enthielt, die ihr gleich hören werdet.

Der Brief besagte, die Königin sei von [worden,
einer so furchterregenden, teuflischen Kreatur entbunden
daß es niemand in der Festung gebe, der so standhaft sei,
daß er es dort noch länger aushalten könne.
Die Mutter sei ein Zauberwesen,
sei durch Zaubersprüche oder Hexerei in dieses Land
und jeder hasse ihre Anwesenheit. [gekommen,

Der König war bekümmert, als er den Brief gelesen hatte,
doch niemanden ließ er von seiner großen Sorge wissen,
sondern schrieb eigenhändig zurück:
»Die Fügung Christi ist mir stets willkommen,
der ich nun in seiner Lehre unterrichtet bin!
Herr, willkommen sei dein Wille und dein Belieben;
meinen Willen ordne ich ganz dem deinen unter.

Nehmt euch des Kindes an, sei es nun häßlich oder schön,
und auch meiner Frau, bis zu meiner Heimkehr.
Wenn es Christus gefällt, kann er mir einen Erben schicken,
der mir besser gefällt als dieser.«
Diesen Brief versiegelte er unter heimlichen Tränen;
er wurde sogleich dem Boten übergeben,
und der geht los; mehr war nicht zu tun.

O Bote voller Trunkenheit,
dein Atem stinkt, du torkelst einher
und verrätst alle Geheimnisse.

This messager drank sadly ale and wyn,
And stolen were his lettres pryvely
Out of his box, whil he sleep as a swyn;
And countrefeted was ful subtilly
Another lettre, wroght ful synfully,
Unto the kyng direct of this mateere
Fro his constable, as ye shal after heere.

The lettre spak the queene delivered was
Of so horrible a feendly creature
That in the castel noon so hardy was
That any while dorste ther endure.
The mooder was an elf, by aventure
Ycomen, by charmes or by sorcerie,
And every wight hateth hir compaignye.

Wo was this kyng whan he this lettre had sayn,
But to no wight he tolde his sorwes soore,
But of his owene hand he wroot agayn,
"Welcome the sonde of Crist for everemoore
To me that am now lerned in his loore!
Lord, welcome be thy lust and thy plesaunce;
My lust I putte all in thyn ordinaunce.

"Kepeth this child, al be it foul or feir,
And eek my wyf, unto myn hoom-comynge.
Crist, whan hym list, may sende me an heir
Moore agreable than this to my likynge."
This lettre he seleth, pryvely wepynge,
Which to the messager was take soone,
And forth he gooth; ther is na moore to doone.

O messager, fulfild of dronkenesse,
Strong is thy breeth, thy lymes faltren ay,
And thou biwreyest alle secreenesse.

Dein Verstand ist dahin, du plapperst wie eine Dohle;
dein Gesicht ist völlig verändert.
Wo Trunkenheit herrscht,
bleibt bestimmt kein Rat vertraulich.

O Donegild, mir fehlen die Worte, die
deiner Bosheit und deiner Herrschsucht angemessen wären!
Und deshalb überantworte ich dich dem Teufel,
soll der deinen Verrat anklagen!
Pfui, Mannweib, pfui! – O nein, bei Gott, ich lüge!
Pfui, böser Geist! Denn ich darf wohl sagen:
Auch wenn du hier wandelst, ist deine Seele in der Hölle!

Der Bote kam vom König zurück
und stieg am Hof der Königsmutter ab.
Sie war sehr froh über den Boten
und tat alles, damit er sich wohlfühlte.
Er trank und schlug sich den Bauch voll;
er schläft und schnarcht nach seiner Art
die ganze Nacht, bis die Sonne aufging.

Man stahl ihm wieder alle seine Briefe
und fälschte Schreiben folgenden Inhalts:
»Der König befiehlt seinem Burgherrn
unter Androhung des Galgens und durch hohen Befehl,
er solle unter keinen Umständen dulden,
daß sich Constanze in seinem Reich länger
als drei Tage und drei Stunden aufhalte;

In dasselbe Schiff vielmehr, in dem er sie gefunden habe,
solle er sie, ihren jungen Sohn und ihre ganze Habe
bringen und sie vom Land abstoßen
und ihr befehlen, sie solle nie wieder hierherkommen.«
O meine Constanze, du magst dich zu Recht fürchten
und im Schlaf in deinen Träumen leiden,
als Donegild diese Befehle erteilte.

Thy mynde is lorn, thou janglest as a jay,
Thy face is turned in a newe array.
Ther dronkenesse regneth in any route,
Ther is no conseil hyd, withouten doute.

O Donegild, I ne have noon Englissh digne
Unto thy malice and thy tirannye!
And therfore to the feend I thee resigne;
Lat hym enditen of thy traitorie!
Fy, mannysh, fy! – o nay, by God, I lye –
Fy, feendlych spirit, for I dar wel telle,
Thogh thou heere walke, thy spirit is in helle!

This messager comth fro the kyng agayn,
And at the kynges moodres court he lighte,
And she was of this messager ful fayn,
And plesed hym in al that ever she myghte.
He drank, and wel his girdel underpighte;
He slepeth, and he fnorteth in his gyse
Al nyght, til the sonne gan aryse.

Eft were his lettres stolen everychon,
And countrefeted lettres in this wyse:
"The king comandeth his constable anon,
Up peyne of hangyng, and on high juyse,
That he ne sholde suffren in no wyse
Custance in-with his reawme for t'abyde
Thre dayes and o quarter of a tyde;

"But in the same ship as he hire fond,
Hire, and hir yonge sone, and al hir geere,
He sholde putte, and croude hire fro the lond,
And charge hire that she never eft coome theere."
O my Custance, wel may thy goost have feere,
And, slepynge, in thy dreem been in penance,
Whan Donegild cast al this ordinance.

Als der Bote am Morgen aufgewacht war,
nahm er den kürzesten Weg zur Festung
und brachte dem Burgherrn den Brief.
Als der den traurigen Brief sah,
klagte er oft: »O weh, o Jammer!
Herr Christus«, sagte er, »kann denn die Welt bestehen,
wenn viele Geschöpfe so voller Sünde sind?

O mächtiger Gott, wenn es dein Wille ist,
wie kannst du, der du ja ein gerechter Richter bist,
nur zulassen, daß die Unschuld untergeht
und böse Menschen sich ihres Glücks erfreuen?
O gute Constanze, ach, es tut mir sehr weh,
daß ich entweder dein Peiniger sein oder
eines schändlichen Todes sterben muß; es gibt keinen Ausweg.«

Es weinte jung und alt in diesem Ort,
als dieser verfluchte Brief des Königs eintraf;
und Constanze ging mit totenbleichem Gesicht
am vierten Tag zu ihrem Schiff.
Aber dennoch fügte sie sich demütig [nieder
in den Willen Christi; und am Strand angekommen, kniete sie
und sagte: »Herr, deine Fügung sei mir stets willkommen!

Er, der mich vor der falschen Anschuldigung bewahrte,
als ich unter euch wohnte,
er kann mich vor Leid und auch vor Schande beschützen
auf der salzigen See, obwohl ich nicht weiß, wie.
So stark, wie er es schon immer war, ist er auch jetzt.
Ich vertraue auf ihn und auf seine gütige Mutter,
die mir mein Segel und auch mein Steuer sein wird.«

Ihr kleines Kind lag weinend in ihren Armen,
und kniend sagte sie mitleidsvoll zu ihm:
»Sei ruhig, mein kleiner Sohn, ich will dir ja kein Leid antun.«

This messager on morwe, whan he wook,
Unto the castel halt the nexte way,
And to the constable he the lettre took;
And whan that he this pitous lettre say,
Ful ofte he seyde, "Allas and weylaway!"
"Lord Crist," quod he, "how may this world endure,
So ful of synne is many a creature?

"O myghty God, if that it be thy wille,
Sith thou art rightful juge, how may it be
That thou wolt suffren innocentz to spille,
And wikked folk regne in prosperitee?
O goode Custance, allas, so wo is me
That I moot be thy tormentour, or deye
On shames deeth; ther is noon oother weye."

Wepen bothe yonge and olde in al that place
Whan that the kyng this cursed lettre sente,
And Custance, with a deedly pale face,
The ferthe day toward hir ship she wente.
But nathelees she taketh in good entente
The wyl of Crist, and knelynge on the stronde,
She seyde, "Lord, ay welcome be thy sonde!

"He that me kepte fro the false blame
While I was on the lond amonges yow,
He kan me kepe from harm and eek fro shame
In salte see, althogh I se noght how.
As strong as evere he was, he is yet now.
In hym triste I, and in his mooder deere,
That is to me my seyl and eek my steere."

Hir litel child lay wepyng in hir arm,
And knelynge, pitously to hym she seyde,
"Pees, litel sone, I wol do thee noon harm."

Mit diesen Worten nahm sie ihr Kopftuch ab
und legte es über seine Äuglein,
und sogleich wiegte sie ihn in ihren Armen
und richtete die Augen zum Himmel empor.

»Mutter und strahlende Jungfrau, Maria«, sagte sie,
»es ist wahr, daß durch die Versuchung des Weibes
die Menschheit verloren und auf ewig zum Sterben verdammt [war –
wofür dein Kind am Kreuz gemartert wurde.
Deine segensreichen Augen sahen seine Folterqualen.
Es gibt also keinen Vergleich zwischen
deinem Schmerz und einem Schmerz, den der Mensch ertragen [muß.

Du sahst, wie dein Kind vor deinen Augen getötet wurde;
und mein Kind lebt doch jetzt noch!
Nun, strahlende Jungfrau, zu der alle Bekümmerten flehen,
du Krone aller Weiblichkeit, du schöne Jungfrau,
du Port der Zuflucht, heller Morgenstern,
erbarme du dich meines Kindes, die du dich edelmütig
eines jeden Bekümmerten in seiner Not annimmst.

O kleines Kind, o weh, was ist denn deine Schuld,
das du noch keine Sünde begangen hast?
Weshalb will dich dein hartherziger Vater vernichten?
Gnade, o teurer Burgherr«, flehte sie,
»laß doch mein kleines Kind hier bei dir leben.
Und wenn du es aus Furcht vor Strafe nicht zu retten wagst,
so küß es doch einmal im Namen seines Vaters!»

Bei diesen Worten blickte sie zurück zum Land
und sagte: »Leb wohl, unbarmherziger Ehemann!«
Sie erhebt sich und geht den Strand hinab
auf das Schiff zu – die ganze Menge folgt ihr –
und dabei tröstet sie ihr Kind, damit es sich beruhigt;
sie nimmt Abschied, und in frommer Absicht
bekreuzigt sie sich und steigt ins Schiff.

With that hir coverchief of hir heed she breyde,
And over his litel eyen she it leyde,
And in hir arm she lulleth it ful faste,
And into hevene hire eyen up she caste.

"Mooder," quod she, "and mayde bright, Marie,
Sooth is that thurgh wommanes eggement
Mankynde was lorn, and damned ay to dye,
For which thy child was on a croys yrent.
Thy blisful eyen sawe al his torment;
Thanne is ther no comparison bitwene
Thy wo and any wo man may sustene.

"Thow sawe thy child yslayn bifore thyne yen,
And yet now lyveth my litel child, parfay!
Now, lady bright, to whom alle woful cryen,
Thow glorie of wommanhede, thow faire may,
Thow haven of refut, brighte sterre of day,
Rewe on my child, that of thy gentillesse
Rewest on every reweful in distresse.

"O litel child, allas! What is thy gilt,
That nevere wroghtest synne as yet, pardee?
Why wil thyn harde fader han thee spilt?
O mercy, deere constable," quod she,
"As lat my litel child dwelle heer with thee;
And if thou darst nat saven hym, for blame,
So kys hym ones in his fadres name!"

Therwith she looked bakward to the londe,
And seyde, "Farewel, housbonde routhelees!"
And up she rist, and walketh doun the stronde
Toward the ship – hir folweth al the prees –
And evere she preyeth hire child to holde his pees;
And taketh hir leve, and with an hooly entente
She blisseth hire, and into ship she wente.

Seid unbesorgt, das Schiff war mit Lebensmitteln beladen,
so viel, daß es ihr lange reichen würde;
und von allem, was sie sonst noch brauchte,
hatte sie genügend, gelobt sei Gottes Gnade!
Der allmächtige Gott möge für Wind und Wetter sorgen
und sie heimbringen! Mir bleibt nicht mehr zu sagen,
als daß sie auf der See dahintreibt.

Hier endet der zweite Teil.

Hier folgt der dritte Teil.

König Alla kommt bald darauf nach Hause
auf seine Burg, von der ich berichtet habe,
und fragt, wo seine Frau und sein Kind seien.
Der Burgherr spürte, wie es ihm kalt ums Herz wurde,
und er erzählte ihm die ganze Sache frei heraus,
wie ihr sie gehört habt – ich kann sie ja nicht besser erzählen –,
und zeigte dem König sein Siegel und auch seinen Brief

Und sagte dann: »Herr, wie Ihr mir unter Androhung
der Todesstrafe befohlen habt, so habe ich gehandelt.«
Man folterte dann den Boten, bis er
gestehen und ganz und gar bekennen mußte,
wo er in welcher Nacht geschlafen hatte.
Und durch Überlegen und sorgfältiges Nachforschen
fand man heraus, wer dieses Leid verursacht hatte.

Es stellte sich heraus, welche Hand den Brief geschrieben
hatte, und man erkannte die ganze Verderbtheit dieser verruchten Tat;
doch auf welche Weise, das weiß ich wahrlich nicht.
Als Folge tötete Alla
aus Zorn seine Mutter – so steht es geschrieben –,
da sie ihre Gefolgschaftspflicht verraten hatte.
So endet die alte Donegild – im Unglück!

Vitailled was the ship, it is no drede,
Habundantly for hire ful longe space,
And othere necessaries that sholde nede
She hadde ynogh – heryed be Goddes grace!
For wynd and weder almyghty God purchace,
And brynge hire hoom! I kan no bettre seye,
But in the see she dryveth forth hir weye.

Explicit secunda pars.

Sequitur pars tercia.

Alla the kyng comth hoom soone after this
Unto his castel, of the which I tolde,
And asketh where his wyf and his child is.
The constable gan aboute his herte colde,
And pleynly al the manere he hym tolde
As ye han herd – I kan telle it no bettre –
And sheweth the kyng his seel and eek his lettre,

And seyde, "Lord, as ye comanded me
Up peyne of deeth, so have I doon, certein."
This messager tormented was til he
Moste biknowe and tellen, plat and pleyn,
Fro nyght to nyght, in what place he had leyn;
And thus, by wit and sotil enquerynge,
Ymagined was by whom this harm gan sprynge.

The hand was knowe that the lettre wroot,
And al the venym of this cursed dede,
But in what wise, certeinly, I noot.
Th'effect is this: that Alla, out of drede,
His mooder slow – that may men pleynly rede –
For that she traitour was to hire ligeance.
Thus endeth olde Donegild, with meschance!

Die Sorgen, die sich Alla Tag und Nacht
um Frau und Kind macht,
vermag keine Zunge zu beschreiben.
Doch nun möchte ich mich wieder Constanze zuwenden,
die voller Kummer und Schmerz auf dem Meer treibt,
fünf Jahre lang und noch länger, wie es Christus gefiel,
bevor sich ihr Schiff wieder dem Land näherte.

Unterhalb einer heidnischen Festung,
deren Namen ich nicht in meiner Vorlage finde,
warf die See Constanze und ihr Kind schließlich an Land.
Allmächtiger Gott, der du die ganze Menschheit beschützt,
behüte doch Constanze und ihr Kind,
die den Heiden erneut in die Hände gefallen und [werde.
dem Verderben ausgeliefert sind, wie ich euch gleich berichten

Viele kommen von der Festung herab,
um das Schiff und Constanze zu begaffen.
Kurzum, von der Festung kam eines Nachts der Hofmeister
des Herrschers herab – Gott schicke ihm Unglück! –,
ein Dieb, der unserem Glauben abgeschworen hatte;
alleine kam er aufs Schiff und sagte, er werde
ihr Liebhaber sein, ob sie wolle oder nicht.

Die Furcht bemächtigte sich da der armen Frau –
ihr Kind schrie, und sie weinte jämmerlich.
Doch die gesegnete Maria half ihr sogleich,
denn als sie sich kräftig und beherzt zur Wehr setzte,
fiel der Dieb plötzlich über Bord
und ertrank zur Strafe im Meer.
Und so hat Christus Constanze rein erhalten.

O schändliche Begierde der Wollust, sieh, so ist dein Ende!
Du schwächst nicht nur den Verstand des Menschen,
sondern wirst ihm auch den Leib zerstören.

The sorwe that this Alla nyght and day
Maketh for his wyf, and for his child also,
Ther is no tonge that it telle may.
But now wol I unto Custance go,
That fleteth in the see, in peyne and wo,
Fyve yeer and moore, as liked Cristes sonde,
Er that hir ship approched unto londe.

Under an hethen castel, atte laste,
Of which the name in my text noght I fynde,
Custance, and eek hir child, the see up caste.
Almyghty God, that saveth al mankynde,
Have on Custance and on hir child som mynde,
That fallen is in hethen hand eft soone,
In point to spille, as I shal telle yow soone.

Doun fro the castel comth ther many a wight
To gauren on this ship and on Custance.
But shortly, from the castel, on a nyght,
The lordes styward – God yeve hym meschance! –
A theef, that hadde reneyed oure creance,
Cam into ship allone, and seyde he sholde
Hir lemman be, wher-so she wolde or nolde.

Wo was this wrecched womman tho bigon;
Hir child cride, and she cride pitously.
But blisful Marie heelp hire right anon;
For with hir struglyng wel and myghtily
The theef fil over bord al sodeynly,
And in the see he dreynte for vengeance;
And thus hath Crist unwemmed kept Custance.

O foule lust of luxurie, lo, thyn ende!
Nat oonly that thou feyntest mannes mynde,
But verraily thou wolt his body shende.

Das Ergebnis deiner Taten oder deiner blinden Gelüste
ist Klagen. Man weiß ja von sehr vielen,
daß sie nicht erst für die Tat, sondern schon für die Absicht,
eine Sünde zu begehen, getötet oder vernichtet wurden!

Woher konnte diese schwache Frau nur die Kraft nehmen,
sich gegen diesen Abtrünnigen zu verteidigen?
O Goliath, der du über alle Maßen groß warst,
wie konnte David dich schachmatt setzen,
der doch so jung und dessen Rüstung doch so schlecht war?
Wie konnte er es wagen, dir in dein furchterregendes Gesicht zu
Das konnte nur mit der Gnade Gottes geschehen. [blicken?

Wer gab Judith den Mut oder die Tapferkeit,
den Holofernes in seinem Zelt zu töten
und das Volk Gottes aus seiner
Not zu erretten? Ich sage daher,
genau so, wie Gott ihnen
übermenschliche Kraft schickte und sie vom Unglück errettete,
so sandte er Constanze Macht und Stärke.

Ihr Schiff fuhr weiter, passierte die Meerenge
von Gibraltar und Ceuta, trieb weiter,
bald nach Westen, nach Norden, nach Süden
und nach Osten, viele beschwerliche Tage lang,
bis Christi Mutter – gesegnet sei sie stets! –
in ihrer grenzenlosen Güte
ihrem Kummer ein Ende machte.

Nun wollen wir Constanze ein wenig vernachlässigen
und stattdessen über den römischen Kaiser berichten,
der durch Briefe, die aus Syrien gekommen waren,
von der Ermordung der Christen und von der Schmach erfuhr,
die seiner Tochter von einem hinterhältigen Verräter zugefügt
ich meine damit die verfluchte, böse Sultanin, [worden war –
die beim Fest groß und klein hatte abschlachten lassen.

Th'ende of thy werk, or of thy lustes blynde,
Is compleynyng. Hou many oon may men fynde
That noght for werk somtyme, but for th'entente
To doon this synne, been outher slayn or shente!

How may this wayke womman han this strengthe
Hire to defende agayn this renegat?
O Golias, unmesurable of lengthe,
Hou myghte David make thee so maat,
So yong and of armure so desolaat?
Hou dorste he looke upon thy dredful face?
Wel may men seen, it nas but Goddes grace.

Who yaf Judith corage or hardynesse
To sleen hym Olofernus in his tente,
And to deliveren out of wrecchednesse
The peple of God? I seye, for this entente,
That right as God spirit of vigour sente
To hem and saved hem out of meschance,
So sente he myght and vigour to Custance.

Forth gooth hir ship thurghout the narwe mouth
Of Jubaltare and Septe, dryvynge ay
Somtyme west, and somtyme north and south,
And somtyme est, ful many a wery day,
Til Cristes mooder – blessed be she ay! –
Hath shapen, thurgh hir endelees goodnesse,
To make an ende of al hir hevynesse.

Now lat us stynte of Custance but a throwe,
And speke we of the Romayn Emperour,
That out of Surrye hath by lettres knowe
The slaughtre of cristen folk, and dishonour
Doon to his doghter by a fals traytour,
I mene the cursed wikked Sowdanesse
That at the feeste leet sleen bothe moore and lesse.

Deshalb entsandte der Kaiser sogleich
seinen Senator, mit königlichen Vollmachten augestattet,
und viele andere Edlen, weiß Gott,
um an den Syrern schreckliche Rache zu nehmen.
Sie verbrennen, töten und stürzen sie ins Unglück,
und das erstreckte sich über viele Tage. Das Wesentliche aber ist:
Sie haben sich auf den Heimweg nach Rom begeben.

Der Senator kehrte siegreich
nach Rom zurück, stolz segelte seine Flotte.
Da begegneten sie dem treibenden Schiff, wie die Geschichte erzählt,
in welchem die klägliche Constanze saß.
Er erfuhr weder, wer sie war, noch weshalb
sie sich in dieser Lage befand, sie wollte über
ihren Stand nichts sagen, selbst wenn sie dafür sterben sollte.

Er brachte sie nach Rom und übergab
sie zusammen mit ihrem jungen Sohn seiner Frau;
und sie lebte in der Familie des Senators.
So kann die holde Jungfrau die kummervolle Constanze
vom Leid erlösen – und viele andere auch.
Lange Zeit wohnte sie in diesem Haus
und tat fromme Werke, wie es ihrer Art entsprach.

Obwohl die Frau des Senators ihre Tante war,
erkannte sie sie nicht.
Ich möchte mich nicht länger mit diesem Fall aufhalten,
sondern dem König Alla, von dem ich bereits zuvor erzählt habe
und der nun wegen seiner Frau weint und seufzt,
will ich mich wieder zuwenden; Constanze aber will ich
in der Obhut des Senators lassen.

König Alla, der seine Mutter erschlagen hatte,
überkam eines Tages so große Reue,
daß er – ich will es kurz und bündig sagen –

For which this Emperour hath sent anon
His senatour, with roial ordinance,
And othere lordes, God woot, many oon,
On Surryens to taken heigh vengeance.
They brennen, sleen, and brynge hem to meschance
Ful many a day; but shortly – this is th'ende –
Homward to Rome they shapen hem to wende.

This senatour repaireth with victorie
To Rome-ward, saillynge ful roially,
And mette the ship dryvynge, as seith the storie,
In which Custance sit ful pitously.
Nothyng ne knew he what she was, ne why
She was in swich array, ne she nyl seye
Of hire estaat, althogh she sholde deye.

He bryngeth hire to Rome, and to his wyf
He yaf hire, and hir yonge sone also;
And with the senatour she ladde hir lyf.
Thus kan Oure Lady bryngen out of wo
Woful Custance, and many another mo.
And longe tyme dwelled she in that place,
In hooly werkes evere, as was hir grace.

The senatoures wyf hir aunte was,
But for al that she knew hire never the moore.
I wol no lenger tarien in this cas,
But to kyng Alla, which I spak of yoore,
That for his wyf wepeth and siketh soore,
I wol retourne, and lete I wol Custance
Under the senatoures governance.

Kyng Alla, which that hadde his mooder slayn,
Upon a day fil in swich repentance
That, if I shortly tellen shal and playn,

sich nach Rom begab, um dort seine Buße zu empfangen.
Er unterstellte sich ganz den Weisungen des Papstes
und bat Jesus Christus,
ihm seine bösen Taten zu vergeben.

Sofort wurde in der Stadt Rom die Kunde,
daß König Alla als Pilger kommen würde,
von den Quartiermachern, die ihm vorausgeeilt waren,
deshalb ritt ihm der Senator, wie es Brauch war, [verbreitet;
in Begleitung vieler seiner Angehörigen entgegen,
denn er wollte sowohl seine eigene Macht zur Schau stellen
als auch dem König Ehrerbietung erweisen.

Der edle Senator und
König Alla begrüßen einander freundlich;
jeder bezeugt dem anderen seine Ehrerbietung.
Und so geschah es, daß nach einem oder zwei Tagen
der Senator zu König Alla
auf ein Fest ging; damit ich die Wahrheit kurz und bündig sage:
Constanzes Sohn war in seinem Gefolge.

Etliche mögen sagen, daß der Senator auf Constanzes
Bitten hin den Knaben mit zum Fest nahm –
ich kann nicht jede Kleinigkeit erzählen –;
sei es, wie es wolle, er war zumindest dort.
Wahr hingegen ist, daß auf Geheiß seiner Mutter hin
der Knabe während des Mahles
vor Alla stand und dem König ins Gesicht blickte.

König Alla wunderte sich sehr über den Knaben
und fragte sogleich den Senator:
»Zu wem gehört das hübsche Kind, das dort drüben steht?«
Der sagte: »Ich weiß es nicht, bei Gott und beim heiligen
Er hat eine Mutter, doch hat er keinen Vater, [Johannes!
den ich kennen würde.« Und in aller Kürze
erzählte er Alla, wie man den Knaben gefunden hatte.

To Rome he comth to receyven his penance;
And putte hym in the Popes ordinance
In heigh and logh, and Jhesu Crist bisoghte
Foryeve his wikked werkes that he wroghte.

The fame anon thurgh Rome toun is born,
How Alla kyng shal comen in pilgrymage,
By herbergeours that wenten hym biforn;
For which the senatour, as was usage,
Rood hym agayns, and many of his lynage,
As wel to shewen his heighe magnificence
As to doon any kyng a reverence.

Greet cheere dooth this noble senatour
To kyng Alla, and he to hym also;
Everich of hem dooth oother greet honour.
And so bifel that in a day or two
This senatour is to kyng Alla go
To feste, and shortly, if I shal nat lye,
Custances sone wente in his compaignye.

Som men wolde seyn at requeste of Custance
This senatour hath lad this child to feeste;
I may nat tellen every circumstance –
Be as be may, ther was he at the leeste.
But sooth is this, that at his moodres heeste
Biforn Alla, durynge the metes space,
The child stood, lookynge in the kynges face.

This Alla kyng hath of this child greet wonder,
And to the senatour he seyde anon,
"Whos is that faire child that stondeth yonder?"
"I noot," quod he, "by God, and by Seint John!
A mooder he hath, but fader hath he noon
That I of woot" – and shortly, in a stounde,
He tolde Alla how that this child was founde.

»Weiß Gott«, fuhr der Senator fort,
»eine andere, die so tugendsam lebt wie sie, habe ich
in meinem Leben noch nicht gesehen, ich habe auch von keiner
weiteren gehört – ob weltlichen Standes, ledig oder verheiratet.
Ich darf wohl sagen, es wäre ihr lieber, ein Messer
in die Brust zu bekommen, als eine Sünde zu begehen;
es gibt keinen Mann, der sie dazu bringen könnte.«

Nun war der Knabe Constanze so ähnlich,
wie es ein Kind nur sein kann.
Alla hatte das Antlitz seiner Frau Constanze
in seinem Gedächtnis bewahrt und dachte nun darüber nach,
ob die Mutter des Knaben vielleicht
seine Frau sein könnte; er seufzte unbemerkt
und beeilte sich, von der Tafel wegzukommen, so gut er konnte.

»Ganz bestimmt«, dachte er, »erliege ich einem Trugbild!
Aufgrund der Urteilskraft meines Verstandes sollte ich meinen,
daß meine Frau auf der salzigen See den Tod gefunden hat.«
Und danach überlegte er hin und her:
»Was weiß ich, ob Christus vielleicht meine Frau
auf dem Seeweg hierher geschickt hat, wie er sie auch von dort,
wo sie aufgebrochen war, zu meinem Land schickte?«

Am Nachmittag geht Alla mit dem Senator
zu dessen Haus, um diesen sonderbaren Vorfall zu untersuchen.
Der Senator erweist Alla große Ehre
und schickt schnell nach Constanze.
Doch müßt ihr wissen: ihr war nicht nach Tanzen zumute,
als sie erfahren hatte, weshalb man nach ihr sandte;
sie konnte sich kaum aufrecht halten.

Als Alla seine Frau erblickte, grüßte er sie freundlich;
dann brach er in Tränen aus – sein Anblick konnte einen
Beim ersten Blick nämlich, den er auf sie richtete, [jammern.

"But God woot," quod this senatour also,
"So vertuous a lyvere in my lyf
Ne saugh I nevere as she, ne herde of mo,
Of worldly wommen, mayde, ne of wyf.
I dar wel seyn hir hadde levere a knyf
Thurghout hir brest, than ben a womman wikke;
There is no man koude brynge hire to that prikke."

Now was this child as lyk unto Custance
As possible is a creature to be.
This Alla hath the face in remembrance
Of dame Custance, and ther on mused he
If that the childes mooder were aught she
That is his wyf, and pryvely he sighte,
And spedde hym fro the table that he myghte.

"Parfay," thoghte he, "fantome is in myn heed!
I oghte deme, of skilful juggement,
That in the salte see my wyf is deed."
And afterward he made his argument:
"What woot I if that Crist have hyder ysent
My wyf by see, as wel as he hire sente
To my contree fro thennes that she wente?"

And after noon, hoom with the senatour
Goth Alla, for to seen this wonder chaunce.
This senatour dooth Alla greet honour,
And hastifly he sente after Custaunce.
But trusteth weel, hire liste nat to daunce
Whan that she wiste wherfore was that sonde;
Unnethe upon hir feet she myghte stonde.

Whan Alla saugh his wyf, faire he hire grette,
And weep that it was routhe for to see;
For at the firste look he on hire sette

wußte er ganz genau, daß sie es war.
Und vor Kummer stand sie wie angewurzelt da,
so war ihr das Herz vom Schmerz verschlossen,
als sie sich an seine Hartherzigkeit erinnerte.

Zweimal wurde sie vor seinen Augen ohnmächtig.
Er weinte und entschuldigte sich unter Klagen.
Dann sagte er: »Gott und seine strahlenden Heiligen
werden sich meiner Seele so gewiß erbarmen,
wie ich an deinem Leid keine Schuld habe, sowenig
wie mein Sohn Mauritius, der dir ja so gleicht;
sonst soll mich der Teufel auf der Stelle holen!«

Das Schluchzen und der bittere Schmerz hielten so lange an,
bis sich die bekümmerten Herzen wieder beruhigt hatten;
groß war das Mitleid, als man sie klagen hörte,
wodurch ihr Schmerz noch größer wurde.
Ich bitte euch alle, erlaßt mir diese Qual,
ich kann nicht länger über ihren Schmerz berichten,
mir ist es leid, dauernd von Kummer berichten zu müssen.

Doch als schließlich die Wahrheit bekannt war,
daß nämlich Alla keine Schuld an ihrem Leid trug,
küßten sie sich hundertmal, glaube ich;
und eine solche Seligkeit verspüren die beiden,
daß es außer der Seligkeit, die ewig währt,
keine andere gibt, die man je
erlebt hat oder erleben wird, solange die Welt besteht.

Sie bat dann ihren Ehemann demütig,
er möge zur Erleichterung ihrer langen, schrecklichen Leiden
ihren Vater inständig darum bitten,
daß er in seiner kaiserlichen Güte
ihnen versprechen wolle, an einem Tag mit ihnen zu speisen.
Sie bat ihn auch, unter keinen Umständen
ihrem Vater ein Wort von ihr zu sagen.

He knew wel verraily that it was she.
And she, for sorwe, as doumb stant as a tree,
So was hir herte shet in hir distresse,
Whan she remembred his unkyndenesse.

Twyes she swowned in his owene sighte;
He weep, and hym excuseth pitously.
"Now God," quod he, "and his halwes brighte
So wisly on my soule as have mercy,
That of youre harm as giltelees am I
As is Maurice my sone, so lyk youre face;
Elles the feend me fecche out of this place!"

Long was the sobbyng and the bitter peyne,
Er that hir woful hertes myghte cesse;
Greet was the pitee for to heere hem pleyne,
Thurgh whiche pleintes gan hir wo encresse.
I pray yow alle my labour to relesse;
I may nat telle hir wo until to-morwe,
I am so wery for to speke of sorwe.

But finally, whan that the sothe is wist
That Alla giltelees was of hir wo,
I trowe an hundred tymes been they kist,
And swich a blisse is ther bitwix hem two
That, save the joye that lasteth everemo,
Ther is noon lyk that any creature
Hath seyn or shal, whil that the world may dure.

Tho preyde she hir housbonde mekely,
In relief of hir longe, pitous pyne,
That he wolde preye hir fader specially
That of his magestee he wolde enclyne
To vouche sauf som day with hym to dyne.
She preyde hym eek he sholde by no weye
Unto hir fader no word of hire seye.

Manche mögen sagen, daß der Knabe Mauritius
dem Kaiser die Botschaft überbrachte;
doch war Alla nicht so töricht, meine ich,
daß er dem, der die höchste und ehrenvollste
Stellung unter den Christen innehatte,
ein Kind geschickt hätte; eher sollte man annehmen,
daß er selbst ging; und so scheint es auch gewesen zu sein.

Der Kaiser nahm die Einladung,
zum Essen zu kommen, freundlich an.
Und meine Quelle berichtet, er habe den Knaben
eingehend betrachtet und dabei an seine Tochter gedacht.
Alla kehrte zu seinem Quartier zurück, und wie es sich für ihn
bereitete er das Fest in allen Einzelheiten vor, [geziemte,
an die er nur denken konnte.

Der Morgen brach an, und Alla und seine Frau
machten sich fertig, den Kaiser zu empfangen.
Freudig und glücklich reiten sie ihm entgegen.
Als Constanze ihren Vater auf der Straße erblickte,
stieg sie ab und fiel zu seinen Füßen nieder.
»Vater«, sagte sie, »Eure junge Tochter Constanze
ist jetzt wohl gänzlich aus Eurer Erinnerung.

Ich bin Eure Tochter Constanze«, sagte sie,
»die Ihr einst nach Syrien geschickt habt.
Ich bin es, Vater, die aufs Meer
hinausgeschickt wurde – allein und zum Tode verdammt.
Nun, guter Vater, bitte ich Euch um Eure Gnade!
Schickt mich nie mehr zu den Heiden,
sondern dankt hier unserem Herrn für seine Güte.«

Wer könnte die rührende Freude vollständig beschreiben,
die unter den dreien herrschte, als sie sich wiedergefunden
Doch will ich meine Geschichte zu Ende bringen; [hatten?

Som men wolde seyn how that the child Maurice
Dooth this message unto this Emperour;
But, as I gesse, Alla was nat so nyce
To hym that was of so sovereyn honour
As he that is of Cristen folk the flour,
Sente any child, but it is bet to deeme
He wente hymself, and so it may wel seeme.

This Emperour hath graunted gentilly
To come to dyner, as he hym bisoughte;
And wel rede I he looked bisily
Upon this child, and on his doghter thoghte.
Alla goth to his in, and as hym oghte,
Arrayed for this feste in every wise
As ferforth as his konnyng may suffise.

The morwe cam, and Alla gan hym dresse,
And eek his wyf, this Emperour to meete;
And forth they ryde in joye and in gladnesse.
And whan she saugh hir fader in the strete,
She lighte doun, and falleth hym to feete.
"Fader," quod she, "youre yonge child Custance
Is now ful clene out of youre remembrance.

"I am youre doghter Custance," quod she,
"That whilom ye han sent unto Surrye.
It am I, fader, that in the salte see
Was put allone and dampned for to dye.
Now, goode fader, mercy I yow crye!
Sende me namoore unto noon hethenesse,
But thonketh my lord heere of his kyndenesse."

Who kan the pitous joye tellen al
Bitwixe hem thre, syn they been thus ymette?
But of my tale make an ende I shal;

der Tag vergeht rasch, ich will euch nicht länger hinhalten.
Glücklich setzten sich diese drei zum Mahl nieder;
in Freude und Glück lasse ich sie bei Tisch verweilen,
tausendmal glücklicher, als ich es beschreiben könnte.

Der Knabe Mauritius wurde später vom Papst
zum Kaiser gekrönt und führte ein christliches Leben;
er ließ Christi Kirche große Ehre angedeihen.
Seine Geschichte lasse ich aber völlig beiseite,
denn meine Geschichte handelt besonders von Constanze.
In den alten römischen Historien kann man Mauritius'
Lebensgeschichte finden; ich habe sie nicht im Gedächtnis.

Als er die Zeit für gekommen hielt, kehrte König Alla
mit seiner Constanze, seiner lieben, frommen Frau,
auf dem schnellsten Weg nach England zurück,
wo beide in Ruhe und Frieden lebten.
Ich sage euch: Nur kurze Zeit währt
die Freude dieser Welt, denn die Zeit bleibt nicht stehen;
wie die Gezeiten wechselt sie vom Tag zur Nacht.

Wer hat je einen Tag lang in solcher Wonne gelebt,
ohne daß ihn sein Gewissen geplagt hätte
oder der Zorn oder ein Verlangen oder irgendeine Angst,
Neid oder Stolz, Leid oder Unrecht?
Hierzu sage ich lediglich:
Nur eine kurze Zeit der Freude oder Annehmlichkeit
währte das Glück Allas mit Constanze.

Denn der Tod, der seinen Zoll von arm und reich fordert,
riß nach nur einem einzigen Jahr, glaube ich,
König Alla aus dieser Welt.
Constanze trauerte schmerzlich um ihn.
Beten wir nun darum, daß Gott seiner Seele gnädig sei!
Damit ich zum Schluß komme: Frau Constanze
begibt sich auf den Weg nach Rom.

The day goth faste, I wol no lenger lette.
This glade folk to dyner they hem sette;
In joye and blisse at mete I lete hem dwelle
A thousand foold wel moore than I kan telle.

This child Maurice was sithen Emperour
Maad by the Pope, and lyved cristenly;
To Cristes chirche he dide greet honour.
But I lete al his storie passen by;
Of Custance is my tale specially.
In the olde Romayn geestes may men fynde
Maurices lyf; I bere it noght in mynde.

This kyng Alla, whan he his tyme say,
With his Custance, his hooly wyf so sweete,
To Engelond been they come the righte way,
Wher as they lyve in joye and in quiete.
But litel while it lasteth, I yow heete,
Joye of this world, for tyme wol nat abyde;
Fro day to nyght it changeth as the tyde.

Who lyved euere in swich delit o day
That hym ne moeved outher conscience,
Or ire, or talent, or som kynnes affray,
Envye, or pride, or passion, or offence?
I ne seye but for this ende this sentence,
That litel while in joye or in plesance
Lasteth the blisse of Alla with Custance.

For Deeth, that taketh of heigh and logh his rente,
Whan passed was a yeer, evene as I gesse,
Out of this world this kyng Alla he hente,
For whom Custance hath ful greet hevynesse.
Now lat us prayen God his soule blesse!
And dame Custance, finally to seye,
Toward the toun of Rome goth hir weye.

Das fromme Wesen ist nach Rom gekommen
und hat ihre Freunde gesund und munter vorgefunden.
Nun ist sie ihrem ganzen Schicksalsweg entronnen.
Und als sie ihren Vater gefunden hatte,
fiel sie auf die Knie nieder;
vor Rührung weinte sie und mit freudigem Herzen
pries sie Gott hunderttausendmal.

Der Tugend und den frommen Werken der Barmherzigkeit
widmeten sie ihr Leben und gingen nie mehr auseinander;
bis zu ihrem Tod führten sie dieses Leben.
Nun lebt wohl! Meine Geschichte ist zu Ende.
Nun möge Jesus Christus, der in seiner Macht Freude
nach Leid schicken kann, uns in seiner Gnade regieren
und uns alle, die wir hier sind, beschützen. Amen.

Hier endet die Erzählung des Rechtsgelehrten.

DER EPILOG ZUR ERZÄHLUNG DES RECHTSGELEHRTEN

[Sofort richtete sich unser Wirt in den Steigbügeln auf
und sagte: »Gute Leute, ein jeder höre her!
Das war eine wahrlich erbauliche Geschichte!
Herr Gemeindepfarrer«, sagte er, »bei Christi Leib,
erzählt uns eine Geschichte, wie schon lange vereinbart.
Ich sehe wohl, daß ihr studierten Leute in der Lehre
sehr viel vermögt, bei Gottes Würde!«
Der Pfarrer antwortete ihm: »Gelobt sei Gott!
Was fehlt dem Mann, daß er so sündig flucht?«
Unser Wirt antwortete darauf und sagte: »O Hannes, seid Ihr
Es riecht nach einem Eiferer in der Luft. [hier?
Nun, gute Leute«, sagte unser Wirt, »hört mir zu;

To Rome is come his hooly creature,
And fyndeth hire freendes hoole and sounde;
Now is she scaped al hire aventure.
And whan that she hir fader hath yfounde,
Doun on hir knees falleth she to grounde;
Wepynge for tendrenesse in herte blithe,
She heryeth God an hundred thousand sithe.

In vertu and in hooly almus-dede
They lyven alle, and nevere asonder wende;
Til deeth departeth hem, this lyf they lede.
And fareth now weel! my tale is at an ende.
Now Jhesu Crist, that of his myght may sende
Joye after wo, governe us in his grace,
And kepe us alle that been in this place! Amen

Heere endeth the tale of the Man of Lawe.

THE EPILOGUE OF THE MAN OF LAW'S TALE

[Owre Hoost upon his stiropes stood anon,
And seyde, "Goode men, herkeneth everych on!
This was a thrifty tale for the nones!
Sir Parisshe Prest," quod he, "for Goddes bones,
Telle us a tale, as was thi forward yore.
I se wel that ye lerned men in lore
Can moche good, by Goddes dignitee!"
The Parson him answerde, "Benedicite!
What eyleth the man, so synfully to swere?"
Oure Host answerde, "O Jankin, be ye there?
I smelle a Lollere in the wynd," quod he.
"Now! goode men," quod oure Hoste, "herkeneth me;

um Gottes würdiger Passion willen, seid doch geduldig,
denn wir werden eine Predigt zu hören bekommen;
dieser Eiferer hier möchte uns etwas predigen.«
»Nein, bei meines Vaters Seele, das soll er nicht!«
sagte der Schiffsherr. »Hier soll er nicht predigen;
er soll hier weder das Evangelium auslegen noch lehren.
Wir glauben alle an den großen Gott«, sagte er,
»er möchte wohl Zwietracht säen
oder Unkraut in unser reines Getreide mischen.
Und deshalb, Wirt, ich warne dich im voraus,
werde ich, eine Frohnatur, die nächste Geschichte erzählen.
Ich will für euch die Glocken so fröhlich läuten,
daß ich diese ganze Pilgerschar aufwecken werde.
Jedoch soll meine Geschichte weder von Philosophie
noch von Medizin noch von abstrusen Rechtsbegriffen handeln.
Ich habe ja nur wenig Latein in meinem Bauch.«]

Abydeth, for Goddes digne passioun,
For we schal han a predicacioun;
This Lollere heer wil prechen us somwhat."
"Nay, by my fader soule, that schal he nat!"
Seyde the Shipman, "Heer schal he nat preche;
He schal no gospel glosen here ne teche.
We leven alle in the grete God," quod he;
"He wolde sowen som difficulte,
Or springen cokkel in our clene corn.
And therfore, Hoost, I warne thee biforn,
My joly body schal a tale telle,
And I schal clynken you so mery a belle,
That I schal waken al this compaignie.
But it schal not ben of philosophie,
Ne phislyas, ne termes queinte of lawe.
Ther is but litel Latyn in my mawe!"]

Fragment III (Gruppe D)

DER PROLOG DER FRAU AUS BATH

Der Prolog zur Erzählung der Frau aus Bath.

»Erfahrung ist für mich selbst dann, wenn es keine
auf dieser Welt gäbe, völlig ausreichend, [Autoritäten
um über das Leid im Ehestand sprechen zu können.
Denn seit meinem zwölften Lebensjahr, ihr Herren, habe ich –
dem ewigen Gott sei Dank dafür –
fünf Ehemänner vor der Kirchentür geheiratet –
falls ich überhaupt so oft verheiratet gewesen sein darf –,
und alle waren ehrenwerte Männer ihres Standes.
Doch wurde mir vor nicht allzu langer Zeit gesagt,
Christus habe mich, da er nur einmal auf
eine Hochzeit ging – in Kanaan in Galiläa –,
mit diesem Beispiel lehren wollen,
daß ich nicht mehr als einmal verheiratet sein sollte.
Hört auch, vernehmt, welch wahrlich hartes Wort
Jesus, Gott und Mensch, an einem Brunnen sprach,
um die Samariterin zu tadeln:
›Du hast fünf Ehemänner gehabt‹, sagte er,
›und der nämliche Mann, der dich nun hat,
ist nicht dein Ehemann.‹ Das sagte er wahrhaftig.
Was er damit meinte, kann ich nicht sagen;
ich frage aber: Weshalb war der fünfte Mann
nicht der Ehemann der Samariterin?
Wieviele durfte sie ehelichen?
In meinem ganzen Leben habe ich noch
keine genaue Angabe zur Anzahl erhalten.
Man mag mutmaßen oder es so oder so erklären,
doch weiß ich sehr wohl, und es ist keine Lüge,

Fragment III (Group D)

THE WIFE OF BATH'S PROLOGUE

The Prologe of the Wyves Tale of Bathe.

"Experience, though noon auctoritee
Were in this world, is right ynogh for me
To speke of wo that is in mariage;
For, lordynges, sith I twelve yeer was of age,
Thonked be God that is eterne on lyve,
Housbondes at chirche dore I have had fyve –
If I so ofte myghte have ywedded bee –
And alle were worthy men in hir degree.
But me was toold, certeyn, nat longe agoon is,
That sith that Crist ne wente nevere but onis
To weddyng, in the Cane of Galilee,
That by the same ensample taughte he me
That I ne sholde wedded be but ones.
Herkne eek, lo, which a sharp word for the nones,
Biside a welle, Jhesus, God and man,
Spak in repreeve of the Samaritan:
'Thou hast yhad fyve housbondes,' quod he,
'And that ilke man that now hath thee
Is noght thyn housbonde,' thus seyde he certeyn.
What that he mente therby, I kan nat seyn;
But that I axe, why that the fifthe man
Was noon housbonde to the Samaritan?
How manye myghte she have in mariage?
Yet herde I nevere tellen in myn age
Upon this nombre diffinicioun.
Men may devyne and glosen, up and doun,
But wel I woot, expres, withoute lye,

daß Gott uns befohlen hat, fruchtbar zu sein und uns zu vermehren;
dieses vortreffliche Bibelwort verstehe ich wohl.
Auch das weiß ich genau: Er hat gesagt, mein Ehemann
solle Vater und Mutter verlassen und mich annehmen.
Doch er hat keine Zahl erwähnt,
ob zweimalige Heirat oder achtmalige Heirat;
warum sollte man dann so vorwurfsvoll darüber reden?
Ja, hört auf den weisen König, den Herrn Salomo;
ich glaube, er hatte mehr als eine Frau.
Wollte Gott, es wäre mir gestattet,
wenigstens halb so oft wie er erquickt zu werden!
Welche Gabe Gottes er doch für alle seine Frauen hatte!
Kein Mann auf Erden hat so eine.
Weiß Gott, dieser edle König hatte, wie ich es sehe,
in der ersten Nacht etliche lustvolle Momente
mit jeder von ihnen – so gut hatte er es im Leben.
Gott sei gelobt, daß ich fünf Männer geheiratet habe!
[Von denen hab' ich die Besten ausgewählt,
was ihren Beutel und ihre Geldtruhe betrifft.
Verschiedene Schulen machen gute Gelehrte,
und reiche Erfahrung in den unterschiedlichsten Arbeiten
macht den Handwerker wirklich vollkommen;
ich bin bei fünf Ehemännern in die Schule gegangen.]
Der Sechste sei willkommen, wann immer er kommen wird.
Ich möchte nämlich nicht in völliger Enthaltsamkeit leben.
Wenn mein Ehemann diese Welt verlassen hat,
soll mich ein guter Christ alsbald heiraten;
denn dann, sagt der Apostel, steht es mir frei,
in Gottes Namen zu heiraten, wen ich will.
Er sagte, es sei keine Sünde, wenn man verheiratet ist;
besser sei es, verheiratet zu sein, als in brennender Begierde zu leben.
Was kümmert es mich, wenn sich die Leute über
den bösen Lamech und seine zweite Ehe das Maul zerreißen?
Ich weiß genau, daß Abraham ein frommer Mann war –
und Jakob auch, soweit ich weiß;

God bad us for to wexe and multiplye;
That gentil text kan I wel understonde.
Eek wel I woot, he seyde myn housbonde
Sholde lete fader and mooder and take to me.
But of no nombre mencion made he,
Of bigamye, or of octogamye;
Why sholde men thanne speke of it vileynye?

Lo, heere the wise kyng, daun Salomon;
I trowe he hadde wyves mo than oon.
As wolde God it leveful were unto me
To be refresshed half so ofte as he!
Which yifte of God hadde he for alle his wyvys!
No man hath swich that in this world alyve is.
God woot, this noble kyng, as to my wit,
The firste nyght had many a myrie fit
With ech of hem, so wel was hym on lyve.
Yblessed be God that I have wedded fyve!
[Of whiche I have pyked out the beste,
Bothe of here nether purs and of here cheste.
Diverse scoles maken parfyt clerkes,
And diverse practyk in many sondry werkes
Maketh the werkman parfyt sekirly;
Of fyve husbondes scoleiyng am I.]
Welcome the sixte, whan that evere he shal.
For sothe, I wol nat kepe me chaast in al.
Whan myn housbonde is fro the world ygon,
Som Cristen man shal wedde me anon,
For thanne th'apostle seith that I am free
To wedde, a Goddes half, where it liketh me.
He seith that to be wedded is no synne;
Bet is to be wedded than to brynne.
What rekketh me, thogh folk seye vileynye
Of shrewed Lameth and his bigamye?
I woot wel Abraham was an hooly man,
And Jacob eek, as ferforth as I kan;

und jeder der beiden hatte mehr als zwei Frauen –
und manch anderer Fromme auch.
Könnt ihr mir sagen, wo der allmächtige Gott
die Ehe jemals ausdrücklich verboten hat?
Ich bitte euch, sagt es mir doch.
Oder wo hat er Jungfräulichkeit befohlen?
Zweifellos weiß ich so gut wie ihr,
daß der Apostel dort, wo er von Jungfräulichkeit spricht,
sagte, er habe dafür kein Gebot.
Die Männer mögen einer Frau raten, Jungfrau zu bleiben,
doch ist ein Rat noch kein Gebot.
Er hat es unserem eigenen Urteil anheimgestellt;
denn hätte Gott Jungfräulichkeit befohlen,
dann hätte er damit die Heirat in der Tat verdammt.
Und sicher: Würde kein Samen gesät –
woraus sollte Jungfräulichkeit dann entstehen?
Paulus durfte schließlich nichts befehlen,
wozu sein Meister kein Gebot erlassen hat.
Der höchste Preis ist für die Jungfräulichkeit ausgesetzt,
den mag erhaschen, wer will; mal sehen, wer dabei am besten fährt.

Doch dieses Wort gilt nicht für einen jeden,
sondern nur dort, wo Gott in seiner Allmacht es so vorsieht.
Ich weiß gut, daß der Apostel unberührt war.
Obwohl er aber sagte und schrieb,
er wünsche, jeder wäre so wie er,
ist das doch nur der Rat zur Jungfräulichkeit.
Und er gab mir die Erlaubnis, eine verheiratete Frau
zu sein; man kann mir somit keinen Vorwurf machen,
wenn ich wieder heirate, wenn mein Mann sterben sollte –
auch nicht den der Bigamie.
Wenn es auch gut wäre, keine Frau zu berühren –
er meinte dies mit Blick auf sein Bett oder Lager;
denn es ist gefährlich, Feuer und Flachs zusammenzubringen:
ihr wißt, was dieses Beispiel bedeuten soll.
Es ist doch so: Jungfräulichkeit hielt er

And ech of hem hadde wyves mo than two,
And many another holy man also.
Wher can ye seye, in any manere age,
That hye God defended mariage
By expres word? I pray yow, telleth me.
Or where comanded he virginitee?
I woot as wel as ye, it is no drede,
Th'apostel, whan he speketh of maydenhede,
He seyde that precept therof hadde he noon.
Men may conseille a womman to been oon,
But conseillyng is no comandement.
He putte it in oure owene juggement;
For hadde God comanded maydenhede,
Thanne hadde he dampned weddyng with the dede.
And certes, if ther were no seed ysowe,
Virginitee, thanne werof sholde it growe?
Poul dorste nat comanden, atte leeste,
A thyng of which his maister yaf noon heeste.
The dart is set up for virginitee;
Cacche whoso may, who renneth best lat see.
But this word is nat taken of every wight,
But ther as God lust gyve it of his myght.
I woot wel that th'apostel was a mayde;
But nathelees, thogh that he wroot and sayde
He wolde that every wight were swich as he,
Al nys but conseil to virginitee.
And for to been a wyf he yaf me leve
Of indulgence; so nys it no repreve
To wedde me, if that my make dye,
Withouten excepcion of bigamye.
Al were it good no womman for to touche –
He mente as in his bed or in his couche,
For peril is bothe fyr and tow t'assemble;
Ye knowe what this ensample may resemble.
This is al and som: he heeld virginitee

für vollkommener als Heirat aus Gründen der Schwachheit.
Schwachheit nenne ich es, es sei denn, er und sie
wollten ihr ganzes Leben in Enthaltsamkeit verbringen.
Ich gebe es sehr gerne zu, ich empfinde keinen Neid,
selbst wenn Enthaltsamkeit einer zweiten Ehe vorzuziehen ist.
Jene haben Gefallen daran, Körper und Seele rein zu erhalten;
ich möchte mit meinem Status nicht prahlen.
Denn ihr wißt wohl: Ein Herr hat in seinem Haushalt
nicht nur Gefäße aus Gold;
einige sind auch aus Holz – und ihrem Herren nützlich.
Gott ruft Menschen in unterschiedlicher Weise zu sich,
und jeder hat die ihm eigene Gabe Gottes –
der eine diese, der andere jene – wie Gott eben zuteilt.
Jungfräulichkeit ist eine hohe Vollkommenheit,
wie auch Enthaltsamkeit verbunden mit Frömmigkeit;
doch Christus, der der Quell der Vollkommenheit ist,
hat nicht befohlen, daß ein jeder gehen und
alles, was er hat, verkaufen und den Armen geben
und auf diese Weise ihm und seinem Vorbild folgen solle.
Er sprach zu denen, die vollkommen leben wollten;
und, Herrschaften, mit eurer Erlaubnis, ich gehöre nicht zu
Ich will die Blüte meiner Jahre [denen.
den Werken und dem Genuß der Ehe widmen.
Sagt mir auch, für welchen Zweck
die Fortpflanzungsorgane gemacht wurden – [Schöpfer?
und obendrein von einem in seiner Weisheit so vollkommenen
Seid überzeugt, daß sie nicht umsonst gemacht wurden.
Wer will, möge drum herum reden und hin- und
hererklären und sagen, sie seien zum Ausscheiden des Urins
gemacht worden, und unsere zwei kleinen Dinger seien
auch dazu bestimmt, um Mann und Frau daran zu erkennen,
und für keinen anderen Zweck – wer hat da eben nein gesagt?
Die Erfahrung lehrt, daß dem nicht so ist.
Damit die Gelehrten mir nicht böse sind,
sage ich dies: Sie sind für beides gemacht worden –

Moore parfit than weddyng in freletee.
Freletee clepe I, but if that he and she
Wolde leden al hir lyf in chastitee.
I graunte it wel; I have noon envie,
Thogh maydenhede preferre bigamye.
It liketh hem to be clene, body and goost;
Of myn estaat I nyl nat make no boost,
For wel ye knowe, a lord in his houshold,
He nath nat every vessel al of gold;
Somme been of tree, and doon hir lord servyse.
God clepeth folk to hym in sondry wyse,
And everich hath of God a propre yifte –
Som this, som that, as hym liketh shifte.
Virginitee is greet perfeccion,
And continence eek with devocion,
But Crist, that of perfeccion is welle,
Bad nat every wight he sholde go selle
Al that he hadde, and gyve it to the poore,
And in swich wise folwe hym and his foore.
He spak to hem that wolde lyve parfitly;
And lordynges, by youre leve, that am nat I.
I wol bistowe the flour of al myn age
In the actes and in fruyt of mariage.
Telle me also, to what conclusion
Were membres maad of generacion,
And of so parfit wys a [wright] ywroght?
Trusteth right wel, they were nat maad for noght.
Glose whoso wole, and seye bothe up and doun
That they were maked for purgacioun
Of uryne, and oure bothe thynges smale
Were eek to knowe a femele from a male,
And for noon oother cause – say ye no?
The experience woot wel it is noght so.
So that the clerkes be nat with me wrothe,
I sey this: that they maked ben for bothe;

für die Körperfunktion und fürs Vergnügen
bei der Zeugung, womit wir Gott nicht erzürnen.
Weshalb schreiben denn die Männer in ihren Büchern, daß
der Mann seiner Verpflichtung gegen die Frau nachkommen [soll?
Womit könnte er denn seine Schuld begleichen,
wenn er nicht sein gesegnetes Instrument verwendete?
Folglich wurden die Geschlechtsorgane dem Menschen deshalb
gegeben, damit er Wasser lassen kann, aber auch zur Zeugung.
Doch sage ich nicht, daß ein jeder,
der die eben erwähnte Ausrüstung besitzt, gehalten ist,
hinzugehen und sie auch zur Zeugung zu benützen.
Dann würde man ja die Keuschheit nicht mehr schätzen.
Christus war unberührt und doch ein Mann,
das gilt auch für viele Heilige seit Anbeginn dieser Welt;
sie lebten aber stets in vollkommener Keuschheit.
Jungfräulichkeit will ich nicht beneiden.
Sollen sie von mir aus Brot aus reinem Weizenmehl sein
und soll man uns Frauen Gerstenbrot nennen.
Und dennoch berichtet Markus, daß unser Herr Jesus
mit Gerstenbrot viele Menschen erquickt hat.
In dem Stand, in den Gott uns berufen hat,
möchte ich verharren; ich bin nicht wählerisch.
Im Ehestand will ich mein Werkzeug
so gern und frei benutzen, wie es mein Schöpfer mir gegeben hat.
Sollte ich damit geizen, möge Gott mir Kummer bereiten!
Mein Mann soll es morgens und abends haben, sooft
er Lust hat, zu mir zu kommen und seine Schuldigkeit zu tun.
Einen Mann will ich haben, davon will ich nicht abgehen,
der sowohl mein Schuldner als auch mein Diener sein soll;
und er soll auch seine Not
am eigenen Leibe verspüren, solange ich seine Frau bin.
Solange ich lebe, habe ich die Macht
über seinen Körper – und nicht er.
Genauso lehrte es mich der Apostel
und gebot unseren Ehemännern, uns recht zu lieben.
Dieses ganze Gebot gefällt mir in jeder Hinsicht.« –

That is to seye, for office and for ese
Of engendrure, ther we nat God displese.
Why sholde men elles in hir bookes sette
That man shal yelde to his wyf hire dette?
Now wherwith sholde he make his paiement,
If he ne used his sely instrument?
Thanne were they maad upon a creature
To purge uryne, and eek for engendrure.
But I seye noght that every wight is holde,
That hath swich harneys as I to yow tolde,
To goon and usen hem in engendrure.
Thanne sholde men take of chastitee no cure.
Crist was a mayde and shapen as a man,
And many a seint, sith that the world bigan;
Yet lyved they evere in parfit chastitee.
I nyl envye no virginitee.
Lat hem be breed of pured whete-seed,
And lat us wyves hoten barly-breed;
And yet with barly-breed, Mark telle kan,
Oure Lord Jhesu refresshed many a man.
In swich estaat as God hath cleped us
I wol persevere; I nam nat precius.
In wyfhod I wol use myn instrument
As frely as my Makere hath it sent.
If I be daungerous, God yeve me sorwe!
Myn housbonde shal it have bothe eve and morwe,
Whan that hym list come forth and paye his dette.
An housbonde I wol have – I wol nat lette –
Which shal be bothe my dettour and my thral,
And have his tribulacion withal
Upon his flessh, whil that I am his wyf.
I have the power durynge al my lyf
Upon his propre body, and noght he.
Right thus the Apostel tolde it unto me,
And bad oure housbondes for to love us weel.
Al this sentence me liketh every deel" –

Der Ablaßkrämer fuhr sogleich hoch:
»Nun, Frau«, sagte er, »bei Gott und beim heiligen Johannes!
Ihr seid ein guter Prediger in dieser Sache.
Ich war drauf und dran, eine Frau zu heiraten, o weh!
Weshalb sollte ich es so teuer an meinem Fleisch büßen müssen?
Dann wäre es mir lieber, dieses Jahr nicht mehr zu heiraten!«
»Warte ab«, sagte sie, »meine Geschichte hat noch gar nicht
Nein, du sollst von einem anderen Faß trinken, [angefangen.
bevor ich fertig bin, was dir schlechter als Bier schmecken wird.
Und wenn ich dir meine Geschichte
über das Leid im Ehestande erzählt habe –
darin bin ich zeit meines Lebens Experte gewesen,
was heißen soll, ich selbst war die Peitsche –,
dann magst du dich entscheiden, ob du
von dem Faß, das ich anstechen werde, trinken willst.
Überleg es dir gut, bevor du dich darauf einläßt.
Denn ich werde mehr als zehn Beispiele anführen.
›Wer sich von einem anderen nicht warnen lassen will,
soll anderen als Beispiel dienen.‹
Diese Worte schreibt Ptolemäus;
lies sein Almagest und nimm es dir zu Herzen.« [seid«,
»Gnädigste, ich möchte Euch bitten, falls Ihr dazu gewillt
sagte der Ablaßkrämer, »Eure Geschichte, die ihr begonnen
weiterzuerzählen; nehmt auf niemanden Rücksicht [habt,
und lehrt uns junge Männer aus Eurer Praxis.«
»Mit Freuden«, sagte sie, »es scheint Euch ja zu gefallen;
doch bitte ich unsere ganze Pilgerschar:
Wenn ich meine Vorstellungen darlege,
dann nehmt mir das, was ich sage, nicht übel;
ich habe ja nur die Absicht, euch zu unterhalten.
Jetzt, Herr, will ich meine Geschichte fortsetzen.
Wein oder Bier will ich nicht mehr trinken,
falls ich nicht die Wahrheit sage; die Männer, die ich hatte –
nun, drei von ihnen waren gut und zwei waren schlecht.
Die drei waren gute Männer und reich und bejahrt;

Up stirte the Pardoner, and that anon;
"Now, dame," quod he, "by God and by Seint John!
Ye been a noble prechour in this cas.
I was aboute to wedde a wyf; allas!
What sholde I bye it on my flessh so deere?
Yet hadde I levere wedde no wyf to-yeere!"
"Abyde!" quod she, "my tale is nat bigonne.
Nay, thou shalt drynken of another tonne,
Er that I go, shal savoure wors than ale.
And whan that I have toold thee forth my tale
Of tribulacion in mariage,
Of which I am expert in al myn age –
This is to seyn, myself have been the whippe –
Than maystow chese wheither thou wolt sippe
Of thilke tonne that I shal abroche.
Be war of it, er thou to ny approche;
For I shal telle ensamples mo than ten.
'Whoso that nyl be war by othere men,
By hym shul othere men corrected be.'
The same wordes writeth Pthólomee;
Rede in his Almageste, and take it there."
"Dame, I wolde praye yow, if youre wyl it were,"
Seyde this Pardoner, "as ye bigan,
Telle forth youre tale, spareth for no man,
And teche us yonge men of youre praktike."
"Gladly," quod she, "sith it may yow like;
But yet I praye to al this compaignye,
If that I speke after my fantasye,
As taketh not agrief of that I seye,
For myn entente nys but for to pleye.
Now, sire, now wol I telle forth my tale.
As evere moote I drynken wyn or ale,
I shal seye sooth; tho housbondes that I hadde,
As thre of hem were goode, and two were badde.
The thre were goode men, and riche, and olde;

sie konnten nur schwer den Verpflichtungen nachkommen,
durch die sie an mich gebunden waren.
Ihr wißt wohl, was ich damit meine, bei Gott!
So wahr mir Gott beistehe, ich muß lachen, wenn ich daran denke,
wie ich sie des Nachts erbärmlich zum Schuften brachte!
Ich scherte mich aber wahrlich keinen Deut drum.
Sie hatten mir ihr Land und ihr Gut übereignet;
ich mußte mich also nicht länger anstrengen,
ihre Liebe zu gewinnen oder ihnen Ehre zu erweisen.
Sie liebten mich so sehr, bei Gott im Himmel,
daß ich auf ihre Liebe keinen Wert mehr legte!
Eine kluge Frau wird sich stets mit dem einen beschäftigen:
Dort geliebt zu werden, wo sie es noch nicht wird.
Da ich sie aber ganz in der Hand hatte
und sie mir ihr ganzes Land übereignet hatten,
weshalb sollte ich mich dann noch bemühen, sie zu erfreuen,
außer zu meinem Vorteil und zu meinem Gefallen?
Ich ließ sie wahrlich so schuften,
daß sie in mancher Nacht ein Klagelied anstimmten.
Der Speck war für sie nicht so fett, glaube ich,
wie der, den manche zu Dunmow in Essex erhalten.
Ich manipulierte sie so sehr nach meinem Gutdünken,
daß jeder von ihnen glücklich und froh war,
wenn er mir hübsche Dinge vom Markt mitbringen durfte.
Sie waren selig, wenn ich freundlich mit ihnen redete;
weiß Gott, ich beschimpfte sie nämlich fürchterlich.
Nun hört her, wie geschickt ich mich verhielt,
ihr klugen Frauen, die ihr euch darauf versteht.
So solltet auch ihr reden und sie fälschlich beschuldigen;
denn kein Mann kann auch nur halb so unverschämt
schwören und lügen wie eine Frau.
Ich sage dies nicht für Frauen, die klug sind,
sondern für die, die unbedacht handeln.
Wenn eine kluge Frau ihren Vorteil zu nützen weiß,
wird sie ihm weismachen, die Dohle sei verrückt,

Unnethe myghte they the statut holde
In which that they were bounden unto me.
Ye woot wel what I meene of this, pardee!
As help me God, I laughe whan I thynke
How pitously a-nyght I made hem swynke!
And, by my fey, I tolde of it no stoor.
They had me yeven hir lond and hir tresoor;
Me neded nat do lenger diligence
To wynne hir love, or doon hem reverence.
They loved me so wel, by God above,
That I ne tolde no deyntee of hir love!
A wys womman wol bisye hire evere in oon
To gete hire love, ye, ther as she hath noon.
But sith I hadde hem hoolly in myn hond,
And sith they hadde me yeven al hir lond,
What sholde I taken keep hem for to plese,
But it were for my profit and myn ese?
I sette hem so a-werke, by my fey,
That many a nyght they songen 'Weilawey!'
The bacon was nat fet for hem, I trowe,
That som men han in Essex at Dunmowe.
I governed hem so wel, after my lawe,
That ech of hem ful blisful was and fawe
To brynge me gaye thynges fro the fayre.
They were ful glad whan I spak to hem faire,
For, God it woot, I chidde hem spitously.
  Now herkneth hou I baar me proprely,
Ye wise wyves, that kan understonde.
Thus shulde ye speke and bere hem wrong on honde,
For half so boldely kan ther no man
Swere and lyen, as a womman kan.
I sey nat this by wyves that been wyse,
But if it be whan they hem mysavyse.
A wys wyf, if that she kan hir good,
Shal beren hym on honde the cow is wood,

und wird ihre Magd dafür als Zeugin bemühen –
aus freien Stücken; doch hört, was ich sagte:
›Mann, alter Trottel, ist das deine Art?
Weshalb ist meines Nachbarn Frau so hübsch gekleidet?
Sie wird verehrt, wohin sie geht;
ich sitze zuhause, habe keine geeigneten Kleider.
Was tust du im Haus meiner Nachbarin?
Ist sie denn so schön? Bist du so geil?
Was flüsterst du mit unserer Magd? Gelobt sei Gott!
Mann, alter Lüstling, laß den Blödsinn!
Und hab' ich einen Vertrauten oder Freund –
ganz harmlos –, dann schimpfst du wie ein Teufel,
wenn ich zu ihm ins Haus gehe oder mich dort amüsiere!
Du kommst sternhagelvoll nach Hause
und predigst auf deiner Bank; der Teufel soll dich holen!
Du sagst zu mir, daß es ein großes Unglück sei,
wenn man eine arme Frau heiratet – wegen der Kosten;
und sollte sie reich sein, von hoher Abstammung,
dann sagst du, es sei eine Qual,
ihren Stolz und ihre Launen zu ertragen.
Und sollte sie hübsch sein, du Schuft,
dann sagst du, daß jeder Wüstling sie haben will;
nicht lange könne die keusch bleiben,
die man von allen Seiten bestürmt. [begehren,
Du sagst, daß uns manche wegen unseres Reichtums
manche wegen unserer Figur und manche wegen unserer Schön-
manche, weil eine entweder singen oder tanzen kann, [heit,
und manche wegen unserer feinen Manieren und unserem Auf-
manche wegen unserer zierlichen Hände und Arme: [treten;
So geht alles zum Teufel, deinem Gerede nach.
Du sagst, man könne eine Burgmauer nicht verteidigen,
wenn sie von allen Seiten her angegriffen wird.
Und sollte sie häßlich sein, sagst du, daß sie
jeden Mann begehre, den sie erblickt;
denn sie werde sich wie ein Spaniel auf ihn stürzen,

And take witnesse of hir owene mayde
Of hir assent. But herkneth how I sayde:
'Sire olde kaynard, is this thyn array?
Why is my neighebores wyf so gay?
She is honoured overal ther she gooth;
I sitte at hoom; I have no thrifty clooth.
What dostow at my neighebores hous?
Is she so fair? Artow so amorous?
What rowne ye with oure mayde? Benedicite!
Sire olde lecchour, lat thy japes be!
And if I have a gossib or a freend,
Withouten gilt, thou chidest as a feend,
If that I walke or pleye unto his hous!
Thou comest hoom as dronken as a mous,
And prechest on thy bench, with yvel preef!
Thou seist to me it is a greet meschief
To wedde a povre womman, for costage;
And if that she be riche, of heigh parage,
Thanne seistow that it is a tormentrie
To soffre hire pride and hire malencolie.
And if that she be fair, thou verray knave,
Thou seyst that every holour wol hire have;
She may no while in chastitee abyde,
That is assailled upon ech a syde.
Thou seyst som folk desiren us for richesse,
Somme for oure shap, and somme for oure fairnesse,
And som for she kan outher synge or daunce,
And som for gentillesse and daliaunce;
Som for hir handes and hir armes smale;
Thus goth al to the devel, by thy tale.
Thou seyst men may nat kepe a castel wal,
It may so longe assailled been overal.
And if that she be foul, thou seist that she
Coveiteth every man that she may se,
For as a spanyel she wol on hym lepe,

bis sie den Mann findet, der mit ihr handelseinig wird.
Auch schwimme keine noch so graue Gans auf dem Teich,
sagst du, die ohne Gefährten sein wird.
Und du sagst, daß es eine unangenehme Sache sei,
das anzufassen, was kein Mann freiwillig haben wolle.
So redest du, Schurke, wenn du zu Bett gehst,
sagst, weder ein kluger Mann habe es nötig zu heiraten
noch einer, der nach dem Himmel trachtet.
Heftiger Donnerschlag und feuriger Blitz
sollen deinen schlaffen Nacken zerbrechen!

Du sagst, daß undichte Häuser, Rauch
und keifende Weiber die Männer dazu bringen würden,
aus dem eigenen Haus zu fliehen. Ach! Gelobt sei Gott!
Was fehlt denn einem alten Mann wie dir, daß er so schimpft?

Du sagst, daß wir Ehefrauen unsere Laster
bis nach der Heirat verbergen und erst dann zeigen würden:
Das mag wohl die Ansicht eines Lumpen sein!

Du sagst, daß Ochsen, Esel, Pferde und Hunde
mehrmals geprüft würden,
auch Schüsseln und Wannen, bevor man sie kauft,
Löffel, Schemel und anderes Haushaltsgerät,
auch Töpfe, Tuch und Kleidung;
doch Frauen prüfe man
vor der Heirat nicht – du alter, vertrottelter Schuft! –;
erst dann, sagst du, zeigten wir unsere Laster.

Du sagst auch, es mißfalle mir,
wenn du meine Schönheit nicht dauernd rühmst,
mir nicht dauernd ins Gesicht starrst
und mich überall ›gnädige Frau‹ nennst;
wenn du nicht an dem Tag ein Fest machst,
an dem ich geboren wurde, und mich frohgelaunt und lustig [machst;
und wenn du nicht meine Amme
sowie meine Kammerfrau in meinem Gemach
und meines Vaters Familie und seine Verwandtschaft lobst –
das sagst du, du altes Faß voll Bodensatz.

Til that she fynde som man hire to chepe.
Ne noon so grey goos gooth ther in the lake
As, sëistow, wol been withoute make.
And seyst it is an hard thyng for to welde
A thyng that no man wole, his thankes, helde.
Thus seistow, lorel, whan thow goost to bedde,
And that no wys man nedeth for to wedde,
Ne no man that entendeth unto hevene.
With wilde thonder-dynt and firy levene
Moote thy welked nekke be tobroke!
  Thow seyst that droppyng houses, and eek smoke,
And chidyng wyves maken men to flee
Out of hir owene houses; a, benedicitee!
What eyleth swich an old man for to chide?
  Thow seyst we wyves wol oure vices hide
Til we be fast, and thanne we wol hem shewe –
Wel may that be a proverbe of a shrewe!
  Thou seist that oxen, asses, hors, and houndes,
They been assayed at diverse stoundes;
Bacyns, lavours, er that men hem bye,
Spoones and stooles, and al swich housbondrye,
And so been pottes, clothes, and array;
But folk of wyves maken noon assay,
Til they be wedded – olde dotard shrewe! –
And thanne, seistow, we wol oure vices shewe.
  Thou seist also that it displeseth me
But if that thou wolt preyse my beautee,
And but thou poure alwey upon my face,
And clepe me "faire dame" in every place.
And but thou make a feeste on thilke day
That I was born, and make me fressh and gay;
And but thou do to my norice honour,
And to my chamberere withinne my bour,
And to my fadres folk and his allyes –
Thus seistow, olde barel-ful of lyes!

Doch wegen unseres Lehrlings Jankin
mit seinem lockigen Haar, das so fein glänzt wie Gold,
hast du, weil er mich stets auf Schritt und Tritt begleitet,
einen falschen Verdacht geschöpft.
Ich will ihn nicht, auch wenn du morgen tot wärst!
Doch sag mir dies: Weshalb verbirgst du – Gott strafe dich
die Schlüssel zu deiner Truhe vor mir? [dafür! –
Es ist mein Gut, so gut wie deines, bei Gott!
Was, willst du aus der Hausherrin etwa einen Narren machen?
Doch bei dem Herrn, der der heilige Jakob genannt wird,
selbst wenn du toben würdest, wirst du
weder Herr über meinen Leib noch über mein Gut sein!
Das eine wirst du trotz deiner Wachsamkeit nicht bekommen.
Was nützt es dir, Erkundigungen über mich einzuziehen oder
mir nachzuspionieren? Ich glaube, du möchtest mich in deine
Kiste einschließen! Du solltest sagen: »Weib, geh, wohin
es dir gefällt, vergnüge dich, ich will keinen Klatschgeschichten
Ich kenne dich als treue Ehefrau, Frau Alice.« [glauben.
Den lieben wir nicht, der aufpaßt und acht gibt,
wohin wir gehen; wir wollen frei und ungebunden sein.
Vor allen anderen Männern muß er gepriesen werden:
der weise Astrologe, Herr Ptolemäus,
der in seinem Almagest dieses Sprichtwort benützt:
»Von allen Menschen ist derjenige der weiseste,
der sich nicht darum kümmert, wer die Welt regiert.«
An diesem Sprichwort sollst du das erkennen:
Sei zufrieden, was soll's dich scheren oder kümmern,
wie fröhlich andere Leute leben?
Denn gewiß, alter Kindskopf, mit Verlaub,
du sollst am Abend genug Befriedigung finden.
Ein zu großer Geizhals ist, wer verbieten wollte,
daß ein Mann eine Kerze an seiner Laterne entzündet;
er wird deswegen nicht weniger Licht haben, bei Gott.
Wenn du genug hast, brauchst du dich nicht zu beklagen.

And yet of oure apprentice Janekyn,
For his crispe heer, shynynge as gold so fyn,
And for he squiereth me bothe up and doun,
Yet hastow caught a fals suspecioun.
I wol hym noght, thogh thou were deed to-morwe!
But tel me this: why hydestow, with sorwe,
The keyes of thy cheste awey fro me?
It is my good as wel as thyn, pardee!
What, wenestow make an ydiot of oure dame?
Now by that lord that called is Seint Jame,
Thou shalt nat bothe, thogh that thou were wood,
Be maister of my body and of my good;
That oon thou shalt forgo, maugree thyne yen.
What helpith it of me to enquere or spyen?
I trowe thou woldest loke me in thy chiste!
Thou sholdest seye, "Wyf, go wher thee liste;
Taak youre disport; I wol nat leve no talys.
I knowe yow for a trewe wyf, dame Alys."
We love no man that taketh kep or charge
Wher that we goon; we wol ben at oure large.
Of alle men yblessed moot he be,
The wise astrologien, Daun Pthologe,
That seith this proverbe in his Almageste:
"Of alle men his wysdom is the hyeste
That rekketh nevere who hath the world in honde."
By this proverbe thou shalt understonde,
Have thou ynogh, what thar thee recche or care
How myrily that othere folkes fare?
For, certeyn, olde dotard, by youre leve,
Ye shul have queynte right ynogh at eve.
He is to greet a nygard that wolde werne
A man to lighte a candle at his lanterne;
He shal have never the lasse light, pardee.
Have thou ynogh, thee thar nat pleyne thee.

Du sagst auch, wenn wir uns mit Kleidern
und mit kostbarem Schmuck herausputzen würden,
bedeute das eine Gefährdung für unsere Keuschheit;
und schließlich – Gott strafe dich dafür! – mußt du dich auch
noch dazu aufraffen und im Namen des Apostels die folgenden Worte sagen:
»In ein Gewand aus Keuschheit und Scham
sollt ihr Frauen euch kleiden«, sagte er,
»und nicht mit geflochtenem Haar und modischem Schmuck,
wie etwa Perlen, auch nicht mit Gold oder kostbaren Kleidern.«
Nach deinem Text oder nach deiner Überschrift
werde ich mich keinen Deut richten.

Du sagst auch: Ich sei wie eine Katze;
denn wenn man einer Katze das Fell ansenge,
dann ziehe sie es vor, in ihrer Behausung zu bleiben;
wenn das Fell einer Katze aber weich und geschmeidig sei,
bleibe sie keinen halben Tag im Haus,
sondern wolle hinaus, bevor der Tag anbricht,
um ihr Fell zu zeigen und auf Suche nach Katern zu gehen.
Das soll wohl heißen, Herr Störenfried, wenn ich attraktiv sei,
würde ich hinausrennen, um mein grobes Tuch zu zeigen.

Du alter Narr, was nützt dir denn dein Spionieren?
Selbst wenn du Argus mit seinen hundert Augen bitten würdest,
mich zu bewachen, so gut er es kann,
er könnte mich gewiß nicht halten, es sei denn, ich wolle es.
Ich könnte ihn genauso zum Narren halten wie dich!

Du sagst auch, es gebe schon drei Dinge,
die die ganze Erde plagen,
und ein viertes könne niemand ertragen.
Oh, lieber Herr Störenfried, Jesus möge dein Leben verkürzen!
Dennoch predigst du und sagst, daß eine verhaßte Ehefrau
eine dieser Plagen sei.
Gibt es denn keine anderen Dinge,
auf die du deine Gleichnisse beziehen kannst,
ohne daß eine unschuldige Frau eines davon sein muß?

Thou seyst also, that if we make us gay
With clothyng, and with precious array,
That it is peril of oure chastitee;
And yet – with sorwe! – thou most enforce thee,
And seye thise wordes in the Apostles name:
"In habit maad with chastitee and shame
Ye wommen shul apparaille yow," quod he,
"And noght in tressed heer and gay perree,
As perles, ne with gold, ne clothes riche."
After thy text, ne after thy rubriche,
I wol nat wirche as muchel as a gnat.

Thou seydest this, that I was lyk a cat;
For whoso wolde senge a cattes skyn,
Thanne wolde the cat wel dwellen in his in;
And if the cattes skyn be slyk and gay,
She wol nat dwelle in house half a day,
But forth she wole, er any day be dawed,
To shewe hir skyn and goon a-caterwawed.
This is to seye, if I be gay, sire shrewe,
I wol renne out my borel for to shewe.

Sire olde fool, what helpeth thee to spyen?
Thogh thou preye Argus with his hundred yen
To be my warde-cors, as he kan best,
In feith, he shal nat kepe me but me lest;
Yet koude I make his berd, so moot I thee!

Thou seydest eek that ther been thynges thre,
The whiche thynges troublen al this erthe,
And that no wight may endure the ferthe.
O leeve sire shrewe, Jhesu shorte thy lyf!
Yet prechestow and seyst an hateful wyf
Yrekened is for oon of thise meschances.
Been ther none othere maner resemblances
That ye may likne youre parables to,
But if a sely wyf be oon of tho?

Die Liebe der Frauen vergleichst du auch mit der Hölle,
mit unfruchtbarem Land, in dem es an Wasser fehlt;
du vergleichst sie auch mit griechischem Feuer –
je stärker es brennt, desto größeres Verlangen hat es danach,
alles Brennbare zu verzehren.
Du sagst: Genau so, wie Würmer einen Baum zerstören,
vernichte eine Frau ihren Mann;
das wüßten die, die an Ehefrauen gebunden sind.‹
Herrschaften, genau so, wie ihr es gerade gehört habt,
redete ich meinen alten Ehemännern ein und schwor,
sie hätten dies gesagt, als sie betrunken waren;
und alles war falsch; ich aber rief als Zeugen
Jankin und auch meine Nichte an. [zugefügt habe,
O Gott! Die Schmerzen und der Kummer, die ich ihnen
obwohl sie ganz schuldlos waren, bei Gottes süßer Pein!
Denn wie ein Pferd konnte ich beißen und wiehern.
Ich konnte klagen, selbst wenn ich im Unrecht war,
sonst wäre es mir oft schlecht ergangen.
Wer zuerst zur Mühle kommt, mahlt zuerst;
ich klagte zuerst – und unser Ehekrieg war vorüber.
Gerne entschuldigten sie sich sogleich für etwas,
das sie nie im Leben begangen hatten. [Vorhaltungen,
Wegen Weibergeschichten machte ich ihnen selbst dann noch
wenn sie krank darniederlagen und sich kaum aufrichten
Dennoch ließ ich ihm das Herz prickeln, da er [konnten.
glaubte, ich sei von ihm so sehr begeistert!
Ich schwor, daß ich nachts nur aus dem Haus ginge,
um die Dirnen ausfindig zu machen, mit denen er es treibe;
unter diesem Vorwand hatte ich viel Spaß.
Denn diese Schläue ist uns von Geburt an mitgegeben:
Arglist, Tränen und Einfallsreichtum hat Gott in seiner Gnade
uns Frauen gegeben, solange wir leben.
Und so rühme ich mich einer Sache:
Am Ende war ich in jeder Hinsicht die Überlegene,
mittels List, Druck oder etwas anderem,

Thou liknest eek wommenes love to helle,
To bareyne lond, ther water may nat dwelle.
Thou liknest it also to wilde fyr;
The moore it brenneth, the moore it hath desir
To consume every thyng that brent wole be.
Thou seyest, right as wormes shende a tree,
Right so a wyf destroyeth hire housbonde;
This knowe they that been to wyves bonde.'
Lordynges, right thus, as ye have understonde,
Baar I stifly myne olde housbondes on honde
That thus they seyden in hir dronkenesse;
And al was fals, but that I took witnesse
On Janekyn, and on my nece also.
O Lord! The peyne I dide hem and the wo,
Ful giltelees, by Goddes sweete pyne!
For as an hors I koude byte and whyne.
I koude pleyne, and yit was in the gilt,
Or elles often tyme hadde I been spilt.
Whoso that first to mille comth, first grynt;
I pleyned first, so was oure werre ystynt.
They were ful glade to excuse hem blyve
Of thyng of which they nevere agilte hir lyve.
Of wenches wolde I beren hem on honde,
Whan that for syk unnethes myghte they stonde.
Yet tikled I his herte, for that he
Wende that I hadde of hym so greet chiertee!
I swoor that al my walkynge out by nyghte
Was for t'espye wenches that he dighte;
Under that colour hadde I many a myrthe.
For al swich wit is yeven us in oure byrthe;
Deceite, wepyng, spynnyng God hath yive
To wommen kyndely, whil that they may lyve.
And thus of o thyng I avaunte me:
Atte ende I hadde the bettre in ech degree,
By sleighte, or force, or by som maner thyng,

wie fortwährendem Murren oder Nörgeln.
Vor allem im Bett hatten sie nichts zu lachen:
dort beschimpfte ich sie und war ihnen nicht zu Willen;
ich blieb nicht länger im Bett,
wenn ich seinen Arm an meiner Seite fühlte,
bis er mir seinen Tribut entrichtet hatte;
dann ließ ich mir seine Narretei gefallen.
Und deshalb sage ich jedem Mann diese Worte:
Dem Kundigen winkt der Gewinn, denn alles ist ja käuflich;
mit leeren Händen kann man keinen Habicht anlocken.
Um meines Vorteils willen ertrug ich seine Lüsternheit
und tat auch so, als ob es mich danach verlange –
nach Dörrfleisch aber stand mir nie der Sinn,
und deshalb beschimpfte ich sie stets.
Selbst wenn der Papst neben ihnen gesessen wäre,
hätte ich sie am eigenen Tische nicht geschont;
denn bei meiner Ehre, ich zahlte ihnen jedes Wort heim.
So wahr mir der wahre, allmächtige Gott helfe:
Würde ich in diesem Augenblick mein Testament machen,
schuldete ich ihnen kein Wort, das nicht vergolten wäre.
Mit meiner Klugheit brachte ich sie so weit,
daß sie nachgeben mußten, in ihrem eigenen Interesse,
denn sonst hätten wir niemals Frieden gehabt.
Obwohl er wie ein wütender Löwe dreinblickte,
sollte er sein Ziel dennoch nicht erreichen.
Dann sagte ich immer: ›Mein Lieber, schau nur,
wie folgsam Wilkyn, unser Schaf, dreinblickt!
Komm näher, lieber Mann, laß mich deine Wange küssen!
Ihr solltet ganz geduldig und sanftmütig sein
und in Eurem Denken ruhig und abgeklärt,
wenn Ihr so von Hiobs Geduld predigt.
Leidet stets, da Ihr so gut predigen könnt.
Wenn nicht, werden wir Euch wahrlich lehren,
daß es schön ist, eine friedfertige Frau zu haben.
Zweifellos muß sich einer von uns beiden beugen;

As by continueel murmur or grucchyng.
Namely abedde hadden they meschaunce:
Ther wolde I chide and do hem no plesaunce;
I wolde no lenger in the bed abyde,
If that I felte his arm over my syde,
Til he had maad his raunson unto me;
Thanne wolde I suffre hym do his nycetee.
And therfore every man this tale I telle,
Wynne whoso may, for al is for to selle;
With empty hand men may none haukes lure.
For wynnyng wolde I al his lust endure,
And make me a feyned appetit;
And yet in bacon hadde I nevere delit.
That made me that evere I wolde hem chide,
For thogh the pope hadde seten hem biside,
I wolde nat spare hem at hir owene bord,
For, by my trouthe, I quitte hem word for word.
As helpe me verray God omnipotent,
Though I right now sholde make my testament,
I ne owe hem nat a word that it nys quit.
I broghte it so aboute by my wit
That they moste yeve it up, as for the beste,
Or elles hadde we nevere been in reste;
For thogh he looked as a wood leon,
Yet sholde he faille of his conclusion.

Thanne wolde I seye, 'Goode lief, taak keep
How mekely looketh Wilkyn, oure sheep!
Com neer, my spouse, lat me ba thy cheke!
Ye sholde been al pacient and meke,
And han a sweete spiced conscience,
Sith ye so preche of Jobes pacience.
Suffreth alwey, syn ye so wel kan preche;
And but ye do, certein we shal yow teche
That it is fair to have a wyf in pees.
Oon of us two moste bowen, doutelees,

und da ein Mann verständiger ist
als eine Frau, müßt Ihr nachgeben.
Was fehlt Euch denn, daß Ihr so nörgelt und seufzt?
Etwa deshalb, weil Ihr meinen Körper allein besitzen wollt?
Wie, nehmt ihn ganz; hier habt Ihr ihn mit jedem Teil!
Heiliger Petrus! Ich verfluche Euch, wenn Ihr ihn nicht richtig
wollte ich nämlich meine Gunst für Geld gewähren – [liebt;
ich könnte so taufrisch wie eine Rose auftreten;
ich will sie aber nur für Euren Appetit aufheben.
Ihr seid im Unrecht, bei Gott! Ich sage Euch die Wahrheit.‹
Solche Worte gaben wir uns gegenseitig.
Nun will ich von meinem vierten Ehemann sprechen.
Mein vierter Mann war eine Frohnatur;
das soll heißen, er hatte eine Geliebte.
Und ich war jung und voller Ungestüm,
eigensinnig und stark und fröhlich wie eine Elster.
Wie gut konnte ich zu einer kleinen Harfe tanzen
und singen – gewiß wie eine Nachtigall,
nachdem ich einen Schluck süßen Weines getrunken hatte!
Metellius, der Bösewicht, das Schwein,
der seine Frau mit einem Stock umbrachte,
weil sie Wein getrunken hatte – wäre ich seine Frau gewesen,
auch er hätte mich nicht vom Trinken abhalten können.
Und nach Weingenuß mußte ich an Venus denken,
denn so gewiß, wie Kälte Hagel erzeugt,
muß zu einem wollüstigen Mund ein wollüstiger Schwanz
Weintrunkene Frauen leisten keinen Widerstand – [gehören.
das wissen Lüstlinge aus Erfahrung.
Bei Jesus Christus, unserem Herrn! – Wenn ich mich
an meine Jugend und an meine Ausgelassenheit erinnere,
dann prickelt es mir am Grunde meines Herzens.
Bis heute tut es meinem Herzen gut,
daß ich zu meiner Zeit die Freuden dieser Welt genossen habe.
Aber das Alter, ach, das alles vergiftet,
hat mir meine Schönheit und meine Kraft genommen.

And sith a man is moore resonable
Than womman is, ye moste been suffrable.
What eyleth yow to grucche thus and grone?
Is it for ye wolde have my queynte allone?
Wy, taak it al! Lo, have it every deel!
Peter! I shrewe yow, but ye love it weel;
For if I wolde selle my *bele chose*,
I koude walke as fressh as is a rose;
But I wol kepe it for youre owene tooth.
Ye be to blame, by God! I sey yow sooth.'
Swiche manere wordes hadde we on honde.
Now wol I speken of my fourthe housbonde.
My fourthe housbonde was a revelour –
This is to seyn, he hadde a paramour –
And I was yong and ful of ragerye,
Stibourn and strong, and joly as a pye.
How koude I daunce to an harpe smale,
And synge, ywis, as any nyghtyngale,
Whan I had dronke a draughte of sweete wyn!
Metellius, the foule cherl, the swyn,
That with a staf birafte his wyf hir lyf,
For she drank wyn, thogh I hadde been his wyf,
He sholde nat han daunted me fro drynke!
And after wyn on Venus moste I thynke,
For al so siker as cold engendreth hayl,
A likerous mouth moste han a likerous tayl.
In wommen vinolent is no defence –
This knowen lecchours by experience.
But – Lord Crist! – whan that it remembreth me
Upon my yowthe, and on my jolitee,
It tikleth me aboute myn herte roote.
Unto this day it dooth myn herte boote
That I have had my world as in my tyme.
But age, allas, that al wole envenyme,
Hath me biraft my beautee and my pith.

Laß fahren dahin, leb wohl! Zum Teufel damit!
Die Blüte ist dahin; mehr ist dazu nicht zu sagen.
Die Kleie muß ich nun, so gut ich kann, verkaufen;
aber dennoch will ich versuchen, recht fröhlich zu sein.
Nun will ich von meinem vierten Mann erzählen.

Ich sage, ich war äußerst erbost,
daß er an einer anderen Vergnügen fand.
Doch ich hab's ihm heimgezahlt, bei Gott und dem heiligen Jodokus!
Ich machte ihm ein Kreuz aus demselben Holz;
nicht, daß ich meinen Körper in übler Weise preisgegeben hätte;
keine Frage – zu anderen Männern war ich so freundlich,
daß er in seinem eigenen Fett schmorte,
vor Zorn und fürchterlicher Eifersucht.
Bei Gott! Ich war sein Fegefeuer hier auf Erden
und glaube deshalb, daß seine Seele nun im Himmel ist.
Denn weiß Gott, er hockte oft da und klagte,
wenn ihn der eigene Schuh schmerzlich drückte.
Außer Gott und ihm wußte niemand,
wie sehr ich ihn auf mancherlei Weise quälte.
Er starb, als ich von Jerusalem zurückkehrte,
und liegt unter dem Kreuzbalken begraben,
wenn auch sein Grab nicht so prunkvoll ist
wie das des Darius,
das Apelles kunstvoll fertigte;
ihn prunkvoll zu bestatten, wäre doch nur Vergeudung gewesen.
Möge es ihm gut ergehen; Gott gewähre seiner Seele Frieden!
Er ist nun in seinem Sarg und liegt in seinem Grab.

Nun will ich von meinem fünften Mann berichten.
Gott lasse seine Seele nie in die Hölle kommen!
Und doch war er am ekelhaftesten zu mir,
das spüre ich jetzt noch schmerzlich an allen Rippen
und werde es bis an mein Lebensende spüren.
Doch in unserem Bett war er frisch und munter
und er konnte mich auch so gut überreden,
wenn er mit mir schlafen wollte,

Lat go. Farewel! The devel go therwith!
The flour is goon; ther is namoore to telle;
The bren, as I best kan, now moste I selle;
But yet to be right myrie wol I fonde.
Now wol I tellen of my fourthe housbonde.

I seye, I hadde in herte greet despit
That he of any oother had delit.
But he was quit, by God and by Seint Joce!
I made hym of the same wode a croce;
Nat of my body, in no foul manere,
But certeinly, I made folk swich cheere
That in his owene grece I made hym frye
For angre, and for verray jalousye.
By God, in erthe I was his purgatorie,
For which I hope his soule be in glorie.
For, God it woot, he sat ful ofte and song,
Whan that his shoo ful bitterly hym wrong.
Ther was no wight, save God and he, that wiste,
In many wise, how soore I hym twiste.
He deyde whan I cam fro Jerusalem,
And lith ygrave under the roode beem,
Al is his tombe noght so curyus
As was the sepulcre of hym Daryus,
Which that Appelles wroghte subtilly;
It nys but wast to burye hym preciously.
Lat hym fare wel; God yeve his soule reste!
He is now in his grave and in his cheste.

Now of my fifthe housbonde wol I telle.
God lete his soule nevere come in helle!
And yet was he to me the mooste shrewe;
That feele I on my ribbes al by rewe,
And evere shal unto myn endyng day.
But in oure bed he was so fressh and gay,
And therwithal so wel koude he me glose,
Whan that he wolde han my *bele chose;*

daß er, selbst wenn er mir jeden Knochen verprügelt hatte,
meine Liebe sofort wieder gewinnen konnte.
Ich glaube, ich liebte ihn am meisten, da er
in seiner Liebe mir gegenüber so zurückhaltend war.
Wir Frauen haben ja, wenn ich nicht lügen soll,
in dieser Sache eigenartige Vorstellungen:
Was wir nicht sogleich bekommen können,
danach weinen und jammern wir den ganzen Tag.
Verbietet uns etwas, dann verlangen wir danach;
nötigt es uns beharrlich auf, dann nehmen wir Reißaus.
Zurückhaltend breiten wir unsere Ware aus;
ein großer Andrang beim Markt verteuert die Ware,
und ein zu gutes Geschäft gilt ja nicht viel –
das weiß doch jede kluge Frau.

Mein fünfter Mann – Gott segne seine Seele! –,
den ich aus Liebe heiratete und nicht wegen seines Reichtums,
war einst Student in Oxford gewesen;
er hatte die Schulen verlassen und
sich in unserer Stadt bei meiner besten Freundin eingemietet;
Gott nehme sich ihrer Seele an! Ihr Name war Alisoun.
Sie kannte mein Herz und meine Geheimnisse
besser als unser Gemeindepfarrer, so wahr ich lebe!
Ihr vertraute ich jedes meiner Geheimnisse an.
Denn wenn mein Mann gegen eine Wand gepißt
oder etwas getan hatte, das ihn das Leben hätte kosten können,
erzählte ich ihr, einer anderen würdigen Frau
und meiner Nichte, die ich sehr gern hatte,
seine Bekenntnisse in allen Einzelheiten.
Und das tat ich sehr häufig, weiß Gott,
wovon ihm das Gesicht oft rot und heiß wurde –
vor tiefer Scham; und er machte sich dann selbst Vorwürfe,
daß er mir ein so großes Geheimnis anvertraut hatte.

Es geschah dann einmal während der Fastenzeit –
ich ging sehr häufig zu meiner besten Freundin,
weil ich noch immer gerne fröhlich war

That thogh he hadde me bete on every bon,
He koude wynne agayn my love anon.
I trowe I loved hym best, for that he
Was of his love daungerous to me.
We wommen han, if that I shal nat lye,
In this matere a queynte fantasye:
Wayte what thyng we may nat lightly have,
Therafter wol we crie al day and crave.
Forbede us thyng, and that desiren we;
Preesse on us faste, and thanne wol we fle.
With daunger oute we al oure chaffare;
Greet prees at market maketh deere ware,
And to greet cheep is holde at litel prys:
This knoweth every womman that is wys.
My fifthe housbonde – God his soule blesse! –
Which that I took for love, and no richesse,
He som tyme was a clerk of Oxenford,
And hadde left scole, and wente at hom to bord
With my gossib, dwellynge in oure toun;
God have hir soule! Hir name was Alisoun.
She knew myn herte, and eek my privetee,
Bet than oure parisshe preest, so moot I thee!
To hire biwreyed I my conseil al.
For hadde myn housbonde pissed on a wal,
Or doon a thyng that sholde han cost his lyf,
To hire, and to another worthy wyf,
And to my nece, which that I loved weel,
I wolde han toold his conseil every deel.
And so I dide ful often, God it woot,
That made his face often reed and hoot
For verray shame, and blamed hymself for he
Had toold to me so greet a pryvetee.
And so bifel that ones in a Lente –
So often tymes I to my gossyb wente,
For evere yet I loved to be gay,

und im März, April und Mai von Haus zu Haus ging,
um die verschiedensten Geschichten zu hören –,
daß der Student Jankyn, meine Freundin, Frau Alice,
und ich selbst auf die Felder hinausspazierten.
Mein Mann war die ganze Fastenzeit über in London,
und so hatte ich um so mehr Muße, mich zu vergnügen
und lustige Leute zu sehen und von diesen
gesehen zu werden. Wie konnte ich wissen, wo
und an welchem Ort mir mein Glück begegnen würde?
Deshalb besuchte ich
Vigilien und Prozessionen,
Predigten und Wallfahrten,
Mirakelspiele und Hochzeiten;
und ich trug modische, scharlachfarbene Kleider.
Würmer, Motten und Milben,
ich schwöre es, fraßen sie nicht ein bißchen an.
Und weißt du, warum? Sie waren nämlich dauernd in Gebrauch.
Nun will ich aber erzählen, was mir zustieß.
Ich sagte, daß wir auf den Feldern spazierengingen;
wir tändelten so lange miteinander,
der Student und ich, bis ich ihm von meinem Plan erzählte
und ihm sagte, er solle
mich heiraten, wenn ich Witwe wäre.
Denn wahrlich, ich sag's ohne Überheblichkeit,
nie war ich ohne Pläne,
was Heiraten oder andere Dinge betrifft.
Ich halte die Maus für verloren,
die nur ein Loch hat, in das sie fliehen kann;
falls das mißlingt, ist sie erledigt.
Ich machte ihm weis, er hätte mich verzaubert –
diese List lehrte mich meine Mutter. [geträumt,
Und ich erzählte ihm, ich hätte die ganze Nacht von ihm
davon, wie er mich umbringen wollte, als ich auf dem Rücken
und wie mein Bett ganz voller Blut war; [lag,
›ich hoffe aber dennoch, Ihr werdet mir Gutes tun,

And for to walke in March, Averill, and May,
Fro hous to hous, to heere sondry talys –
That Jankyn clerk, and my gossyb dame Alys,
And I myself, into the feeldes wente.
Myn housbonde was at Londoun al that Lente;
I hadde the bettre leyser for to pleye,
And for to se, and eek for to be seye
Of lusty folk. What wiste I wher my grace
Was shapen for to be, or in what place?
Therfore I made my visitaciouns
To vigilies and to processiouns,
To prechyng eek, and to thise pilgrimages,
To pleyes of myracles, and to mariages,
And wered upon my gaye scarlet gytes.
Thise wormes, ne thise motthes, ne thise mytes,
Upon my peril, frete hem never a deel;
And wostow why? For they were used weel.

Now wol I tellen forth what happed me.
I seye that in the feeldes walked we,
Til trewely we hadde swich daliance,
This clerk and I, that of my purveiance
I spak to hym and seyde hym how that he,
If I were wydwe, sholde wedde me.
For certeinly – I sey for no bobance –
Yet was I nevere withouten purveiance
Of mariage, n'of othere thynges eek.
I holde a mouses herte nat worth a leek
That hath but oon hole for to sterte to,
And if that faille, thanne is al ydo.

I bar hym on honde he hadde enchanted me –
My dame taughte me that soutiltee –
And eek I seyde I mette of hym al nyght,
He wolde han slayn me as I lay upright,
And al my bed was ful of verray blood;
'But yet I hope that ye shal do me good,

denn Blut bedeutet Gold, so lehrte man mich.‹
Und alles war erlogen; ich hatte überhaupt nicht davon geträumt,
sondern hatte die Lehre meiner Mutter in diesem
Punkt befolgt, wie schon so oft in vielen anderen Dingen.
Doch nun, ihr Herren, laßt mich sehen, was wollte ich sagen?
Aha! Bei Gott, ich hab' den Faden wieder.
Als mein vierter Mann auf der Bahre lag,
weinte ich dennoch und setzte eine traurige Miene auf,
wie wir Frauen es müssen, weil es Brauch ist,
und mit einem Kopftuch bedeckte ich mein Gesicht;
aber da ich bereits mit einem Partner versorgt war,
weinte ich nur wenig, das kann ich euch versicheren.
Am folgenden Morgen wurde mein Mann
von Nachbarn, die um ihn weinten, zur Kirche getragen –
und Jankyn, unser Student, war einer von ihnen.
So wahr mir Gott helfe! Als ich ihn so
hinter der Bahre hergehen sah, schien mir, er habe ein Paar
so schöner und wohlgeformter Beine und Füße,
daß ich ihm mein ganzes Herz schenkte.
Ich glaube, er war zwanzig Jahre alt,
und ich war vierzig, wenn ich die Wahrheit sagen soll;
aber den Appetit eines Füllen hatte ich noch immer.
Ich hatte auseinanderstehende Zähne – was gut zu mir paßte.
Der heiligen Venus' Siegel war mir eingebrannt.
So wahr mir Gott helfe! Ich war lebenslustig
und schön und reich und jung und gut gestellt.
Und wahrlich, das bestätigten mir meine Männer,
im Bett war ich die Beste überhaupt.
Denn ich bin ja ein Venus-Kind
in meinen Gefühlen, und Mars regiert mein Herz.
Venus gab mir meinen Lebenshunger und meine Lüsternheit,
und Mars gab mir meine kühne Angriffslust;
mein Aszendent war Taurus und darin Mars.
O Jammer über Jammer, warum gilt Liebe denn als Sünde?
Ich bin immer meiner Neigung gefolgt,

For blood bitokeneth gold, as me was taught.'
And al was fals; I dremed of it right naught,
But as I folwed ay my dames loore,
As wel of this as of othere thynges moore.
But now, sire, lat me se what I shal seyn.
A ha! By God, I have my tale ageyn.
Whan that my fourthe housbonde was on beere,
I weep algate, and made sory cheere,
As wyves mooten, for it is usage,
And with my coverchief covered my visage,
But for that I was purveyed of a make,
I wepte but smal, and that I undertake.
To chirche was myn housbonde born a-morwe
With neighebores, that for hym maden sorwe;
And Jankyn, oure clerk, was oon of tho.
As help me God, whan that I saugh hym go
After the beere, me thoughte he hadde a paire
Of legges and of feet so clene and faire
That al myn herte I yaf unto his hoold.
He was, I trowe, twenty wynter oold,
And I was fourty, if I shal seye sooth;
But yet I hadde alwey a coltes tooth.
Gat-tothed I was, and that bicam me weel;
I hadde the prente of seinte Venus seel.
As help me God, I was a lusty oon,
And faire, and riche, and yong, and wel bigon,
And trewely, as myne housbondes tolde me,
I hadde the beste *quoniam* myghte be.
For certes, I am al Venerien
In feelynge, and myn herte is Marcien.
Venus me yaf my lust, my likerousnesse,
And Mars yaf me my sturdy hardynesse;
Myn ascendent was Taur, and Mars therinne.
Allas, allas! That evere love was synne!
I folwed ay myn inclinacioun

kraft der Konstellation meiner Sterne.
Daher rührte es auch, daß ich meine Venuskammer
einem guten Kerl nicht vorenthalten konnte.
Noch immer trage ich das Zeichen des Mars im Gesicht
und auch an einer anderen, geheimen Stelle.
Denn so wahr mich Gott erhalte,
nie habe ich aus Besonnenheit geliebt,
sondern bin stets meinem Appetit gefolgt,
ob der Kerl nun klein oder groß, schwarz oder weiß war;
solange er mir gefiel, kümmerte ich mich nicht darum,
wie arm oder welchen Standes er war.

Was soll ich sonst noch sagen? Nur das: Am Ende des Monats
hat mich der fröhliche Student Jankyn, der so nett war,
in feierlicher Zeremonie geheiratet;
und ihm übereignete ich das ganze Land und Gut,
das ich bisher erhalten hatte.
Doch später habe ich das schmerzlich bereut:
Er wollte nichts dulden, was mir gefiel.
Bei Gott! Einmal schlug er mir so aufs Ohr,
weil ich ein Blatt aus seinem Buch gerissen hatte,
daß mein Ohr vom Schlag ganz taub geworden ist.
Ungestüm wie eine Löwin war ich
und schwatzte wie ein richtiges Plappermaul,
und so wie früher ging ich
von Haus zu Haus, obwohl er das Gegenteil geschworen hatte.
Deshalb hielt er mir häufig Predigten
und belehrte mich mit alten römischen Geschichten:
Wie ein Simplicius Gallus seine Frau verließ
und sie für den Rest seines Lebens mied,
nur weil er gesehen hatte, wie sie ohne Kopfbedeckung
eines Tages aus der Tür schaute.

Den Namen eines anderen Römers nannte er mir;
da seine Frau bei einem Sommerfest war,
ohne daß er davon wußte, verließ er sie.
Und dann pflegte er in seiner Bibel

By vertu of my constellacioun;
That made me I koude noght withdrawe
My chambre of Venus from a good felawe.
Yet have I Martes mark upon my face,
And also in another privee place.
For God so wys be my savacioun,
I ne loved nevere by no discrecioun,
But evere folwede myn appetit,
Al were he short, or long, or blak, or whit;
I took no kep, so that he liked me,
How poore he was, ne eek of what degree.
What sholde I seye but, at the monthes ende,
This joly clerk, Jankyn, that was so hende,
Hath wedded me with greet solempnytee,
And to hym yaf I al the lond and fee
That evere was me yeven therbifoore.
But afterward repented me ful soore;
He nolde suffre nothyng of my list.
By God, he smoot me ones on the lyst,
For that I rente out of his book a leef,
That of the strook myn ere wax al deef.
Stibourn I was as is a leonesse,
And of my tonge a verray jangleresse,
And walke I wolde, as I had doon biforn,
From hous to hous, although he had it sworn;
For which he often tymes wolde preche,
And me of olde Romayn geestes teche;
How he Symplicius Gallus lefte his wyf,
And hire forsook for terme of al his lyf,
Noght but for open-heveded he hir say
Lookynge out at his dore upon a day.
Another Romayn tolde he me by name,
That, for his wyf was at a someres game
Withouten his wityng, he forsook hire eke.
And thanne wolde he upon his Bible seke

jenen Spruch des Ecclesiasticus aufzuschlagen,
in dem das Gebot ausgesprochen wird,
ein Mann solle es nicht dulden, daß seine Frau frei umhergehe.
Dann pflegte er folgendes zu sagen:
›Wer sein Haus ganz aus Weidenruten erbaut,
sein blindes Pferd über Furchen treibt
und duldet, daß seine Frau auf Wallfahrt geht,
verdient, daß man ihn am Galgen aufhängt!‹
Doch war alles umsonst; ich kümmerte mich nicht die Bohne
um seine Sprüche, auch nicht um seine alten Lehren,
wollte auch nicht von ihm gezüchtigt werden.
Ich hasse den, der mir meine Laster vorhält –
und so halten es andere Frauen auch, weiß Gott, nicht nur ich.
Das ließ ihn ganz wütend auf mich werden;
ich wollte ihm ja in keiner Sache nachgeben.
Nun will ich euch die Wahrheit erzählen, beim heiligen [Thomas!,
weshalb ich ein Blatt aus seinem Buch herausriß,
wofür er mich so schlug, daß ich taub wurde.
Er besaß ein Buch, welches er freudig, Tag und Nacht,
stets zu seinem Vergnügen las;
er nannte es Valerius und Theophrastus –
und dieses Buch brachte ihn stets zum Lachen.
Auch gab es in Rom einmal einen Gelehrten,
einen Kardinal, der der heilige Hieronymus hieß,
der ein Buch gegen Jovinian verfaßt hatte;
dieses Buch enthielt auch Tertullian,
Crisippus, Trotula und Heloise,
die ganz in der Nähe von Paris Äbtissin gewesen war,
sowie die Sprüche Salomos,
Ovids *Ars* und viele andere Werke –
alle diese Schriften waren zu einem Band gebunden worden.
Und es war seine Gewohnheit, jeden Tag und jede Nacht,
wenn er Muße und Freizeit
von anderen weltlichen Angelegenheiten hatte,
in diesem Buch über böse Ehefrauen zu lesen.

That ilke proverbe of Ecclesiaste
Where he comandeth and forbedeth faste
Man shal nat suffre his wyf go roule aboute.
Thanne wolde he seye right thus, withouten doute:
'Whoso that buyldeth his hous al of salwes,
And priketh his blynde hors over the falwes,
And suffreth his wyf to go seken halwes,
Is worthy to been hanged on the galwes!'
But al for noght, I sette noght an hawe
Of his proverbes n'of his olde sawe,
Ne I wolde nat of hym corrected be.
I hate hym that my vices telleth me,
And so doo mo, God woot, of us than I.
This made hym with me wood al outrely;
I nolde noght forbere hym in no cas.
Now wol I seye yow sooth, by Seint Thomas,
Why that I rente out of his book a leef,
For which he smoot me so that I was deef.
He hadde a book that gladly, nyght and day,
For his desport he wolde rede alway;
He cleped it Valerie and Theofraste,
At which book he lough alwey ful faste.
And eek ther was somtyme a clerk at Rome,
A cardinal, that highte Seint Jerome,
That made a book agayn Jovinian;
In which book eek ther was Tertulan,
Crisippus, Trotula, and Helowys,
That was abbesse nat fer fro Parys,
And eek the Parables of Salomon,
Ovides Art, and bookes many on,
And alle thise were bounden in o volume.
And every nyght and day was his custume,
Whan he hadde leyser and vacacioun
From oother worldly occupacioun,
To reden on this book of wikked wyves.

Von ihnen kannte er mehr Geschichten und Lebensbeschreibungen,
als von guten Frauen in der Bibel stehen.
Denn glaubt mir ja, es ist ein Ding der Unmöglichkeit,
daß ein Kleriker Gutes über Ehefrauen sagt,
es sei denn über das Leben der Heiligen;
von anderen Frauen aber spricht er überhaupt nicht.
Wer malte den Löwen, sagt mir, wer?
Bei Gott! Hätten Frauen die Geschichten geschrieben,
die Kleriker in ihren Gebetsstuben geschrieben haben,
hätten sie mehr Böses über die Männer geschrieben,
als alle Söhne Adams wieder gutmachen könnten.
Die Kinder von Merkur und von Venus
sind in ihrem Tun sehr gegensätzlich:
Merkur liebt Weisheit und Wissenschaft,
und Venus liebt Ausgelassenheit und Verschwendung.
Und aufgrund ihrer unterschiedlichen Natur
fällt der eine Planet, wenn der andere aufsteigt.
Und weiß Gott, deshalb fällt Merkur
im Sternbild der Fische, wo Venus aufsteigt,
und Venus fällt, wo Merkur aufsteigt.
Deshalb werden Frauen von Klerikern nicht gepriesen.
Wenn ein Kleriker alt ist und für den
Venusdienst so tauglich wie sein alter Schuh,
dann setzt er sich nieder und schreibt in seiner Senilität,
daß Frauen ihr Ehegelübde nicht einhalten können!

Doch jetzt zur Sache, ich sagte euch bereits,
weshalb ich wegen eines Buches geschlagen wurde, bei Gott!
Eines Abends las Jankyn, unser Hausherr,
als er beim Feuer saß, aus diesem Buch vor;
zuerst von Eva – wegen ihrer Bosheit
wurde das ganze Menschengeschlecht ins Elend gestürzt,
und deshalb mußte Jesus Christus sein Leben lassen,
mit seinem Herzblut hat er uns wieder erlöst.
Seht, der Frau zum Vorwurf steht hier klar und deutlich,
daß eine Frau den Untergang des ganzen Menschengeschlechtes verursachte.

He knew of hem mo legendes and lyves
Than been of goode wyves in the Bible.
For trusteth wel, it is an impossible
That any clerk wol speke good of wyves,
But if it be of hooly seintes lyves,
Ne of noon oother womman never the mo.
Who peyntede the leon, tel me who?
By God, if wommen hadde writen stories,
As clerkes han withinne hire oratories,
They wolde han writen of men moore wikkednesse
Than al the mark of Adam may redresse.
The children of Mercurie and of Venus
Been in hir wirkyng ful contrarius;
Mercurie loveth wysdam and science,
And Venus loveth ryot and dispence.
And, for hire diverse disposicioun,
Ech falleth in otheres exaltacioun.
And thus, God woot, Mercurie is desolat
In Pisces, wher Venus is exaltat,
And Venus falleth ther Mercurie is reysed.
Therfore no womman of no clerk is preysed.
The clerk, whan he is oold, and may noght do
Of Venus werkes worth his olde sho,
Thanne sit he doun, and writ in his dotage
That wommen kan nat kepe hir mariage!
But now to purpos, why I tolde thee
That I was beten for a book, pardee!
Upon a nyght Jankyn, that was oure sire,
Redde on his book, as he sat by the fire,
Of Eva first, that for hir wikkednesse
Was al mankynde broght to wrecchednesse,
For which that Jhesu Crist hymself was slayn,
That boghte us with his herte blood agayn.
Lo, heere expres of womman may ye fynde
That womman was the los of al mankynde.

Dann las er mir vor, wie Simson seine Locken verlor:
Als er schlief, nahm seine Geliebte eine Schere und schnitt sie
und durch diesen Verrat verlor er beide Augen. [ihm ab,
Dann las er mir – und ich lüge nicht –
von Herkules und seiner Deianeira vor,
die ihn dazu brachte, sich selbst zu verbrennen.
Nichts vom Kummer und Leid vergaß er zu erwähnen,
das Sokrates mit seinen zwei Frauen hatte;
wie Xanthippe Pisse über sein Haupt goß.
Dieser arme Mann saß so still da, als ob er tot wäre;
er trocknete sich das Haupt und wagte nichts weiter zu sagen
als: ›Bevor der Donner aufhört, kommt ein Regenguß!‹
Pasiphaë, einst Königin von Kreta – ihre Geschichte
dünkte ihn der Bosheit wegen ein Vergnügen.
Pfui! Hör auf damit! Es ist eine abscheuliche Sache,
von ihrer scheußlichen Wollust und perversen Neigung zu
Von Klytämnestra, die wegen ihrer Wollust [reden.
ihren Gatten hinterhältig ermordete,
las er mit großer Andacht vor.
Er sagte mir auch, aus welchem Anlaß
Amphiaraus bei Theben ums Leben kam.
Mein Mann besaß eine Lebensbeschreibung von dessen Frau
Euriphyle, die für eine Spange aus Gold
den Griechen heimlich verraten hatte,
an welchem Ort sich ihr Mann versteckt hielt,
weswegen er in Theben ein trauriges Ende fand.
Von Livia erzählte er mir und von Lucilia:
Beide trieben ihre Männer in den Tod,
die eine aus Liebe, die andere aus Haß.
Livia hat ihren Ehemann an einem späten Abend
vergiftet, da sie ihn haßte.
Die wollüstige Lucilia liebte ihren Mann so sehr,
daß sie ihm, damit er immer an sie denke,
einen solchen Liebestrank verabreichte,
daß er noch vor Morgenanbruch starb;
Ehemännern fehlt es also nie an Kummer.

Tho redde he me how Sampson loste his heres:
Slepynge, his lemman kitte it with hir sheres;
Thurgh which treson loste he bothe his yen.
Tho redde he me, if that I shal nat lyen,
Of Hercules and of his Dianyre,
That caused hym to sette hymself afyre.
No thyng forgat he the care and the wo
That Socrates hadde with his wyves two,
How Xantippa caste pisse upon his heed.
This sely man sat stille as he were deed;
He wiped his heed, namoore dorste he seyn,
But 'Er that thonder stynte, comth a reyn!'
Of Phasipha, that was the queene of Crete,
For shrewednesse, hym thoughte the tale swete;
Fy! Spek namoore – it is a grisly thyng –
Of hire horrible lust and hir likyng.
Of Clitermystra, for hire lecherye,
That falsly made hire housbonde for to dye,
He redde it with ful good devocioun.
He tolde me eek for what occasioun
Amphiorax at Thebes loste his lyf.
Myn housbonde hadde a legende of his wyf,
Eriphilem, that for an ouche of gold
Hath prively unto the Grekes told
Wher that hir housbonde hidde hym in a place,
For which he hadde at Thebes sory grace.
Of Lyvia tolde he me, and of Lucye:
They bothe made hir housbondes for to dye,
That oon for love, that oother was for hate.
Lyvia hir housbonde, on an even late,
Empoysoned hath, for that she was his fo;
Lucia, likerous, loved hire housbonde so
That, for he sholde alwey upon hire thynke,
She yaf hym swich a manere love-drynke
That he was deed er it were by the morwe;
And thus algates housbondes han sorwe.

Dann erzählte er mir, wie ein gewisser Latumius
sich bei seinem Freund Arrius darüber beklagte,
daß in seinem Garten ein Baum wachse,
an dem sich, wie er sagte, seine drei Ehefrauen
aus Verbitterung erhängt hätten.
›O lieber Bruder‹, erwiderte Arrius,
›gib mir einen Ableger dieses gesegneten Baumes,
damit ich ihn in meinen Garten pflanzen kann.‹
Von Ehefrauen aus späterer Zeit las er mir vor;
einige davon hatten ihre Männer im Bett ermordet
und vergnügten sich die ganze Nacht mit ihrem Liebhaber,
während die Leiche mit dem Gesicht nach oben auf dem Boden
Und andere trieben ihnen Nägel ins Gehirn, [lag.
als sie schliefen, und brachten sie auf diese Weise um.
Wieder andere verabreichten ihnen Gift in ihrem Trank.
Er sprach über mehr Scheußlichkeiten, als man sich vorstellen
und obendrein kannte er mehr Sprichwörter, [kann;
als Gräser und Kräuter auf dieser Welt wachsen.
›Es ist besser‹, sagte er, ›du wohnst
bei einem Löwen oder einem bösen Drachen
als bei einer Frau, die stets schimpft.‹
›Besser ist es‹, sagte er, ›hoch droben im Dach zu leben
als mit einer zornigen Frau im Haus drunten;
sie sind so böse und so widerspenstig,
daß sie stets das hassen, was ihre Männer lieben.‹
Er sagte: ›Eine Frau legt ihre Scham ab,
wenn sie ihr Gewand ablegt‹ und
›Eine schöne Frau, die nicht keusch ist,
ist wie ein goldener Ring im Rüssel einer Sau.‹
Wer könnte sich ausmalen oder auch vorstellen,
was ich an Kummer und Schmerz in meinem Herzen erdulden
Und als ich sah, daß er nicht aufhören konnte, [mußte?
sondern die ganze Nacht in diesem verfluchten Buch weiterlesen
riß ich plötzlich drei Blätter [wollte,
aus dem Buch, genau dort, wo er las, und

Thanne tolde he me how oon Latumyus
Compleyned unto his felawe Arrius
That in his gardyn growed swich a tree
On which he seyde how that his wyves thre
Hanged hemself for herte despitus.
'O leeve brother,' quod this Arrius,
'Yif me a plante of thilke blissed tree,
And in my gardyn planted shal it bee.'
Of latter date, of wyves hath he red
That somme han slayn hir housbondes in hir bed,
And lete hir lecchour dighte hire al the nyght,
Whan that the corps lay in the floor upright.
And somme han dryve nayles in hir brayn,
Whil that they slepte, and thus they had hem slayn.
Somme han hem yeve poysoun in hire drynke.
He spak moore harm than herte may bithynke,
And therwithal he knew of mo proverbes
Than in this world ther growen gras or herbes.
'Bet is,' quod he, 'thyn habitacioun
Be with a leon or a foul dragoun,
Than with a womman usynge for to chyde.
Bet is,' quod he, 'hye in the roof abyde,
Than with an angry wyf doun in the hous;
They been so wikked and contrarious,
They haten that hir housbondes loven ay.'
He seyde, 'A womman cast hir shame away,
Whan she cast of hir smok'; and forthermo,
'A fair womman, but she be chaast also,
Is lyk a gold ryng in a sowes nose.'
Who wolde wene, or who wolde suppose,
The wo that in myn herte was, and pyne?
And whan I saugh he wolde nevere fyne
To reden on this cursed book al nyght,
Al sodeynly thre leves have I plyght
Out of his book, right as he radde, and eke

schlug ihm auch so mit der Faust auf die Wange,
daß er umkippte und ins Feuer fiel.
Sofort sprang er wie ein wilder Löwe auf
und schlug mir mit der Faust so auf den Kopf,
daß ich wie tot am Boden lag.
Und als er sah, wie ich leblos dalag,
war er sehr erschrocken und wäre gern geflohen,
bis ich schließlich aus meiner Ohnmacht erwachte.
›Ah! Hast du mich erschlagen, hinterhältiger Dieb‹, sagte ich,
›mich wegen meines Besitzes ermordet?
Bevor ich sterbe, möchte ich dich doch noch küssen.‹
Er kam näher, kniete besorgt nieder
und sagte: ›Liebe Schwester Alisoun.
So wahr mir Gott helfe! Ich werde dich nie wieder schlagen.
Was ich getan habe, hast du selbst verschuldet.
Vergib mir, ich bitte dich darum!‹
Da schlug ich ihm sofort auf die Wange
und sagte: ›Dieb, damit habe ich mich gerächt;
nun will ich sterben, ich kann nicht mehr sprechen.‹
Schließlich aber haben wir uns
mit Weh und Ach wieder versöhnt.
Er gab mir die Zügel in die Hand,
damit ich Gewalt über Haus und Land
sowie über seine Zunge und seine Hände hätte.
Sofort hieß ich ihn sein Buch verbrennen.
Und nachdem ich mir
die Herrschaft mit List angeeignet hatte –
und nachdem er gesagt hatte: ›Meine liebe, treue Frau,
tu, was dir gefällt, solange du lebst,
bewahre deine Ehre und auch meinen Stand.‹ –
nach diesem Tag hatten wir nie mehr Streit miteinander.
So wahr mir Gott helfe, ich war so nett zu ihm,
wie es irgendeine Gattin zwischen Dänemark und Indien nur sein kann,
und war ihm auch treu, was er auch mir war.
Ich bete zu Gott in seiner Herrlichkeit, er möge

I with my fest so took hym on the cheke
That in oure fyr he fil bakward adoun.
And he up stirte as dooth a wood leoun,
And with his fest he smoot me on the heed
That in the floor I lay as I were deed.
And whan he saugh how stille that I lay,
He was agast and wolde han fled his way,
Til atte laste out of my swogh I breyde.
'O! hastow slayn me, false theef?' I seyde,
'And for my land thus hastow mordred me?
Er I be deed, yet wol I kisse thee.'
  And neer he cam, and kneled faire adoun,
And seyde, 'Deere suster Alisoun,
As help me God, I shal thee nevere smyte!
That I have doon, it is thyself to wyte.
Foryeve it me, and that I thee biseke!'
And yet eftsoones I hitte hym on the cheke,
and seyde, 'Theef, thus muchel am I wreke;
Now wol I dye, I may no lenger speke.'
But atte laste, with muchel care and wo,
We fille acorded by us selven two.
He yaf me al the bridel in myn hond,
To han the governance of hous and lond,
And of his tonge, and of his hond also;
And made hym brenne his book anon right tho.
And whan that I hadde geten unto me,
By maistrie, al the soveraynetee,
And that he seyde, 'Myn owene trewe wyf,
Do as thee lust the terme of al thy lyf;
Keep thyn honour, and keep eek myn estaat' –
After that day we hadden never debaat.
God helpe me so, I was to hym as kynde
As any wyf from Denmark unto Ynde,
And also trewe, and so was he to me.
I prey to God, that sit in magestee,

in seiner großen Güte seiner Seele gnädig sein.
Nun möchte ich meine Geschichte erzählen, wenn ihr sie hören wollt.«

Vernehmt die Worte
zwischen dem Büttel und dem Bettelmönch.

Der Bettelmönch lachte, als er all das gehört hatte.
»Nun, Gnädigste«, sagte er, »so wahr mir Freude und Segen zuteil werde,
das ist eine lange Vorrede zu einer Geschichte!«
Und als der Büttel den Bettelmönch so reden hörte,
sagte er: »Bei Gottes Armen! Seht,
ein Bettelmönch muß sich doch stets einmischen.
Seht, gute Leute, eine Fliege und ein Bettelmönch
stecken ihre Nase doch in jede Speise und in jede Sache.
Was redest du von Präambulation?
Was! Trotte oder trabe oder sei still und setz dich hin!
Du verdirbst uns sonst noch den Spaß.«
»Wie, wollt Ihr dies, Herr Büttel?« sagte der Bettelmönch.
»Dann werde ich, bevor ich gehe, bestimmt
eine oder zwei derartige Geschichten von einem Büttel erzählen,
daß alle Leute hier lachen werden.«
»Nun denn, Bettelmönch, Fluch deinem Gesicht«,
sagte der Büttel, »und auch mir,
falls ich nicht zwei oder drei Geschichten
über Bettelmönche erzähle, noch bevor wir nach Sittingbourne kommen,
und dir damit das Herz betrübe;
denn ich weiß wohl, daß deine Geduld erschöpft ist.«
Unser Wirt rief: »Friede, und zwar sofort!«
und sagte: »Laßt doch die Frau ihre Geschichte erzählen.
Ihr benehmt euch wie Leute, die zuviel Bier getrunken haben.
Bitte, Gnädigste, erzählt Eure Geschichte, das ist das Beste.«
»Ich bin bereit, mein Herr«, sagte sie, »so wie es Euch gefällt,
wenn ich die Erlaubnis dieses würdigen Bettelmönches habe.«
»Ja, gnädige Frau«, sagte dieser, »erzählt, ich will Euch zuhören.«

Hier endet der Prolog der Frau aus Bath.

So blesse his soule for his mercy deere.
Now wol I seye my tale, if ye wol heere."

Biholde the wordes bitwene the
Somonour and the Frere.

The Frere lough, whan he hadde herd al this;
"Now dame," quod he, "so have I joye or blis,
This is a long preamble of a tale!"
And whan the Somonour herde the Frere gale,
"Lo," quod the Somonour, "Goddes armes two!
A frere wol entremette hym everemo.
Lo, goode men, a flye and eek a frere
Wol falle in every dyssh and eek mateere.
What spekestow of preambulacioun?
What! amble, or trotte, or pees, or go sit doun!
Thou lettest oure disport in this manere."
"Ye, woltow so, sire Somonour?" quod the Frere;
"Now, by my feith I shal, er that I go,
Telle of a somonour swich a tale or two
That alle the folk shal laughen in this place."
"Now elles, Frere, I bishrewe thy face,"
Quod this Somonour, "and I bishrewe me,
But if I telle tales two or thre
Of freres er I come to Sidyngborne
That I shal make thyn herte for to morne,
For wel I woot thy pacience is gon."
Oure Hooste cride "Pees! And that anon!"
And seyde, "Lat the womman telle hire tale.
Ye fare as folk that dronken ben of ale.
Do, dame, telle forth youre tale, and that is best."
"Al redy, sire," quod she, "right as yow lest,
If I have licence of this worthy Frere."
"Yis, dame," quod he, "tel forth, and I wol heere."

Heere endeth the Wyf of Bathe hir Prologe.

DIE ERZÄHLUNG DER FRAU AUS BATH

Hier beginnt die Erzählung der Frau aus Bath.

In den längst vergangenen Tagen des König Artus,
von dem die Briten mit großer Verehrung sprechen,
war dieses Land von Zauberwesen bevölkert.
Die Elfenkönigin tanzte mit ihrem lustigen Gefolge
sehr häufig auf mancher grünen Wiese.
Das glaubte man damals, wie ich gelesen habe;
ich spreche von vor vielen hundert Jahren.
Heute aber kann man keine Elfen mehr sehen,
denn nun bewirken die große Frömmigkeit und die Gebete
der Bettelmönche und anderer heiliger Fratres,
die jedes Land und jeden Fluß
so zahlreich wie Stäubchen in einem Sonnenstrahl aufsuchen
und Säle, Kammern, Küchen und Gemächer segnen,
Städte, Ortschaften, Schlösser und hohe Türme,
Dörfer, Scheunen, Ställe und Meiereien,
daß es keine Zauberwesen mehr gibt.
Denn wo früher ein Elf ging,
geht nun ein leibhaftiger Bettelmönch,
am Morgen und am Nachmittag,
und spricht seine Morgengebete und seine frommen Verse,
während er in seinem Bezirk unterwegs ist.
Frauen können sich unterwegs sicher fühlen.
In jedem Busch oder unter jedem Baum
gibt es ja keinen anderen Inkubus als ihn,
und er verletzt gewöhnlich nur ihre Ehre.
Nun geschah es, daß dieser König Artus
an seinem Hofe einen lebenslustigen jungen Ritter hatte,
der eines Tages von der Jagd am Fluß zurückgeritten kam;
und es ereignete sich, als er ganz alleine war,

THE WIFE OF BATH'S TALE

Heere bigynneth the Tale of the Wyf of Bathe.

In th'olde dayes of the Kyng Arthour,
Of which that Britons speken greet honour,
Al was this land fulfild of fayerye.
The elf-queene, with hir joly compaignye,
Daunced ful ofte in many a grene mede.
This was the olde opinion, as I rede;
I speke of manye hundred yeres ago.
But now kan no man se none elves mo,
For now the grete charitee and prayeres
Of lymytours and othere hooly freres,
That serchen every lond and every streem,
As thikke as motes in the sonne-beem,
Blessynge halles, chambres, kichenes, boures,
Citees, burghes, castels, hye toures,
Thropes, bernes, shipnes, dayeryes –
This maketh that ther ben no fayeryes.
For ther as wont to walken was an elf
Ther walketh now the lymytour hymself
In undermeles and in morwenynges,
And seyth his matyns and his hooly thynges
As he gooth in his lymytacioun.
Wommen may go saufly up and doun.
In every bussh or under every tree
Ther is noon oother incubus but he,
And he ne wol doon hem but dishonour.
And so bifel that this kyng Arthour
Hadde in his hous a lusty bacheler,
That on a day cam ridynge fro ryver,
And happed that, allone as he was born,

daß er ein Mädchen vor sich hergehen sah;
diesem Mädchen raubte er gegen ihren Willen sogleich
mit roher Kraft die Jungfernschaft.
Über diese Schandtat wurde so große Empörung
und so große Klage vor König Artus laut,
daß der Ritter zum Tode verdammt wurde,
wie es das Gesetz befahl, und sein Leben verloren hätte –
so lautete das Gesetz wohl damals –,
wenn nicht die Königin und auch andere Damen
den König so lange um Gnade gebeten hätten,
bis er ihm schließlich das Leben schenkte
und ihn der Königin überantwortete, die nach ihrem Gutdünken
entscheiden sollte, ob sie ihn leben oder sterben lassen wollte.
Die Königin dankte dem König von ganzem Herzen;
und darauf sprach sie mit dem Ritter,
als sie eines Tages die Zeit dafür gekommen hielt
und sagte: »Deine Lage ist immer noch so ernst,
daß dein Leben noch nicht in Sicherheit ist.
Ich will dir aber das Leben schenken, wenn du mir sagen kannst,
was Frauen am meisten begehren.
Sei auf der Hut und bewahre deinen Nacken vor dem Richtbeil!
Und falls du mir nicht sogleich antworten kannst,
dann gebe ich dir die Erlaubnis,
ein Jahr und einen Tag hinauszuziehen, um eine
zufriedenstellende Antwort auf meine Frage zu finden.
Bevor du aufbrichst, möchte ich aber dein Versprechen haben,
daß du dich wieder hier einfindest.«
Der Ritter hatte Angst und seufzte besorgt.
Doch was nützt es ihm? Er kann ja nicht so handeln, wie es ihm [gefällt.
Und schließlich beschloß er, aufzubrechen
und nach genau einem Jahr wieder zurückzukehren,
mit der Antwort, die Gott ihm geben würde;
und er nahm Abschied und begab sich auf den Weg.
Jedes Haus und jeden Ort sucht er auf,
wo er hofft, daß es ihm glücken könnte,

He saugh a mayde walkynge hym biforn,
Of which mayde anon, maugree hir heed,
By verray force, he rafte hire maydenhed;
For which oppressioun was swich clamour
And swich pursute unto the kyng Arthour
That dampned was this knyght for to be deed,
By cours of lawe, and sholde han lost his heed –
Paraventure swich was the statut tho –
But that the queene and other ladyes mo
So longe preyeden the kyng of grace
Til he his lyf hym graunted in the place
And yaf hym to the queene, al at hir wille,
To chese wheither she wolde hym save or spille.
The queene thanketh the kyng with al hir myght,
And after this thus spak she to the knyght,
Whan that she saugh hir tyme, upon a day:
"Thou standest yet," quod she, "in swich array
That of thy lyf yet hastow no suretee.
I grante thee lyf, if thou kanst tellen me
What thyng is it that wommen moost desiren.
Be war, and keep thy nekke-boon from iren!
And if thou kanst nat tellen it anon,
Yet wol I yeve thee leve for to gon
A twelf-month and a day, to seche and leere
An answere suffisant in this mateere;
And suretee wol I han, er that thou pace,
Thy body for to yelden in this place."
Wo was this knyght, and sorwefully he siketh;
But what! He may nat do al as hym liketh.
And at the laste he chees hym for to wende
And come agayn, right at the yeres ende,
With swich answere as God wolde hym purveye;
And taketh his leve, and wendeth forth his weye.
He seketh every hous and every place
Where as he hopeth for to fynde grace

das zu erfahren, was Frauen am meisten lieben;
aber er kam in keine Gegend,
wo er auch nur zwei Leute
gefunden hätte, die in dieser Angelegenheit übereinstimmten.
Einige sagten, Frauen liebten Reichtum am meisten,
andere sagten, Ehre; wieder andere, Ausgelassenheit;
andere, reiche Kleider; wieder andere sagten, Vergnügen im Bett
und oft Witwe zu werden und wieder zu heiraten.
Einige sagten, es erfreue unser Herz am meisten,
wenn man uns schmeichelt und uns gefällig ist.
Er kommt der Wahrheit sehr nahe, das will ich nicht leugnen.
Man gewinnt uns am besten mit Schmeichelei;
und mit Aufmerksamkeit und mit Geschäftigkeit
lassen wir uns umgarnen, große wie kleine.

Und einige sagen, es sei für uns das Höchste,
unabhängig zu sein und das zu tun, was uns gefällt,
und daß uns kein Mann wegen unserer Laster tadeln,
sondern sagen sollte, wir seien klug und nicht töricht.
Denn wahrlich, es gibt keine unter uns,
die dann, wenn uns einer an einer wunden Stelle trifft,
nicht widerspenstig würde, wenn er uns die Wahrheit sagt.
Wer das versucht, wird es schon merken.
Selbst wenn wir inwendig noch so lasterhaft sind,
wollen wir doch für klug und rein von Sünden gehalten werden.

Und einige sagen, wir hätten großes Gefallen daran,
für zuverlässig und schweigsam gehalten zu werden,
unsere Ziele beständig zu verfolgen
und nichts auszuplaudern, was die Männer uns anvertrauen.
Doch diese Ansicht ist keinen Harkenstiel wert.
Bei Gott, wir Frauen können kein Ding verbergen;
nehmt Midas zum Zeugen – wollt ihr die Geschichte hören?

Ovid erzählt unter anderen unbedeutenden Dingen,
daß dem Midas unter seinem langen Haar
zwei Eselsohren auf dem Kopf gewachsen waren;
diese Schande verbarg er, so gut er konnte,

To lerne what thyng wommen loven moost,
But he ne koude arryven in no coost
Wher as he myghte fynde in this mateere
Two creatures accordynge in-feere.
Somme seyde wommen loven best richesse,
Somme seyde honour, somme seyde jolynesse,
Somme riche array, somme seyden lust abedde,
And oftetyme to be wydwe and wedde.
Somme seyde that oure hertes been moost esed
Whan that we been yflatered and yplesed.
He gooth ful ny the sothe, I wol nat lye.
A man shal wynne us best with flaterye,
And with attendance and with bisynesse
Been we ylymed, bothe moore and lesse.
  And somme seyen that we loven best
For to be free and do right as us lest,
And that no man repreve us of oure vice,
But seye that we be wise and no thyng nyce.
For trewely ther is noon of us alle,
If any wight wol clawe us on the galle,
That we nel kike, for he seith us sooth.
Assay, and he shal fynde it that so dooth;
For, be we never so vicious withinne,
We wol been holden wise and clene of synne.
  And somme seyn that greet delit han we
For to been holden stable, and eek secree,
And in o purpos stedefastly to dwelle,
And nat biwreye thyng that men us telle.
But that tale is nat worth a rake-stele.
Pardee, we wommen konne no thyng hele;
Witnesse on Myda – wol ye heere the tale?
  Ovyde, amonges othere thynges smale,
Seyde Myda hadde, under his longe heres,
Growynge upon his heed two asses eres,
The whiche vice he hydde as he best myghte

so geschickt vor den Blicken anderer,
daß außer seiner Frau niemand davon wußte.
Er liebte sie über alle Maßen und vertraute ihr auch;
er flehte sie an, sie solle keinem Geschöpf
von seiner Entstellung erzählen.
Sie schwor ihm: »Niemals!« Bekäme sie auch die ganze Welt
diese Niedertracht oder Sünde wolle sie nicht begehen [dafür,
und ihren Ehemann in einen so schlechten Ruf bringen.
Auch wegen der eigenen Schande wolle sie es nicht weitersagen.
Sie glaubte aber, sie müsse sterben,
wenn sie ein Geheimnis so lange für sich behalten sollte.
Ihr schien, als würde es ihr so eng ums Herz,
daß ihr unweigerlich ein Wort entschlüpfen müßte.
Und da sie es keinem Menschen sagen durfte,
rannte sie zu einem nahen Sumpf hinab –
als sie dort ankam, war sie in großer Aufregung –,
und wie eine Rohrdommel im Schilf schlägt,
näherte sie sich mit dem Mund dem Wasser:
»Verrate mich nicht, du Wasser, mit deiner Stimme«,
sagte sie, »dir sag ich's und sonst keinem,
mein Ehemann hat zwei lange Eselsohren!
Nun ist mir wieder wohl ums Herz, nun ist es heraus.
Zweifellos hätte ich es nicht länger für mich behalten können.«
Seht, genauso ist es: Selbst wenn wir eine Zeitlang schweigen
können, es muß heraus; wir können kein Geheimnis
Wenn ihr den Rest der Geschichte hören wollt, [bewahren.
dann lest Ovid, denn dort könnt ihr ihn erfahren.
Als dieser Ritter, von dem meine Geschichte handelt,
merkte, daß er nicht herausfinden würde,
was Frauen am meisten lieben,
verspürte er in seinem Herzen großen Kummer.
Dennoch begab er sich auf den Heimweg, er konnte nicht länger
umherziehen; der Tag war gekommen, an dem er heim-
Und auf dem Weg geschah es ihm, daß er, [kehren mußte.
von Sorge bedrückt, einen Waldrand entlang ritt,

Ful subtilly from every mannes sighte,
That, save his wyf, ther wiste of it namo.
He loved hire moost, and trusted hire also;
He preyede hire that to no creature
She sholde tellen of his disfigure.
She swoor him, "Nay"; for al this world to wynne,
She nolde do that vileynye or synne,
To make hir housbonde han so foul a name.
She nolde nat telle it for hir owene shame.
But nathelees, hir thoughte that she dyde
That she so longe sholde a conseil hyde;
Hir thoughte it swal so soore aboute hir herte
That nedely som word hire moste asterte;
And sith she dorste telle it to no man,
Doun to a mareys faste by she ran –
Til she cam there hir herte was afyre –
And as a bitore bombleth in the myre,
She leyde hir mouth unto the water doun:
"Biwreye me nat, thou water, with thy soun,"
Quod she; "to thee I telle it and namo;
Myn housbonde hath longe asses erys two!
Now is myn herte al hool; now is it oute.
I myghte no lenger kepe it, out of doute."
Heere may ye se, thogh we a tyme abyde,
Yet out it moot; we kan no conseil hyde.
The remenant of the tale if ye wol heere,
Redeth Ovyde, and ther ye may it leere.
This knyght, of which my tale is specially,
Whan that he saugh he myghte nat come therby –
This is to seye, what wommen love moost –
Withinne his brest ful sorweful was the goost.
But hoom he gooth; he myghte nat sojourne;
The day was come that homward moste he tourne.
And in his wey it happed hym to ryde,
In al this care, under a forest syde,

wo er mehr als vierundzwanzig
Damen tanzen sah.
Begierig näherte er sich diesem Reigen
und hoffte, er könne etwas Wissenswertes erfahren.
Doch wahrlich, bevor er noch ganz dorthin gekommen war,
war der Reigen verschwunden, er wußte nicht, wohin.
Er sah kein Lebewesen mehr,
bis auf eine Frau, die auf der Wiese saß –
ein häßlicheres Geschöpf kann man sich nicht vorstellen.
Diese alte Frau stand auf, ging auf den Ritter zu
und sagte: »Herr Ritter, hier führt kein Weg weiter.
Doch seid so frei und sagt mir, was Ihr sucht!
Vielleicht ist das sogar besser für Euch –
wir Alten verstehen ja vieles«, sagte sie.
»Mein liebes Mütterchen«, sagte der Ritter, »es steht fest,
daß ich sterben muß, falls ich nicht sagen kann,
was Frauen am meisten begehren. [gut vergelten.«
Wenn Ihr es mir sagen könntet, würde ich Euch Euren Dienst
»Versprich mir hier in die Hand«, antwortete sie,
»daß du das erste, das ich von dir begehren werde,
tust, sofern es in deiner Macht steht;
dann werde ich es dir noch vor Einbruch der Nacht sagen.«
»Hier habt Ihr mein Versprechen«, sagte der Ritter, »ich
»Dann«, sagte sie, »kann ich mich wohl dafür [stimme zu.«
verbürgen, daß dir dein Leben sicher ist; ich stehe dafür ein,
bei meinem Leben, daß die Königin genau dasselbe sagen wird
Zeigt mir die Stolzeste unter allen, [wie ich.
die Kopftuch oder Netzhaube tragen,
die das in Abrede zu stellen wagte, was ich dich lehren werde.
Laß uns weitergehen und sprechen wir nicht länger darüber.«
Dann raunte sie ihm eine Mitteilung ins Ohr [haben.
und ermunterte ihn, fröhlich zu sein und keine Furcht mehr zu
Als sie an den Hof gekommen waren, sagte der Ritter,
er habe die gesetzte Frist eingehalten, wie versprochen,
und seine Antwort liege bereit.

Wher as he saugh upon a daunce go
Of ladyes foure and twenty, and yet mo;
Toward the whiche daunce he drow ful yerne,
In hope that som wysdom sholde he lerne.
But certeinly, er he cam fully there,
Vanysshed was this daunce, he nyste where.
No creature saugh he that bar lyf,
Save on the grene he saugh sittynge a wyf –
A fouler wight ther may no man devyse.
Agayn the knyght this olde wyf gan ryse,
And seyde, "Sire knyght, heer forth ne lith no wey.
Tel me what that ye seken, by youre fey!
Paraventure it may the bettre be;
Thise olde folk kan muchel thyng," quod she.
  "My leeve mooder," quod this knyght, "certeyn
I nam but deed but if that I kan seyn
What thyng it is that wommen moost desire.
Koude ye me wisse, I wolde wel quite youre hire."
  "Plight me thy trouthe heere in myn hand," quod [she,
"The nexte thyng that I requere thee,
Thou shalt it do, if it lye in thy myght,
And I wol telle it yow er it be nyght."
  "Have heer my trouthe," quod the knyght, ["I grante."
  "Thanne," quod she, "I dar me wel avante
Thy lyf is sauf, for I wol stonde therby;
Upon my lyf, the queene wol seye as I.
Lat se which is the proudeste of hem alle
That wereth on a coverchief or a calle
That dar seye nay of that I shal thee teche.
Lat us go forth withouten lenger speche."
Tho rowned she a pistel in his ere,
And bad hym to be glad and have no fere.
  Whan they be comen to the court, this knyght
Seyde he had holde his day, as he hadde hight,
And redy was his answere, as he sayde.

Viele edle Damen, viele Jungfrauen
und viele Witwen, denn diese sind ja weise,
wurden um die Königin versammelt, die als Richter präsidierte,
um seine Antwort zu vernehmen.
Und danach wurde der Ritter aufgefordert zu erscheinen.

Einem jeden wurde Schweigen geboten,
und der Ritter sollte vor aller Ohren sagen,
was weltliche Frauen am meisten lieben.
Der Ritter stand nicht stumm wie ein Tier da,
sondern antwortete sofort auf die ihm gestellte Frage
mit so mannhafter Stimme, daß es der ganze Hof hören konnte:

»Meine Lehensherrin«, sagte er, »im allgemeinen
haben Frauen den Wunsch, die Herrschaft
sowohl über ihren Ehemann als auch über ihren Liebhaber zu
und über ihn gebieten zu können. [besitzen
Dies ist euer größtes Verlangen, auch wenn ihr mich tötet. Tut,
wie Euch beliebt; ich bin hier Eurem Willen unterworfen.«
Am ganzen Hof gab es keine Ehefrau, Jungfrau oder Witwe,
die sich gegen das, was er vorgetragen hatte, gewandt hätte;
sie sagten vielmehr, er verdiene es, am Leben zu bleiben.
Nach diesen Worten fuhr das alte Weib,
das der Ritter auf der Wiese hatte sitzen sehen, hoch:
»Gnade«, sagte sie, »Frau Königin, die Ihr meine Herrin seid!
Verschafft mir Recht, bevor Euer Hofstaat auseinandergeht.
Ich war es, die den Ritter diese Antwort lehrte,
wofür er mir damals das Versprechen gab,
daß er das erste, was ich von ihm verlangen würde,
erfüllen wolle, sofern es in seiner Macht liege.
Vor diesem Hof bitte ich dich nun, Herr Ritter«,
sagte sie, »daß du mich zur Frau nimmst;
denn du weißt sehr wohl, daß ich dir das Leben gerettet habe.
Wenn ich lüge, widersprich mir, bei deiner Ehre!«

Der Ritter antwortete: »O weh! Oh, welcher Jammer!
Ich weiß genau, daß mein Versprechen so lautete.
Um der Liebe Gottes willen, stell eine andere Forderung!
Nimm meinen ganzen Besitz, doch laß mich gehen.«

Ful many a noble wyf, and many a mayde,
And many a wydwe, for that they been wise,
The queene hirself sittynge as a justise,
Assembled been, his answere for to heere;
And afterward this knyght was bode appeere.
To every wight comanded was silence,
And that the knyght sholde telle in audience
What thyng that worldly wommen loven best.
This knyght ne stood nat stille as doth a best,
But to his questioun anon answerde
With manly voys, that al the court it herde:
"My lige lady, generally," quod he,
"Wommen desiren to have sovereynetee
As wel over hir housbond as hir love,
And for to been in maistrie hym above.
This is youre mooste desir, thogh ye me kille.
Dooth as yow list; I am heer at youre wille."
In al the court ne was ther wyf, ne mayde,
Ne wydwe that contraried that he sayde,
But seyden he was worthy han his lyf.
And with that word up stirte the olde wyf,
Which that the knyght saugh sittynge on the grene:
"Mercy," quod she, "my sovereyn lady queene!
Er that youre court departe, do me right.
I taughte this answere unto the knyght;
For which he plighte me his trouthe there,
The firste thyng that I wolde hym requere
He wolde it do, if it lay in his myghte.
Bifore the court thanne preye I thee, sir knyght,"
Quod she, "that thou me take unto thy wyf,
For wel thou woost that I have kept thy lyf.
If I seye fals, sey nay, upon thy fey!"
This knyght answerde, "Allas and weylawey!
I woot right wel that swich was my biheste.
For Goddes love, as chees a newe requeste!
Taak al my good and lat my body go."

»Nein«, sagte sie, »lieber verfluche ich uns beide!
Denn obwohl ich häßlich, alt und arm bin,
verzichte ich doch gern auf alles Gold und Erz,
das unter der Erde verborgen ist oder auf ihr liegt,
damit ich deine Frau und deine Geliebte werden kann.«
»Meine Geliebte?« sagte er. »Nein, eher mein Untergang.
O weh! Daß einer meiner Herkunft
je so übel entehrt werden sollte!«
Doch es nützte ihm nichts; am Ende wurde er dazu
gezwungen; wohl oder übel mußte er sie heiraten;
und er nahm seine alte Frau und ging zu Bett.
Nun mag der eine oder andere vielleicht sagen,
ich hätte mich aus Nachlässigkeit nicht darum gekümmert,
von der Freude und der ganzen Pracht zu erzählen,
die es an diesem Tag beim Feste gab.
Darauf will ich kurz antworten:
Es gab dort überhaupt keine Freude und auch kein Fest,
sondern nur Kummer und große Sorge.
Er heiratete sie heimlich am Morgen,
und danach versteckte er sich den ganzen Tag wie eine Eule,
so bedrückte es ihn, daß seine Frau so häßlich aussah.
Groß war der Kummer, den der Ritter verspürte,
als er mit seiner Frau zu Bett gebracht worden war;
er wälzte sich und drehte sich von einer Seite auf die andere.
Seine alte Frau lag da, lächelte die ganze Zeit
und sagte: »O lieber Mann, gelobt sei Gott!
Behandelt jeder Ritter seine Frau so wie Ihr mich?
Ist dies so üblich an König Artus' Hof?
Ist jeder seiner Ritter so abweisend?
Ich bin deine Geliebte und deine Frau;
ich habe dir das Leben gerettet. [zugefügt;
Und wahrlich, bis jetzt habe ich Euch noch kein Unrecht
weshalb behandelt Ihr mich in der ersten Nacht denn so?
Ihr benehmt Euch wie ein Mann, der den Verstand verloren hat.
Was ist denn meine Schuld? Um der Liebe Gottes willen, heraus
und wenn ich kann, will ich Abhilfe schaffen.« [damit,

"Nay, thanne," quod she, "I shrewe us bothe two!
For thogh that I be foul, and oold, and poore
I nolde for al the metal, ne for oore
That under erthe is grave or lith above,
But if thy wyf I were, and eek thy love."
"My love?" quod he, "nay, my dampnacioun!
Allas, that any of my nacioun
Sholde evere so foule disparaged be!"
But al for noght; the ende is this, that he
Constreyned was; he nedes moste hire wedde,
And taketh his olde wyf, and gooth to bedde.
Now wolden som men seye, paraventure,
That for my necligence I do no cure
To tellen yow the joye and al th'array
That at the feeste was that ilke day.
To which thyng shortly answeren I shal:
I seye ther nas no joye ne feeste at al;
Ther nas but hevynesse and muche sorwe.
For prively he wedded hire on morwe,
And al day after hidde hym as an owle,
So wo was hym, his wyf looked so foule.
Greet was the wo the knyght hadde in his thoght,
Whan he was with his wyf abedde ybroght;
He walweth and he turneth to and fro.
His olde wyf lay smylynge everemo,
And seyde, "O deere housbonde, benedicitee!
Fareth every knyght thus with his wyf as ye?
Is this the lawe of kyng Arthures hous?
Is every knyght of his so dangerous?
I am youre owene love and youre wyf;
I am she which that saved hath youre lyf,
And, certes, yet ne dide I yow nevere unright;
Why fare ye thus with me this firste nyght?
Ye faren lyk a man had lost his wit.
What is my gilt? For Goddes love, tel it,
And it shal been amended, if I may."

»Abhilfe?« sagte der Ritter. »O weh! Nein, nein!
Hier ist keine Abhilfe möglich.
Du bist so häßlich und so alt,
und dazu bist du noch von so niederer Abstammung,
daß es kein Wunder ist, wenn ich mich wälze und winde.
Möge Gott mir doch das Herz brechen lassen!«
»Ist das der Grund Eurer Unruhe?« fragte sie.
»Ja sicher«, sagte er, »es ist ja auch kein Wunder.«
»Nun, Herr«, sagte sie, »ich könnte hier Abhilfe schaffen,
wenn ich wollte, noch bevor drei Tage vergangen sind,
so daß Ihr Euch mir gegenüber freundlich verhalten würdet.
Doch wollen wir vom Adel sprechen,
der vom ererbten Reichtum stammt –
weswegen Ihr meint, ein Edelmann zu sein –
solche Arroganz ist keinen Pfifferling wert.
Seht, wer stets tugendhaft ist,
im Verborgenen und in der Öffentlichkeit, und wer sich stets
die ihm möglichen edlen Taten zu vollbringen, [bemüht,
den halte für den wahren Edelmann.
Christus will, daß wir unseren Adel von ihm herleiten,
nicht von unseren Eltern aufgrund ihres ererbten Reichtums.
Denn obwohl sie uns ihr ganzes ererbtes Gut hinterlassen,
aufgrund dessen wir meinen, von hoher Abstammung zu sein,
können sie unter keinen Umständen
einem von uns ihre tugendhafte Lebensweise vererben,
weswegen sie für Leute von wahrem Adel gehalten wurden
und die uns dazu auffordert, ihrem Beispiel zu folgen.
Der weise Dichter aus Florenz,
der Dante heißt, spricht in diesem Sinne.
Seht, so äußert sich Dante in Reimen:
›Sehr selten entspringt aus den dünnen Ästen
die Vortrefflichkeit des Menschen – Gott in seiner Güte will
nämlich, daß wir unseren Adel von ihm herleiten‹,
denn von unseren Eltern können wir nichts übernehmen –
außer weltlichem Gut, das dem Menschen Unheil und Schaden
[bringen kann.

"Amended?" quod this knyght, "Allas, nay, nay!
It wol nat been amended nevere mo.
Thou art so loothly, and so oold also,
And therto comen of so lough a kynde,
That litel wonder is thogh I walwe and wynde.
So wolde God myn herte wolde breste!"
"Is this," quod she, "the cause of youre unreste?"
"Ye, certeinly," quod he, "no wonder is."
"Now, sire," quod she, "I koude amende al this,
If that me liste, er it were dayes thre,
So wel ye myghte bere yow unto me.
"But, for ye speken of swich gentillesse
As is descended out of old richesse,
That therfore sholden ye be gentil men,
Swich arrogance is nat worth an hen.
Looke who that is moost vertuous alway,
Pryvee and apert, and moost entendeth ay
To do the gentil dedes that he kan;
Taak hym for the grettest gentil man.
Crist wole we clayme of hym oure gentillesse,
Nat of oure eldres for hire old richesse.
For thogh they yeve us al hir heritage,
For which we clayme to been of heigh parage,
Yet may they nat biquethe for no thyng
To noon of us hir vertuous lyvyng,
That made hem gentil men ycalled be,
And bad us folwen hem in swich degree.
"Wel kan the wise poete of Florence,
That highte Dant, speken in this sentence.
Lo, in swich maner rym is Dantes tale:
'Ful selde up riseth by his branches smale
Prowesse of man, for God, of his goodnesse,
Wole that of hym we clayme oure gentillesse';
For of oure eldres may we no thyng clayme
But temporel thyng, that man may hurte and mayme.

Auch weiß jeder so gut wie ich:
Wenn Adel auf natürliche Weise einer bestimmten Linie
und ihrer Nachkommenschaft eingepflanzt wäre,
dann würden sie nie aufhören, öffentlich und im verborgenen
den hohen Verpflichtungen des Adels nachzukommen;
sie könnten nichts Böses oder Lasterhaftes tun.
Nimm Feuer und trag es ins dunkelste Haus
zwischen hier und dem Gebirge Kaukasus
und befiehl den Leuten, die Türen zu schließen und davon-
das Feuer wird aber so schön glühen und brennen, [zugehen;
wie wenn es zwanzigtausend Leute sehen könnten;
seine natürlichen Eigenschaften wird es stets beibehalten,
bis es erlischt; so ist es, bei meinem Leben!
Hieran könnt Ihr erkennen, daß Adel
nicht an Besitz gekoppelt ist,
da sich die Adligen nicht immer ihrer Natur entsprechend
verhalten, wie es das Feuer ja tut.
Weiß Gott, man kann sehr häufig
eines Adligen Sohn finden, der Böses und Schändliches tut.
Und der, der seines Adels wegen gerühmt werden will,
da er aus edlem Hause stammt
und seine Eltern adlig und tugendsam waren,
der selbst aber weder edle Taten vollbringen möchte
noch in den Spuren seiner verstorbenen edlen Ahnen wandeln
der ist nicht edel, sei er Herzog oder Graf; denn [will –
niederträchtige, sündige Taten kennzeichnen einen unedlen
Adel ist ja nichts anderes als das Ansehen, in dem [Menschen.
deine Vorfahren aufgrund ihrer Vollkommenheit standen –
diese ist deiner Person aber nicht angeboren.
Dein Adel kommt von Gott allein.
So kommt unser wahrer Adel aus seiner Gnade,
er ist uns nicht mit unserem Stand vererbt worden.
Bedenkt, wie edel, so berichtet Valerius,
jener Tullius Hostillius war,
der aus Armut zu hohem Adel aufstieg.

"Eek every wight woot this as wel as I,
If gentillesse were planted natureelly
Unto a certeyn lynage doun the lyne,
Pryvee and apert thanne wolde they nevere fyne
To doon of gentillesse the faire office;
They myghte do no vileynye or vice.
"Taak fyr and ber it in the derkeste hous
Bitwix this and the mount of Kaukasous,
And lat men shette the dores and go thenne;
Yet wole the fyr as faire lye and brenne
As twenty thousand men myghte it biholde;
His office natureel ay wol it holde,
Up peril of my lyf, til that it dye.
"Heere may ye se wel how that genterye
Is nat annexed to possessioun,
Sith folk ne doon hir operacioun
Alwey, as dooth the fyr, lo, in his kynde.
For, God it woot, men may wel often fynde
A lordes sone do shame and vileynye;
And he that wole han pris of his gentrye,
For he was boren of a gentil hous
And hadde his eldres noble and vertuous,
And nel hymselven do no gentil dedis
Ne folwen his gentil auncestre that deed is,
He nys nat gentil, be he duc or erl,
For vileyns synful dedes make a cherl.
For gentillesse nys but renomee
Of thyne auncestres, for hire heigh bountee,
Which is a strange thyng to thy persone.
Thy gentillesse cometh fro God allone.
Thanne comth oure verray gentillesse of grace;
It was no thyng biquethe us with oure place.
"Thenketh hou noble, as seith Valerius,
Was thilke Tullius Hostillius,
That out of poverte roos to heigh noblesse.

Lest Seneca und Boethius,
dort werdet Ihr es geschrieben finden,
daß nur der edel ist, der edle Taten vollbringt.
Und deshalb, lieber Mann, möchte ich so schließen:
Selbst wenn meine Vorfahren niederer Herkunft waren,
kann mir der allmächtige Gott, so hoffe ich,
dennoch die Gnade eines tugendsamen Lebenswandels zuteil [werden lassen.
Adlig bin ich dann, wenn ich anfange,
tugendsam zu leben und Sünden zu vermeiden.
Und da Ihr mir Armut vorhaltet:
Der allmächtige Gott, an den wir glauben,
erkor ein Leben in freiwilliger Armut.
Und wahrlich, alle Männer, Mädchen und Frauen
wissen, daß Jesus, der Himmelskönig,
kein sündiges Leben führen wollte.
Mit Gleichmut ertragene Armut ist sicherlich keine Sünde –
das sagte schon Seneca und andere Gelehrte auch.
Wer mit seiner Armut zufrieden ist,
den halte ich für reich, selbst wenn er kein einziges Hemd [besäße.
Wer habsüchtig ist, ist ein armer Tropf,
denn er begehrt das, was nicht in seiner Macht steht.
Wer aber weder etwas besitzt noch etwas besitzen will,
ist reich, selbst wenn Ihr ihn nur für einen Knecht haltet.
Wahre Armut singt sogar;
über die Armut sagt Juvenal mit Heiterkeit:
›Der arme Mann kann unterwegs
selbst angesichts von Dieben singen und fröhlich sein.‹
Armut ist ein verhaßtes Gut – doch, meine ich,
ein sehr guter Führer aus der Sorge;
auch beschert sie dem Weisheit,
der sie mit Geduld erträgt.
Das ist Armut, obgleich sie lästig erscheint:
Besitz, den keiner anstreben will.
Besonders bei Menschen niederen Standes führt Armut häufig [dazu,
daß sie Gott und sich selbst erkennen.

Reedeth Senek, and redeth eek Boece;
Ther shul ye seen expres that it no drede is
That he is gentil that dooth gentil dedis.
And therfore, leeve housbonde, I thus conclude:
Al were it that myne auncestres were rude,
Yet may the hye God, and so hope I,
Grante me grace to lyven vertuously.
Thanne am I gentil, whan that I bigynne
To lyven vertuously and weyve synne.
  "And ther as ye of poverte me repreeve,
The hye God, on whom that we bileeve,
In wilful poverte chees to lyve his lyf.
And certes every man, mayden, or wyf
May understonde that Jhesus, hevene kyng,
Ne wolde nat chese a vicious lyvyng.
Glad poverte is an honest thyng, certeyn;
This wole Senec and othere clerkes seyn.
Whoso that halt hym payd of his poverte,
I holde hym riche, al hadde he nat a sherte.
He that coveiteth is a povre wight,
For he wolde han that is nat in his myght;
But he that noght hath, ne coveiteth have,
Is riche, although ye holde hym but a knave.
Verray poverte, it syngeth proprely;
Juvenal seith of poverte myrily:
'The povre man, whan he goth by the weye,
Bifore the theves he may synge and pleye.'
Poverte is hateful good and, as I gesse,
A ful greet bryngere out of bisynesse;
A greet amendere eek of sapience
To hym that taketh it in pacience.
Poverte is this, although it seme alenge:
Possessioun that no wight wol chalenge.
Poverte ful ofte, whan a man is lowe,
Maketh his God and eek hymself to knowe.

Armut ist eine Brille, so scheint mir,
durch die man seine wahren Freunde erkennen kann.
Und deshalb, Herr, da ich Euch ja nichts Böses tue,
tadelt mich nicht mehr wegen meiner Armut.
Nun, Herr, Ihr haltet mir auch mein Alter vor;
aber wahrlich, Herr, selbst wenn es dafür keine Autoritäten
in den Büchern gäbe, so sagt ihr hochgeachteten Adligen doch,
man solle einem alten Menschen Ehre erweisen
und ihn, vornehm wie ihr seid, Vater nennen;
und dafür werde ich Gewährsleute finden, glaube ich.
Nun, wenn Ihr sagt, ich sei häßlich und alt,
dann braucht Ihr keine Angst zu haben, zum Hahnrei zu [werden;
bei meinem Leben, Häßlichkeit und Alter
sind nämlich hervorragende Wächter der Keuschheit.
Und dennoch, da ich weiß, was Euch gefällt,
werde ich Euer irdisches Verlangen befriedigen.
Wählt nun«, sagte sie, »eins von diesen beiden Dingen:
daß ich bis zu meinem Tode häßlich und alt,
dafür aber Eure treue, demütige Frau bin,
die Euch niemals im Leben lästig werden wird;
oder aber, daß ich jung und hübsch bin
und Ihr damit die Besuche in Kauf nehmen müßt,
die Euch meinetwegen ins Haus stehen
oder womöglich an einem anderen Ort stattfinden werden.
Nun wählt selbst, was Euch gefällt.«
Der Ritter überlegte und seufzte schmerzlich,
doch schließlich sprach er wie folgt:
»Meine Herrin, meine Geliebte und teure Frau,
ich unterstelle mich Eurer weisen Herrschaft;
wählt selbst, was das Angenehmste
und Ehrenhafteste für Euch und auch für mich sein wird.
Mir ist es einerlei, was es sein wird,
denn wie es Euch gefällt, ist es mir recht.«
»Dann habt Ihr mir die Herrschaft also überlassen«, sagte sie,
»da ich wählen und verfügen darf, wie es mir gefällt?«

Poverte a spectacle is, as thynketh me,
Thurgh which he may his verray freendes see.
And therfore, sire, syn that I noght yow greve
Of my poverte namoore ye me repreve.
  "Now, sire, of elde ye repreve me;
And certes, sire, thogh noon auctoritee
Were in no book, ye gentils of honour
Seyn that men sholde an oold wight doon favour
And clepe hym fader, for youre gentillesse;
And auctours shal I fynden, as I gesse.
  "Now ther ye seye that I am foul and old,
Than drede you noght to been a cokewold;
For filthe and eelde, also moot I thee,
Been grete wardeyns upon chastitee.
But nathelees, syn I knowe youre delit,
I shal fulfille youre worldly appetit.
  "Chese now," quod she, "oon of thise thynges
To han me foul and old til that I deye [tweye:
And be to yow a trewe, humble wyf,
And nevere yow displese in al my lyf,
Or elles ye wol han me yong and fair,
And take youre aventure of the repair
That shal be to youre hous by cause of me,
Or in som oother place, may wel be.
Now chese yourselven, wheither that yow liketh."
  This knyght avyseth hym and sore siketh,
But atte laste he seyde in this manere:
"My lady and my love, and wyf so deere,
I put me in youre wise governance;
Cheseth youreself which may be moost plesance
And moost honour to yow and me also.
I do no fors the wheither of the two,
For as yow liketh, it suffiseth me."
  "Thanne have I gete of yow maistrie," quod she.
"Syn I may chese and governe as me lest?"

»Ja, sicher, Frau«, sagte er, »ich halte es für das beste.«
»Küßt mich«, sagte sie, »wollen wir nicht länger streiten;
denn ich verspreche Euch, daß ich Euch beides sein werde,
das heißt also, schön und treu.
Ich bete zu Gott, er möge mich im Wahnsinn sterben lassen,
wenn ich Euch nicht so gut und treu bin,
wie es eine Frau seit Anbeginn der Welt je gewesen sein kann.
Und wenn ich morgen nicht so schön aussehe
wie irgendeine Dame, Kaiserin oder Königin,
die irgendwo zwischen Ost und West lebt,
dann verfügt über mein Leben oder über meinen Tod, wie es Euch beliebt.
Zieh den Vorhang auf, sieh, was geschehen ist.«
Und als der Ritter ganz genau sah,
daß sie sehr schön war und dazu noch jung,
schloß er sie vor Freude in die Arme,
sein Herz war voller Wonne.
Er küßte sie tausendmal –
und sie gehorchte ihm in allen Dingen,
die ihm Gefallen und Freude bereiteten.
Und so lebten sie bis an ihr Lebensende
in höchster Freude; und Jesus Christus gebe
uns Ehemänner – gefügig, jung und aktiv im Bett –
und die Gnade, die überleben zu dürfen, die wir heiraten;
und ich bete auch zu Jesus, er möge denjenigen das Leben
verkürzen, die sich nicht von ihren Frauen beherrschen lassen wollen;
und alten, mürrischen Geizhälsen
möge Gott alsbald die wahre Pest schicken!

Hier endet die Erzählung der Frau aus Bath.

"Ye, certes, wyf," quod he, "I holde it best."
"Kys me," quod she, "we be no lenger wrothe,
For, by my trouthe, I wol be to yow bothe –
This is to seyn, ye, bothe fair and good.
I prey to God that I moote sterven wood,
But I to yow be also good and trewe
As evere was wyf, syn that the world was newe.
And but I be to-morn as fair to seene
As any lady, emperice, or queene,
That is bitwixe the est and eke the west,
Dooth with my lyf and deth right as yow lest.
Cast up the curtyn, looke how that it is."
And whan the knyght saugh verraily al this,
That she so fair was, and so yong therto,
For joye he hente hire in his armes two.
His herte bathed in a bath of blisse.
A thousand tyme a-rewe he gan hire kisse,
And she obeyed hym in every thyng
That myghte doon hym plesance or likyng.
And thus they lyve unto hir lyves ende
In parfit joye; and Jhesu Crist us sende
Housbondes meeke, yonge, and fressh abedde,
And grace t'overbyde hem that we wedde;
And eek I praye Jhesu shorte hir lyves
That noght wol be governed by hir wyves;
And olde and angry nygardes of dispence,
God sende hem soone verray pestilence!

Heere endeth the Wyves Tale of Bathe.

DER PROLOG DES BETTELMÖNCHS

Der Prolog zur Erzählung des Bettelmönchs.

Dieser ehrenwerte Bettelmönch, dieser edle Ordensbruder,
blickte stets mit verbissener Miene
auf den Büttel, doch aus Anstand
hatte er noch kein böses Wort zu ihm gesagt.
Schließlich aber sagte er zur Frau aus Bath:
»Madame«, sagte er, »Gott gebe Euch ein sehr rechtschaffenes [Leben!
Bei meinem Leben, Ihr habt hier
schwierige Probleme der Wissenschaft angesprochen.
Ihr habt viele Dinge recht gut dargelegt, meine ich;
doch, Madame, während wir hier unseres Weges reiten,
sollten wir nur über erfreuliche Dinge reden;
Autoritäten sollten wir in Gottes Namen
der Predigt und den Schulen der Kleriker überlassen.
Wenn es aber dieser Pilgerschar gefällt,
will ich euch eine lustige Geschichte über einen Büttel erzählen.
Bei Gott, bei der Nennung dieses Titels wißt ihr bereits,
daß man über einen Büttel nichts Gutes sagen kann;
ich bitte also darum, daß keiner von euch Anstoß nehme.
Ein Büttel ist jemand, der mit
Vorladungen wegen Unzucht hin und her rennt
und in jeder Ortschaft verprügelt wird.«
Unser Wirt sagte sogleich: »Nicht doch, Herr! Ihr solltet nett
und höflich sein, wie es Eurem Stande geziemt;
in dieser Pilgerschar wollen wir keinen Streit.
Erzählt Eure Geschichte und laßt den Büttel in Frieden.«
»Nein«, sagte der Büttel, »laßt ihn mir doch sagen,
was er mir sagen will; wenn ich an der Reihe bin,
werde ich ihm jede Kleinigkeit heimzahlen, bei Gott!
Ich werde ihm sagen, was für eine große Ehre es ist,

THE FRIAR'S PROLOGUE

The Prologe of the Freres Tale.

This worthy lymytour, this noble Frere,
He made alwey a maner louryng chiere
Upon the Somonour, but for honestee
No vileyns word as yet to hym spak he.
But atte laste he seyde unto the wyf,
"Dame," quod he, "God yeve yow right good lyf!
Ye han heer touched, also moot I thee,
In scole-matere greet difficultee.
Ye han seyd muche thyng right wel, I seye;
But, dame, heere as we ryde by the weye,
Us nedeth nat to speken but of game,
And lete auctoritees, on Goddes name,
To prechyng and to scoles of clergye.
But if it lyke to this compaignye,
I wol yow of a somonour telle a game.
Pardee, ye may wel knowe by the name
That of a somonour may no good be sayd;
I praye that noon of you be yvele apayd.
A somonour is a rennere up and doun
With mandementz for fornicacioun,
And is ybet at every townes ende."
Oure Hoost tho spak, "A, sire, ye sholde be hende
And curteys, as a man of youre estaat;
In compaignye we wol have no debaat.
Telleth youre tale, and lat the Somonour be."
"Nay," quod the Somonour, "lat hym seye to me
What so hym list; whan it comth to my lot,
By God, I shal hym quiten every grot.
I shal hym tellen which a greet honour

ein schmeichlerischer Bettelmönch zu sein;
ich werde über viele andere Verstöße reden,
die ich jetzt noch nicht einzeln aufzählen muß;
ich werd' ihm wahrlich sagen, wie er sein Amt versieht.«
Unser Wirt antwortete: »Friede, Schluß damit!«
Und danach sagte er zum Bettelmönch:
»Beginnt nun Eure Geschichte, lieber, geschätzter Meister.«

DIE ERZÄHLUNG DES BETTELMÖNCHS

Hier beginnt die Erzählung des Bettelmönchs.

Einst lebte in meiner Gegend
ein Erzdiakon, ein Mann hohen Standes,
der unerschrocken die
Strafe für Unzucht vollstreckte,
für Hexerei und Kuppelei,
für Diffamierung und Ehebruch,
für Kirchenraub und Testamentsfälschungen,
für Vertragsbruch und versäumte Sakramente,
für Wucher und für Simonie.
Am schmerzhaftesten aber bestrafte er Lüstlinge:
sie sollten wehklagen, wenn sie gefaßt wurden;
und die, die nicht den vollen Zehnten abführten, wurden hart bestraft,
wenn sich ein Pfarrer über sie beklagte.
Nie versäumte er es, eine Geldstrafe aufzuerlegen.
Wegen zu geringem Zehnten und wegen zu kleiner Opfergaben
brachte er die Leute erbärmlich zum Wehklagen.
Denn bevor sie der Bischof mit seinem Haken fangen konnte,
standen sie bereits im Buch des Erzdiakons.
Er hatte dann kraft seiner Gerichtsbarkeit
die Macht, sie zu züchtigen.
Er hatte stets einen Büttel zu Diensten –

It is to be a flaterynge lymytour,
And of many another manere cryme
Which nedeth nat rehercen at this tyme;
And his office I shal hym telle, ywis."
Oure Hoost answerde, "Pees, namoore of this!"
And after this he seyde unto the Frere,
"Tel forth youre tale, leeve maister deere."

THE FRIAR'S TALE

Heere bigynneth the Freres Tale.

Whilom ther was dwellynge in my contree
An erchedeken, a man of heigh degree,
That boldely dide execucioun
In punysshynge of fornicacioun,
Of wicchecraft, and eek of bawderye,
Of diffamacioun, and avowtrye,
Of chirche reves, and of testamentz,
Of contractes and of lakke of sacramentz,
Of usure, and of symonye also.
But certes, lecchours dide he grettest wo;
They sholde syngen if that they were hent;
And smale tytheres weren foule yshent,
If any persoun wolde upon hem pleyne.
Ther myghte asterte hym on pecunyal peyne.
For smale tithes and for smal offrynge
He made the peple pitously to synge,
For er the bisshop caughte hem with his hook,
They weren in the erchedeknes book.
Thanne hadde he, thurgh his jurisdiccioun,
Power to doon on hem correccioun.
He hadde a somonour redy to his hond;

einen schlaueren Schurken gab es in England nicht;
er hatte nämlich ein ausgeklügeltes Informantennetz
und wußte deshalb genau, wo er Erfolg haben könnte.
Er wollte schon einmal einen oder zwei Lüstlinge schonen,
die ihn dafür zu vierundzwanzig weiteren führten.
Wenn unser Büttel hier auch fuchsteufelswild werden sollte,
will ich seine Hurengeschäfte dennoch nicht verschweigen,
denn wir sind seiner Züchtigung nicht unterworfen.
Büttel haben keine Gerichtsbarkeit über uns
und werden diese niemals haben, solange sie leben.
»Beim heiligen Petrus! Auch über Huren in Bordellen
haben wir keine Gerichtsbarkeit!« sagte der Büttel.
»Schluß jetzt, sonst wird's dir schlecht ergehen!«
sagte unser Wirt. »Laß ihn seine Geschichte erzählen.
Erzählt nun weiter, selbst wenn der Büttel mault;
nehmt keine Rücksicht, mein lieber, guter Meister.«
Dieser falsche Dieb, der Büttel, sagte der Bettelmönch,
hatte stets Kuppler an der Hand; sie gehorchten ihm
wie jeder für die Jagd abgerichtete Habicht in England
und verrieten ihm alle Geheimnisse, die sie kannten;
denn ihre Bekanntschaft bestand nicht erst seit kurzem.
Sie waren seine heimlichen Informanten.
Er selbst strich dabei hohen Profit ein;
sein Meister wußte nicht immer, was er bekam.
Ohne Ermächtigung konnte er Laien
unter Androhung der Exkommunikation vorladen;
und sie waren froh, seine Börse füllen
und in Schenken große Feste für ihn veranstalten zu dürfen.
Und so, wie Judas das Kleingeld verwaltete
und ein Dieb war – ein solcher Dieb war er:
Sein Meister bekam nur die Hälfte dessen, was ihm zustand.
Damit ich ihn gebührend lobe: Er war
ein Dieb, ein Büttel und ein Kuppler.
Er hatte auch Dirnen in seinem Gefolge,
die, ob es nun Sir Robert oder Sir Hugo

A slyer boye nas noon in Engelond;
For subtilly he hadde his espiaille,
That taughte hym wel wher that hym myghte availle.
He koude spare of lecchours oon or two,
To techen hym to foure and twenty mo.
For thogh this Somonour wood were as an hare,
To telle his harlotrye I wol nat spare;
For we been out of his correccioun.
They han of us no jurisdiccioun,
Ne nevere shullen, terme of alle hir lyves.
"Peter! so been wommen of the styves,"
Quod the Somonour, "yput out of oure cure!"
"Pees! with myschance and with mysaventure!"
Thus seyde oure Hoost, "and lat hym telle his tale.
Now telleth forth, thogh that the Somonour gale;
Ne spareth nat, myn owene maister deere."
This false theef, this somonour, quod the Frere,
Hadde alwey bawdes redy to his hond,
As any hauk to lure in Engelond,
That tolde hym al the secree that they knewe,
For hire acqueyntance was nat come of newe.
They weren his approwours prively.
He took hymself a greet profit therby;
His maister knew nat alwey what he wan.
Withouten mandement a lewed man
He koude somne, on peyne of Cristes curs,
And they were glade for to fille his purs
And make hym grete feestes atte nale.
And right as Judas hadde purses smale,
And was a theef, right swich a theef was he;
His maister hadde but half his duetee.
He was, if I shal yeven hym his laude,
A theef, and eek a somnour, and a baude.
He hadde eek wenches at his retenue,
That, wheither that sir Robert or sir Huwe,

oder Jack oder Ralf, oder wer immer es war,
der mit ihnen schlief, es ihm ins Ohr flüsterten.
So arbeiteten die Dirne und er zusammen;
er beschaffte sich dann eine gefälschte Ermächtigung,
zitierte beide vor das Kapitel
und nahm den Mann aus, die Frau jedoch ließ er gehen.
Dann sagte er immer: »Freund, zu deinem Vorteil
werde ich sie von unserer schwarzen Liste streichen lassen;
du brauchst dir in dieser Sache keine Sorgen zu machen.
Ich bin dein Freund, wo ich dir helfen kann.«
Zweifellos kannte er mehr Mittel und Wege des Betruges,
als man in zwei Jahren aufzählen könnte.
Denn auf der ganzen Welt gibt es keinen Spürhund,
der ein angeschossenes Reh von einem unverletzten besser
unterscheiden kann, als dieser Büttel einen heimlichen Lüstling
ausmachen konnte oder einen Ehebrecher oder Liebhaber.
Und da dies seine beste Einkommensquelle war,
konzentrierte er deshalb seine ganze Aufmerksamkeit darauf.
Und so kam es eines Tages,
daß der Büttel, der stets auf seine Beute lauerte,
ausritt, um eine alte Witwe, eine rechte Schrulle, [ausnehmen.
unter Vortäuschung eines Grundes zu laden, denn er wollte sie
Und es traf sich, daß er vor sich einen gut gekleideten
Dienstmann sah, der am Rande eines Waldes ritt.
Dieser trug einen Bogen und spitze, glänzende Pfeile bei sich;
er war mit einer grünen Jacke bekleidet
und auf dem Kopf trug er einen Hut mit schwarzem Rand.
»Mein Herr«, sagte der Büttel, »seid gegrüßt!«
»Seid willkommen«, war die Antwort, »wie jeder rechte Kerl!
Wohin reitest du in diesem grünen Wald«,
fragte der Dienstmann, »willst du heute noch weit?«
Der Büttel antwortete ihm und sagte: »Nein;
ganz in der Nähe«, fuhr er fort, »liegt mein Ziel,
wohin ich reite, um eine Pacht einzutreiben,
die meinem Herrn gehört.«

Or Jakke, or Rauf, or whoso that it were
That lay by hem, they tolde it in his ere.
Thus was the wenche and he of oon assent,
And he wolde fecche a feyned mandement,
And somne hem to chapitre bothe two,
And pile the man, and lete the wenche go.
Thanne wolde he seye, "Freend, I shal for thy sake
Do striken hire out of oure lettres blake;
Thee thar namoore as in this cas travaille.
I am thy freend, ther I thee may availle."
Certeyn he knew of briberyes mo
Than possible is to telle in yeres two.
For in this world nys dogge for the bowe
That kan an hurt deer from an hool yknowe
Bet than this somnour knew a sly lecchour,
Or an avowtier, or a paramour.
And for that was the fruyt of als his rente,
Therfore on it he sette al his entente.
And so bifel that ones on a day
This somnour, evere waityng on his pray,
Rood for to somne an old wydwe, a ribibe,
Feynynge a cause, for he wolde brybe.
And happed that he saugh bifore hym ryde
A gay yeman, under a forest syde.
A bowe he bar, and arwes brighte and kene;
He hadde upon a courtepy of grene,
An hat upon his heed with frenges blake.
"Sire," quod this somnour, "hayl, and wel atake!"
"Welcome," quod he, "and every good felawe!
Wher rydestow, under this grene-wode shawe?"
Seyde this yeman, "Wiltow fer to day?"
This somnour hym answerde and seyde, "Nay;
Heere faste by," quod he, "is myn entente
To ryden, for to reysen up a rente
That longeth to my lordes duetee."

»Du bist also Gerichtsdiener?« – »Ja«, sagte er.
Wegen der großen Schande und aus Scham wagte er nicht
zu sagen, daß er Büttel sei – wegen des Titels.
»Bei Gott«, sagte der Dienstmann, »lieber Bruder,
du bist Gerichtsdiener – das bin ich auch.
In dieser Gegend bin ich nicht bekannt;
ich bitte dich um deine Bekanntschaft
und auch um Brüderschaft, wenn du willst.
Ich habe Gold und Silber in meiner Truhe;
sollte es dich einmal in unsere Grafschaft verschlagen,
soll alles dein sein, so, wie du es dir wünschst.«
»Danke«, sagte der Büttel, »wirklich, vielen Dank!«
Jeder versprach dem anderen in die Hand,
ihre Brüderschaft bis zum Tode einhalten zu wollen.
Munter ritten sie weiter und unterhielten sich.
Der Büttel, der so voller Klatsch und Tratsch war,
wie Raubwürger voller Tücke sind,
und der sich stets nach allem erkundigte,
fragte dann: »Bruder, wo wohnst du denn zur Zeit –
falls ich dich einmal aufsuchen sollte?«
Der Dienstmann antwortete ihm geheimnisvoll:
»Bruder«, sagte er, »weit oben im Norden,
dort, wo ich dich hoffentlich einmal sehen werde.
Bevor wir uns trennen, werde ich dir den Weg so genau weisen,
daß du mein Haus gewiß nicht verfehlen wirst.«
»Nun, Bruder«, sagte der Büttel, »ich bitte Euch,
lehrt mich, solange wir des Weges reiten –
da Ihr ja Gerichtsdiener seid wie ich auch –,
einen Trick und sagt mir aufrichtig, wie ich
in meinem Amt am meisten verdienen kann, und verbergt
nichts, weder aus Gewissensgründen noch aus Furcht vor
sondern sagt mir als mein Bruder, wie Ihr vorgeht.« [Sünde,
»Gewiß doch, lieber Bruder«, sagte er,
»ich werde dir die Wahrheit sagen –
mein Lohn ist sehr gering und kärglich.

"Artow thanne a bailly?" "Ye," quod he.
He dorste nat, for verray filthe and shame
Seye that he was a somonour, for the name.
"*Depardieux,*" quod this yeman, "deere broother,
Thou art a bailly, and I am another.
I am unknowen as in this contree;
Of thyn aqueyntance I wolde praye thee,
And eek of bretherhede, if that yow leste.
I have gold and silver in my cheste;
If that thee happe to comen in oure shire,
Al shal be thyn, right as thou wolt desire."
"Grant mercy," quod this somonour, "by my feith!"
Everych in ootheres hand his trouthe leith,
For to be sworne bretheren til they deye.
In daliance they ryden forth and pleye.
This somonour, which that was as ful of jangles
As ful of venym been thise waryangles
And evere enqueryng upon every thyng,
"Brother," quod he, "where is now youre dwellyng
Another day if that I sholde yow seche?"
This yeman hym answerde in softe speche,
"Brother", quod he, "fer in the north contree,
Whereas I hope som tyme I shal thee see.
Er we departe, I shal thee so wel wisse
That of myn hous ne shaltow nevere mysse."
"Now, brother," quod this somonour, "I yow preye,
Teche me, whil that we ryden by the weye,
Syn that ye been a baillif as am I,
Som subtiltee, and tel me feithfully
In myn office how that I may moost wynne;
And spareth nat for conscience ne synne,
But as my brother tel me, how do ye."
"Now, by my trouthe, brother deere," seyde he,
"As I shal tellen thee a feithful tale,
My wages been ful streite and ful smale.

Mein Herr ist hart zu mir und streng,
und mein Amt ist mit großen Mühen verbunden,
und deshalb lebe ich von Erpressung.
Denn wahrlich, ich nehme alles, was mir die Leute geben wollen.
Dennoch, mit List oder mit Gewalt
erreiche ich von Jahr zu Jahr mein Auskommen.
Etwas Besseres kann ich dir wirklich nicht sagen.«
»Nun sicher«, sagte der Büttel, »so mach' ich's auch.
Weiß Gott, ich bin nicht kleinlich im Nehmen,
es sei denn, etwas ist zu schwer oder zu heiß.
Was ich auf einen geheimen Rat hin erhalten kann,
das verursacht mir kein schlechtes Gewissen.
Ohne meine Erpressungen könnte ich nicht leben;
diese Kleinigkeiten will ich auch nicht beichten.
Ich kenne weder Magenschmerzen noch Gewissensbisse;
ich verfluche jeden dieser Beichtväter. Ein Glück,
daß wir uns begegnet sind, bei Gott und beim heiligen Jakob!
Doch nenne mir nun deinen Namen, lieber Bruder«,
sagte der Büttel. Bei diesen Worten
lächelte der Dienstmann ein wenig.
»Bruder«, sagte er, »willst du wirklich, daß ich ihn dir nenne?
Ich bin ein Teufel; ich wohne in der Hölle,
hier aber reite ich meines Erwerbes wegen umher,
um zu erfahren, wo mir die Menschen etwas geben wollen.
Mein Erwerb ist meine einzige Einnahmequelle.
Sieh, so, wie du in derselben Absicht umherreitest,
um Gut zu erwerben – du kümmerst dich ja nie, auf welche
genauso mach' ich's; denn ich würde jetzt [Weise –,
um einer Beute willen bis ans Ende des Welt reiten.«
»Nicht doch!« sagte der Büttel. »Gelobt sei Gott, was sagt Ihr
Ich glaubte, Ihr wärt ein wahrhaftiger Dienstmann. [da?
Ihr habt eine menschliche Gestalt, so wie ich.
Habt Ihr auch eine bestimmte Gestalt
in der Hölle, wo Ihr ja für gewöhnlich seid?«

My lord is hard to me and daungerous,
And myn office is ful laborous,
And therfore by extorcions I lyve.
For sothe, I take al that men wol me yive.
Algate, by sleyghte or by violence,
Fro yeer to yeer I wynne al my dispence.
I kan no bettre telle, feithfully."
  "Now certes," quod this Somonour, "so fare I.
I spare nat to taken, God it woot,
But if it be to hevy or to hoot.
What I may gete in conseil prively,
No maner conscience of that have I.
Nere myn extorcioun, I myghte nat lyven,
Ne of swiche japes wol I nat be shryven.
Stomak ne conscience ne knowe I noon;
I shrewe thise shrifte-fadres everychoon.
Wel be we met, by God and by Seint Jame!
But, leeve brother, tel me thanne thy name,"
Quod this somonour. In this meene while
This yeman gan a litel for to smyle.
  "Brother," quod he, "wiltow that I thee telle?
I am a feend; my dwellyng is in helle,
And heere I ryde aboute my purchasyng,
To wite wher men wol yeve me any thyng.
My purchas is th'effect of al my rente.
Looke how thou rydest for the same entente,
To wynne good, thou rekkest nevere how;
Right so fare I, for ryde wolde I now
Unto the worldes ende for a preye."
  "A!" quod this somonour, "benedicite! What sey ye?
I wende ye were a yeman trewely.
Ye han a mannes shap as wel as I;
Han ye a figure thanne determinat
In helle, ther ye been in youre estat?"

»Nein, gewiß nicht«, sagte er, »dort haben wir keine;
doch wenn es uns gefällt, können wir eine annehmen;
oder wir lassen es euch scheinen, als ob wir
manchmal wie ein Mensch oder wie ein Affe gestaltet seien;
ich kann aber auch in Engelsgestalt auftreten.
Es ist kein Wunder, daß dies so ist;
ein lausiger Gaukler kann dich betrügen,
ich aber kenne noch mehr Schliche als der, bei Gott!«
»Weshalb«, fragte der Büttel, »reitet oder geht Ihr dann
in unterschiedlicher Gestalt und nicht immer in ein und derselben?«
Er sagte: »Weil wir uns die Gestalt geben wollen,
die zum Erhaschen unserer Beute am geeignetsten ist.«
»Was veranlaßt Euch, diese ganze Mühe auf Euch zu nehmen?«
»Viele Gründe, mein lieber Herr Büttel!«
sagte der Teufel. »Doch jedes Ding hat seine Zeit.
Der Tag ist kurz; es ist schon nach 9 Uhr,
und dennoch habe ich heute noch nichts eingenommen.
Ich will mich möglichst auf meinen Erwerb konzentrieren
und nicht darauf, unsere Künste zu erklären.
Denn dein Verstand ist zu gering, mein lieber Bruder,
diese begreifen zu können, selbst wenn ich sie dir erklären würde.
Da du aber gefragt hast, weshalb wir uns so mühen –
manchmal sind wir nämlich Gottes Werkzeuge
und Mittel, um seine Gebote dann,
wenn es ihm gefällt, an seinen Geschöpfen
in unterschiedlicher Weise und in unterschiedlicher Gestalt auszuführen.
Ohne ihn sind wir gewiß machtlos,
sollte es ihm gefallen, sich zu widersetzen.
Und manchmal bekommen wir auf unser Bitten hin die Erlaubnis,
zwar den Leib, nicht aber die Seele zu peinigen;
nimm Hiob zum Zeugnis, den wir peinigten.
Und manchmal haben wir Macht über beide,
das heißt über Leib und Seele.
Und manchmal dürfen wir
einen Menschen heimsuchen und seine Seele beunruhigen,

"Nay, certeinly," quod he, "ther have we noon;
But whan us liketh we kan take us oon,
Or elles make yow seme we been shape;
Somtyme lyk a man, or lyk an ape,
Or lyk an angel kan I ryde or go.
It is no wonder thyng thogh it be so;
A lowsy jogelour kan deceyve thee,
And pardee, yet kan I moore craft than he."
"Why," quod this somonour, "ryde ye thanne or goon
In sondry shap, and nat alwey in oon?"
"For we," quod he, "wol us swiche formes make
As moost able is oure preyes for to take."
"What maketh yow to han al this labour?"
"Ful many a cause, leeve sire somonour,"
Seyde this feend, "but alle thyng hath tyme.
The day is short, and it is passed pryme,
And yet ne wan I nothyng in this day.
I wol entende to wynnyng, if I may,
And nat entende oure wittes to declare.
For, brother myn, thy wit is al to bare
To understonde, althogh I tolde hem thee.
But, for thou axest why labouren we –
For somtyme we been Goddes instrumentz
And meenes to doon his comandementz,
Whan that hym list, upon his creatures,
In divers art and in diverse figures.
Withouten hym we have no myght, certayn,
If that hym list to stonden ther-agayn.
And somtyme, at oure prayere, han we leve
Oonly the body and nat the soule greve;
Witnesse on Job, whom that we diden wo.
And somtyme han we myght of bothe two –
This is to seyn, of soule and body eke.
And somtyme be we suffred for to seke
Upon a man and doon his soule unreste

nicht aber seinen Leib – und alles ist zum Besten.
Widersteht er unserer Versuchung,
ist dies ein Grund für seine Errettung,
wenn es auch nicht unsere Absicht war,
daß er errettet würde, sondern daß wir ihn packen wollten.
Und manchmal dienen wir einem Menschen,
wie etwa dem Erzbischof St. Dunstan,
aber auch den Aposteln diente ich.«
»Doch sag mir aufrichtig«, bat der Büttel,
»macht ihr euch stets neue Körper
aus den Elementen?« – »Nein«, antwortete der Teufel,
»manchmal täuschen wir dies vor und manchmal erscheinen wir
in verschiedenen Körpern von Toten
und reden so bereitwillig, gefällig und gut,
wie Samuel zur Wahrsagerin von Endor redete.
(Doch behaupten manche, daß er es nicht war;
eure Theologie interessiert mich aber nicht.)
Vor einer Sache aber warne ich dich, ich will nicht spaßen –
du willst ja wissen, wie wir gestaltet sind;
hernach, mein teurer Bruder, wirst du
dorthin kommen, wo du meine Lehre nicht mehr brauchst.
Deine Erfahrung wird es dir dann nämlich ermöglichen,
vom Katheder aus Vorlesungen zu diesem Thema abzuhalten,
und zwar besser als Vergil zu seinen Lebzeiten
oder Dante. Nun laß uns rasch weiterreiten,
denn ich will dir so lange Gesellschaft leisten,
bis du mich verlassen solltest.«
»Nein«, sagte der Büttel, »das soll nicht geschehen!
Ich bin ein Dienstmann, der weithin bekannt ist,
mein Versprechen in dieser Sache möchte ich einhalten.
Und wenn du der Teufel Satan persönlich wärst,
mein Versprechen will ich gegenüber meinem Bruder halten –
wir haben uns ja gegenseitig geschworen,
in dieser Angelegenheit treue Brüder zu sein;
auch gehen wir beide unserem Erwerb nach.

And nat his body, and al is for the beste.
Whan he withstandeth oure temptacioun,
It is a cause of his savacioun,
Al be it that it was nat oure entente
He sholde be sauf, but that we wolde hym hente.
And somtyme be we servant unto man,
As to the erchebisshop Seint Dunstan,
And to the apostles servant eek was I."
"Yet tel me", quod the somonour, "feithfully,
Make ye yow newe bodies thus alway
Of elementz?" The feend answerde, "Nay.
Somtyme we feyne, and somtyme we aryse
With dede bodyes, in ful sondry wyse,
And speke as renably and faire and wel
As to the Phitonissa dide Samuel.
(And yet wol som men seye it was nat he;
I do no fors of youre dyvynytee.)
But o thyng warne I thee, I wol nat jape:
Thou wolt algates wite how we been shape;
Thou shalt herafterward, my brother deere,
Come there thee nedeth nat of me to leere,
For thou shalt, by thyn owene experience,
Konne in a chayer rede of this sentence
Bet than Virgile, while he was on lyve,
Or Dant also. Now lat us ryde blyve,
For I wole holde compaignye with thee
Til it be so that thou forsake me."
"Nay," quod this somonour, "that shal nat bityde!
I am a yeman, knowen is ful wyde;
My trouthe wol I holde, as in this cas.
For though thou were the devel Sathanas,
My trouthe wol I holde to my brother,
As I am sworn, and ech of us til oother,
For to be trewe brother in this cas;
And bothe we goon abouten oure purchas.

Nimm du deinen Teil, was immer man dir geben wird,
und ich werde den meinen nehmen; so können wir beide leben.
Sollte aber einer von uns mehr als der andere bekommen,
dann möge er ehrlich sein und mit seinem Bruder teilen.«
»Ich stimme zu«, sagte der Teufel, »ganz bestimmt.«
Und mit diesen Worten ritten sie auf ihrem Weg weiter.
Am Eingang der Ortschaft aber,
zu der der Büttel unterwegs war,
sahen sie einen mit Heu beladenen Wagen,
den ein Fuhrmann lenkte.
Der Weg war voller Schlamm, weshalb der Karren feststeckte.
Der Fuhrmann hieb auf die Pferde ein und schrie wie ein Irrer.
»Hüh, Grauer! Hüh, Max! Was haltet ihr wegen der Steine inne?
Der Teufel«, sagte er, »soll euch mit Haut und Haaren holen,
so wahr ihr zu Welt gekommen seid,
so großen Ärger habe ich mit euch gehabt!
Der Teufel soll alles holen, die Pferde, den Wagen und das Heu!«
Der Büttel sagte: »Jetzt werden wir auf unsere Kosten kommen.«
Und er näherte sich dem Teufel so, als ob nichts
geschehen wäre, ganz vorsichtig, und raunte ihm ins Ohr:
»Gib acht, mein Bruder, hör hin, unbedingt!
Hörst du denn nicht, was der Fuhrmann sagt?
Greif zu, denn er hat dir sowohl das Heu
als auch den Wagen und seine drei Zugpferde gegeben.«
»Nein«, sagte der Teufel, »weiß Gott, beileibe nicht!
Es ist nicht seine Absicht, glaub mir nur.
Frag ihn nur selbst, wenn du mir nicht glaubst,
oder sei ruhig, denn du wirst schon sehen.«
Der Fuhrmann packte seine Pferde bei der Kruppe
und sie begannen zu ziehen und zu zerren.
»Hüh! Los jetzt«, sagte er, »Jesus Christus segne euch
und alle seine Geschöpfe, groß und klein!
Das war gut gezogen, mein guter Grauer.
Gott und der heilige Eligius mögen dich segnen!
Nun ist mein Karren aus dem Dreck, bei Gott!«

Taak thou thy part, what that men wol thee yive,
And I shal myn; thus may we bothe lyve.
And if that any of us have moore than oother,
Lat hym be trewe and parte it with his brother."
"I graunte," quod the devel, "by my fey."
And with that word they ryden forth hir wey.
And right at the entryng of the townes ende,
To which this somonour shoop hym for to wende,
They saugh a cart that charged was with hey,
Which that a cartere droof forth in his wey.
Deep was the wey, for which the carte stood.
The cartere smoot and cryde as he were wood,
"Hayt, Brok! Hayt, Scot! What spare ye for the stones?
The feend," quod he, "yow fecche, body and bones,
As ferforthly as evere were ye foled,
So muche wo as I have with yow tholed!
The devel have al, bothe hors and cart and hey!"
This somonour seyde, "Heere shal we have a pley."
And neer the feend he drough, as noght ne were,
Ful prively, and rowned in his ere:
"Herkne, my brother, herkne, by thy feith!
Herestow nat how that the cartere seith?
Hent it anon, for he hath yeve it thee,
Bothe hey and cart, and eek his caples thre."
"Nay," quod the devel, "God woot, never a deel!
It is nat his entente, trust me weel.
Axe hym thyself, if thou nat trowest me;
Or elles stynt a while, and thou shalt see."
This cartere thakketh his hors upon the croupe,
And they bigonne to drawen and to stoupe.
"Heyt! Now," quod he, "ther Jhesu Crist yow blesse,
And al his handwerk, bothe moore and lesse!
That was wel twight, myn owene lyard boy.
I pray God save thee, and Seinte Loy!
Now is my cart out of the slow, pardee!"

»Nun, Bruder«, sagte der Teufel, »was hab' ich dir gesagt?
Hier könnt Ihr sehen, mein lieber Bruder,
daß der Kerl das eine sagte, doch etwas anderes dachte.
Laß uns unserem Geschäft nachgehen;
hier kann ich an Spanndiensten nichts verdienen.«
Als sie ein kurzes Stück aus der Ortschaft herausgekommen
raunte der Büttel seinem Bruder zu: [waren,
»Bruder«, sagte er, »hier wohnt eine alte Schrulle,
die sich lieber das Genick brechen würde,
als einen Pfennig von ihrem Besitz hergeben.
Ich will aber zwölf Pfennige von ihr, selbst wenn sie wahnsinnig
sonst werde ich sie auf unser Amt laden; [wird,
und doch, bei Gott, ich kann sie keines Lasters bezichtigen.
Da du aber, zumindest in dieser Gegend,
nicht auf deine Kosten kommen kannst, nimm dir jetzt ein
Der Büttel klopfte an die Tür der Witwe. [Beispiel an mir.«
»Komm heraus«, sagte er, »du alte Hexe!
Ich glaube, du hast einen Bettelmönch oder einen Pfarrer bei
»Wer klopft?« fragte das Weib, »Gelobt sei Gott! [dir.«
Gott beschütze Euch, Herr! Was ist Euer gnädiger Wille?«
»Ich habe hier«, sagte er, »eine Vorladung,
und wenn du nicht exkommuniziert werden willst, sieh zu, daß
morgen früh auf den Knien vor dem Erzdiakon bist, [du
um dem Gericht Antwort auf gewisse Dinge zu geben.«
»Herrgott«, sagte sie, »Jesus Christus, du König der Könige,
hilf mir nun gnädiglich, denn ich kann es nicht.
Ich bin seit vielen Tagen krank.
Ich kann nicht so weit gehen«, sagte sie, »und auch nicht reiten,
ich werde sterben, so sticht es mir in der Seite.
Darf ich wenigstens um eine Abschrift der Anklage bitten, Herr
und vor Gericht durch einen Stellvertreter [Büttel,
auf die Dinge antworten, die man mir vorhält?«
»Ja«, antwortete der Büttel, »zahl mir sofort, sagen wir
zwölf Pfennige, dann will ich dich freisprechen.
Ich werde davon nur wenig profitieren,

“Lo, brother,” quod the feend, “what tolde I thee?
Heere may ye se, myn owene deere brother,
The carl spak oo thing, but he thoghte another.
Lat us go forth abouten oure viage;
Heere wynne I nothyng upon cariage.”
Whan that they coomen somwhat out of towne,
This somonour to his brother gan to rowne:
“Brother,” quod he, “heere woneth an old rebekke
That hadde almoost as lief to lese hire nekke
As for to yeve a peny of hir good.
I wole han twelf pens, though that she be wood,
Or I wol sompne hire unto oure office;
And yet, God woot, of hire knowe I no vice.
But for thou kanst nat, as in this contree,
Wynne thy cost, taak heer ensample of me.”
This somonour clappeth at the wydwes gate.
“Com out,” quod he, “thou olde virytrate!
I trowe thou hast som frere or preest with thee.”
“Who clappeth?” seyde this wyf, “benedicitee!
God save you, sire, what is youre sweete wille?”
“I have,” quod he, “of somonce here a bille;
Up peyne of cursyng, looke that thou be
Tomorn bifore the erchedeknes knee
T’answere to the court of certeyn thynges.”
“Now, Lord,” quod she, “Crist Jhesu, kyng of
So wisly helpe me, as I ne may. [kynges,
I have been syk, and that ful many a day.
I may nat go so fer,” quod she, “ne ryde,
But I be deed, so priketh it in my syde.
May I nat axe a libel, sire somonour,
And answere there by my procuratour
To swich thyng as men wole opposen me?”
“Yis,” quod this somonour, “pay anon – lat se –
Twelf pens to me, and I wol thee acquite.
I shal no profit han therby but lite;

mein Meister hat den Profit, nicht ich.
Komm schon, damit ich sogleich weiterreiten kann;
gib mir zwölf Pfennige, ich kann nicht länger warten.«
»Zwölf Pfennige!« sagte sie. »Heilige Maria,
hilf mir nun gütig aus Sorge und Sünde;
selbst wenn ich die ganze weite Welt gewänne –
ich besitze keine zwölf Pfennige.
Ihr wißt genau, daß ich arm und alt bin;
laßt mir armen Kreatur Eure Milde angedeihen.«
»Nein«, sagte er, »der häßliche Teufel hole mich, wenn ich
mit dir Nachsicht hätte, selbst wenn du dabei zugrunde gehst!«
»O weh«, sagte sie, »weiß Gott, ich habe keine Schuld!«
»Bezahl mich«, sagte er, »bei der gesegneten, heiligen Anna!
Sonst werde ich deine neue Pfanne mitnehmen
wegen der Schuld, die du schon lange bei mir ausstehen hast.
Als du deinen Mann zum Hahnrei machtest,
habe ich zuhause für deine Züchtigung bezahlt.«
»Du lügst«, sagte sie, »bei meinem Seelenheil!
Weder als Witwe noch als Ehefrau
wurde ich jemals in meinem Leben vor Euer Gericht geladen;
mit meinem Leib habe ich nie gesündigt!
Dem schwarzen und gräßlichen Teufel
übergebe ich deinen Körper und dazu noch meine Pfanne!«
Und als der Teufel sie so fluchen hörte,
dazu noch auf den Knien, sagte er:
»Nun, Mabel, mein teures Mütterchen,
ist dies tatsächlich Euer Wille, was Ihr sagt?«
»Der Teufel«, sagte sie, »soll ihn noch vor seinem Tode holen,
und meinetwegen auch die Pfanne – es sei denn, er bereue!«
»Nein, alte Kuh, es ist nicht meine Absicht«,
sagte der Büttel, »reumütig zu werden
wegen irgendeiner Sache, die ich von dir erhalten habe.
Ich wünschte, ich hätte dein Gewand und dein ganzes Tuch!«
»Nun, Bruder«, sagte der Teufel, »sei nicht böse;
dein Körper und die Pfanne sind rechtens mein.

My maister hath the profit and nat I.
Com of, and lat me ryden hastily;
Yif me twelf pens, I may no lenger tarye."
  "Twelf pens!" quod she, "Now, lady Seinte Marie
So wisly help me out of care and synne,
This wyde world thogh that I sholde wynne,
Ne have I nat twelf pens withinne myn hoold.
Ye knowen wel that I am povre and oold;
Kithe youre almesse on me, povre wrecche."
  "Nay thanne," quod he, "the foule feend me fecche
If I th'excuse, though thou shul be spilt!"
  "Allas!" quod she, "God woot, I have no gilt."
  "Pay me," quod he, "or by the sweete Seinte Anne,
As I wol bere awey thy newe panne
For dette which thou owest me of old.
Whan that thou madest thyn housbonde cokewold,
I payde at hoom for thy correccioun."
  "Thou lixt!" quod she, "by my savacioun,
Ne was I nevere er now, wydwe ne wyf,
Somoned unto youre court in al my lyf;
Ne nevere I nas but of my body trewe!
Unto the devel blak and rough of hewe
Yeve I thy body and my panne also!"
  And whan the devel herde hire cursen so
Upon hir knees, he seyde in this manere,
"Now, Mabely, myn owene mooder deere,
Is this youre wyl in ernest that ye seye?"
  "The devel", quod she, "so fecche hym er he deye,
And panne and al, but he wol hym repente!"
  "Nay, olde stot, that is nat myn entente,"
Quod this somonour, "for to repente me
For any thyng that I have had of thee.
I wolde I hadde thy smok and every clooth!"
  "Now, brother," quod the devel, "be nat wrooth;
Thy body and this panne been myne by right.

Du wirst noch heute abend mit mir zur Hölle fahren,
wo du mehr über unsere Privatsphäre erfahren wirst
als ein Magister der Theologie.«
Und mit diesen Worten holte ihn der böse Feind;
mit Leib und Seele ging er mit dem Teufel
dorthin, wo Bütteln ihr Erbe zuteil wird.
Und Gott, der die Menschheit nach seinem Bilde
erschaffen hat, behüte und bewahre uns alle
und lasse diese Büttel gute Menschen werden!
Ihr Herren, sagte der Bettelmönch,
wenn es mir wegen des Büttels hier möglich gewesen wäre,
hätte ich auch mit den Worten Christi, Paulus' und Johannes'
sowie vieler anderer Doktoren, von solcher Pein
berichten können, daß euch das Herz gezittert hätte,
wenn es auch so ist, daß keine Zunge sie umfassend beschreiben
selbst wenn ich tausend Jahre lang [kann,
von den Qualen im verfluchten Haus der Hölle erzählen würde.
Um uns aber vor diesem verfluchten Ort bewahren zu
wachet und bittet Jesus um seine Gnade, [können –
damit er uns vor dem Versucher Satanas beschütze.
Hört dieses Wort und seht euch vor:
»Der Löwe liegt stets auf der Lauer,
um, wenn er kann, den Unschuldigen zu töten.«
Bereitet euer Herz darauf vor,
dem Teufel zu widerstehen, der euch gerne knechten und fesseln
Seine Versuchungen übersteigen eure Kraft nicht, [würde.
denn Christus wird euer Streiter und Ritter sein.
Und betet dafür, daß diese Büttel ihre
Missetaten bereuen, bevor der Teufel sie holt!

Hier endet die Erzählung des Bettelmönchs.

Thou shalt with me to helle yet tonyght,
Where thou shalt knowen of oure privetee
Moore than a maister of dyvynytee."
And with that word this foule feend hym hente;
Body and soule he with the devel wente
Where as that somonours han hir heritage.
And God, that maked after his ymage
Mankynde, save and gyde us, alle and some,
And leve this somonours goode men bicome!
  Lordynges, I koude han toold yow, quod this Frere,
Hadde I had leyser for this Somnour heere,
After the text of Crist, Poul, and John,
And of oure othere doctours many oon,
Swiche peynes that youre hertes myghte agryse,
Al be it so no tonge may it devyse,
Thogh that I myghte a thousand wynter telle
The peynes of thilke cursed hous of helle.
But for to kepe us fro that cursed place,
Waketh and preyeth Jhesu for his grace
So kepe us fro the temptour Sathanas.
Herketh this word! Beth war, as in this cas:
"The leoun sit in his awayt alway
To sle the innocent, if that he may."
Disposeth ay youre hertes to withstonde
The feend, that yow wolde make thral and bonde.
He may nat tempte yow over youre myght,
For Crist wol be youre champion and knyght.
And prayeth that thise somonours hem repente
Of hir mysdedes, er that the feend hem hente!

Heere endeth the Freres Tale.

DER PROLOG DES BÜTTELS

Der Prolog zur Erzählung des Büttels.

Der Büttel stand hoch aufgerichtet in den Steigbügeln;
sein Herz war voller Wut auf diesen Bettelmönch,
daß er vor Zorn zitterte wie Espenlaub.
»Herrschaften«, sagte er, »lediglich eine Sache begehre ich,
bei eurer Höflichkeit bitte ich euch darum:
Da ihr nun unseren falschen Bettelmönch lügen hörtet,
so duldet doch, daß ich meine Geschichte erzählen darf.
Der Bettelmönch rühmt sich, die Hölle zu kennen,
und weiß Gott, das ist nicht sehr verwunderlich: [entfernt.
Bettelmönche und Teufel hausen nicht weit voneinander
Bei Gott, ihr habt schon häufig die Geschichte gehört,
wie der Geist eines Bettelmönches einmal in einer Vision
in die Hölle versetzt wurde.
Als ihn dann ein Engel umherführte,
um ihm die Qualen zu zeigen, die es dort gab,
sah er in der ganzen Hölle keinen einzigen Bettelmönch –
andere Leute in großer Pein sah er genug.
Da sprach der Bettelmönch zum Engel: [Gnade teilhaftig,
›Nun, Herr‹, fragte er, ›sind Bettelmönche einer solchen
daß keiner von ihnen hierher kommen soll?‹
›Doch‹, entgegnete der Engel, ›viele Millionen sogar!‹
Und er führte ihn hinab zu Satan.
›Nun hat Satan aber einen Schwanz‹, sagte er,
›der größer ist als das Segel eines Lastschiffes.
Heb deinen Schwanz in die Höhe, du Satan!‹ befahl er.
›Laß deinen Arsch sehen und zeig dem Bettelmönch,
wo hier das Nest der Bettelmönche ist!‹
Und nach wenigen Augenblicken
kamen genau so, wie Bienen aus dem Korb schwärmen,

THE SUMMONER'S PROLOGUE

The Prologe of the Somonours Tale.

This Somonour in his styropes hye stood;
Upon this Frere his herte was so wood
That lyk an aspen leef he quook for ire.
"Lordynges," quod he, "but o thyng I desire;
I yow biseke that, of youre curteisye,
Syn ye han herd this false Frere lye,
As suffreth me I may my tale telle.
This Frere bosteth that he knoweth helle,
And God it woot, that it is litel wonder;
Freres and feendes been but lyte asonder.
For, pardee, ye han ofte tyme herd telle
How that a frere ravysshed was to helle
In spirit ones by a visioun;
And as an angel ladde hym up and doun,
To shewen hym the peynes that ther were,
In al the place saugh he nat a frere;
Of oother folk he saugh ynowe in wo.
Unto this angel spak the frere tho:
'Now, sire,' quod he, 'han freres swich a grace
That noon of hem shal come to this place?'
'Yis,' quod this angel, 'many a millioun!'
And unto Sathanas he ladde hym doun.
'And now hath Sathanas,' seith he, 'a tayl
Brodder than of a carryk is the sayl.
Hold up thy tayl, thou Sathanas!' quod he;
'Shewe forth thyn ers, and lat the frere se
Where is the nest of freres in this place!'
And er that half a furlong wey of space,
Right so as bees out swarmen from an hyve,

aus des Teufels Arsch der Reihe nach
zwanzigtausend Bettelmönche heraus
und schwärmten durch die ganze Hölle.
Dann kamen sie zurück, so schnell sie konnten,
und krochen in seinen Arsch zurück – jeder von ihnen.
Er senkte dann seinen Schwanz wieder und lag ganz ruhig.
Als der Bettelmönch genug von den
Qualen dieses schrecklichen Ortes gesehen hatte,
führte Gott in seiner Gnade seinen Geist
wieder in seinen Körper zurück, und er erwachte.
Doch zitterte er noch immer vor Angst,
so sehr waren seine Gedanken noch mit dem Arsch des Teufels,
der sein gerechtes Erbe ist, beschäftigt.
Gott erhalte euch alle, bis auf diesen verfluchten Bettelmönch!
So will ich meinen Prolog beenden.«

DIE ERZÄHLUNG DES BÜTTELS

Hier beginnt die Erzählung des Büttels.

Herrschaften, soweit ich weiß, gibt es in Yorkshire
einen marschigen Landstrich, Holderness genannt,
in welchem ein Bettelmönch seinen Bezirk hatte,
in dem er predigte und bettelte.
Eines Tages ereignete es sich, daß der Bettelmönch
in einer Kirche auf seine Art gepredigt hatte;
ganz besonders aber hatte er
in seiner Predigt die Zuhörer
zu Seelenmessen und Spenden für den Herrgott aufgefordert,
mit denen heilige Stätten errichtet werden könnten,
dort, wo der Gottesdienst gefeiert wird –
nicht dort, wo die Opfer vergeudet und verpraßt werden,
und auch nicht dort, wo Opfer nicht vonnöten sind,

Out of the develes ers ther gonne dryve
Twenty thousand freres on a route,
And thurghout helle swarmed al aboute,
And comen agayn as faste as they may gon,
And in his ers they crepten everychon.
He clapte his tayl agayn and lay ful stille.
This frere, whan he looked hadde his fille
Upon the tormentz of this sory place,
His spirit God restored, of his grace,
Unto his body agayn, and he awook.
But natheles, for fere yet he quook,
So was the develes ers ay in his mynde,
That is his heritage of verray kynde.
God save yow alle, save this cursed Frere!
My prologe wol I ende in this manere."

THE SUMMONER'S TALE

Heere bigynneth the Somonour his Tale.

Lordynges, ther is in Yorkshire, as I gesse,
A mersshy contree called Holdernesse,
In which ther wente a lymytour aboute
To preche, and eek to begge, it is no doute.
And so bifel that on a day this frere
Hadde preched at a chirche in his manere,
And specially, aboven every thyng,
Excited he the peple in his prechyng
To trentals, and to yeve, for Goddes sake,
Wherwith men myghte hooly houses make,
Ther as divine servyce is honoured,
Nat ther as it is wasted and devoured,
Ne ther it nedeth nat for to be yive,

wie zum Beispiel bei denen, die eine Pfründe haben und,
Gott sei Dank, in Reichtum und Überfluß leben können.
Er sagte: »Seelenmessen erlösen die Seelen
unserer Freunde, ob alt oder jung, von der Buße,
wenn sie schnell hintereinander gesungen werden,
was aber nicht heißen soll, ein Priester sei nachlässig und faul,
wenn er lediglich eine Messe am Tag singt.
Erlöst die Seelen doch sofort«, sagte er,
»denn es ist sehr schmerzhaft, wenn man mit Fleischhaken oder
gekrallt oder verbrannt oder geröstet wird. [Greifhaken
Sputet euch also, um Christi willen!«
Nachdem der Bettelmönch sein Anliegen vorgetragen hatte,
machte er sich mit dem *Qui cum patre* auf den Weg.
Als die Leute ihm in der Kirche nach ihrem Gutdünken
ging er weg; er wollte nicht länger bleiben. [gegeben hatten,
Mit Bettelsack und spitzem Stock, die Kutte hoch geschürzt,
schaute er sich in jedem Haus um
und bettelte Mehl und Käse oder auch Getreide.
Sein Mitbruder hatte einen Stock mit Hornspitze,
ein Paar Tafeln, ganz aus Elfenbein,
und einen glänzend polierten Griffel;
und stets schrieb er sogleich die Namen
all der Leute auf, die ihnen etwas gegeben hatten,
als ob er für sie beten wollte.
»Gebt uns ein Fuder Weizen, Malz oder Roggen,
ein Almosenbrot oder ein Stückchen Käse,
oder was Ihr wollt, wir dürfen nicht wählerisch sein;
einen Almosenpfennig oder einen Meßpfennig,
oder gebt uns von Eurem Schweinefleisch, wenn Ihr welches
ein Stück von Eurem Wollstoff, liebe Frau [habt;
und liebe Schwester – seht, hier schreibe ich Euren Namen
Speck oder Rindfleisch, oder was Ihr finden könnt.« [auf –,
Ein kräftiger Bursche ging stets hinter ihnen her,
er war ihr Dienstmann und trug einen Sack;
und alles, was man ihnen gegeben hatte, trug er auf dem Rücken.

As to possessioners, that mowen lyve,
Thanked be God, in wele and habundaunce.
"Trentals," seyde he, "deliveren fro penaunce
Hir freendes soules, as wel olde as yonge –
Ye, whan that they been hastily ysonge,
Nat for to holde a preest joly and gay –
He syngeth nat but o masse in a day.
Delivereth out," quod he, "anon the soules!
Ful hard it is with flesshhook or with oules
To been yclawed, or to brenne or bake.
Now spede yow hastily, for Cristes sake!"
And whan this frere had seyd al his entente,
With *qui cum patre* forth his wey he wente.
Whan folk in chirche had yeve him what hem leste,
He wente his wey, no lenger wolde he reste.
With scrippe and tipped staf, ytukked hye,
In every hous he gan to poure and prye,
And beggeth mele and chese, or elles corn.
His felawe hadde a staf tipped with horn,
A peyre of tables al of yvory,
And a poyntel polysshed fetisly,
And wroot the names alwey, as he stood,
Of alle folk that yaf hym any good,
Ascaunces that he wolde for hem preye.
"Yif us a busshel whete, malt, or reye,
A Goddes kechyl, or a trype of chese,
Or elles what yow lyst, we may nat cheese;
A Goddes halfpeny, or a masse peny,
Or yif us of youre brawn, if ye have eny;
A dagon of youre blanket, leeve dame,
Oure suster deere – lo! Heere I write youre name –
Bacon or beef, or swich thyng as ye fynde."
A sturdy harlot wente ay hem bihynde,
That was hir hostes man, and bar a sak,
And what men yaf hem, leyde it on his bak.

Sobald aber der Bettelmönch zur Tür hinaus war,
radierte er sogleich jeden der Namen aus,
die er zuvor auf seine Tafeln geschrieben hatte.
Er tischte ihnen Nichtigkeiten und Lügen auf. [mönch.
»Nein, du Büttel, hier lügst du!« unterbrach ihn der Bettel-
»Ruhe«, entgegnete unser Wirt, »bei Christi teurer Mutter!
Setz deine Geschichte fort und laß ja nichts aus.«
»So wahr mir Gott helfe«, sagte der Büttel, »das werde ich!«
Er ging so lange von Haus zu Haus, bis er
zu einem Haus kam, wo er gewöhnlich
mehr erquickt worden war als an hundert anderen Orten.
Der gute Mann, dem das Haus gehörte, lag krank darnieder;
sein Krankenlager war ein niederes Ruhebett.
»*Deus hic*«, sagte er, »o Thomas, Freund, guten Tag!«
sagte der Bettelmönch höflich und milde.
»Thomas«, sagte er, »Gott vergelt's dir! Sehr oft
ist es mir auf dieser Bank sehr gut gegangen,
hier habe ich viele köstliche Mahlzeiten verzehrt.«
Er jagte die Katze von der Bank,
legte seinen Wanderstab, seine Kappe
und seinen Bettelsack ab und ließ sich gemütlich nieder.
Sein Mitbruder war in den Ort gegangen,
und sein Dienstmann auch, zu jener Herberge,
wo er ihnen für die kommende Nacht ein Quartier belegen
»O teurer Meister«, sagte der Kranke, [wollte.
»wie ist es Euch seit Anfang März ergangen? [gesehen.«
Ich habe Euch seit mindestens vierzehn Tagen nicht mehr
»Weiß Gott«, sagte er, »ich habe mich sehr geschunden –
und ganz besonders für dein Seelenheil
habe ich viele nützliche Gebete gesprochen,
wie auch für unsere anderen Freunde, Gott segne sie!
Zur Messe bin ich heute in eurer Kirche gewesen
und habe eine Predigt auf meine einfache Art gehalten,
nicht streng nach dem Text der Bibel,
denn der ist zu schwer für euch, meine ich;

And whan that he was out at dore, anon
He planed awey the names everichon
That he biforn had writen in his tables;
He served hem with nyfles and with fables. [Frere.
"Nay, ther thou lixt, thou Somonour!" quod the
"Pees," quod oure Hoost, "for Cristes mooder deere!
Tel forth thy tale, and spare it nat at al."
"So thryve I", quod this Somonour, "so I shal!"
So longe he wente, hous by hous, til he
Cam til an hous ther he was wont to be
Refresshed moore than in an hundred placis.
Syk lay the goode man whos that the place is;
Bedrede upon a couche lowe he lay.
"*Deus hic!*" quod he, "O Thomas, freend, good day!"
Seyde this frere, curteisly and softe.
"Thomas," quod he, "God yelde yow! Ful ofte
Have I upon this bench faren ful weel;
Heere have I eten many a myrie meel."
And fro the bench he droof awey the cat,
And leyde adoun his potente and his hat,
And eek his scrippe, and sette hym softe adoun.
His felawe was go walked into toun
Forth with his knave, into that hostelrye
Where as he shoop hym thilke nyght to lye.
"O deere maister," quod this sike man,
"How han ye fare sith that March bigan?
I saugh yow noght this fourtenyght or moore."
"God woot," quod he, "laboured I have ful soore,
And specially for thy savacion
Have I seyd many a precious orison,
And for oure othere freendes, God hem blesse!
I have to day been at youre chirche at messe,
And seyd a sermon after my symple wit –
Nat al after the text of hooly writ,
For it is hard to yow, as I suppose,

und deshalb lehre ich euch nur die Glossen.
Glossieren ist gewiß eine wertvolle Sache,
denn das Wort tötet, wie wir Kleriker sagen.
Dort habe ich der Gemeinde dargelegt, was Spenden bedeutet
und daß sie ihr Vermögen dorthin geben sollen, wo es hingehört;
und dort habe ich auch unsere Hausherrin gesehen – oh, wo ist
»Sie ist wohl drüben im Garten, glaube ich«, [sie denn?«
sagte der Mann, »sie wird gleich kommen.«
»Ei, Meister, seid willkommen, beim heiligen Johannes!«
sagte die Hausherrin. »Wie geht es Euch, wenn ich fragen darf?«
Der Bettelmönch stand überaus höflich auf,
umarmte sie innig,
küßte sie herzlich und tschilpte wie ein Spatz,
so spitzte er die Lippen: »Madame«, sagte er, »sehr gut,
wie es dem geht, der ganz und gar Euer Diener ist –
gelobt sei Gott, der Euch Leib und Seele schenkte!
Heute habe ich noch keine so schöne Frau
in der Kirche gesehen, bei meinem Seelenheil!«
»Ja, Gott möge uns zu besseren Menschen machen, Herr«,
»Wahrlich, Ihr seid hier stets willkommen!« [sagte sie.
»Vielen Dank, Madame, das habe ich stets gespürt.
Doch bei Eurer großen Güte, mit Eurer Erlaubnis,
wollte ich Euch bitten, daß Ihr nicht beleidigt seid,
wenn ich ein wenig mit Thomas sprechen will.
Diese Seelsorger sind so nachlässig und langsam
beim behutsamen Erforschen des Gewissens
in der Beichte; meine Sorgfalt gilt der Predigt
und dem Studium der Worte des Petrus und des Paulus.
Ich gehe umher und fische die Seelen der Christenmenschen,
um Jesus Christus das ihm Zustehende zu geben;
mein ganzes Streben ist die Verbreitung seines Wortes.«
»Nun, mit Eurer Erlaubnis, teurer Herr«, sagte sie,
»tadelt ihn kräftig, bei der heiligen Dreifaltigkeit!
Er ist so gereizt wie eine Ameise,
obgleich er alles hat, was er begehrt;

And therfore wol I teche yow al the glose.
Glosynge is a glorious thyng, certeyn,
For lettre sleeth, so as we clerkes seyn –
There have I taught hem to be charitable,
And spende hir good ther it is resonable;
And there I saugh oure dame – A! Where is she?"
"Yond in the yerd I trowe that she be,"
Seyde this man, "and she wol come anon."
"Ey, maister, welcome be ye, by Seint John!"
Seyde this wyf, "How fare ye, hertely?"
The frere ariseth up ful curteisly,
And hire embraceth in his armes narwe,
And kiste hire sweete, and chirketh as a sparwe
With his lyppes: "Dame," quod he "right weel,
As he that is youre servant every deel,
Thanked be God, that yow yaf soule and lyf!
Yet saugh I nat this day so fair a wyf
In al the chirche, God so save me!"
"Ye, God amende defautes, sire," quod she.
"Algates, welcome be ye, by my fey!"
"Graunt mercy, dame, this have I founde alwey.
But of youre grete goodnesse, by youre leve,
I wolde prey yow that ye nat yow greve,
I wole with Thomas speke a litel throwe.
Thise curatz been ful necligent and slowe
To grope tendrely a conscience
In shrift; in prechyng is my diligence,
And studie in Petres wordes and in Poules.
I walke and fisshe Cristen mennes soules
To yelden Jhesu Crist his propre rente;
To sprede his word is set al myn entente."
"Now, by youre leve, o deere sire," quod she,
"Chideth him weel, for seinte Trinitee!
He is as angry as a pissemyre,
Though that he have al that he kan desire;

obwohl ich ihn nachts zudecke und ihn wärme
und mein Bein oder meinen Arm über ihn lege,
stöhnt er wie unser Eber, der im Stall liegt.
Andere Annehmlichkeiten habe ich keine von ihm;
ich kann ihn überhaupt nicht zufriedenstellen.«
»O Thomas, ich sage Euch, Thomas! Thomas!
Das kommt vom Teufel, das muß sich ändern.
Gott, der Allmächtige, hat den Zorn verboten;
darüber will ich nun ein paar Worte sagen.«
»Nun, Meister«, sagte die Frau, »bevor ich gehe,
was wollt Ihr essen? Ich werde mich darum kümmern.«
»Nun, Madame«, erwiderte er, »ich sag's Euch ohne Um-
Wenn ich auch nur die Leber eines Kapauns hätte, [schweife:
auch nur ein Stückchen Eures guten Brotes
und danach einen gebratenen Schweinskopf –
doch wollte ich nicht, daß meinetwegen ein Tier geschlachtet
dann hätte ich bei Euch herzhafte Hausmannskost. [würde –,
Ich bin ein Mann, der nur wenig benötigt,
meine Seele findet ihre Nahrung in der Bibel.
Mein Körper ist ja stets darauf eingestellt und ist gewohnt
zu wachen, wovon mein Magen ganz kaputt ist.
Ich bitte Euch, Madame, seid mir nicht böse,
wenn ich Euch so bereitwillig meine Geheimnisse offenbare.
Bei Gott! Ich würde sie nur wenigen anvertrauen!«
»Nun, Herr«, sagte sie darauf, »noch ein Wort, bevor ich
Mein Kind ist vor vierzehn Tagen gestorben, [gehe.
kurz nachdem Ihr diesen Ort verlassen hattet.«
»Seinen Tod habe ich in einer Vision gesehen«,
antwortete der Bettelmönch, »zuhause in unserem
Ich kann sagen, keine halbe Stunde [Dormitorium.
nach seinem Tode habe ich in meinem Traum gesehen,
wie es zur himmlischen Freude getragen wurde, Gott sei mein
Auch unser Sakristan und unser Krankenpfleger, [Zeuge.
beide seit fünfzig Jahren gute Bettelmönche, haben dies gesehen.
Sie können nun, Gott sei dafür gedankt,

Though I hym wrye a-nyght and make hym warm,
And over hym leye my leg outher myn arm,
He groneth lyk oure boor, lith in oure sty.
Oother desport right noon of hym have I;
I may nat plese hym in no maner cas."
"O Thomas, *je vous dy*, Thomas! Thomas!
This maketh the feend; this moste ben amended.
Ire is a thyng that hye God defended,
And therof wol I speke a word or two."
"Now, maister," quod the wyf, "er that I go,
What wol ye dyne? I wol go theraboute."
"Now, dame," quod he, "now *je vous dy sanz doute*,
Have I nat of a capon but the lyvere,
And of youre softe breed nat but a shyvere,
And after that a rosted pigges heed –
But that I nolde no beest for me were deed –
Thanne hadde I with yow hoomly suffisaunce.
I am a man of litel sustenaunce;
My spirit hath his fostryng in the Bible.
The body is ay so redy and penyble
To wake, that my stomak is destroyed.
I prey yow, dame, ye be nat anoyed,
Though I so freendly yow my conseil shewe.
By God! I wold nat telle it but a fewe."
"Now, sire," quod she, "but o word er I go.
My child is deed withinne thise wykes two,
Soone after that ye wente out of this toun."
"His deeth saugh I by revelacioun,"
Seide this frere, "at hoom in oure dortour.
I dar wel seyn that, er that half an hour
After his deeth, I saugh hym born to blisse
In myn avision, so God me wisse!
So dide oure sexteyn and oure fermerer,
That han been trewe freres fifty yeer;

ihr Jubiläum feiern und ohne Begleiter gehen.
Und ich stand auf und unser ganzer Konvent ebenfalls,
und viele Tränen rannen mir über die Wangen;
Wir machten aber keinen Lärm und läuteten auch die Glocken
Ein *Te Deum* sangen wir, das war alles, [nicht.
außer daß ich ein Gebet zu Christus sprach
und ihm für seine Offenbarung dankte.
Denn, werter Herr und gnädige Frau, darauf könnt ihr euch
Unsere Gebete sind effektiver [verlassen:
und wir sehen mehr von Christi verborgenen Dingen
als Leute im Laienstand, selbst wenn sie König wären.
Wir leben in Armut und Enthaltsamkeit,
Laien jedoch in Reichtum und in der Verschwendung
von Speise und Trank und in ihren schlimmen Lastern.
Wir verachten die Gelüste dieser Welt.
Lazarus und der reiche Mann lebten verschieden
und deshalb wurden sie ja ganz unterschiedlich belohnt.
Wer beten will, der muß fasten und rein sein
und seine Seele laben und seinen Körper darben lassen.
Wir leben, wie es der Apostel vorschreibt: Kleidung und
genügen uns, selbst wenn sie nicht sehr gut sind. [Nahrung
Die Reinheit und das Fasten von uns Bettelmönchen
bewirken, daß Christus unsere Gebete annimmt.

Seht, Moses fastete vierzig Tage und vierzig Nächte,
bevor der allmächtige Gott
auf dem Berge Sinai zu ihm redete.
Mit leerem Magen und nach vielen Tagen des Fastens
erhielt er das Gesetz, das Gott eigenhändig
geschrieben hatte; und ihr wißt ja, daß Eli,
bevor er auf dem Berge Horeb ein Zwiegespräch
mit dem allmächtigen Gott, unseres Lebens Retter, hielt,
lange gefastet hatte und in Andacht versunken gewesen war.

Aaron, der den Tempel beaufsichtigte,
sowie jeder der anderen Priester
nahmen, wenn sie in den Tempel gingen,

Maken hir jubilee and walke allone.
And up I roos, and al oure covent eke,
With many a teere trillyng on my cheke,
Withouten noyse or claterynge of belles;
Te Deum was oure song, and nothyng elles,
Save that to Crist I seyde an orison,
Thankynge hym of his revelacion.
For, sire and dame, trusteth me right weel,
Oure orisons been moore effectueel,
And moore we seen of Cristes secree thynges,
Than burel folk, although they weren kynges.
We lyve in poverte and in abstinence,
And burell folk in richesse and despence
Of mete and drynke, and in hir foul delit.
We han this worldes lust al in despit.
Lazar and Dives lyveden diversly,
And divers gerdon hadden they therby.
Whoso wol preye, he moot faste and be clene,
And fatte his soule, and make his body lene.
We fare as seith th'apostle; clooth and foode
Suffisen us, though they be nat ful goode.
The clennesse and the fastynge of us freres
Maketh that Crist accepteth oure preyeres.
"Lo, Moyses fourty dayes and fourty nyght
Fasted, er that the heighe God of myght
Spak with hym in the mountayne of Synay.
With empty wombe, fastynge many a day,
Receyved he the lawe that was writen
With Goddes fynger; and Elye, wel ye witen,
In mount Oreb, er he hadde any speche
With hye God, that is oure lyves leche,
He fasted longe and was in contemplaunce.
"Aaron, that hadde the temple in governaunce,
And eek the othere preestes everichon,
Into the temple whan they sholde gon

um für das Volk zu beten und den Gottesdienst zu verrichten,
keinerlei Getränke zu sich,
die sie hätten betrunken machen können,
vielmehr beteten und wachten sie dort in Enthaltsamkeit,
damit sie nicht stürben. Nehmt euch zu Herzen, was ich sage!
Die für das Volk beten, sollen nüchtern sein!
Bedenkt, was ich sage – nichts weiter, das genügt.
Unser Herr Jesus, so lehrt die Heilige Schrift,
gab uns ein Beispiel vom Fasten und Beten.
Deshalb sind wir Mendikanten, wir gesegneten Bettelmönche,
mit der Armut und der Enthaltsamkeit vermählt,
mit der Nächstenliebe, der Demut und der Abstinenz,
mit der Verfolgung um der Rechtschaffenheit willen,
mit dem Weinen, der Barmherzigkeit und der Reinheit.
Und daran könnt ihr erkennen, daß unsere Gebete –
ich spreche von uns, uns Mendikanten, uns Bettelmönchen –
dem allmächtigen Gott willkommener sind
als eure – ihr mit euren Gelagen.
Um die Wahrheit zu sagen: Der Mensch wurde vor allem
wegen seiner Begehrlichkeit aus dem Paradies vertrieben;
im Paradies aber war der Mensch rein.
Doch höre nun, Thomas, was ich dir sagen werde.
Ich habe, glaube ich, keinen Text darüber,
doch werde ich es in irgendeiner Glosse finden,
daß unser gnädiger Herr Jesus vor allem
an die Bettelmönche dachte, als er diese Worte sprach:
›Selig sind die geistig Armen.‹
Ihr könnt das ganze Evangelium daraufhin durchsehen,
ob diese Worte unserem Gelöbnis näher kommen
oder dem derer, die in Pfründen schwimmen.
Pfui ihrem Pomp und ihrer Völlerei!
Und wegen ihrer Unwissenheit verachte ich sie.
Mir dünkt, sie gleichen Jovinian,
der fett ist wie ein Wal und watschelt wie ein Schwan,
ganz voller Wein ist er, wie eine Flasche im Keller.

To preye for the peple and do servyse,
They nolden drynken in no maner wyse
No drynke which that myghte hem dronke make,
But there in abstinence preye and wake,
Lest that they deyden. Taak heede what I seye!
But they be sobre that for the peple preye,
War that – I seye namoore, for it suffiseth.
"Oure Lord Jhesu, as hooly writ devyseth,
Yaf us ensample of fastynge and preyeres.
Therfore we mendynantz, we sely freres,
Been wedded to poverte and continence,
To charite, humblesse, and abstinence,
To persecucioun for rightwisnesse,
To wepynge, misericorde, and clennesse.
And therfore may ye se that oure preyeres –
I speke of us, we mendynantz, we freres –
Been to the hye God moore acceptable
Than youres, with your feestes at the table.
For Paradys first, if I shal nat lye,
Was man out chaced for his glotonye;
And chaast was man in Paradys, certeyn.
"But herkne now, Thomas, what I shal seyn.
I ne have no text of it, as I suppose,
But I shal fynde it in a maner glose,
That specially oure sweete Lord Jhesus
Spak this by freres, whan he seyde thus:
'Blessed be they that povere in spirit been.'
And so forth al the gospel may ye seen,
Wher it be likker oure professioun,
Or hirs that swymmen in possessioun.
Fy on hire pompe and on hire glotonye!
And for hir lewednesse I hem diffye.
"Me thynketh they been lyk Jovinyan,
Fat as a whale, and walkynge as a swan,
Al vinolent as botel in the spence.

Ihr Gebet ist voller Ehrfurcht,
wenn sie den Psalm Davids für die Seelen beten;
hör, was sie sagen: ›Hicks! Mein Herz hat sich erhoben!‹
Wer folgt denn Christi Evangelium und seinem Vorbild?
Doch wir, die wir demütig, rein und arm sind,
Gottes Wort auch ausführen und nicht nur hören.
Deshalb also: So, wie der Falke sich
in die Luft schwingt, so fliegen die Gebete
von mildtätigen und reinen, geschäftigen Bettelmönchen
geradewegs zu Gottes Ohr.
Thomas! Thomas! So wahr ich gehen und reiten kann
und bei dem Herrn, der heiliger Ivo genannt wird,
wärst du nicht unser Bruder, würde es dir nicht gut gehen.
In unserem Kapitel beten wir Tag und Nacht
zu Christus, daß er dir Gesundheit und Kraft schenke,
damit du deinen Körper alsbald wieder gebrauchen kannst.«
»Weiß Gott«, sagte der, »ich spüre überhaupt nichts davon!
Christus stehe mir bei – innerhalb weniger Jahre
habe ich für Bettelmönche verschiedener Orden
viele Pfund ausgegeben – es geht mir aber gar nicht besser.
Gewiß, mein Gut habe ich fast ausgegeben.
Leb wohl, mein Gold, ich hab' dich ja nicht mehr!«
Der Bettelmönch antwortete: »O Thomas, das also tust du?
Was braucht Ihr verschiedene Bettelmönche aufzusuchen?
Was braucht der, der einen vollkommenen Arzt hat,
andere Ärzte am Ort aufsuchen?
Euer Wankelmut ist Euer Verderben.
Meint Ihr denn, daß ich oder unser Konvent
nicht genug für Euch beten?
Thomas, dieser Spaß ist keinen Pfifferling wert.
Eure Krankheit kommt daher, daß wir zu wenig haben.
Ah! Gib dem Konvent ein achtel Fuder Hafer!
Ah! Gib dem Konvent vierundzwanzig Groschen!
Ah! Gib dem Bettelmönch einen Pfennig und laß ihn ziehen!
Nein, nein, Thomas, so darf es nicht sein!

Hir preyere is of ful greet reverence,
Whan they for soules seye the psalm of Davit:
Lo, 'buf!' they seye, '*cor meum eructavit!*'
Who folweth Cristes gospel and his foore,
But we that humble been, and chaast, and poore,
Werkeris of Goddes word, nat auditours?
Therfore, right as an hauk up at a sours
Up springeth into th'eir, right so prayeres
Of charitable and chaste bisy freres
Maken hir sours to Goddes eres two.
Thomas! Thomas! So moote I ryde or go,
And by that lord that clepid is Seint Yve,
Nere thou oure brother, sholdestou nat thryve.
In our chapitre praye we day and nyght
To Crist, that he thee sende heele and myght
Thy body for to weelden hastily."
"God woot," quod he, "no thyng therof feele I!
As help me Crist, as I in fewe yeres,
Have spent upon diverse manere freres
Ful many a pound; yet fare I never the bet.
Certeyn, my good have I almoost biset.
Farwel, my gold, for it is al ago!"
The frere answerde, "O Thomas, dostow so?
What nedeth yow diverse freres seche?
What nedeth hym that hath a parfit leche
To sechen othere leches in the toun?
Your inconstance is youre confusioun.
Holde ye thanne me, or elles oure covent,
To praye for yow been insufficient?
Thomas, that jape nys nat worth a myte.
Youre maladye is for we han to lyte.
A, yif that covent half a quarter otes!
A, yif that covent foure and twenty grotes!
A, yif that frere a peny, and lat hym go!
Nay, nay, Thomas, it may no thyng be so!

Was ist ein Zehner wert, geteilt durch zwölf?
Sieh, jedes Ding, das als Ganzes belassen wird,
ist stärker, als wenn es in Teile zerlegt wird.
Thomas, ich will dir nicht schmeicheln;
du wolltest wohl unsere Mühen ganz umsonst haben.
Gott, der Allmächtige, der die ganze Welt erschaffen hat,
sagt, der Arbeiter sei seines Lohnes wert.
Thomas, nichts von Eurem Schatz begehre ich
für mich, sondern dafür, daß unser ganzer Konvent
stets fleißig für Euch betet,
und um Christi Kirche errichten zu können.
Thomas, wenn Ihr wissen wollt, was es heißt, gute Werke
zu tun, werdet Ihr etwas über das Bauen von Kirchen, falls
es einem guten Zweck dient, im Leben des heiligen Thomas von Indien finden.
Ihr liegt hier voller Ärger und Zorn,
mit denen der Teufel Euch das Herz entflammt hat,
und scheltet Eure holde, unschuldige
Frau, die ja so demütig und geduldig ist.
Und deshalb, Thomas, glaub mir, wenn du willst,
streite nicht mit deiner Frau, es ist zu deinem Besten.
Und wahrlich, beherzige folgende Worte
zu diesem Thema; hör, was Jesus Sirach dazu sagt:
›Sei kein Löwe in deinem Haus,
schikaniere deine Untergebenen nicht
und vertreibe deine Bekannten nicht!‹
Und, Thomas, ich ermahne dich ferner:
Nimm dich in acht vor der, die in deiner Brust ruht,
hüte dich vor der Schlange, die verborgen
im Gras kriecht und plötzlich zubeißt.
Sei vorsichtig, mein Sohn, und hör geduldig zu:
Zwanzigtausend Männer haben ihr Leben verloren,
weil sie mit ihren Geliebten und ihren Frauen stritten.
Da Ihr aber eine so vollkommen demütige Frau habt,
was zwingt Euch dann zu streiten, Thomas?
Es gibt gewiß keine Schlange, die so angriffslustig wird,

What is a ferthyng worth parted in twelve?
Lo, ech thyng that is oned in himselve
Is moore strong than whan it is toscatered.
Thomas, of me thou shalt nat been yflatered;
Thou woldest han oure labour al for noght.
The hye God, that al this world hath wroght,
Seith that the werkman worthy is his hyre.
Thomas, noght of youre tresor I desire
As for myself, but that al oure covent
To preye for yow is ay so diligent,
And for to buylden Cristes owene chirche.
Thomas, if ye wol lernen for to wirche,
Of buyldynge up of chirches may ye fynde
If it be good in Thomas lyf of Inde.
Ye lye heere ful of anger and of ire,
With which the devel set youre herte afyre,
And chiden heere the sely innocent,
Youre wyf, that is so meke and pacient.
And therfore, Thomas, trowe me if thee leste,
Ne stryve nat with thy wyf, as for thy beste;
And ber this word awey now, by thy feith;
Touchynge swich thyng, lo, what the wise seith:
'Withinne thyn hous ne be thou no leon;
To thy subgitz do noon oppression,
Ne make thyne aqueyntances nat to flee.'
And, Thomas, yet eft-soones I charge thee,
Be war from Ire that in thy bosom slepeth;
War fro the serpent that so slily crepeth
Under the gras and styngeth subtilly.
Be war, my sone, and herkne paciently
That twenty thousand men han lost hir lyves
For stryvyng with hir lemmans and hir wyves.
Now sith ye han so hooly meke a wyf,
What nedeth yow, Thomas, to maken stryf?
Ther nys, ywys, no serpent so cruel,

wenn man ihr auf den Schwanz tritt, oder halb so grimmig ist
wie eine Frau, wenn sie der Zorn gepackt hat.
Dann nämlich wollen sie nur Rache!
Der Zorn ist eine der Sieben Todsünden;
Gott, der Allmächtige, verabscheut ihn,
und Zorn bringt dem Zornigen Verderben.
Jeder gemeine Vikar oder Pfarrer kann
darüber Auskunft geben, wie Zorn zum Totschlag führt.
Der Zorn ist wahrlich der Handlanger des Stolzes.
Vom Zorn könnte ich so viel Schreckliches berichten,
daß meine Rede bis morgen dauern würde.
Und deshalb bete ich Tag und Nacht zu Gott,
er möge einem Zornigen keine große Macht verleihen!
Es ist eine große Gefahr und sicher auch ein großer Schaden,
wenn man einen Zornigen mit einem hohen Amt betraut.
Einstmals lebte ein zorniger Herrscher,
so berichtet Seneca, und zu seinen Zeiten
ritten eines Tages zwei Ritter aus.
Und Fortuna wollte, daß es so käme,
daß einer von ihnen zurückkehren sollte, der andere aber nicht.
Sogleich wurde der Ritter vor den Richter geführt,
der folgendes sagte: ›Du hast deinen Kameraden getötet,
weshalb ich dich zum Tode verurteile.‹
Und er befahl einem anderen Ritter:
›Geh, führe ihn zum Richtplatz, ich befehle es dir.‹
Als sie auf dem Weg dorthin waren,
wo er sterben sollte, geschah es,
daß der Ritter, den man tot geglaubt hatte, zurückkam.
Dann meinten sie, sie wären am besten beraten,
beide wieder vor den Richter zu führen.
Sie sagten: ›Herr Richter, der Ritter hat seinen
Kameraden nicht getötet; hier steht er unversehrt.‹
›Ihr sollt sterben‹, sagte er, ›bei meinem Leben!
Das heißt, nicht nur ihr zwei, sondern alle drei.‹
Und zu dem ersten Ritter sagte er:

Whan man tret on his tayl, ne half so fel,
As womman is, whan she hath caught an ire;
Vengeance is thanne al that they desire.
Ire is a synne, oon of the grete of sevene,
Abhomynable unto the God of hevene;
And to hymself it is destruccion.
This every lewed viker or person
Kan seye, how ire engendreth homycide.
Ire is, in sooth, executour of pryde.
I koude of ire seye so muche sorwe,
My tale sholde laste til to-morwe.
And therfore preye I God bothe day and nyght
An irous man, God sende hym litel myght!
It is greet harm and certes greet pitee
To sette an irous man in heigh degree.
"Whilom ther was an irous potestat,
As seith Senek, that, durynge his estaat,
Upon a day out ryden knyghtes two,
And as Fortune wolde that it were so,
That oon of hem cam hoom, that oother noght.
Anon the knyght bifore the juge is broght,
That seyde thus, 'Thou hast thy felawe slayn,
For which I deme thee to the deeth, certayn.'
And to another knyght comanded he,
'Go lede hym to the deeth, I charge thee.'
And happed, as they wente by the weye
Toward the place ther he sholde deye,
The knyght cam which men wenden had be deed.
Thanne thoughte they it were the beste reed
To lede hem bothe to the juge agayn.
They seiden, 'Lord, the knyght ne hath nat slayn
His felawe; heere he standeth hool alyve.'
'Ye shul be deed,' quod he, 'so moot I thryve!
That is to seyn, bothe oon, and two, and thre!'
And to the firste knyght right thus spak he,

›Ich habe dich verdammt, also mußt du auch sterben.
Und auch du sollst deinen Kopf verlieren,
denn du bist der Grund, weshalb dein Kamerad sterben wird.‹
Und zum dritten Ritter sagte er:
›Du hast das nicht getan, was ich dir befohlen habe.‹
Und so ließ er alle drei töten.

Der zornige Cambises war nicht nur ein Trinker,
sondern auch ein Halunke.
Eines Tages aber sagte ein Adliger seines Hofstaates,
dem sittsame Tugend über alles ging,
bei einem Zwiegespräch folgendes:

›Ein Fürst ist verloren, wenn er lasterhaft ist,
und im Ruf der Trunkenheit zu stehen, ist ein schlechtes Zeugnis
für jeden Mann, besonders aber für einen Fürsten.
Es gibt viele Augen und Ohren,
die über einen Fürsten wachen, ohne daß er davon weiß.
Um der Liebe Gottes willen, trinkt gemäßigter!
Der Wein verursacht, daß ein Mann auf erbärmliche Weise
den Verstand und die Herrschaft über seine Glieder verliert!‹

›Das Gegenteil wirst du sofort sehen‹, sagte er,
›und aufgrund deiner eigenen Erfahrung beweisen können,
daß der Wein einem Menschen keinen solchen Schaden zufügt.
Es gibt keinen Wein, der mir die Macht
über Hand oder Fuß oder die Schärfe meiner Augen rauben könnte.‹
Und aus Verächtlichkeit trank er noch viel mehr –
hundertmal mehr als zuvor.
Sogleich ließ dieser zornige, verfluchte Lump
den Sohn des Ritters holen
und befahl diesem, sich vor ihm aufzustellen.
Und plötzlich nahm er den Bogen in die Hand,
zog die Sehne bis ans Ohr
und tötete den Jungen dort mit einem Pfeil.
›Hab ich nun eine sichere Hand oder nicht‹, fragte er,
›sind meine ganze Kraft und mein ganzer Verstand dahin?
Hat mir der Wein die Schärfe meiner Augen genommen?‹

'I dampned thee; thou most algate be deed.
And thou also most nedes lese thyn heed,
For thou art cause why thy felawe deyth.'
And to the thridde knyght right thus he seith,
'Thou hast nat doon that I comanded thee.'
And thus he dide doon sleen hem alle thre.
"Irous Cambises was eek dronkelewe,
And ay delited hym to been a shrewe.
And so bifel, a lord of his meynee
That loved vertuous moralitee
Seyde on a day bitwix hem two right thus:
"'A lord is lost, if he be vicius;
And dronkenesse is eek a foul record
Of any man, and namely in a lord.
Ther is ful many an eye and many an ere
Awaityng on a lord, and he noot where.
For Goddes love, drynk moore attemprely!
Wyn maketh man to lesen wrecchedly
His mynde and eek his lymes everichon.'
"'The revers shaltou se,' quod he, 'anon,
And preve it by thyn owene experience,
That wyn ne dooth to folk no swich offence.
Ther is no wyn bireveth me my myght
Of hand ne foot, ne of myne eyen sight.'
And for despit he drank ful muchel moore,
An hondred part, than he hadde don bifoore;
And right anon this irous, cursed wrecche
Leet this kynghtes sone bifore hym fecche,
Comandynge hym he sholde bifore hym stonde.
And sodeynly he took his bowe in honde,
And up the streng he pulled to his ere,
And with an arwe he slow the child right there.
'Now wheither have I a siker hand or noon?'
Quod he; 'Is al my myght and mynde agon?
Hath wyn bireved me myn eyen sight?'

Was brauch' ich die Antwort des Ritters zu erzählen?
Sein Sohn war tot, mehr ist nicht zu sagen.
Seid deshalb vorsichtig, wie Ihr mit Fürsten umgeht.
Singt *Placebo* und ›Ich werde, wenn ich kann‹,
es sei denn, Ihr würdet mit einem Armen reden.
Einem Armen sollte man seine Laster aufzeigen,
doch keinem Fürsten, selbst wenn er zur Hölle fahren müßte.
Denk an den zornigen Cyrus, diesen Perser,
wie er den Fluß von Diala zerstörte,
weil eines seiner Pferde darin ertrunken war,
als er Babylonien einnehmen wollte.
Er ließ den Fluß so klein machen,
daß sogar Frauen ganz hindurchwaten konnten.
Was aber sagte der, der so gut Lehren erteilen konnte?
›Sei einem zornigen Menschen nicht freund und
gehe mit einem Verrückten nicht denselben Weg,
damit du es nicht bereust!‹ Mehr will ich nicht sagen.
Nun, Thomas, lieber Bruder, laß von deinem Zorn ab.
Du wirst feststellen, daß ich so gerecht wie ein Richtmaß bin.
Setz dir nicht immer des Teufels Messer ans Herz –
dein Zorn verletzt dich nur zu sehr –,
sondern leg deine Beichte vollständig vor mir ab.«
»Nein«, sagte der Kranke, »beim heiligen Simon!
Ich habe heute bereits meinem Seelsorger gebeichtet.
Ich habe ihm meinen Zustand völlig offenbart;
es ist nicht nötig, noch mehr darüber zu sprechen«, sagte er,
»es sei denn, ich wolle es aus Demut tun.«
»Dann gib mir von deinem Gold zum Bau unseres
Klosters«, sagte er, »denn viele Muscheln und viele Austern
haben wir, als es anderen Menschen gut ging,
verzehren müssen, damit wir unser Kloster bauen konnten.
Und doch, weiß Gott, ist das Fundament kaum
fertig; auf dem Boden
in unseren Zellen ist noch keine einzige Fliese.
Bei Gott! Wir schulden vierzig Pfund für Steine.

What sholde I telle th'answere of the knyght?
His sone was slayn; ther is namoore to seye.
Beth war, therfore, with lordes how ye pleye.
Syngeth *Placebo* and 'I shal, if I kan,'
But if it be unto a povre man.
To a povre man men sholde his vices telle,
But nat to a lord, thogh he sholde go to helle.
"Lo irous Cirus, thilke Percien,
How he destroyed the ryver of Gysen,
For that an hors of his was dreynt therinne,
Whan that he wente Babiloigne to wynne.
He made that the ryver was so smal
That wommen myghte wade it over al.
Lo, what seyde he that so wel teche kan?'
'Ne be no felawe to an irous man,
Ne with no wood man walke by the weye,
Lest thee repente;' I wol no ferther seye.
"Now, Thomas, leeve brother, lef thyn ire;
Thou shalt me fynde as just as is a squyre.
Hoold nat the develes knyf ay at thyn herte –
Thyn angre dooth thee al to soore smerte –
But shewe to me al thy confessioun."
"Nay," quod the sike man, "by Seint Symoun!
I have be shryven this day at my curat.
I have hym toold hoolly al myn estat;
Nedeth namoore to speken of it," seith he,
"But if me list, of myn humylitee."
"Yif me thanne of thy gold, to make oure cloystre,"
Quod he, "for many a muscle and many an oystre,
Whan othere men han ben ful wel at eyse,
Hath been oure foode, our cloystre for to reyse.
And yet, God woot, unnethe the fundement
Parfourned is, ne of our pavement
Nys nat a tyle yet withinne oure wones.
By God, we owen fourty pound for stones.

Nun hilf, Thomas, aus Liebe zu dem, der die Hölle besiegt
Denn sonst müßten wir unsere Bücher verkaufen. [hat!
Und wenn ihr unserer Predigt entbehrt,
wird die ganze Welt der Zerstörung anheimfallen.
Denn wer uns aus dieser Welt vertreiben wollte,
Thomas – Gott erhalte mich –,
der würde der Welt die Sonne rauben.
Denn wer kann so lehren und arbeiten, wie wir es können?
Und nicht erst seit kurzem«, sagte er,
»sondern seit den Zeiten von Elias oder Elisa –
dafür habe ich Zeugnisse – üben sich Bettelmönche
in Barmherzigkeit. Unserem Herrn sei gedankt!
Nun, Thomas, hilf, um der Barmherzigkeit willen!«
Und sofort kniete er nieder.
Der Kranke wurde vor Zorn fast wahnsinnig;
er wünschte, der Bettelmönch wäre in Flammen aufgegangen
wegen seiner üblen Scheinheiligkeit.
»Nur das, was in meinem Besitz ist«,
sagte er, »kann ich geben, sonst nichts.
Ihr sagt mir doch, daß ich Euer Bruder sei?« [mönch,
»Ja, darauf könnt Ihr Euch verlassen«, antwortete der Bettel-
»ich habe unserer Hausherrin unseren Brief mit unserem Siegel
»Nun gut«, sprach er, »ich werde [gebracht.«
eurem Konvent etwas geben, solange ich noch am Leben bin.
Und du sollst es sofort in die Hand bekommen –
unter der einen Bedingung,
daß du es so verteilst, mein lieber Bruder,
daß ein jeder Bettelmönch genausoviel hat wie der andere.
Dies sollst du bei deinem Gelöbnis schwören,
ohne Betrug oder Wortklaubereien.«
»Das schwöre ich ganz gewiß«, sagte der Bettelmönch.
Und mit diesen Worten legte er seine Hand in die des Kranken:
»Sieh, hier hast du mein Versprechen! An mir soll es nicht
»Nun, dann fahr mit deiner Hand meinen Rücken [liegen.«
hinunter«, sagte der Mann, »und taste nur gut, hinten.

"Now help, Thomas, for hym that harwed helle!
For elles moste we oure bookes selle.
And if yow lakke oure predicacioun,
Thanne goth the world al to destruccioun.
For whoso wolde us fro this world bireve,
So God me save, Thomas, by youre leve,
He wolde bireve out of this world the sonne.
For who kan teche and werchen as we konne?
And that is nat of litel tyme," quod he,
"But syn Elye was, or Elise,
Han freres been – that fynde I of record –
In charitee, ythanked be oure Lord!
Now Thomas, help, for seinte charitee!"
And doun anon he sette hym on his knee.
This sike man wax wel ny wood for ire;
He wolde that the frere had been on-fire
With his false dissymulacioun.
"Swich thyng as is in my possessioun,"
Quod he, "that may I yeve, and noon oother.
Ye sey me thus, how that I am youre brother?"
"Ye, certes," quod the frere, "trusteth weel.
I took oure dame oure lettre with oure seel."
"Now wel," quod he, "and somwhat shal I yive
Unto youre hooly covent whil I lyve;
And in thyn hand thou shalt it have anon,
On this condicion, and oother noon,
That thou departe it so, my deere brother,
That every frere have also muche as oother.
This shaltou swere on thy professioun,
Withouten fraude or cavillacioun."
"I swere it," quod this frere, "by my feith!"
And therwithal his hand in his he leith,
"Lo, heer my feith; in me shal be no lak."
"Now thanne, put in thyn hand doun by my bak,"
Seyde this man, "and grope wel bihynde.

Unter meinem Hintern wirst du etwas finden,
das ich heimlich versteckt habe.«
»Ah«, dachte der Bettelmönch, »das wird mir gehören!«
Und er streckte seine Hand zur Spalte hinunter,
denn er hoffte, dort eine Gabe zu entdecken.
Als der Kranke den Bettelmönch
an seinem Arsch hin und her tasten spürte,
ließ er mitten in dessen Hand einen Furz –
es gibt keinen Karrengaul,
der einen so gewaltigen Furz lassen könnte.
Wie ein wilder Löwe fuhr der Bettelmönch hoch.
»O niederträchtiger Kerl«, sagte er, »beim Leibe Gottes!
Das hast du nur getan, um mich zu kränken.
Für diesen Furz sollst du büßen, wenn es in meiner Macht steht!«
Sein Gesinde, das den Aufruhr vernommen hatte,
kam hereingestürzt und jagte den Bettelmönch hinaus.
Und der ging mit sehr zorniger Miene weg
und holte seinen Mitbruder von dort, wo sein Vorrat lagerte.
Er sah aus wie ein wilder Eber,
er knirschte mit den Zähnen, so wütend war er.
Entschlossenen Schrittes ging er zum Herrenhaus,
wo ein ehrenwerter Mann lebte,
dessen Beichtvater er seit langem war.
Dieser würdige Mann war der Herr des Dorfes.
Wie in Rage kam der Bettelmönch dort an,
als der Dorfherr gerade zu Tische saß;
er konnte kaum ein Wort sprechen,
schließlich aber sagte er: »Gott sei mit Euch!«
Der Dorfherr blickte auf und sagte: »Gelobt sei Gott!
Wie, Bruder Johann, was ist das für eine Welt?
Ich sehe wohl, daß irgendwas nicht stimmt;
Ihr blickt drein, als ob der Wald voller Diebe wäre.
Setzt Euch sogleich und erzählt mir Euren Kummer.
Und wenn es in meiner Macht steht, werde ich Euch helfen.«

Bynethe my buttok there shaltow fynde
A thyng that I have hyd in pryvetee."
"A!" thoghte this frere, "That shal go with me!"
And doun his hand he launcheth to the clifte
In hope for to fynde there a yifte.
And whan this sike man felte this frere
Aboute his tuwel grope there and heere,
Amydde his hand he leet the frere a fart;
Ther nys no capul, drawynge in a cart,
That myghte have lete a fart of swich a soun.
The frere up stirte as dooth a wood leoun –
"A, false cherl," quod he, "for Goddes bones!
This hastow for despit doon for the nones.
Thou shalt abye this fart, if that I may!"
His meynee, whiche that herden this affray,
Cam lepynge in and chaced out the frere;
And forth he gooth, with a ful angry cheere,
And fette his felawe, ther as lay his stoor.
He looked as it were a wilde boor;
He grynte with his teeth, so was he wrooth.
A sturdy paas doun to the court he gooth,
Wher as ther woned a man of greet honour,
To whom that he was alwey confessour.
This worthy man was lord of that village.
This frere cam as he were in a rage,
Where as this lord sat etyng at his bord;
Unnethes myghte the frere speke a word,
Til atte laste he seyde, "God yow see!"
This lord gan looke, and seide, "Benedicitee!
What, frere John, what maner world is this?
I se wel that som thyng ther is amys;
Ye looken as the wode were ful of thevys.
Sit doun anon, and tel me what youre grief is,
And it shal been amended, if I may."

Er sagte: »Heute bin ich so gekränkt worden –
Gott vergelt's Euch –, drunten in Eurem Dorf,
daß es auf der ganzen Welt keinen noch so armen Diener gibt,
der nicht Abscheu vor dem hätte,
was mir in Eurem Dorfe widerfahren ist.
Und dennoch bedrückt mich nichts so sehr
wie die Tatsache, daß dieser alte Kerl mit seinem schütteren Haar
auch unseren heiligen Konvent entehrt hat.«
»Nun, Meister«, sagte der Dorfherr, »ich bitte Euch –«
»Nicht Meister, Herr«, sagte der, »sondern Diener,
obwohl ich in unserer Schule diesen Titel geführt habe.
Gott gefällt es nicht, wenn man uns ›Rabbi‹ nennt,
ob auf dem Marktplatz oder in Eurer großen Halle.«
»Nichts für ungut«, sagte der, »doch erzählt mir Euer Leid.«
»Herr«, sagte der Bettelmönch, »eine schreckliche Kränkung
ist heute meinem Orden und mir widerfahren,
und somit jedem Glied
der Heiligen Kirche – Gott möge es bald wiedergutmachen.«
»Herr«, sagte der Dorfherr, »Ihr wißt, was zu tun ist.
Beruhigt Euch, Ihr seid mein Beichtvater.
Ihr seid das Salz der Erde und die Würze.
Bei Gottes Liebe, bewahrt Eure Geduld.
Sagt mir Euer Leid.« Und sofort erzählte er es ihm,
wie ihr zuvor gehört habt – ihr wißt ja, was es war.
Die Dame des Hauses saß die ganze Zeit still,
bis sie gehört hatte, was der Bettelmönch zu sagen hatte.
»Ei, Mutter Gottes«, sagte sie, »gesegnete Jungfrau!
Ist da noch etwas? Sagt es mir ganz offen.«
»Herrin«, sagte er, »was denkt Ihr hierüber?«
»Was ich davon halte?« sagte sie. »So wahr mir Gott helfe,
ein Rüpel hat eine rüpelhafte Tat getan, meine ich.
Was soll ich sagen? Gott strafe ihn dafür!
Sein krankes Hirn ist voller Wahngebilde,
ich glaube, er ist irgendwie nicht recht bei Trost.«

"I have," quod he, "had a despit this day,
God yelde yow, adoun in youre village,
That in this world is noon so povre a page
That he nolde have abhomynacioun
Of that I have receyved in youre toun.
And yet ne greveth me nothyng so soore,
As that this olde cherl with lokkes hoore
Blasphemed hath oure hooly covent eke."
"Now, maister," quod this lord, "I yow biseke –"
"No maister, sire," quod he, "but servitour,
Thogh I have had in scole that honour.
God liketh nat that 'Raby' men us calle,
Neither in market ne in youre large halle."
"No fors," quod he, "but tel me al youre grief."
"Sire," quod this frere, "an odious meschief
This day bityd is to myn ordre and me,
And so, *per consequens*, to ech degree
Of hooly chirche – God amende it soone!"
"Sire," quod the lord, "ye woot what is to doone.
Distempre yow noght; ye be my confessour;
Ye been the salt of the erthe and the savour.
For Goddes love, youre pacience ye holde!
Tel me youre grief." And he anon hym tolde,
As ye han herd biforn – ye woot wel what.
The lady of the hous ay stille sat
Til she had herd what the frere sayde.
"Ey, Goddes mooder," quod she, "Blisful mayde!
Is ther oght elles? Telle me feithfully."
"Madame," quod he, "how thynke ye herby?"
"How that me thynketh?" quod she. "So God me [speede,
I seye a cherl hath doon a cherles dede.
What shold I seye? God lat hym nevere thee!
His sike heed is ful of vanytee;
I holde hym in a manere frenesye."

»Herrin«, sagte er, »bei Gott, ich will nicht lügen:
Wenn ich nicht auf andere Weise gerächt werden kann,
werde ich ihn überall, wo ich predige, schlecht machen,
diesen bösen Verleumder, der mir aufgetragen hat,
das zu teilen, was man nicht teilen kann –
jedem gleich viel; Gott schicke ihm Unglück!«
Der Dorfherr saß still, als ob er in Trance wäre,
und überlegte hin und her:
»Wie konnte dieser Kerl auf so etwas kommen und
einem Bettelmönch ein solches Problem stellen?
Bis jetzt habe ich noch nie von einem solchen Problem gehört.
Ich glaube, der Teufel hat es ihm eingegeben.
In der Arithmetik war
bis zum heutigen Tag ein solches Problem nicht bekannt.
Wer könnte einen Beweis dafür vorführen,
daß jeder den gleichen Teil
vom Geräusch und Gestank eines Furzes erhält?
O närrischer, selbstherrlicher Kerl, ich verfluche dich!
Nun, Herren«, sagte der Dorfherr, »es soll ihm schlecht [ergehen!
Wer hat je von einer solchen Sache gehört?
Einem jeden gleich viel, sagt mir doch, wie?
Es ist unmöglich, es kann nicht sein.
Ei, närrischer Kerl – Gott schicke ihm Unglück!
Das Grollen eines Furzes und jeder Ton
ist doch nur eine Vibration der Luft
und nimmt stets ein wenig ab.
Wahrlich, kein Mensch kann sagen,
ob es gleich verteilt werden konnte.
Man bedenke nur, ein solcher Kerl – und doch hat er
heute so teuflisch zu meinem Beichtvater gesprochen!
Er ist bestimmt besessen!
Nun eßt Euer Mahl und laßt dem Kerl seinen Spaß;
soll er sich doch erhängen, zum Teufel nochmal!«

"Madame," quod he, "by God, I shal nat lye,
But I on oother wyse may be wreke,
I shal disclaundre hym over al ther I speke,
This false blasphemour that charged me
To parte that wol nat departed be
To every man yliche, with meschaunce!"
The lord sat stille as he were in a traunce,
And in his herte he rolled up and doun,
"How hadde this cherl ymaginacioun
To shewe swich a probleme to the frere?
Nevere erst er now herde I of swich mateere.
I trowe the devel putte it in his mynde.
In ars-metrike shal ther no man fynde,
Biforn this day, of swich a question.
Who sholde make a demonstracion
That every man sholde have yliche his part
As of the soun or savour of a fart?
O nyce, proude cherl, I shrewe his face!
Lo, sires," quod the lord, "with harde grace!
Who evere herde of swich a thyng er now?
To every man ylike? Tel me how.
It is an inpossible; it may nat be.
Ey, nyce cherl, God lete him nevere thee!
The rumblynge of a fart, and every soun,
Nis but of eir reverberacioun,
And evere it wasteth litel and litel awey.
Ther is no man kan deemen, by my fey,
If that it were departed equally.
What, lo, my cherl, lo, yet how shrewedly
Unto my confessour to-day he spak!
I holde hym certeyn a demonyak!
Now ete youre mete, and lat the cherl go pleye;
Lat hym go honge hymself a devel weye!"

Die Worte des Knappen und Tafeldieners des Dorfherrn über das Teilen eines Furzes in zwölf Teile.

Nun stand des Dorfherrn Knappe an der Tafel,
der das Fleisch vorlegte und Wort für Wort
alles vernommen hatte, was ich euch gesagt habe.
»Mein Herr«, sagte er, »nehmt es mir nicht übel,
für ein Manteltuch könnte ich Euch sagen,
Herr Bettelmönch, wenn ich wollte – und seid mir nicht zornig –,
wie dieser Furz zu gleichen Teilen
unter Eurem Konvent verteilt werden könnte.«
»Sprich nur«, sagte der Dorfherr, »und du sollst alsbald ein
Manteltuch bekommen, bei Gott und beim heiligen Johannes!«
»Mein Herr«, sprach er, »wenn das Wetter schön ist,
es keinen Wind und keine Luftbewegung gibt,
dann laßt ein Wagenrad in diese Halle hereinbringen,
doch achtet darauf, daß es alle Speichen hat;
ein Wagenrad hat gewöhnlich zwölf Speichen.
Und bringt mir dann zwölf Bettelmönche – wißt Ihr, wozu?
Aus dreizehn besteht ein Konvent, glaube ich.
Weil Euer Beichtvater hier ja so vortrefflich ist,
soll er die Anzahl seines Konvents vervollständigen.
Dann sollen sie allesamt niederknien;
und an das Ende einer jeden Speiche – und nicht anders –
soll jeder Bettelmönch seine Nase ganz fest anlegen.
Euer edler Beichtvater – Gott erhalte ihn! –
soll seine Nase genau unter die Nabe halten.
Dann soll man diesen Kerl, sein Bauch gebläht und gespannt
wie eine Trommel, hierher bringen;
er soll sich auf das Wagenrad setzen,
genau auf die Nabe, und soll dann einen Furz lassen.
Bei meinem Leben! Ihr werdet dann
mittels eines experimentellen Beweises sehen,
daß das Geräusch dieses Furzes
und auch der Gestank bis ans Ende der Speichen gehen wird –

The wordes of the lordes squier and his kervere
for departynge of the fart on twelve.

Now stood the lordes squier at the bord,
That karf his mete, and herde word by word
Of alle thynges whiche I have yow sayd.
"My lord," quod he, "be ye nat yvele apayd,
I koude telle, for a gowne-clooth,
To yow, sire frere, so ye be nat wrooth,
How that this fart sholde evene deled be
Among youre covent, if it lyked me."
"Tel," quod the lord, "and thou shalt have anon
A gowne-clooth, by God and by Seint John!"
"My lord," quod he, "whan that the weder is fair,
Withouten wynd or perturbynge of air,
Lat brynge a cartwheel heere into this halle;
But looke that it have his spokes alle –
Twelve spokes hath a cartwheel comunly.
And bryng me thanne twelve freres. Woot ye why?
For thrittene is a covent, as I gesse.
Youre confessour heere, for his worthynesse,
Shal parfourne up the nombre of his covent.
Thanne shal they knele doun, by oon assent,
And to every spokes ende, in this manere,
Ful sadly leye his nose shal a frere.
Youre noble confessour – there God hym save! –
Shal holde his nose upright under the nave.
Thanne shal this cherl, with bely stif and toght
As any tabour, hyder been ybroght;
And sette hym on the wheel right of this cart,
Upon the nave, and make hym lete a fart.
And ye shul seen, up peril of my lyf,
By preeve which that is demonstratif,
That equally the soun of it wol wende,
And eke the stynk, unto the spokes ende,

mit der Einschränkung, daß dieser vortreffliche Mann, Euer
weil er ja ein Mann von großer Ehre ist, [Beichtvater,
den ersten Teil bekommt, wie es nur recht und billig ist.
Es ist ja bei den Bettelmönchen edler Brauch,
daß die würdigsten unter ihnen zuerst bedient werden sollen –
und das hat er ja ganz gewiß verdient.
Er hat uns heute so viel Gutes
gelehrt, als er auf der Kanzel stand und predigte,
daß ich versichern darf – ich spreche für mich –,
er hätte den Gestank von drei Fürzen zuerst verdient;
und bestimmt würde auch sein Konvent zustimmen,
er gibt sich ja so umgänglich und fromm.«

Der Dorfherr, die Dorfherrin und jeder, außer dem
meinte, daß Jankyn in dieser Sache so [Bettelmönch,
ausgezeichnet wie Euklid oder Ptolemäus gesprochen habe.
Und was den Kerl betrifft, meinten sie, Witz
und großer Verstand hätten ihn das sagen lassen, was er sagte;
er sei kein Narr und auch kein Besessener.
Und so kam Jankyn zu einem neuen Mantel.
Meine Geschichte ist zu Ende; wir sind schon fast im Ort.

Hier endet die Erzählung des Büttels.

Save that this worthy man, youre confessour,
By cause he is a man of greet honour,
Shal have the firste fruyt, as resoun is.
The noble usage of freres yet is this,
The worthy men of hem shul first be served;
And certeinly he hath it weel disserved.
He hath to-day taught us so muche good
With prechyng in the pulpit ther he stood,
That I may vouche sauf, I sey for me,
He hadde the firste smel of fartes thre;
And so wolde al his covent hardily,
He bereth hym so faire and hoolily."
 The lord, the lady, and ech man, save the frere,
Seyde that Jankyn spak, in this matere,
As wel as Euclide [dide] or Ptholomee.
Touchynge the cherl, they seyde, subtiltee
And heigh wit made hym speken as he spak;
He nys no fool, ne no demonyak.
And Jankyn hath ywonne a newe gowne –
My tale is doon; we been almoost at towne.

Heere endeth the Somonours Tale.

Fragment IV (Gruppe E)

DER PROLOG DES SCHOLAREN

Hier folgt der Prolog
zur Erzählung des Scholaren aus Oxford.

»Herr Scholar aus Oxford«, sagte unser Wirt,
»Ihr reitet so züchtig und still wie eine Maid,
die frisch verheiratet ist und an der Tafel sitzt;
ich habe heute noch kein Wort aus Eurem Mund vernommen.
Ich glaube, Ihr sinnt an einem Sophismus;
Salomo aber sagt: ›Jedes Ding hat seine Zeit.‹
Um Gottes willen, seid doch fröhlicher.
Zum Studieren haben wir jetzt keine Zeit.
Erzählt uns lieber eine lustige Geschichte!
Denn wenn man ein Spiel mitmacht,
muß man sich auch an die Spielregeln halten.
Predigt nicht so wie Bettelmönche in der Fastenzeit,
die wollen, daß wir wegen unserer alten Sünden weinen;
wir möchten bei deiner Geschichte aber auch nicht einschlafen.
Erzählt uns etwas Fröhliches über Abenteuer.
Eure Termini, Eure Rhetorik und Eure Figuren,
haltet sie so lange zurück, bis Ihr im
erhabenen Stil erzählt, in dem man etwa an Könige schreibt.
Sprecht jetzt so einfach, wir bitten Euch darum,
daß wir verstehen können, was Ihr sagt.«
Der würdige Scholar antwortete freundlich:
»Wirt«, sagte er, »hier schwingt Ihr die Gerte;
Ihr habt nun den Befehl über uns,
und deshalb möchte ich Euch gehorchen,
soweit es die Vernunft gebietet, ganz bestimmt sogar.
Ich werde euch eine Geschichte erzählen, die ich

Fragment IV (Group E)

THE CLERK'S PROLOGUE

Heere folweth the Prologe
of the Clerkes Tale of Oxenford.

"Sire Clerk of Oxenford," oure Hooste sayde,
"Ye ryde as coy and stille as dooth a mayde
Were newe spoused, sittynge at the bord;
This day ne herde I of youre tonge a word.
I trowe ye studie aboute som sophyme;
But Salomon seith 'every thyng hath tyme.'
"For Goddes sake, as beth of bettre cheere!
It is no tyme for to studien heere.
Telle us som myrie tale, by youre fey!
For what man that is entred in a pley,
He nedes moot unto the pley assente.
But precheth nat, as freres doon in Lente,
To make us for oure olde synnes wepe,
Ne that thy tale make us nat to slepe.
"Telle us som murie thyng of aventures.
Youre termes, youre colours, and youre figures,
Keepe hem in stoor til so be ye endite
Heigh style, as whan that men to kynges write.
Speketh so pleyn at this tyme, we yow preye,
That we may understonde what ye seye."
This worthy clerk benignely answerde:
"Hooste," quod he, "I am under youre yerde;
Ye han of us as now the governance,
And therfore wol I do yow obeisance,
As fer as resoun axeth, hardily.
I wol yow telle a tale which that I

in Padua von einem würdigen Gelehrten erfahren habe –
seine Worte und Werke zeigen ja, daß er dies war.
Er ist nun tot, sein Sarg ist zugenagelt,
ich bete zu Gott, er möge seiner Seele Frieden gewähren!
Francesco Petrarca, der *poeta laureatus*,
so hieß der Gelehrte, dessen süße Rhetorik
ganz Italien für seine Poesie berühmt machte –
wie Lignano für die Philosophie
oder die Jurisprudenz oder eine andere Kunst.
Doch der Tod, der es nicht leidet, daß wir hier
mehr als einen Augenblick lang leben,
hat beide hinweggerafft – ein jeder muß ja sterben.
Um aber mehr von diesem Mann zu erzählen,
der mich diese Geschichte lehrte, die ich begonnen habe,
erkläre ich, daß er zunächst den erhabenen Stil benutzte,
bevor er den Hauptteil seiner Geschichte schrieb,
und zwar im Proömium, wo er
Piemont und das Land von Saluzzo beschreibt
und vom Apennin spricht, dem hohen Gebirge,
der Grenze der westlichen Lombardei,
und besonders vom Monte Viso,
wo der Po aus einer kleinen Quelle
entspringt und zum Fluß wird,
der auf seinem Weg nach Osten immer größer wird,
hin zur Emilia, nach Ferrara und Venedig;
eine Beschreibung des Ganzen würde viel Zeit beanspruchen.
Wollt ihr aber meine Meinung hören,
sage ich, daß das Ganze unbedeutend ist
und er damit nur zu seinem Stoff hinführen wollte.
Doch dies ist seine Geschichte, welche ihr nun hören werdet.«

Lerned at Padowe of a worthy clerk,
As preved by his wordes and his werk.
He is now deed and nayled in his cheste;
I prey to God so yeve his soule reste!
"Fraunceys Petrak, the lauriat poete,
Highte this clerk, whos rethorike sweete
Enlumyned al Ytaille of poetrie,
As Lynyan dide of philosophie,
Or lawe, or oother art particuler;
But Deeth, that wol nat suffre us dwellen heer,
But as it were a twynklyng of an ye,
Hem bothe hath slayn, and alle shul we dye.
"But forth to tellen of this worthy man
That taughte me this tale, as I bigan,
I seye that first with heigh stile he enditeth,
Er he the body of his tale writeth,
A prohemye, in the which discryveth he
Pemond and of Saluces the contree,
And speketh of Apennyn, the hilles hye,
That been the boundes of West Lumbardye,
And of Mount Vesulus in special,
Where as the Poo out of a welle smal
Taketh his firste spryngyng and his sours,
That estward ay encresseth in his cours
To Emele-ward, to Ferrare, and Venyse,
The which a long thyng were to devyse.
And trewely, as to my juggement,
Me thynketh it a thyng impertinent,
Save that he wole conveyen his mateere;
But this his tale, which that ye may heere."

DIE ERZÄHLUNG DES SCHOLAREN

Hier beginnt die Erzählung des Scholaren aus Oxford.

An der Westküste Italiens,
unten am Fuße des kalten Monte Viso,
liegt eine schöne, fruchtbare Ebene,
wo man viele Türme und Städte sehen kann,
die in den Zeiten der Vorväter gegründet wurden,
und noch viele andere schöne Sehenswürdigkeiten –
und diese herrliche Grafschaft heißt Saluzzo.

Ein Marquis war einst Herrscher über dieses Land,
wie schon seine würdigen Vorfahren vor ihm.
Gehorsam und stets dienstbereit
waren alle seine Untertanen, ob groß oder klein.
So lebt er in Freuden, und zwar seit langem,
geliebt und gefürchtet durch Fortunas Gnade,
sowohl von seinen Adligen als auch von seinem Volk.

Redet man von seiner Abstammung, war er außerdem
der Edelste von Geburt in der Lombardei,
eine stattliche Erscheinung – stark und jung
und voller Ehre und Höfischheit,
klug genug, sein Land regieren zu können,
mit Ausnahme einiger Dinge, in denen er zu tadeln war;
und dieser junge Herrscher hieß Walter.

Ich tadle ihn insofern, als er sich nicht mit dem befaßte,
was ihm die Zukunft bringen könnte,
sondern nur das im Sinn hatte, was ihm gerade gefiel,
wie etwa überall zu jagen und die Falknerei zu betreiben.
Fast alle anderen Aufgaben vergaß er zu erledigen;

THE CLERK'S TALE

Heere bigynneth the Tale of the Clerk of Oxenford.

Ther is, at the west syde of Ytaille,
Doun at the roote of Vesulus the colde,
A lusty playn, habundant of vitaille,
Where many a tour and toun thou mayst biholde,
That founded were in tyme of fadres olde,
And many another delitable sighte,
And Saluces this noble contree highte.

A markys whilom lord was of that lond,
As were his worthy eldres hym bifore;
And obeisant, ay redy to his hond,
Were alle his liges, bothe lasse and moore.
Thus in delit he lyveth, and hath doon yoore,
Biloved and drad, thurgh favour of Fortune,
Bothe of his lordes and of his commune.

Therwith he was, to speke as of lynage,
The gentilleste yborn of Lumbardye,
A fair persone, and strong, and yong of age,
And ful of honour and of curteisye;
Discreet ynogh his contree for to gye,
Save in somme thynges that he was to blame;
And Walter was this yonge lordes name.

I blame hym thus: that he considered noght
In tyme comynge what myghte hym bityde,
But on his lust present was al his thoght,
As for to hauke and hunte on every syde.
Wel ny alle othere cures leet he slyde,

das Schlimmste aber war, daß er
unter keinen Umständen eine Frau heiraten wollte.

Lediglich dieser Umstand lastete so schwer auf seinem Volk,
daß es sich eines Tages in Gruppen bei ihm einfand;
und der mit der größten Erfahrung –
oder auch, weil der Herrscher wohl am geneigtesten wäre,
sich von ihm vortragen zu lassen, was sein Volk meinte,
oder auch, weil er eine solche Angelegenheit am besten darlegen
redete zum Marquis, wie ihr hören werdet: [könnte –

»O edler Marquis, Eure Menschlichkeit
gibt uns das Selbstvertrauen und den Mut,
Euch immer dann, wenn dazu Anlaß besteht,
das vorzutragen, was uns bedrückt.
Gewährt nun um Eurer Höfischheit willen, Herr,
daß wir mit betrübtem Herzen zu Euch klagen,
und laßt Euer Ohr meine Stimme nicht verachten.

Wenn ich auch nicht mehr mit dieser Sache zu tun habe
als irgendein anderer hier,
wage ich es doch – denn Ihr, mein gütiger Herr,
habt mir stets Eure Gunst und Gnade geschenkt –,
Euch beherzt zu bitten, mir einen Teil Eurer Zeit
für eine Audienz zu gewähren, damit wir unsere Bitte vortragen;
und Euch, mein Herr, bitte ich, das zu tun, was Euch gefällt.

Denn gewiß, Herr, so großes Gefallen finden wir an Euch
und allen Euren Taten, und es ist schon immer so gewesen, daß
uns gar nicht vorstellen können, [wir
wie wir in noch größerer Glückseligkeit leben könnten –
bis auf eins, Herr, wenn es Euer Wille sei,
daß es Euch gefallen wollte, im Ehestand zu leben;
dann befände sich Euer Volk im höchsten Seelenfrieden.

And eek he nolde – and that was worst of alle –
Wedde no wyf, for noght that may bifalle.

Oonly that point his peple bar so soore
That flokmeele on a day they to hym wente,
And oon of hem, that wisest was of loore –
Or elles that the lord best wolde assente
That he sholde telle hym what his peple mente,
Or elles koude he shewe wel swich mateere –
He to the markys seyde as ye shul heere:

"O noble markys, youre humanitee
Asseureth us and yeveth us hardinesse,
As ofte as tyme is of necessitee,
That we to yow mowe telle oure hevynesse.
Accepteth, lord, now of youre gentillesse
That we with pitous herte unto yow pleyne,
And lat youre eres nat my voys desdeyne.

"Al have I noght to doone in this mateere
Moore than another man hath in this place,
Yet for as muche as ye, my lord so deere,
Han alwey shewed me favour and grace
I dar the bettre aske of yow a space
Of audience to shewen oure requeste,
And ye, my lord, to doon right as yow leste.

"For certes, lord, so wel us liketh yow
And al youre werk, and evere han doon, that we
Ne koude nat us self devysen how
We myghte lyven in moore felicitee,
Save o thyng, lord, if it youre wille be,
That for to been a wedded man yow leste;
Thanne were youre peple in sovereyn hertes reste.

Beugt Euren Nacken unter dieses gesegnete Joch
der Herrschaft, nicht des Dienstes,
das man den Ehestand oder die eheliche Gemeinschaft nennt;
und denkt in Euren weisen Gedanken daran, Herr,
daß unsere Tage ja ganz unterschiedlich vergehen;
denn ob wir schlafen oder wachen, umherstreifen oder reiten –
stets eilt die Zeit dahin, sie wird für keinen stehenbleiben.

Und obwohl Eure frische Jugend noch blüht,
kommt das Alter doch unaufhaltsam heran – und man merkt
der Tod bedroht jedes Alter und schlägt [es nicht;
bei jedem Stand zu, denn es wird keiner entkommen.
Und so sicher, wie wir alle wissen,
daß wir sterben müssen, so unsicher sind wir uns alle
über den Tag, an dem der Tod über uns kommen wird.

Nehmt nun unser ehrliches Begehren an,
die wir niemals Euren Befehl verweigert haben;
und wir, Herr, wollen Euch, wenn Ihr dem zustimmen wollt,
in kürzester Zeit eine Frau auswählen,
die von den Edelsten und Mächtigsten
dieses Landes abstammt, so daß es für
Gott und Euch eine Ehre sein müßte, wie wir meinen.

Erlöst uns aus dieser sorgenvollen Unruhe
und nehmt um Gottes willen eine Frau!
Denn wenn es geschähe – Gott aber möge es verhüten –,
daß mit Eurem Tod Euer Geschlecht aussterben sollte
und ein fremder Thronfolger Euer
Erbe übernähme – o welcher Schmerz für uns Überlebende!
Deshalb bitten wir Euch, daß Ihr Euch rasch vermählen wollt.«

Ihr demütiges Bitten und ihre betrübten Mienen
ließen das Herz des Marquis mitleidig werden.
»Ihr, mein teures Volk«, sagte er, »wollt

"Boweth youre nekke under that blisful yok
Of soveraynetee, noght of servyse,
Which that men clepe spousaille or wedlok;
And thenketh, lord, among youre thoghtes wyse
How that oure dayes passe in sondry wyse,
For thogh we slepe, or wake, or rome, or ryde,
Ay fleeth the tyme; it nyl no man abyde.

"And thogh youre grene youthe floure as yit,
In crepeth age alwey, as stille as stoon,
And deeth manaceth every age, and smyt
In ech estaat, for ther escapeth noon;
And al so certein as we knowe echoon
That we shul deye, as uncerteyn we alle
Been of that day whan deeth shal on us falle.

"Accepteth thanne of us the trewe entente,
That nevere yet refuseden youre heeste,
And we wol, lord, if that ye wole assente,
Chese yow a wyf, in short tyme atte leeste,
Born of the gentilleste and of the meeste
Of al this land, so that it oghte seme
Honour to God and yow, as we kan deeme.

"Delivere us out of al this bisy drede,
And taak a wyf, for hye Goddes sake!
For if it so bifelle, as God forbede,
That thurgh youre deeth youre lyne sholde slake,
And that a straunge successour sholde take
Youre heritage, O wo were us alyve!
Wherfore we pray you hastily to wyve."

Hir meeke preyere and hir pitous cheere
Made the markys herte han pitee.
"Ye wol," quod he, "myn owene peple deere,

mich zu etwas zwingen, woran ich nie gedacht habe.
Ich habe mich meiner Freiheit erfreut –
die wird man in der Ehe selten finden;
wo ich zuvor frei war, soll ich nun in Knechtschaft sein.

Dennoch aber erkenne ich eure ehrliche Absicht genau
und vertraue auch auf euren Verstand, was ich stets getan habe;
deshalb werde ich freien Willens zustimmen
und mich verheiraten, sobald ich nur kann.
Ihr habt mir aber heute vorgeschlagen, eine Frau
für mich auswählen zu wollen – ich erlasse euch diese Wahl
und bitte euch, von diesem Vorschlag Abstand zu nehmen.

Weiß Gott, oft gleichen ja Kinder
ihren würdigen Vorfahren nicht;
Güte kommt von Gott allein, nicht aus dem Geschlecht,
von dem sie gezeugt und geboren wurden.
Ich verlasse mich auf Gottes Güte – und deshalb
vertraue ich meine Ehe, meinen Stand und meine Ruhe
ihm an, er mag tun, wie es ihm gefällt.

Überlaßt mir die Wahl meiner Frau;
diese Bürde will ich auf mich nehmen.
Doch ich bitte und befehle euch bei eurem Leben,
daß ihr mir versichert, die Frau, die ich nehme, wer sie auch sei,
zu verehren, solange sie lebt,
und zwar in Worten und Taten, hier und anderswo,
als ob sie eines Kaisers Tochter wäre.

Und weiterhin sollt ihr schwören, daß ihr
gegen meine Wahl weder murren noch ankämpfen werdet;
denn wenn ich meine Freiheit aufgeben soll,
und zwar auf eure Bitte hin, will ich, so wahr ich lebe,
die heiraten, die mein Herz gewählt hat.

To that I nevere erst thoughte streyne me.
I me rejoysed of my liberte,
That seelde tyme is founde in mariage;
Ther I was free, I moot been in servage.

"But nathelees I se youre trewe entente,
And truste upon youre wit, and have doon ay;
Wherfore of my free wyl I wole assente
To wedde me, as soone as evere I may.
But ther as ye han profred me to-day
To chese me a wyf, I yow relesse
That choys and prey yow of that profre cesse.

"For God it woot, that children ofte been
Unlyk hir worthy eldres hem bifore;
Bountee comth al of God, nat of the streen
Of which they been engendred and ybore.
I truste in Goddes bountee, and therfore
My mariage and myn estaat and reste
I hym bitake; he may doon as hym leste.

"Lat me allone in chesynge of my wyf –
That charge upon my bak I wole endure.
But I yow preye, and charge upon youre lyf,
What wyf that I take, ye me assure
To worshipe hire, whil that hir lyf may dure,
In word and werk, bothe heere and every-wheere,
As she an emperoures doghter weere.

"And forthermoore, this shal ye swere: that ye
Agayn my choys shul neither grucche ne stryve;
For sith I shal forgoon my libertee
At youre requeste, as evere moot I thryve,
Ther as myn herte is set, ther wol I wyve;

Und wollt ihr unter diesen Umständen zustimmen,
bitte ich euch, in dieser Angelegenheit nichts mehr zu sagen.«

Bereitwillig leisteten sie einen Eid und stimmten
allem zu, es sagte keiner nein;
sie baten ihn um die Gnade, ihnen, bevor sie gehen würden,
einen bestimmten Tag für
seine Hochzeit zu nennen, sobald es nur sein könne,
denn noch immer fürchtete das Volk ein wenig,
daß der Marquis keine Frau nehmen wolle.

Er ließ sie den Tag wissen, der ihm angenehm war
und an dem er bestimmt heiraten wollte,
und sagte, er tue dies auf ihr Bitten hin.
Demütig und bescheiden
fielen sie verehrungsvoll auf die Knie nieder
und alle dankten ihm; so haben sie
ihr Ziel erreicht und gingen wieder nach Hause zurück.

Und hierauf befahl er seinen Bediensteten,
Vorbereitungen für das Fest zu treffen,
und seinen vertrauten Rittern und Knappen
übertrug er die Aufgaben, die ihm für sie geeignet schienen.
Sie gehorchten seinem Befehl
und jeder bemühte sich aufs sorgfältigste,
damit er dem Fest Ehre verleihen könnte.

Hier endet der erste Teil.

Hier beginnt der zweite Teil.

Nicht weit von diesem prächtigen Palast entfernt,
wo der Marquis seine Hochzeit vorbereitete,
gab es ein sehr schön gelegenes Dorf;
die armen Bewohner dieser Ortschaft
hatten dort ihr Vieh und ihre Bleibe

And but ye wole assente in swich manere,
I prey yow, speketh namoore of this matere."

With hertely wyl they sworen and assenten
To al this thyng – ther seyde no wight nay –
Bisekynge hym of grace, er that they wenten,
That he wolde graunten hem a certein day
Of his spousaille, as soone as evere he may;
For yet alwey the peple somwhat dredde,
Lest that the markys no wyf wolde wedde.

He graunted hem a day, swich as hym leste,
On which he wolde be wedded sikerly,
And seyde he dide al this at hir requeste.
And they, with humble entente, buxomly,
Knelynge upon hir knees ful reverently,
Hym thonken alle; and thus they han an ende
Of hire entente, and hoom agayn they wende.

And heerupon he to his officeres
Comaundeth for the feste to purveye,
And to his privee knyghtes and squieres
Swich charge yaf as hym liste on hem leye;
And they to his comandement obeye,
And ech of hem dooth al his diligence
To doon unto the feeste reverence.

Explicit prima pars.

Incipit secunda pars.

Noght fer fro thilke paleys honurable,
Wher as this markys shoop his mariage,
There stood a throop, of site delitable,
In which that povre folk of that village
Hadden hir beestes and hir herbergage,

und ernährten sich von ihrer Arbeit,
nachdem die Erde ihnen mehr als genug beschert hatte.

Unter diesen armen Leuten lebte ein Mann,
der als der Ärmste der Armen galt;
doch der allmächtige Gott kann manchmal
seine Gnade in einem kleinen Ochsenstall offenbaren;
die Leute des Dorfes nannten ihn Janicula.
Er hatte eine Tochter, die sehr schön war,
und diese junge Maid hieß Griseldis.

Spricht man von tugendsamer Schönheit,
dann war sie eine der Schönsten unter der Sonne;
da sie in Armut aufgezogen worden war,
war ihr noch kein wollüstiges Begehren ins Herz gefahren.
Viel häufiger trank sie aus dem Brunnen als aus dem Faß;
und da sie die Tugend erfreuen wollte, war sie
mit der Arbeit gut bekannt, mit dem Müßiggang jedoch nicht.

Obgleich aber diese Maid noch sehr jung war,
wohnte in ihrer jungfräulichen Brust doch
ein reifer und gesetzter Geist;
und mit großer Verehrung und Liebe
versorgte sie ihren armen, alten Vater.
Beim Spinnen hütete sie noch ein paar Schafe auf der Weide;
sie war nie müßig, bevor sie sich schlafen legte.

Und wenn sie nach Hause zurückkehrte, brachte sie
oft Wurzeln und Kräuter mit,
die sie hackte und als Mahlzeit zubereitete.
Sie bettete sich sehr hart, nicht weich;
und stets stellte sie das Leben ihres Vaters über alles
und war so gehorsam und fürsorglich,
wie es ein Kind zur Ehre des Vaters nur sein kann.

And of hire labour tooke hir sustenance,
After that the erthe yaf hem habundance.

Amonges thise povre folk ther dwelte a man
Which that was holden povrest of hem alle;
But hye God somtyme senden kan
His grace into a litel oxes stalle;
Janicula men of that throop hym calle.
A doghter hadde he, fair ynogh to sighte,
And Grisildis this yonge mayden highte.

But for to speke of vertuous beautee,
Thanne was she oon the faireste under sonne;
For povreliche yfostred up was she,
No likerous lust was thurgh hire herte yronne.
Wel ofter of the welle than of the tonne
She drank, and for she wolde vertu plese,
She knew wel labour but noon ydel ese.

But thogh this mayde tendre were of age,
Yet in the brest of hire virginitee
Ther was enclosed rype and sad corage;
And in greet reverence and charitee
Hir olde povre fader fostred shee.
A fewe sheep, spynnynge, on feeld she kepte;
She wolde noght been ydel til she slepte.

And whan she homward cam, she wolde brynge
Wortes or othere herbes tymes ofte,
The whiche she shredde and seeth for hir lyvynge,
And made hir bed ful hard and nothyng softe;
And ay she kepte hir fadres lyf on-lofte
With everich obeisaunce and diligence
That child may doon to fadres reverence.

Auf Griseldis, diese arme Kreatur,
war der Blick des Marquis schon sehr häufig gefallen,
wenn ihn die Jagd in die Nähe des Dorfes führte;
und wenn es sich traf, daß er sie erblicken konnte, richtete
er sein Auge nicht mit dem wollüstigen Blick der Begierde
auf sie, vielmehr war es dann so, daß er sich wiederholt
und genau ihres Gesichtsausdruckes vergewissern wollte,

Wobei er in seinem Herzen ihre Fraulichkeit
und ihre Tugend lobte, die jeden so jungen
Alters sowohl im Aussehen als auch im Handeln übertraf.
Wenn die Menschen auch kein großes Verständnis
von der Tugend haben, hatte er doch ganz zu Recht
ihre Vortrefflichkeit erkannt; und er beschloß, er
wolle nur sie heiraten, wenn er jemals heiraten würde.

Der Tag der Hochzeit kam, doch niemand konnte
sagen, welche Frau es sein würde;
über diesen seltsamen Umstand wunderten sich viele Leute
und sagten, wenn sie unter sich waren:
»Will unser Herr seine Eitelkeit noch nicht aufgeben?
Will er nicht heiraten? O weh, o weh, welche Zeiten!
Weshalb will er so sich selbst und uns betrügen?«

Trotzdem aber hatte der Marquis
Edelsteine in Gold und Azur fassen und daraus
Broschen und Ringe für Griseldis machen lassen.
Und das Maß ihrer Kleidung bestimmte er
an einer Magd, die ihrer Statur glich,
und allen anderen Zierat auch,
der zu einer solchen Hochzeit gehören sollte.

Die Vormittagsstunde des Tages,
an dem die Hochzeit sein sollte, rückte heran;
und der ganze Palast war geschmückt,

Upon Grisilde, this povre creature,
Ful ofte sithe this markys sette his ye
As he on huntyng rood paraventure;
And whan it fil that he myghte hire espye,
He noght with wantown lookyng of folye
His eyen caste on hire, but in sad wyse
Upon hir chiere he wolde hym ofte avyse,

Commendynge in his herte hir wommanhede,
And eek hir vertu, passynge any wight
Of so yong age, as wel in chiere as dede.
For thogh the peple have no greet insight
In vertu, he considered ful right
Hir bountee, and disposed that he wolde
Wedde hire oonly, if evere he wedde sholde.

The day of weddyng cam, but no wight kan
Telle what womman that it sholde be;
For which merveille wondred many a man,
And seyden, whan they were in privetee,
"Wol nat oure lord yet leve his vanytee?
Wol he nat wedde? Allas! Allas, the while!
Why wole he thus hymself and us bigile?"

But nathelees this markys hath doon make
Of gemmes, set in gold and in asure,
Brooches and rynges, for Grisildis sake;
And of hir clothyng took he the mesure
By a mayde lyk to hire stature,
And eek of othere aornementes alle
That unto swich a weddyng sholde falle.

The time of undren of the same day
Approcheth, that this weddyng sholde be,
And al the paleys put was in array,

Halle und Kammern, wie es angemessen war.
Überaus reichlich gefüllte Vorratskammern
gab es dort zu sehen, die die köstlichsten Speisen enthielten,
die man in ganz Italien finden kann.

Der königliche Marquis hat sich in prächtiger Kleidung
mit den Herren und Damen,
die zum Fest geladen worden waren,
und den Jungrittern seines Gefolges
mit Sang und Klang
zu dem Dorf, das ich erwähnt habe,
begeben und nahm mit dieser Schar den kürzesten Weg dorthin.

Griseldis – weiß Gott, sie wußte gar nicht,
daß ihr der ganze Festzug galt –
war zu einem Brunnen gegangen, um Wasser zu holen,
und kam zurück, so schnell sie nur konnte;
denn sie hatte oft gehört, an diesem Tag
würde der Marquis heiraten; wenn es sich einrichten ließe,
würde sie gerne etwas von diesem Schauspiel sehen.

Sie dachte: »Ich will mich mit den anderen Mädchen,
die meine Freundinnen sind, bei unserer Tür aufstellen und
die Marquise sehen; deshalb will ich versuchen,
zuhause so bald wie möglich
mit der anstehenden Arbeit fertig zu werden,
dann kann ich sie in aller Ruhe betrachten,
falls sie diesen Weg zum Schloß nimmt.«

Und als sie gerade über die Schwelle gehen wollte,
kam der Marquis und rief nach ihr;
sogleich stellte sie ihr Wassergefäß
neben der Schwelle zum Ochsenstall ab,
fiel auf die Knie nieder

Bothe halle and chambres, ech in his degree;
Houses of office stuffed with plentee
Ther maystow seen, of deyntevous vitaille
That may be founde as fer as last Ytaille.

This roial markys, richely arrayed,
Lordes and ladyes in his compaignye,
The whiche that to the feeste weren yprayed,
And of his retenue the bachelrye,
With many a soun of sondry melodye,
Unto the village of the which I tolde
In this array the righte wey han holde.

Grisilde of this, God woot, ful innocent,
That for hire shapen was al this array,
To fecchen water at a welle is went,
And cometh hoom as soone as ever she may;
For wel she hadde herd seyd that thilke day
The markys sholde wedde, and if she myghte,
She wolde fayn han seyn som of that sighte.

She thoghte, "I wole with othere maydens stonde,
That been my felawes, in oure dore and se
The markysesse, and therfore wol I fonde
To doon at hoom, as soone as it may be,
The labour which that longeth unto me,
And thanne I may at leyser hire biholde,
If she this wey unto the castel holde."

And as she wolde over hir thresshfold gon,
The markys cam and gan hire for to calle;
And she set doun hir water pot anon,
Biside the thresshfold, in an oxes stalle,
And doun upon hir knes she gan to falle,

und verblieb mit gefaßter Miene in dieser Stellung,
bis sie vernommen hatte, was des Marquis Wille war.

Der nachdenkliche Marquis redete mit der Maid
ganz ernsthaft und sagte:
»Wo ist dein Vater, Griseldis?« fragte er.
Und voller Hochachtung und mit demütiger Miene
antwortete sie: »Herr, er ist gleich hier.«
Sie ging sogleich nach drinnen
und brachte ihren Vater vor den Marquis.

Der nahm den alten Mann bei der Hand,
und als er neben ihm stand, sagte er folgendes:
»Janicula, ich mag und kann
die Freude meines Herzens nicht länger verbergen.
Wenn du zustimmst, was auch geschehen mag,
möchte ich, bevor ich weggehe, deine Tochter
bis an ihr Lebensende zu meiner Frau nehmen.

Du liebst mich, dies weiß ich ganz genau,
und wurdest als mein treuer Untertan geboren.
Ich darf wohl sagen, alles, was mir gefällt,
gefällt auch dir; antworte mir also ganz besonders
auf die Frage, die ich vorhin gestellt habe:
Willst du dich darauf einlassen,
mich als deinen Schwiegersohn anzunehmen?«

Dieses plötzliche Ereignis berührte den Mann so,
daß er errötete; verdutzt und am ganzen Leibe zitternd
stand er da; kaum konnte er mehr sagen
als: »Herr, mein Wille«, waren seine Worte,
»ist der Eure; gegen Euer Begehren will ich
nichts einwenden, Ihr seid mir ja so teuer, Herr;
verfahrt in dieser Angelegenheit so, wie es Euch gefällt.«

And with sad contenance kneleth stille,
Til she had herd what was the lordes wille.

This thoghtful markys spak unto this mayde
Ful sobrely, and seyde in this manere:
"Where is youre fader, O Grisildis?" he sayde.
And she with reverence, in humble cheere,
Answerde, "Lord, he is al redy heere."
And in she gooth withouten lenger lette,
And to the markys she hir fader fette.

He by the hand thanne took this olde man,
And seyde thus, whan he hym hadde asyde:
"Janicula, I neither may ne kan
Lenger the plesance of myn herte hyde.
If that thou vouche sauf, what so bityde,
Thy doghter wol I take, er that I wende,
As for my wyf, unto hir lyves ende.

"Thou lovest me, I woot it wel certeyn,
And art my feithful lige man ybore,
And al that liketh me, I dar wel seyn
It liketh thee, and specially therfore
Tel me that poynt that I have seyd bifore,
If that thou wolt unto that purpos drawe,
To take me as for thy sone-in-lawe."

This sodeyn cas this man astonyed so
That reed he wax; abayst and al quakynge
He stood; unnethes seyde he wordes mo,
But oonly thus: "Lord," quod he, "my willynge
Is as ye wole, ne ayeynes youre likynge
I wol no thyng, ye be my lord so deere;
Right as yow lust, governeth this mateere."

»Dennoch will ich«, sagte der Marquis gnädig,
»daß ich und du und sie in deiner Kammer
eine Unterredung führen; weißt du, weshalb?
Denn ich will sie fragen, ob es auch ihr Wille ist,
meine Frau zu werden und sich nach mir zu richten.
Alles soll in deiner Gegenwart geschehen;
ich will nicht reden, ohne daß du zuhörst.«

Und während sie in der Kammer noch mit ihrem Vertrag
beschäftigt waren, den ihr hernach vernehmen werdet,
versammelte sich das Volk vor dem Haus
und wunderte sich, wie anständig
und aufmerksam sie ihren lieben Vater versorgte.
Doch ganz besonders durfte sich Griseldis wundern,
denn nie zuvor hatte sie so etwas gesehen.

Es ist kein Wunder, daß sie erstaunt war,
einen so hohen Gast in dieses Haus kommen zu sehen;
solche Gäste hatte sie ja noch nie gehabt –
und deshalb war sie im Gesicht ganz bleich geworden.
Damit ich diese Sache schnell hinter mich bringe:
Dies sind die Worte, die der Marquis
zu dieser lieblichen, wahrhaften, treuen Maid sprach:

»Griseldis«, sagte er, »Ihr sollt wissen,
daß es Eurem Vater und mir gefällt,
daß ich Euch heirate; und es mag auch zutreffen,
denke ich, daß Ihr dasselbe wollt.
Doch will ich Euch zunächst diese Fragen stellen«, sagte er:
»Wollt Ihr, da es sehr rasch gehen soll,
zustimmen oder es Euch noch überlegen?

Ich frage nun: Wollt Ihr mir aufrichtigen Herzens ganz
zu Willen sein und dulden, daß ich Euch in freier Entscheidung,
ganz wie es mir beliebt, lachen oder leiden machen darf,

"Yet wol I," quod this markys softely,
"That in thy chambre I and thou and she
Have a collacioun, and wostow why?
For I wol axe if it hire wille be
To be my wyf and reule hire after me.
And al this shal be doon in thy presence;
I wol noght speke out of thyn audience."

And in the chambre, whil they were aboute
Hir tretys, which as ye shal after heere,
The peple cam unto the hous withoute,
And wondred hem in how honest manere
And tentifly she kepte hir fader deere.
But outrely Grisildis wondre myghte,
For nevere erst ne saugh she swich a sighte.

No wonder is thogh that she were astoned
To seen so greet a gest come in that place;
She nevere was to swiche gestes woned,
For which she looked with ful pale face.
But shortly forth this matere for to chace,
Thise arn the wordes that the markys sayde
To this benigne, verray, feithful mayde:

"Grisilde," he seyde, "ye shal wel understonde
It liketh to youre fader and to me
That I yow wedde, and eek it may so stonde,
As I suppose, ye wol that it so be.
But thise demandes axe I first," quod he,
"That, sith it shal be doon in hastif wyse,
Wol ye assente, or elles yow avyse?

"I seye this: be ye redy with good herte
To al my lust, and that I frely may,
As me best thynketh, do yow laughe or smerte,

Ihr aber deswegen niemals murrt, weder bei Tage noch in der Nacht?
Und weiter, wenn ich ›Ja‹ sage, Ihr nicht ›Nein‹ sagt,
weder mit Worten noch mit tadelnden Blicken?
Schwört dies, dann schwöre ich hier den Eid unserer Verbindung.«

Sie wunderte sich über diese Worte, und vor Angst zitternd
sprach sie: »Herr, ungeeignet und unwürdig
bin ich der Ehre, die Ihr mir antragt,
doch wie Ihr selbst wollt, so will auch ich. Und hier
schwöre ich, daß ich Euch niemals willentlich ungehorsam
sein will, weder in Taten noch in Gedanken, selbst wenn
es um den Tod geht, den ich nur widerwillig hinnähme.«

»Das ist genug, meine Griseldis«, sagte er.
Und mit sehr freudiger Miene ging er
zur Tür hinaus, und sie folgte ihm.
Ans Volk gewandt, sprach er:
»Das ist meine Frau«, sagte er, »die hier steht.
Ich bitte darum, verehre und liebe sie,
wer immer mich liebt, mehr ist nicht zu sagen.«

Weil sie aber kein Stück ihrer alten Kleidung
in sein Haus bringen sollte, befahl er,
daß Frauen sie noch an Ort und Stelle einkleiden sollten;
es bereitete diesen Damen aber kein Entzücken,
daß sie die Kleider, die sie anhatte, berühren sollten.
Aber dennoch haben sie diese strahlende Maid
von Kopf bis Fuß neu eingekleidet.

Sie kämmten ihr das Haar, das ohne Locken
einfach herunterhing; und mit ihren zierlichen Fingern
haben sie ihr eine Krone aufs Haupt gesetzt
und sie mit großen und kleinen Spangen reich geschmückt.
Was sollte ich groß von ihrer Aufmachung berichten?

And nevere ye to grucche it, nyght ne day?
And eek whan I sey 'ye,' ne sey nat 'nay,'
Neither by word ne frownyng contenance?
Swere this, and heere I swere oure alliance."

Wondrynge upon this word, quakynge for drede,
She seyde, "Lord, undigne and unworthy
Am I to thilke honour that ye me beede,
But as ye wole youreself, right so wol I.
And heere I swere that nevere willyngly,
In werk ne thoght, I nyl yow disobeye,
For to be deed, though me were looth to deye."

"This is ynogh, Grisilde myn," quod he.
And forth he gooth with a ful sobre cheere
Out at the dore, and after that cam she,
And to the peple he seyde in this manere:
"This is my wyf," quod he, "that standeth heere.
Honoureth hire and loveth hire, I preye,
Whoso me loveth; ther is namoore to seye."

And for that no thyng of hir olde geere
She sholde brynge into his hous, he bad
That wommen sholde dispoillen hire right theere;
Of which thise ladyes were nat right glad
To handle hir clothes, wherinne she was clad.
But nathelees, this mayde bright of hewe
Fro foot to heed they clothed han al newe.

Hir heris han they kembd, that lay untressed
Ful rudely, and with hir fyngres smale
A corone on hire heed they han ydressed,
And sette hire ful of nowches grete and smale.
Of hire array what sholde I make a tale?

Aufgrund ihrer Schönheit konnte das Volk sie kaum erkennen,
nachdem sie so reich eingekleidet worden war.

Der Marquis hat sie mit einem Ring geheiratet,
den man für diesen Zweck herbeigebracht hatte. Dann setzte er
auf ein schneeweißes, gefällig trabendes Pferd. [sie
Und ohne länger zu verweilen, brachte er sie
mit dem glücklichen Volk, das sie begleitete und ihr entgegenlief,
zu seinem Palast. So haben sie den Tag
in Freuden verbracht, bis die Sonne unterging.

Damit ich diese Geschichte voranbringen kann,
sage ich kurz und bündig: Gott in seiner Gnade
erwies dieser neuen Marquise so hohe Gunst,
daß man ihr nicht ansehen konnte, daß sie in einfachen
Verhältnissen zur Welt gekommen und aufgewachsen war,
wie etwa in einer Hütte oder in einem Ochsenstall, sondern
eher meinte, sie sei im Palast eines Kaisers aufgewachsen.

Jedem war sie so lieb und
teuer geworden, daß selbst die Bewohner ihres Heimatortes,
die sie ja die ganzen Jahre seit ihrer Geburt kannten, kaum
glauben konnten – eher hätten sie das Gegenteil geschworen –,
daß sie die Tochter Janiculas sei, von dem ich vorher sprach;
denn auf reine Vermutung hin
erschien es ihnen so, als wäre sie ein anderes Geschöpf.

Denn obschon sie stets tugendsam gewesen war,
erreichte sie einen noch höheren Grad der Vortrefflichkeit
durch die guten Werke, die sie in ihrer großen Güte tat,
und so klug und so redegewandt war sie,
so gütig und so verehrenswürdig,
und so gut konnte sie das Herz des Volkes einnehmen,
daß jeder, der ihr ins Antlitz blickte, sie sogleich liebgewann.

Unnethe the peple hir knew for hire fairnesse
Whan she translated was in swich richesse.

This markys hath hire spoused with a ryng
Broght for the same cause, and thanne hire sette
Upon an hors, snow-whit and wel amblyng,
And to his paleys, er he lenger lette,
With joyful peple that hire ladde and mette,
Conveyed hire; and thus the day they spende
In revel, til the sonne gan descende.

And shortly forth this tale for to chace,
I seye that to this newe markysesse
God hath swich favour sent hire of his grace
That it ne semed nat by liklynesse
That she was born and fed in rudenesse,
As in a cote or in an oxe-stalle,
But norissed in an emperoures halle.

To every wight she woxen is so deere
And worshipful that folk ther she was bore,
And from hire birthe knewe hire yeer by yeere,
Unnethe trowed they – but dorste han swore –
That to Janicle, of which I spak bifore,
She doghter were, for, as by conjecture,
Hem thoughte she was another creature.

For though that evere vertuous was she,
She was encressed in swich excellence
Of thewes goode, yset in heigh bountee,
And so discreet and fair of eloquence,
So benigne and so digne of reverence,
And koude so the peples herte embrace,
That ech hire lovede that looked on hir face.

Nicht nur in der Stadt Saluzzo
wurde die Güte ihres Namens bekannt,
sondern auch in vielen umliegenden Regionen;
sprach einer gut von ihr, sagte ein anderer dasselbe.
Die Kunde ihrer großen Güte verbreitete sich so rasch,
daß Männer und Frauen, alt wie jung,
nach Saluzzo gingen, um sie zu sehen.

Walter, so nieder – nein, so königlich –
verheiratet mit der glücklichen Ehrbarkeit,
lebte ohne Beschwernisse im Frieden Gottes
zuhause; und auch draußen hatte er genug Gnade.
Und da er erkannt hatte, daß die Tugend sich häufig
beim niederen Stand verbirgt, hielt ihn das Volk
für einen klugen Mann, und so was findet man nur selten.

Griseldis kannte sich aufgrund ihrer Klugheit nicht nur
in allen Dingen der einer Ehefrau obliegenden häuslichen Arbeit aus,
sondern sie konnte, wenn es die Sachlage erforderte,
auch das Gemeinwohl in die Hand nehmen.
Keine Zwietracht, keinen Streit, keine Beschwernis gab es
im ganzen Land, die sie nicht hätte schlichten
und alle Beteiligten zur Ruhe und zum Frieden bringen können.

Und sollte ihr Ehemann einmal unerwartet abwesend sein
und Edelleute oder andere ihres Landes
einen Streit haben, konnte sie diese stets versöhnen –
so kluge und gesetzte Worte hatte sie
und Urteile von solch hoher Gerechtigkeit,
daß die Leute glaubten, sie sei vom Himmel gesandt worden,
um das Volk zu retten und jedes Unrecht wiedergutzumachen.

Als Griseldis noch nicht lange
verheiratet war, gebar sie eine Tochter.
Und wenn es ihr auch lieber gewesen wäre, sie hätte einen Jungen geboren,

Noght oonly of Saluces in the toun
Publiced was the bountee of hir name,
But eek biside in many a regioun,
If oon seide wel, another seyde the same;
So spradde of hire heighe bountee the fame
That men and wommen, as wel yonge as olde,
Goon to Saluce upon hire to biholde.

Thus Walter lowely – nay, but roially –
Wedded with fortunat honestetee,
In Goddes pees lyveth ful esily
At hoom, and outward grace ynogh had he;
And for he saugh that under low degree
Was ofte vertu hid, the peple hym heelde
A prudent man, and that is seyn ful seelde.

Nat oonly this Grisildis thurgh hir wit
Koude al the feet of wyfly hoomlinesse,
But eek, whan that the cas required it,
The commune profit koude she redresse.
Ther nas discord, rancour, ne hevynesse
In al that land that she ne koude apese,
And wisely brynge hem alle in reste and ese.

Though that hire housbonde absent were anon,
If gentil men or othere of hire contree
Were wrothe, she wolde bryngen hem aton;
So wise and rype wordes hadde she,
And juggementz of so greet equitee,
That she from hevene sent was, as men wende,
Peple to save and every wrong t'amende.

Nat longe tyme after that this Grisild
Was wedded, she a doghter hath ybore,
Al had hire levere have born a knave child;

waren doch der Marquis und das Volk froh über das Kind;
denn obwohl sie zuerst ein Mädchen geboren hatte,
kann sie doch auch noch einen Knaben gebären,
da sie ja nicht unfruchtbar ist.

Hier endet der zweite Teil.

Hier beginnt der dritte Teil.

Es kam, wie es häufig kommt:
Kaum daß das Kind an der Brust lag,
spürte der Marquis in seinem Herzen ein solches Verlangen,
seine Frau auf die Probe zu stellen, damit er ihre Beständigkeit erkenne,
daß er dieses seltsame Verlangen, seine Frau zu
prüfen, nicht aus seinem Herzen vertreiben konnte;
weiß Gott, ohne Grund beabsichtigte er, sie zu ängstigen.

Zuvor schon hatte er sie häufig geprüft
und stets gütig gefunden. Weshalb war es nötig,
sie immer häufiger zu prüfen,
auch wenn dies von einigen Männern als Klugheit gepriesen werden mag?
Für meinen Teil sage ich, es ist nicht gut,
wenn man eine Frau dann auf die Probe stellt, wenn es nicht nötig ist,
und sie in Sorge und Furcht versetzt.

Deshalb ging der Marquis auf folgende Weise vor:
Ganz alleine trat er eines Nachts an ihr Lager,
mit strengem Gesichtsausdruck und besorgter Miene,
und redete mit ihr. Er sagte: »Griseldis, jenen Tag,
an dem ich Euch aus den ärmlichen Verhältnissen nahm, in denen Ihr wart,
und Euch in den Stand hohen Adels setzte,
den habt Ihr doch nicht vergessen, nehme ich an?

Ich sage, Griseldis, dieser ehrenvolle Stand, den Ihr jetzt habt
und in den ich Euch erhoben habe, bewirkt, so glaube ich,
doch nicht, daß Ihr vergessen hättet,

Glad was this markys and the folk therfore,
For though a mayde child coome al bifore,
She may unto a knave child atteyne
By liklihede, syn she nys nat bareyne.

Explicit secunda pars.

Incipit tercia pars.

Ther fil, as it bifalleth tymes mo,
Whan that this child had souked but a throwe,
This markys in his herte longeth so
To tempte his wyf, hir sadnesse for to knowe,
That he ne myghte out of his herte throwe
This merveillous desir his wyf t'assaye;
Nedelees, God woot, he thoghte hire for t'affraye.

He hadde assayed hire ynogh bifore,
And foond hire evere good; what neded it
Hire for to tempte, and alwey moore and moore,
Though som men preise it for a subtil wit?
But as for me, I seye that yvele it sit
To assaye a wyf whan that it is no nede,
And putten hire in angwyssh and in drede.

For which this markys wroghte in this manere:
He cam allone a-nyght, ther as she lay,
With sticrne face and with ful trouble cheere,
And seyde thus: "Grisilde," quod he, "that day
That I yow took out of youre povere array,
And putte yow in estaat of heigh noblesse –
Ye have nat that forgeten, as I gesse?

"I seye, Grisilde, this present dignitee,
In which that I have put yow, as I trowe,
Maketh yow nat foryetful for to be

daß ich Euch aus ärmlichen und niederen Verhältnissen nahm,
auf Wohl und Weh, wie Ihr ja selbst wißt.
Achtet auf jedes Wort, das ich zu Euch spreche,
außer uns beiden hört es niemand.

Ihr selbst wißt doch genau, wie Ihr hierher
in dieses Haus kamt – es ist ja noch nicht lange her.
Und obwohl Ihr mir lieb und teuer seid,
seid Ihr es meinen Adligen nicht.
Sie sagen, es sei ihnen eine große Schande und Schmach,
daß sie deine Untertanen und Diener seien,
da du ja in einem sehr kleinen Dorf geboren wurdest.

Vor allem seit der Geburt deiner Tochter
haben sie diese Worte ausgesprochen.
Es ist aber schon immer mein Wunsch gewesen,
mein Leben mit ihnen in Ruhe und Frieden verbringen zu
Ich darf mich über diese Sache nicht hinwegsetzen, [können.
sondern muß mit deiner Tochter so verfahren,
wie es mein Volk sich wünscht, nicht, wie ich will.

Und obwohl mir dies sehr zuwider ist, weiß Gott,
möchte ich dennoch nicht ohne Euer Wissen
handeln; ich möchte aber«, sagte er,
»daß Ihr mir in dieser Sache zustimmt.
Zeigt nun Eure Geduld in der Tat,
die Ihr mir in Eurem Dorf versprochen und geschworen habt
an jenem Tag, an dem unsere Heirat stattfand.«

Als sie all das gehört hatte, veränderte sie sich
weder in Worten noch in ihrer Miene oder in ihrem Verhalten,
denn es schien, als ob sie nicht traurig wäre.
Sie sagte: »Herr, alles liegt in Eurer Hand.
Mein Kind und ich sind Euch in aufrichtigem Gehorsam

That I yow took in povre estaat ful lowe,
For any wele ye moot youreselven knowe.
Taak heede of every word that y yow seye;
Ther is no wight that hereth it but we tweye.

"Ye woot yourself wel how that ye cam heere
Into this hous, it is nat longe ago;
And though to me that ye be lief and deere,
Unto my gentils ye be no thyng so.
They seyn, to hem it is greet shame and wo
For to be subgetz and been in servage
To thee, that born art of a smal village.

"And namely sith thy doghter was ybore,
Thise wordes han they spoken, doutelees.
But I desire, as I have doon bifore,
To lyve my lyf with hem in reste and pees.
I may nat in this caas be recchelees;
I moot doon with thy doghter for the beste,
Nat as I wolde, but as my peple leste.

"And yet, God woot, this is ful looth to me;
But nathelees withoute youre wityng
I wol nat doon; but this wol I," quod he,
"That ye to me assente as in this thyng.
Shewe now youre pacience in youre werkyng,
That ye me highte and swore in youre village
That day that maked was oure mariage."

Whan she had herd al this, she noght ameved
Neither in word, or chiere, or contenaunce,
For, as it semed, she was nat agreved.
She seyde, "Lord, al lyth in youre plesaunce.
My child and I, with hertely obeisaunce,

ganz ergeben; Euer eigen Gut mögt Ihr
erhalten oder verderben; handelt nach Eurem Willen.

Es gibt nichts, so wahr Gott meiner Seele gnädig sei,
was Euch gefallen und mir mißfallen mag;
ich wünsche auch nicht, irgend etwas zu besitzen,
und meine einzige Furcht ist, daß ich Euch verlieren könnte.
Ich werde nie ein anderes Wollen in meinem Herzen haben.
Weder die Zeit noch der Tod können es auslöschen
oder bewirken, daß es mein Herz an einen anderen Ort zieht.«

Der Marquis war froh über ihre Antwort,
dennoch aber verhielt er sich so, als ob er es nicht wäre;
seine Miene und seine Blicke waren ganz traurig,
als er die Kemenate verließ.
Kurz danach, nur wenig später,
teilte er seine Absicht heimlich
einem Diener mit und schickte ihn zu seiner Frau.

Eine Art Wachtmeister war dieser Vertraute,
den er wegen seiner Zuverlässigkeit schon oft mit der Erledigung
wichtiger Angelegenheiten beauftragt hatte – und solche
auch Böses gut verrichten. [Leute können ja
Der Herrscher wußte wohl, daß er ihn liebte und fürchtete;
und als der Wachtmeister den Willen seines Herrn erfahren
begab er sich sehr leise in die Kemenate. [hatte,

»Herrin«, sagte er, »Ihr müßt mir verzeihen,
wenn ich etwas tue, wozu ich gezwungen bin.
Ihr seid so klug, daß Ihr genau wißt,
daß die Befehle des Herrn nicht nur zum Schein ausgeführt
man kann sie bedauern oder beklagen, [werden dürfen –
aber man muß dem Willen des Herrschers gehorchen,
und das werde ich auch, mehr ist nicht zu sagen.

Been youres al, and ye mowe save or spille
Youre owene thyng; werketh after youre wille.

"Ther may no thyng, God so my soule save,
Liken to yow that may displese me;
Ne I desire no thyng for to have,
Ne drede for to leese, save oonly yee.
This wyl is in myn herte, and ay shal be;
No lengthe of tyme or deeth may this deface,
Ne chaunge my corage to another place."

Glad was this markys of hire answeryng,
But yet he feyned as he were nat so;
Al drery was his cheere and his lookyng,
Whan that he sholde out of the chambre go.
Soone after this, a furlong wey or two,
He prively hath toold al his entente
Unto a man, and to his wyf hym sente.

A maner sergeant was this privee man,
The which that feithful ofte he founden hadde
In thynges grete, and eek swich folk wel kan
Doon execucioun in thynges badde.
The lord knew wel that he hym loved and dradde;
And whan this sergeant wiste his lordes wille,
Into the chambre he stalked hym ful stille.

"Madame," he seyde, "ye moote foryeve it me,
Though I do thyng to which I am constreyned.
Ye been so wys that ful wel knowe ye
That lordes heestes mowe nat been yfeyned;
They mowe wel been biwailled or compleyned,
But men moote nede unto hire lust obeye,
And so wol I; ther is namoore to seye.

Mir wurde befohlen, dieses Kind wegzunehmen« –
er sagte nichts mehr, sondern packte das Kind
trotzig und setzte eine Miene auf,
als ob er es töten wollte, noch bevor er die Kemenate verließe.
Griseldis mußte alles erleiden und allem zustimmen;
sie saß da, reglos und ergeben wie ein Lamm,
und ließ den grausamen Wachtmeister seinen Willen tun.

Verdächtig war der Ruf dieses Mannes,
verdächtig sein Gesicht, verdächtig auch seine Worte,
verdächtig auch die Zeit, zu der er dies tat.
O weh, ihre Tochter, die sie so liebte –
sie glaubte, er wollte sie auf der Stelle umbringen.
Aber dennoch weinte oder seufzte sie nicht,
sondern fügte sich dem Willen des Marquis.

Doch schließlich fing sie an zu reden
und bat den Wachtmeister demütig, er möge,
so wahr er ein achtbarer, edler Mann sei, gewähren,
daß sie ihr Kind küssen dürfte, bevor es sterben sollte.
Und sie legte das kleine Kind mit traurigem Gesicht
in ihren Schoß und segnete das Kind
und wiegte es und küßte es danach.

Mit gütiger Stimme sprach sie dann:
»Leb wohl, mein Kind! Ich werde dich nie wieder sehen.
Da ich dich aber mit dem Zeichen des Kreuzes
jenes Vaters bedacht habe – er muß gepriesen werden! –,
der für uns an einem Kreuz aus Holz starb,
empfehle ich ihm deine Seele, mein kleines Kind,
denn heute nacht wirst du meinetwegen sterben.«

Ich glaube, es wäre einer Amme in dieser Situation
schwer gefallen, dieses Elend mit anzusehen;
wie sehr hätte dann eine Mutter wehklagen können.

"This child I am comanded for to take"–
And spak namoore, but out the child he hente
Despitously, and gan a cheere make
As though he wolde han slayn it er he wente.
Grisildis moot al suffre and al consente,
And as a lamb she sitteth meke and stille,
And leet this crueel sergeant doon his wille.

Suspecious was the diffame of this man,
Suspect his face, suspect his word also;
Suspect the tyme in which he this bigan.
Allas! Hir doghter that she loved so,
She wende he wolde han slawen it right tho.
But nathelees she neither weep ne syked,
Conformynge hire to that the markys lyked.

But atte laste to speken she bigan,
And mekely she to the sergeant preyde,
So as he was a worthy gentil man,
That she moste kisse hire child er that it deyde.
And in hir barm this litel child she leyde
With ful sad face, and gan the child to blisse,
And lulled it, and after gan it kisse.

And thus she seyde in hire benigne voys,
"Fareweel my child! I shal thee nevere see.
But sith I thee have marked with the croys
Of thilke Fader – blessed moote he be! –
That for us deyde upon a croys of tree,
Thy soule, litel child, I hym bitake,
For this nyght shaltow dyen for my sake."

I trowe that to a norice in this cas
It had been hard this reuthe for to se;
Wel myghte a mooder thanne han cryd "allas!"

Aber dennoch war sie so standhaft,
daß sie all diese Widrigkeiten ertrug;
und zum Wachtmeister sagte sie demütig:
»Hier habt Ihr Euer kleines, junges Mädchen wieder.
[aus.
Geht nun«, sagte sie, »und führt den Befehl meines Herrn
Doch möchte ich Euch bei Eurer Gnade um eines bitten,
daß Ihr, falls es mein Herr Euch nicht verboten hat,
diesen kleinen Körper wenigstens an einem solchen Ort begrabt,
wo ihn weder wilde Tiere noch Vögel zerreißen können.«
Er wollte darauf aber kein Wort sagen,
sondern nahm das Kind und machte sich auf den Weg.

Der Wachtmeister kam zu seinem Herrn zurück,
und was Griseldis gesagt und wie sie sich verhalten hatte,
berichtete er ihm mit kurzen, prägnanten Worten, Punkt für
und übergab ihm seine geliebte Tochter. [Punkt,
Ein wenig bereute der Herr sein Handeln,
hielt aber dennoch an seiner Absicht fest, [wollen.
wie es bei Herrschern üblich ist, wenn sie ihren Willen haben

Er befahl dem Wachtmeister, daß er im geheimen
das Kind sorgfältig windeln und wickeln solle,
behutsam und ohne etwas zu vergessen,
und er solle es in einer Kiste oder Tasche wegbringen;
wenn er seinen Kopf aber behalten wolle,
dürfe niemand von seinem Vorhaben erfahren,
weder, woher er käme, noch, wohin er ginge;

Zu seiner lieben Schwester in Bologna,
die in jener Zeit Gräfin von Panico war,
solle er es bringen und sie in diese Sache einweihen
und sie bitten, ihr Möglichstes zu tun,
damit das Kind aufs vornehmste erzogen würde;

But nathelees so sad stidefast was she
That she endured al adversitee,
And to the sergeant mekely she sayde,
"Have heer agayn youre litel yonge mayde.

"Gooth now," quod she, "and dooth my lordes
But o thyng wol I prey yow of youre grace, [heeste;
That, but my lord forbad yow, atte leeste
Burieth this litel body in som place
That beestes ne no briddes it torace."
But he no word wol to that purpos seye,
But took the child and wente upon his weye.

This sergeant cam unto his lord ageyn,
And of Grisildis wordes and hire cheere
He tolde hym point for point, in short and pleyn,
And hym presenteth with his doghter deere.
Somwhat this lord hadde routhe in his manere,
But nathelees his purpos heeld he stille,
As lordes doon, whan they wol han hir wille;

And bad this sergeant that he pryvely
Sholde this child softe wynde and wrappe,
With alle circumstances tendrely,
And carie it in a cofre or in a lappe;
But, upon peyne his heed of for to swappe,
That no man sholde knowe of his entente,
Ne whenne he cam, ne whider that he wente;

But at Boloigne to his suster deere,
That thilke tyme of Panik was countesse,
He sholde it take and shewe hire this mateere,
Bisekynge hire to doon hire bisynesse
This child to fostre in alle gentillesse;

und er bat sie, zu verheimlichen, wessen Kind es wäre –
vor jedem, was auch geschehen sollte.

Der Wachtmeister ging sofort und erfüllte seinen Auftrag.
Wir aber kehren wieder zum Marquis zurück.
Denn nun beschäftigt er sich damit,
ob er am Verhalten seiner Frau sehen
oder an ihren Worten feststellen könne, ob sie
sich verändert hätte; doch konnte er sie nie anders
als stets ernst und freundlich zugleich finden.

So fröhlich, so bescheiden, so dienstfertig
und so liebevoll, wie sie es stets gewesen war,
war sie ihm in allen Dingen;
sie erwähnte ihre Tochter mit keinem einzigen Wort.
Keine Veränderung war ihr trotz aller Widrigkeiten
anzumerken; den Namen ihrer Tochter
erwähnte sie nie, weder im Spaß noch im Ernst.

Hier endet der dritte Teil.

Hier folgt der vierte Teil.

So verstrichen dann vier Jahre,
bis sie wieder ein Kind erwartete; da es Gott so wollte,
gebar sie Walter einen Jungen,
der sehr schön und wohlgestaltet war.
Und als die Leute das seinem Vater sagten,
war nicht nur er, sondern auch das ganze Land glücklich
über das Kind, und alle dankten und lobten Gott.

Als es zwei Jahre alt war und die Brust
seiner Amme nicht mehr benötigte, gefiel es
dem Marquis eines Tages,
seine Frau noch einmal auf die Probe zu stellen, wenn es ihm gelänge.
Oh, es gab doch keinen Grund, sie so hart zu prüfen!

And whos child that it was he bad hire hyde
From every wight, for oght that may bityde.

The sergeant gooth, and hath fulfild this thyng;
But to this markys now retourne we.
For now gooth he ful faste ymaginyng
If by his wyves cheere he myghte se,
Or by hire word aperceyve, that she
Were chaunged; but he nevere hire koude fynde
But evere in oon ylike sad and kynde.

As glad, as humble, as bisy in servyse,
And eek in love, as she was wont to be,
Was she to hym in every maner wyse;
Ne of hir doghter noght a word spak she.
Noon accident, for noon adversitee,
Was seyn in hire, ne nevere hir doghter name
Ne nempned she, in ernest nor in game.

Explicit tercia pars.

Sequitur pars quarta.

In this estaat ther passed been foure yeer
Er she with childe was, but, as God wolde,
A knave child she bar by this Walter,
Ful gracious and fair for to biholde.
And whan that folk it to his fader tolde,
Nat oonly he but al his contree merye
Was for this child, and God they thanke and herye.

Whan it was two yeer old, and fro the brest
Departed of his norice, on a day
This markys caughte yet another lest
To tempte his wyf yet ofter, if he may.
O nedelees was she tempted in assay!

Doch Ehemänner kennen keine Mäßigung,
wenn sie ein geduldiges Geschöpf gefunden haben.

»Frau«, sagte der Marquis, »Ihr habt bereits gehört,
daß mein Volk unsere Ehe nur widerwillig duldet;
und vor allem seit der Geburt meines Sohnes
ist es schlimmer, als es irgendwann in unserem Leben war.
Das Murren tötet mir das Herz und raubt mir meine Zuversicht,
denn stets vernehme ich die anklagende Stimme,
die mir schon fast das Herz gebrochen hat.

Jetzt reden sie so: ›Wenn Walter tot ist,
dann wird das Blut des Janicula die Nachfolge antreten
und unser Herrscher sein, wir haben ja keinen anderen.‹
Solche Worte benutzt mein Volk, genau solche.
Ich sollte ganz besonders auf dieses Murren achten,
denn eine solche Stimmung fürchte ich gewiß,
wenngleich sie in meiner Gegenwart nicht offen reden.

Ich würde gern in Frieden leben, wenn ich nur könnte;
deshalb bin ich fest dazu entschlossen,
so, wie ich in jener Nacht mit seiner Schwester verfuhr,
heimlich auch mit ihm zu verfahren, das ist meine Absicht.
Doch warne ich Euch davor, daß Ihr plötzlich
aus irgendeinem Kummer Eure Beherrschung verliert;
seid geduldig, ich bitte Euch darum.«

Sie antwortete: »Ich habe es schon gesagt, und es bleibt dabei:
Ich begehre nichts und will auch bestimmt nichts anderes,
als was Euch gefällt. Nichts betrübt mich im geringsten,
selbst wenn meine Tochter und mein Sohn getötet sein mögen,
und zwar aufgrund Eures Befehles. Von
meinen zwei Kindern habe ich nicht mehr gehabt als zuerst
die Last der Schwangerschaft und danach Leid und Schmerz.

But wedded men ne knowe no mesure,
Whan that they fynde a pacient creature.

"Wyf," quod this markys, "ye han herd er this
My peple sikly berth oure mariage;
And namely sith my sone yboren is,
Now is it worse than evere in al oure age.
The murmur sleeth myn herte and my corage,
For to myne eres comth the voys so smerte
That it wel ny destroyed hath myn herte.

"Now sey they thus: 'Whan Walter is agon,
Thanne shal the blood of Janicle succede
And been oure lord, for oother have we noon.'
Swiche wordes seith my peple, out of drede.
Wel oughte I of swich murmur taken heede,
For certeinly I drede swich sentence,
Though they nat pleyn speke in myn audience.

"I wolde lyve in pees, if that I myghte;
Wherfore I am disposed outrely,
As I his suster servede by nyghte,
Right so thenke I to serve hym pryvely.
This warne I yow, that ye nat sodeynly
Out of youreself for no wo sholde outreye;
Beth pacient, and therof I yow preye."

"I have," quod she, "seyd thus, and evere shal:
I wol no thyng, ne nyl no thyng, certayn,
But as yow list. Naught greveth me at al,
Though that my doughter and my sone be slayn –
At youre comandement, this is to sayn.
I have noght had no part of children tweyne
But first siknesse, and after, wo and peyne.

Ihr seid unser Herrscher, tut mit Euren Dingen
das, was Euch gefällt; fragt mich nicht um Rat.
So, wie ich nämlich meine ganze Kleidung zuhause gelassen
habe, als ich damals zu Euch kam«, sagte sie,
»habe ich auch meinen Willen und meine Selbständigkeit dort
und Eure Kleidung angelegt; ich bitte Euch deshalb, [gelassen
tut das, was Euch gefällt, ich werde Eurem Begehren gehorchen.

Und gewiß, wenn ich Euren Willen im voraus
wüßte, bevor Ihr mir Euer Verlangen mitgeteilt habt,
wollte ich ihn ohne Nachlässigkeit erfüllen; weil ich
aber jetzt Euer Verlangen kenne und weiß, was Ihr wollt,
werde ich alles, was Euch gefällt, fest und standhaft tun.
Denn wüßte ich, daß Euch mein Tod Erleichterung verschafft,
dann würde ich fröhlich sterben, um Eures Gefallens willen.

Der Tod ist nichts im Vergleich
zu meiner Liebe für Euch.« Als der Marquis
die Beständigkeit seiner Frau sah, schlug er
die Augen nieder und wunderte sich, daß sie
diese ganze Prüfung mit Geduld ertragen konnte;
und mit trauriger Miene ging er weg,
doch seinem Herzen war es eine große Befriedigung.

Der schreckliche Dienstmann hat in derselben Weise,
wie er ihre Tochter gepackt hatte, genau so –
oder noch schlimmer, wenn man Schlimmeres erdenken kann –
sich ihres Sohnes bemächtigt, der doch so schön war.
Doch sie war dabei so geduldig,
daß sich kein Anzeichen des Kummers an ihr zeigte –
sie küßte ihren Sohn und segnete ihn dann;

Sie bat ihn lediglich darum, daß er, falls er es könnte,
ihren kleinen Sohn begraben wolle,
damit seine süßen, so wohlgestalteten Glieder

"Ye been oure lord; dooth with youre owene thyng
Right as yow list; axeth no reed at me.
For as I lefte at hoom al my clothyng,
Whan I first cam to yow, right so," quod she,
"Lefte I my wyl and al my libertee,
And took youre clothyng; wherfore I yow preye,
Dooth youre plesaunce; I wol youre lust obeye.

"And certes, if I hadde prescience
Youre wyl to knowe, er ye youre lust me tolde,
I wolde it doon withouten necligence;
But now I woot youre lust, and what ye wolde,
Al youre plesance ferme and stable I holde;
For wiste I that my deeth wolde do yow ese,
Right gladly wolde I dyen, yow to plese.

"Deth may noght make no comparisoun
Unto youre love." And whan this markys say
The constance of his wyf, he caste adoun
His eyen two, and wondreth that she may
In pacience suffre al this array;
And forth he goth with drery contenance,
But to his herte it was ful greet plesance.

This ugly sergeant, in the same wyse
That he hire doghter caughte, right so he –
Or worse, if men worse kan devyse –
Hath hent hire sone, that ful was of beautee.
And evere in oon so pacient was she
That she no chiere maade of hevynesse,
But kiste hir sone, and after gan it blesse;

Save this, she preyede hym that, if he myghte,
Hir litel sone he wolde in erthe grave
His tendre lymes, delicaat to sighte,

vor Vögeln und wilden Tieren geschützt wären.
Sie erhielt aber keine Antwort von ihm.
Er ging seines Weges, als ob ihn nichts bekümmerte;
den Jungen aber brachte er wohlbehalten nach Bologna.

Der Marquis wunderte sich immer mehr
über ihre Geduld; und wenn er nicht
vorher genau gewußt hätte,
daß sie ihre Kinder innig liebte,
hätte er vermutet, sie hätte es aus irgendeiner Absicht,
aus Bosheit oder wegen ihrem grausamen Herzen
mit unverändertem Gesichtsausdruck erlitten.

Aber er wußte genau, daß sie ihn und dann
ihre Kinder in jeder Beziehung gewiß am meisten liebte.
Den Frauen würde ich jetzt gerne die Frage stellen,
ob diese Prüfungen nicht schon genügten.
Was könnte sich ein grausamer Ehemann noch ausdenken,
um ihre Treue in der Ehe und ihre Standhaftigkeit zu prüfen,
während er seiner Grausamkeit weiterhin freien Lauf läßt?

Es gibt aber Leute, die so veranlagt sind,
daß sie dann, wenn sie einen bestimmten Vorsatz gefaßt haben,
nicht von ihrer Absicht ablassen können
und – als ob man sie an den Pfahl gebunden hätte –
von ihrem ursprünglichen Vorsatz nicht ablassen wollen.
Genau so hat der Marquis fest beschlossen,
seine Frau zu prüfen, wie er es sich ursprünglich vorgenommen hatte.

Er wartet darauf, ob sich an ihren Worten oder ihrem
Verhalten zeige, daß ihre Einstellung ihm gegenüber anders
geworden sei; er konnte aber keine Veränderung feststellen.
Ihr Herz und ihr Antlitz hatten sich nicht verändert;
und je älter sie wurde,

Fro foweles and fro beestes for to save.
But she noon answere of hym myghte have.
He wente his wey, as hym no thyng ne roghte,
But to Boloigne he tendrely it broghte.

This markys wondred, evere lenger the moore,
Upon hir pacience, and if that he
Ne hadde soothly knowen therbifoore
That parfitly hir children loved she,
He wolde have wend that of som subtiltee,
And of malice, or for crueel corage,
That she hadde suffred this with sad visage.

But wel he knew that next hymself, certayn,
She loved hir children best in every wyse.
But now of wommen wolde I axen fayn
If thise assayes myghte nat suffise?
What koude a sturdy housbonde moore devyse
To preeve hir wyfhod and hir stedefastnesse,
And he continuynge evere in sturdinesse?

But ther been folk of swich condicion
That whan they have a certein purpos take,
They kan nat stynte of hire entencion,
But, right as they were bounden to that stake,
They wol nat of that firste purpos slake.
Right so this markys fulliche hath purposed
To tempte his wyf as he was first disposed.

He waiteth if by word or contenance
That she to hym was changed of corage,
But nevere koude he fynde variance.
She was ay oon in herte and in visage,
And ay the forther that she was in age,

desto treuer wurde sie in ihrer Liebe zu ihm
und sogar noch aufmerksamer, wenn das überhaupt möglich ist.

Deshalb schien es, als ob es bei den zweien
nur einen Willen gäbe; denn was Walter gefiel,
das gefiel auch ihr.
Gott sei Dank aber geschah alles zum besten.
Ungeachtet weltlicher Unbeständigkeit war sie ein Beispiel
wie eine Frau von sich aus nicht wollen sollte, [dafür,
daß etwas anderes geschehe, als was ihr Ehemann wollte.

Weithin und wiederholt verbreitete sich die böse Kunde über
daß sein grausames Herz, da er ja eine [Walter,
arme Frau geheiratet habe, ihn dazu gebracht hätte,
seine beiden Kinder heimlich und niederträchtig zu ermorden.
Solch Murren war beim ganzen Volk zu hören.
Es war kein Wunder, denn dem Volk [hätte.
drang kein anderes Wort zu Ohren, als daß man sie ermordet

War er zuvor bei seinem Volk
sehr beliebt gewesen, so bewirkte die böse Kunde seiner
daß es ihn nun deswegen haßte. [Ehrlosigkeit,
Als Mörder zu gelten heißt, daß man gehaßt wird.
Trotzdem aber wollte er weder im Guten noch im Bösen
von seinem grausamen Vorhaben ablassen;
sein ganzes Sinnen war darauf gerichtet, seine Frau zu prüfen.

Als seine Tochter zwölf Jahre alt war,
sandte er seine Boten an die Kurie in Rom,
die insgeheim von seinem Willen wußte,
und trug ihr auf, derartige Bullen zu verfassen,
die seinem grausamen Trachten genügen würden –
daß nämlich der Papst ihm zur Beruhigung seines Volkes
befehle, eine andere zu heiraten, wenn ihn danach verlange.

The moore trewe, if that it were possible,
She was to hym in love, and moore penyble.

For which it semed thus: that of hem two
Ther nas but o wyl, for as Walter leste,
The same lust was hire plesance also.
And, God be thanked, al fil for the beste.
She shewed wel, for no worldly unreste
A wyf, as of hirself, nothing ne sholde
Wille in effect, but as hir housbonde wolde.

The sclaundre of Walter ofte and wyde spradde,
That of a crueel herte he wikkedly,
For he a povre womman wedded hadde,
Hath mordred bothe his children prively.
Swich murmur was among hem comunly.
No wonder is, for to the peples ere
Ther cam no word but that they mordred were.

For which, where as his peple therbifore
Hadde loved hym wel, the sclaundre of his diffame
Made hem that they hym hatede therfore.
To been a mordrere is an hateful name;
But nathelees, for ernest ne for game,
He of his crueel purpos nolde stente;
To tempte his wyf was set al his entente.

Whan that his doghter twelve yeer was of age,
He to the court of Rome, in subtil wyse
Enformed of his wyl, sente his message,
Comaundynge hem swiche bulles to devyse
As to his crueel purpos may suffyse –
How that the pope, as for his peples reste,
Bad hym to wedde another, if hym leste.

Ich sage, er bat darum, daß sie die päpstlichen Bullen
zum Schein erlassen sollten, mit dem Inhalt,
daß er die Erlaubnis habe, seine erste Frau zu verlassen,
und zwar mit dem Dispens des Papstes,
um die Zwietracht und den Streit
zwischen ihm und seinem Volk zu beenden; das besagte die [Bulle,
die sie im vollen Wortlaut veröffentlichen ließen.

Es ist ja kein Wunder, daß das einfache Volk
sogleich glaubte, daß dies zu Recht geschehe;
als aber diese Nachricht zu Griseldis gelangte,
kann ich mir vorstellen, wie sehr es ihr im Herzen wehtat.
Doch da sie stets gleichermaßen gefaßt war,
war dieses bescheidene Geschöpf dazu entschlossen,
alle Widrigkeiten Fortunas zu ertragen.

Immer ertrug sie dessen Verlangen und dessen Gefallen,
dem sie mit ganzem Herzen als ihrem
wahren, irdischen Hort ergeben war.
Damit ich die Geschichte aber rasch erzähle:
Der Marquis schrieb einen ausführlichen
Brief, in dem er seine Absicht darlegte
und den er heimlich nach Bologna schickte.

Den Fürsten von Panico, der schon seit geraumer Zeit
mit seiner Schwester verheiratet war, bat er insbesondere darum,
seine beiden Kinder wieder nach Hause zu bringen,
mit fürstlichem Geleit, in aller Öffentlichkeit.
Doch bat er ihn besonders darum,
selbst dann, wenn man ihn fragen würde, niemandem
zu sagen, wessen Kinder sie seien.

Er solle vielmehr sagen, daß das Mädchen bald
mit dem Marquis von Saluzzo verheiratet werden solle.
Und wie er den Fürsten gebeten hatte, handelte der;

I seye, he bad they sholde countrefete
The popes bulles, makynge mencion
That he hath leve his firste wyf to lete,
As by the popes dispensacion,
To stynte rancour and dissencion
Bitwixe his peple and hym; thus seyde the bulle,
The which they han publiced atte fulle.

The rude peple, as it no wonder is,
Wenden ful wel that it hadde be right so;
But whan thise tidynges came to Grisildis,
I deeme that hire herte was ful wo.
But she, ylike sad for everemo,
Disposed was, this humble creature,
The adversitee of Fortune al t'endure,

Abidynge evere his lust and his plesance,
To whom that she was yeven herte and al,
As to hire verray worldly suffisance.
But shortly if this storie I tellen shal,
This markys writen hath in special
A lettre, in which he sheweth his entente,
And secreely he to Boloigne it sente.

To the Erl of Panyk, which that hadde tho
Wedded his suster, preyde he specially
To bryngen hoom agayn his children two
In honurable estaat al openly.
But o thyng he hym preyede outrely,
That he to no wight, though men wolde enquere,
Sholde nat telle whos children that they were,

But seye the mayden sholde ywedded be
Unto the Markys of Saluce anon.
And as this erl was preyed, so dide he;

denn am festgesetzten Tag machte er sich auf den Weg,
hin nach Saluzzo, in seinem Gefolge viele Edle,
die sich zum Geleit des Mädchens prächtig gekleidet hatten;
ihr junger Bruder ritt neben ihr.

Für die ihr bevorstehende Hochzeit hatte man
diese frische Maid mit prächtigen Edelsteinen über und über [geschmückt.
Ihr Bruder, der sieben Jahre alt war,
war auf seine Weise ebenfalls nett gekleidet.
Und so traten sie in großer Pracht und Freude
ihre Reise nach Saluzzo an;
Tag für Tag ritten sie auf ihrem Weg.

Hier endet der vierte Teil.

Hier folgt der fünfte Teil.

Seiner üblen Gewohnheit folgend, hat währenddessen
der Marquis, damit er seine Frau noch mehr,
ja sogar bis zum äußersten ihrer Kräfte prüfe,
um volle Gewißheit und Klarheit zu haben,
ob sie so beständig wäre wie zuvor,
ihr eines Tages vor aller Ohren
triumphierend dieses Urteil verkündet:

»Gewiß, Griseldis, ich fand großes Gefallen daran,
Euch wegen Eurer Güte zur Frau zu haben,
wie auch Eurer Treue und Eures Gehorsams wegen –
nicht jedoch um Eurer Herkunft oder um Eures Reichtums [willen.
Doch nun weiß ich ganz gewiß,
daß große Herrschaft, wenn ich es recht sehe,
in vielerlei Hinsicht auch große Knechtschaft bedeutet.

Ich kann nicht so ungezwungen handeln, wie es jeder Pflüger [kann.
Mein Volk zwingt mich, eine andere Frau
zu heiraten, es begehrt Tag für Tag danach;

For at day set he on his wey is goon
Toward Saluce, and lordes many oon
In riche array, this mayden for to gyde,
Hir yonge brother ridynge hire bisyde.

Arrayed was toward hir mariage
This fresshe mayde, ful of gemmes cleere;
Hir brother, which that seven yeer was of age,
Arrayed eek ful fressh in his manere.
And thus in greet noblesse and with glad cheere,
Toward Saluces shapynge hir journey,
Fro day to day they ryden in hir wey.

Explicit quarta pars.

Sequitur pars quinta.

Among al this, after his wikke usage,
This markys, yet his wyf to tempte moore
To the outtreste preeve of hir corage,
Fully to han experience and loore
If that she were as stidefast as bifoore,
He on a day in open audience
Ful boistously hath seyd hire this sentence:

"Certes, Grisilde, I hadde ynogh plesance
To han yow to my wyf for youre goodnesse,
As for youre trouthe and for youre obeisance,
Noght for youre lynage, ne for youre richesse;
But now knowe I in verray soothfastnesse
That in greet lordshipe, if I wel avyse,
Ther is greet servitute in sondry wyse.

"I may nat doon as every plowman may.
My peple me constreyneth for to take
Another wyf, and crien day by day;

und um die Zwietracht zu beenden, hat sogar der Papst
dem zugestimmt, wie ich sagen darf;
und wahrlich, so viel will ich Euch sagen,
meine neue Frau ist auf dem Weg hierher.

Zeigt, daß Ihr ein starkes Herz habt, und räumt sofort ihren [Platz,
und jene Mitgift, die Ihr mir brachtet,
nehmt sie zurück, in meiner Gnade gewähre ich es Euch.
Kehrt in Eures Vaters Haus zurück«, sagte er,
»niemand kann immerzu Glück haben.
Ich rate Euch, daß Ihr den Schlag Fortunas
oder des Schicksals ruhigen Herzens ertragt.«

Geduldig antwortete sie darauf:
»Mein Herr«, sagte sie, »ich weiß und wußte stets,
daß zwischen Eurer Herrlichkeit
und meiner Armut sicherlich niemand einen
Vergleich anstellen kann oder darf.
Ich habe mich nie in irgendeiner Hinsicht für würdig gehalten,
Eure Frau zu sein, ja nicht einmal Eure Kammermagd.

Und in diesem Haus, wo Ihr mich zur Herrin machtet –
Gott im Himmel benenne ich als meinen Zeugen,
so wahr er meine Seele erfreuen möge –,
habe ich mich nie als Herrin oder Meisterin gezeigt,
sondern als bescheidene Dienerin Eurer Würdigkeit,
und werde dies immer tun, solange mein Leben währen mag,
mehr als jedes andere weltliche Geschöpf.

Daß Ihr mich in Eurer Güte so lange
die Ehren eines hohen Standes genießen ließt,
wo ich doch dessen nicht würdig war,
dafür danke ich Gott und Euch; zu ihm bete ich,
es Euch vergelten zu wollen; mehr kann ich nicht sagen.

And eek the pope, rancour for to slake,
Consenteth it – that dar I undertake –
And trewely thus muche I wol yow seye:
My newe wyf is comynge by the weye.

"Be strong of herte, and voyde anon hir place;
And thilke dowere that ye broghten me,
Taak it agayn; I graunte it of my grace.
Retourneth to youre fadres hous," quod he;
"No man may alwey han prosperitee.
With evene herte I rede yow t'endure
The strook of Fortune or of aventure."

And she agayn answerde in pacience:
"My lord," quod she, "I woot, and wiste alway,
How that bitwixen youre magnificence
And my poverte no wight kan ne may
Maken comparison; it is no nay.
I ne heeld me nevere digne in no manere
To be youre wyf, no, ne youre chamberere.

"And in this hous, ther ye me lady maade –
The heighe God take I for my witnesse,
And also wysly he my soule glaade –
I nevere heeld me lady ne mistresse,
But humble servant to youre worthynesse,
And evere shal, whil that my lyf may dure,
Aboven every worldly creature.

"That ye so longe of youre benignitee
Han holden me in honour and nobleye,
Where as I was noght worthy for to bee,
That thonke I God and yow, to whom I preye
Foryelde it yow; ther is namoore to seye.

Freudig werde ich zu meinem Vater gehen
und bis an mein Lebensende bei ihm bleiben.

Wo ich als kleines Kind aufgezogen wurde,
will ich mein Leben bis zu meinem Tode verbringen,
als Witwe, rein im Körper, im Herzen und auch sonst.
Da ich Euch ja meine Jungfräulichkeit schenkte
und ohne Zweifel Eure treue Frau bin, möge Gott
die Frau eines solchen Herrschers davor bewahren, sich einen
anderen Mann als Ehemann oder Geliebten zu nehmen!

Und mit Eurer neuen Frau möge Euch Gott in seiner Gnade
Wohlergehen und Reichtum gewähren!
Denn ich will ihr freudig den Platz überlassen,
an dem ich glücklich war.
Da es Euch ja gefällt, mein Herrscher«, sagte sie,
»der Ihr einst meiner Seele Labsal wart,
daß ich gehen soll, will ich gehen, wenn es Euch gefällt.

Doch wo Ihr mir die Mitgift anbietet,
die ich damals mitbrachte – ich erinnere mich ganz genau,
daß es meine ärmlichen, ganz und gar unfeinen Kleider [waren –,
die zu finden, fiele mir nun schwer.
O guter Gott, wie edel und wie gütig
schient Ihr aufgrund Eurer Redeweise und Eures Gesichts
an dem Tag, als unsere Heirat stattfand!

Doch sagt man zu Recht – zumindest finde ich es
an mir in der Tat bewiesen und bestätigt –,
daß Liebe nur dann nicht alt ist, wenn sie neu ist.
Doch sicher, Herr, trotz aller Widrigkeiten
wird es nie der Fall sein, selbst wenn ich sterben müßte,
daß ich mit Worten oder Taten je zeigen werde, daß ich bereue,
Euch mein Herz ganz bewußt geschenkt zu haben.

Unto my fader gladly wol I wende,
And with hym dwelle unto my lyves ende.

"Ther I was fostred of a child ful smal,
Til I be deed my lyf ther wol I lede,
A wydwe clene in body, herte, and al.
For sith I yaf to yow my maydenhede,
And am youre trewe wyf, it is no drede,
God shilde swich a lordes wyf to take
Another man to housbonde or to make!

"And of youre newe wyf God of his grace
So graunte yow wele and prosperitee!
For I wol gladly yelden hire my place,
In which that I was blisful wont to bee.
For sith it liketh yow, my lord," quod shee,
"That whilom weren al myn hertes reste,
That I shal goon, I wol goon whan yow leste.

"But ther as ye me profre swich dowaire
As I first broghte, it is wẹl in my mynde
It were my wrecched clothes, nothyng faire,
The whiche to me were hard now for to fynde.
O goode God! How gentil and how kynde
Ye semed by youre speche and youre visage
The day that maked was oure mariage!

"But sooth is seyd – algate I fynde it trewe,
For in effect it preeved is on me –
Love is noght oold as whan that it is newe.
But certes, lord, for noon adversitee,
To dyen in the cas, it shal nat bee
That evere in word or werk I shal repente
That I yow yaf myn herte in hool entente.

Mein Herr, Ihr wißt, daß Ihr mich im Haus meines Vaters
meine ärmlichen Kleider ablegen
und mich in Eurer Gnade reich bekleiden ließt.
Euch brachte ich sicherlich nichts anderes
als Vertrauen, Nacktheit und Jungfräulichkeit;
hier gebe ich Euch Eure Kleidung zurück,
auch Euren Ehering, für immer.

Der Rest Eures Schmuckes liegt in Eurer
Kemenate bereit – das kann ich mit Gewißheit sagen.
Nackt von meines Vaters Haus«, fuhr sie fort,
»kam ich her, und nackt muß ich dorthin zurückkehren.
Gerne werde ich Euch jeden Wunsch erfüllen,
doch hoffe ich, es ist nicht Eure Absicht,
daß ich ohne Hemd aus Eurem Palast weggehe.

Ihr könntet nicht so schamlos handeln,
daß dieser Schoß, in dem Eure Kinder lagen,
dem Volk, wenn ich meines Weges gehe,
nackt zur Schau gestellt werden sollte; deshalb bitte ich Euch,
laßt mich nicht wie ein Wurm die Straße entlanggehen.
Erinnert Euch daran, mein teurer Herrscher,
ich war Eure Ehefrau, obwohl ich dessen nicht würdig war.

Als Preis für meine Jungfräulichkeit,
die ich mitbrachte, aber nicht mitnehme, [digung
bitte ich Euch deshalb, mir zu gewähren, daß ich als Entschä-
nur ein so einfaches Hemd erhalte, wie ich es früher trug,
auf daß ich damit den Schoß derer bedecken kann,
die Eure Frau war. Und hier nehme ich Abschied
von Euch, mein Herrscher, damit ich Euch nicht erzürne.«

»Das Hemd«, sprach er, »das du auf deinem Leib trägst,
laß es dort bleiben und nimm es mit.«
Aber sehr leicht fielen ihm diese Worte nicht,

"My lord, ye woot that in may fadres place
Ye dide me streepe out of my povre weede,
And richely me cladden, of youre grace.
To yow broghte I noght elles, out of drede,
But feith, and nakednesse, and maydenhede;
And heere agayn your clothyng I restoore,
And eek your weddyng ryng, for everemore.

"The remenant of youre jueles redy be
Inwith youre chambre, dar I saufly sayn.
Naked out of my fadres hous," quod she,
"I cam, and naked moot I turne agayn.
Al youre plesance wol I folwen fayn;
But yet I hope it be nat youre entente
That I smoklees out of youre paleys wente.

"Ye koude nat doon so dishonest a thyng,
That thilke wombe in which youre children leye
Sholde biforn the peple, in my walkyng,
Be seyn al bare; wherfore I yow preye,
Lat me nat lyk a worm go by the weye.
Remembre yow, myn owene lord so deere,
I was youre wyf, though I unworthy weere.

"Wherfore, in gerdon of my maydenhede,
Which that I broghte, and noght agayn I bere,
As voucheth sauf to yeve me, to my meede,
But swich a smok as I was wont to were,
That I therwith may wrye the wombe of here
That was youre wyf. And heer take I my leeve
Of yow, myn owene lord, lest I yow greve."

"The smok," quod he, "that thou hast on thy bak,
Lat it be stille, and bere it forth with thee."
But wel unnethes thilke word he spak,

aus Erbarmen und Mitleid wandte er sich vielmehr ab.
Vor dem Volk entkleidete sie sich,
und im Hemd, Kopf und Füße ganz nackt,
machte sie sich zum Hause ihres Vaters auf.

Weinend folgte ihr das Volk auf ihrem Weg;
solange sie gingen, verfluchten sie Fortuna;
doch keine Träne stieg ihr in die Augen,
auch sprach sie die ganze Zeit kein einziges Wort.
Ihr Vater, der diese Nachrichten alsbald erfuhr,
verfluchte den Tag und die Stunde, da ihn die Natur
zum Leben erweckte.

Denn zweifellos war dieser arme, alte Mann
wegen ihrer Heirat stets besorgt gewesen;
seit sie stattgefunden hatte, glaubte er,
daß der Herr, sobald er seine Lust befriedigt hätte,
meinen würde, es sei eine Erniedrigung
für seinen Stand, sich so tief herabgelassen zu haben,
und sie davonjagen würde, sobald er könnte.

Er ging seiner Tochter eilends entgegen,
denn durch den Lärm des Volkes wußte er von ihrem Kommen.
Und er bedeckte sie mit ihrer alten Kutte,
so gut es ging, wobei er bitterlich weinte.
Doch er konnte sie ihr nicht über den Körper ziehen,
denn der Stoff war grob und um viele Tage älter
als an ihrer Hochzeit.

Eine gewisse Zeit lang lebte nun
dieses Vorbild fraulicher Geduld bei ihrem Vater.
Weder ihre Worte noch ihr Gesichtsausdruck –
ob Leute zugegen waren oder nicht –
ließen erkennen, daß ihr Unrecht geschehen war;

But wente his wey, for routhe and for pitee.
Biforn the folk hirselven strepeth she,
And in hir smok, with heed and foot al bare,
Toward hir fadre hous forth is she fare.

The folk hire folwe, wepynge in hir weye,
And Fortune ay they cursen as they goon;
But she fro wepyng kepte hire eyen dreye,
Ne in this tyme word ne spak she noon.
Hir fader, that this tidynge herde anoon,
Curseth the day and tyme that Nature
Shoop hym to been a lyves creature.

For out of doute this olde poure man
Was evere in suspect of hir mariage;
For evere he demed, sith that it bigan,
That whan the lord fulfild hadde his corage,
Hym wolde thynke it were a disparage
To his estaat so lowe for t'alighte,
And voyden hire as soone as ever he myghte.

Agayns his doghter hastily goth he,
For he by noyse of folk knew hire comynge,
And with hire olde coote, as it myghte be
He covered hire, ful sorwefully wepynge.
But on hire body myghte he it nat brynge,
For rude was the clooth, and moore of age
By dayes fele than at hire mariage.

Thus with hire fader for a certeyn space
Dwelleth this flour of wyfly pacience,
That neither by hire wordes ne hire face,
Biforn the folk, ne eek in hire absence,
Ne shewed she that hire was doon offence;

sie schien sich auch nicht an ihren hohen Stand zu erinnern,
zumindest ihrem Verhalten nach.

Das war kein Wunder, denn in ihrem hohen Stand
stand ihr der Sinn stets nach vollkommener Bescheidenheit;
kein schmeichelnder Mund, kein empfindliches Herz,
kein Pomp, kein Anzeichen königlicher Würde –
sondern sie war voll geduldiger Güte,
weise und ohne Stolz, stets lobenswert
und ihrem Ehemann gegenüber immer demütig und verläßlich.

Man spricht von Hiob und ganz besonders von seiner Demut,
und das können die Kleriker ja, wenn sie wollen,
vor allem von Männern sagen; selbst wenn
Kleriker die Frauen nur wenig preisen, die Wahrheit ist doch,
daß kein Mann in seinem Verhalten so bescheiden sein kann
wie eine Frau; ein Mann kann auch nicht halb so treu
wie Frauen sein – es sei denn, es wäre etwas Neues.

[Teil VI]

Der Fürst von Panico ist aus Bologna eingetroffen,
und die Nachricht seiner Ankunft kam vor groß und klein;
und ein jeder im Volk hörte
auch davon, daß er eine neue Marquise
mitbrachte, mit solchem Pomp und Reichtum,
daß eines Menschen Auge noch nie einen so
prächtigen Zug in der ganzen westlichen Lombardei gesehen [hatte.

Der Marquis, der dies veranlaßt hatte und genau Bescheid
wußte, hatte noch vor der Ankunft des Fürsten eine Botschaft
an die unglückliche, arme Griseldis geschickt;
und mit bescheidenem Herzen und froher Miene –
nicht mit wütenden Gedanken im Herzen –

Ne of hire heighe estaat no remembraunce
Ne hadde she, as by hire contenaunce.

No wonder is, for in hire grete estaat
Hire goost was evere in pleyn humylitee;
No tendre mouth, noon herte delicaat,
No pompe, no semblant of roialtee,
But ful of pacient benyngnytee,
Discreet and pridelees, ay honurable,
And to hire housbonde evere meke and stable.

Men speke of Job, and moost for his humblesse,
As clerkes, whan hem list, konne wel endite,
Namely of men, but as in soothfastnesse,
Though clerkes preise wommen but a lite,
Ther kan no man in humblesse hym acquite
As womman kan, ne kan been half so trewe
As wommen been, but it be falle of newe.

[Part VI.]

Fro Boloigne is this Erl of Panyk come,
Of which the fame up sprang to moore and lesse,
And to the peples eres, alle and some,
Was kouth eek that a newe markysesse
He with hym broghte, in swich pompe and richesse
That nevere was ther seyn with mannes ye
So noble array in al West Lumbardye.

The markys, which that shoop and knew al this,
Er that this erl was come, sente his message
For thilke sely povre Grisildis;
And she with humble herte and glad visage,
Nat with no swollen thoght in hire corage,

kam sie auf sein Gebot herbei und ließ sich auf die Knie nieder
und begrüßte ihn ehrerbietig und weise.

»Griseldis«, sagte er, »es ist mein fester Wille,
daß diese Maid, die mit mir verheiratet wird,
morgen so königlich empfangen werde,
wie dies in meinem Haus nur möglich ist;
ferner, daß jeder den ihm und seinem Rang gebührenden
Platz bei Tisch und Tafel habe und ihm jeder Wunsch
erfüllt werde – ganz so, wie es meiner Vorstellung entspricht.

Ich habe aber keine Frauen, die in der Lage wären,
die Räume der Reihe nach so herzurichten,
wie es mir gefällt, und deshalb wollte ich gern,
daß du die Aufsicht in diesen Dingen übernimmst.
Du kennst ja meine Vorlieben von früher her;
wenngleich dein Aufzug schlecht und unwürdig ist,
dann komme doch zumindest deiner Pflicht nach.«

»Ich bin nicht nur froh, Herr«, sagte sie,
»Euer Begehren zu erfüllen, sondern ich wünsche sogar,
Euch so, wie ich bin, zu dienen und zu gefallen,
ohne darin nachzulassen, und ich werde dies stets tun;
weder für Gut noch Böse wird
der Geist in meinem Herzen jemals aufhören,
Euch am meisten und in lauterer Absicht zu lieben.«

Und mit diesen Worten begann sie, das Haus herzurichten,
Tische aufzustellen, Betten vorzubereiten,
und gab sich jede Mühe, alles zu tun, was sie tun konnte,
und bat die Kammermägde, sich um Gottes willen
zu beeilen und schnell zu kehren und auszuschütteln;
und sie, die die Dienstfertigste von allen war,
schmückte jedes Zimmer und dazu noch seine Halle.

Cam at his heste, and on hire knees hire sette,
And reverently and wisely she hym grette.

"Grisilde," quod he, "my wyl is outrely
This mayden, that shal wedded been to me,
Received be to-morwe as roially
As it possible is in myn hous to be,
And eek that every wight in his degree
Have his estaat, in sittyng and servyse
And heigh plesaunce, as I kan best devyse.

"I have no wommen suffisaunt, certayn,
The chambres for t'arraye in ordinaunce
After my lust, and therfore wolde I fayn
That thyn were al swich manere governaunce.
Thou knowest eek of old al my plesaunce;
Thogh thyn array be badde and yvel biseye,
Do thou thy devoir at the leeste weye."

"Nat oonly, lord, that I am glad," quod she,
"To doon youre lust, but I desire also
Yow for to serve and plese in my degree
Withouten feyntyng, and shal everemo;
Ne nevere, for no wele ne no wo,
Ne shal the goost withinne myn herte stente
To love yow best with al my trewe entente."

And with that word she gan the hous to dighte,
And tables for to sette, and beddes make;
And peyned hire to doon al that she myghte,
Preyynge the chambereres, for Goddes sake,
To hasten hem, and faste swepe and shake;
And she, the mooste servysable of alle,
Hath every chambre arrayed and his halle.

Gegen 9 Uhr traf der Fürst,
der die zwei edlen Kinder mit sich brachte, ein,
weshalb das Volk herbeirannte, um das Schauspiel
ihres so festlich aussehenden Zuges zu sehen.
Und erst dann sprachen sie untereinander und sagten,
daß Walter kein Narr sei, wenn es ihm gefalle,
sich eine andere Frau zu nehmen, denn es sei zum besten.

Sie sei ja schöner, so lautete aller Urteil,
als Griseldis und auch zarteren Alters,
und eine schönere Frucht würde beiden zuteil werden,
eine erfreulichere, denn sie sei ja von edler Abstammung.
Ihr Bruder sah auch so hübsch aus,
daß das Volk seine Freude an den beiden hatte
und jetzt die Entscheidung des Marquis lobte.

»O stürmisches Volk! Wankelmütig und stets treulos!
Stets ohne Urteilskraft und wie eine Fahne im Wind!
Immer erfreut ihr euch an neuen Gerüchten,
ihr seid so unbeständig wie der Mond,
stets voller Klatsch und keinen Heller wert!
Euer Urteil ist falsch, eure Beständigkeit erweist sich als schlecht,
ein großer Narr ist, wer euch glaubt.«

So redeten gesetzte Leute in dieser Stadt,
als das Volk umhergaffte;
es freute sich nämlich schon wegen der Neuigkeit,
eine neue Herrin in seiner Stadt zu haben.
Doch sage ich nun nichts mehr darüber,
sondern will mich wieder Griseldis zuwenden
und von ihrer Beständigkeit und Geschäftigkeit erzählen.

Griseldis beschäftigte sich gründlich mit jeder Sache,
die mit dem Fest zu tun hatte.
Wegen ihrer Kleidung war sie überhaupt nicht niedergeschlagen,

Abouten undren gan this erl alighte,
That with hym broghte thise noble children tweye,
For which the peple ran to seen the sighte
Of hire array, so richely biseye;
And thanne at erst amonges hem they seye
That Walter was no fool, thogh that hym leste
To chaunge his wyf, for it was for the beste.

For she is fairer, as they deemen alle,
Than is Grisilde, and moore tendre of age,
And fairer fruyt bitwene hem sholde falle,
And moore plesant, for hire heigh lynage.
Hir brother eek so fair was of visage
That hem to seen the peple hath caught plesaunce,
Commendynge now the markys governaunce.

"O stormy peple! Unsad and evere untrewe!
Ay undiscreet and chaungynge as a fane!
Delitynge evere in rumbul that is newe,
For lyk the moone ay wexe ye and wane!
Ay ful of clappyng, deere ynogh a jane!
Youre doom is fals, youre constance yvele preeveth;
A ful greet fool is he that on yow leeveth."

Thus seyden sadde folk in that citee,
Whan that the peple gazed up and doun,
For they were glad, right for the noveltee,
To han a newe lady of hir toun.
Namoore of this make I now mencioun,
But to Grisilde agayn wol I me dresse,
And telle hir constance and hir bisynesse.

Ful bisy was Grisilde in every thyng
That to the feeste was apertinent.
Right noght was she abayst of hire clothyng,

obwohl diese schlecht und teilweise zerrissen war;
vielmehr ging sie mit freudiger Miene zusammen
mit anderen Leuten zum Tor, um die Marquise zu begrüßen;
und danach ging sie wieder ihren Geschäften nach.

Mit so freudiger Miene begrüßte sie seine Gäste
und so vollkommen, jeden nach seinem Stand,
daß niemand einen Fehler entdeckte,
vielmehr wunderten sich alle fortwährend darüber, wer die sein
die man in einem so ärmlichen Aufzug sah, [könnte,
die aber so viel von Würde und würdevoller Behandlung
und sie priesen ihre Klugheit gebührend. [verstand;

Während der ganzen Zeit konnte sie nicht aufhören,
die Maid und auch deren Bruder zu loben,
von ganzem Herzen, in gütigster Absicht,
so gut, daß niemand ihr Lob hätte übertreffen können.
Doch als sich die Herrschaften schließlich
zum Mahl niederließen, rief der Marquis
Griseldis herbei, die in der Halle gerade geschäftig war.

»Griseldis«, sagte er wie zum Scherz,
»wie gefällt dir meine Frau und deren Schönheit?«
»Sehr gut, mein Herr«, sagte sie, « denn ich habe wahrhaftig
noch nie eine Schönere als sie gesehen.
Ich bete zu Gott, er möge ihr Glück schenken;
und genauso hoffe ich, daß er Euch
bis an Euer Lebensende genug Freude schenken will.

Um eins flehe ich Euch an und warne Euch davor,
daß Ihr keine Qual anwenden mögt,
um dieses zarte Mädchen zu quälen, wie Ihr oft andere gequält
denn sie ist in ihrer Erziehung [habt;
viel zarter behandelt worden, und meines Erachtens

Thogh it were rude and somdeel eek torent;
But with glad cheere to the yate is went
With oother folk to greete the markysesse,
And after that dooth forth hire bisynesse.

With so glad chiere his gestes she receyveth,
And so konnyngly, everich in his degree,
That no defaute no man aperceyveth,
But ay they wondren what she myghte bee
That in so povre array was for to see,
And koude swich honour and reverence,
And worthily they preisen hire prudence.

In al this meene while she ne stente
This mayde and eek hir brother to commende
With al hir herte, in ful benyngne entente,
So wel that no man koude hir pris amende.
But atte laste, whan that thise lordes wende
To sitten doun to mete, he gan to calle
Grisilde, as she was bisy in his halle.

"Grisilde," quod he, as it were in his pley,
"How liketh thee my wyf and hire beautee?"
"Right wel," quod she, "my lord; for, in good fey,
A fairer saugh I nevere noon than she.
I prey to God yeve hire prosperitee;
And so hope I that he wol to yow sende
Plesance ynogh unto youre lyves ende.

"O thyng biseke I yow, and warne also,
That ye ne prikke with no tormentynge
This tendre mayden, as ye han doon mo;
For she is fostred in hire norissynge
Moore tendrely, and, to my supposynge,

könnte sie Widrigkeiten nicht so ertragen
wie ein in Armut aufgewachsenes Geschöpf.«

Als Walter ihre Geduld sah,
ihre freundliche Miene, jedoch keine Spur von Groll,
obwohl er sie so oft verletzt hatte,
sie aber stets so gesetzt und standhaft wie eine Mauer war
und ihrer Unschuld stets und vollkommen treublieb,
bewegte der grausame Marquis sein Herz
zum Mitleid mit ihrer fraulichen Beständigkeit.

»Das ist genug, meine Griseldis«, sagte er,
»hab keine Sorge und keinen Kummer mehr!
Ich habe deine Treue und deine Güte so
geprüft, wie es nur je bei einer Frau geschah,
sowohl in hohem Stand als auch in ärmlichen Kleidern.
Nun, teure Frau, kenne ich deine Beständigkeit.«
Und er schloß sie in die Arme und küßte sie.

Vor lauter Erstaunen achtete sie gar nicht darauf,
nichts von dem hörte sie, was er zu ihr sagte,
sie verhielt sich so, als ob sie aus dem Schlaf erwacht wäre,
bis sie von ihrer Verwirrung loskam.
»Griseldis«, sagte er, »bei dem Gott, der für uns starb,
du bist meine Frau, ich habe keine andere;
ich hatte auch nie eine andere, so wahr Gott meiner Seele gnädig sei!

Dies ist deine Tochter, von der du geglaubt hast,
sie würde meine Frau; jener andere soll wahrlich
mein Erbe sein, das war schon immer meine Absicht;
du hast ihn wahrhaftig in deinem Leib getragen.
Ich habe beide heimlich in Bologna unterbringen lassen;
nimm sie wieder zu dir, denn jetzt kannst du nicht sagen,
daß du eines deiner beiden Kinder verloren hättest.

She koude nat adversitee endure
As koude a povre fostred creature."

And whan this Walter saugh hire pacience,
Hir glade chiere, and no malice at al,
And he so ofte had doon to hire offence,
And she ay sad and constant as a wal,
Continuynge evere hire innocence overal,
This sturdy markys gan his herte dresse
To rewen upon hire wyfly stedfastnesse.

"This is ynogh, Grisilde myn," quod he;
"Be now namoore agast ne yvele apayed.
I have thy feith and thy benyngnytee,
As wel as evere womman was, assayed,
In greet estaat and povreliche arrayed.
Now knowe I, dere wyf, thy stedfastnesse" –
And hire in armes took and gan hire kesse.

And she for wonder took of it no keep;
She herde nat what thyng he to hire seyde;
She ferde as she had stert out of a sleep,
Til she out of hire mazednesse abreyde.
"Grisilde," quod he, "by God, that for us deyde,
Thou art my wyf, ne noon oother I have,
Ne nevere hadde, as God my soule save!

"This is thy doghter, which thou hast supposed
To be my wyf; that oother feithfully
Shal be myn heir, as I have ay disposed;
Thou bare hym in thy body trewely.
At Boloigne have I kept hem prively;
Taak hem agayn, for now maystow nat seye
That thou hast lorn noon of thy children tweye.

Und denjenigen, die anders über mich gesprochen haben,
gebe ich zu bedenken, daß ich diese Tat nicht aus
Bosheit oder Grausamkeit getan habe, sondern
um zu prüfen, ob du die Tugenden einer Frau besitzt, nicht
aber, um meine Kinder zu töten – was Gott verhüten möge! –,
sondern um sie heimlich und in aller Stille aufzuziehen,
bis ich deine Absicht und deinen Willen ganz erkannt hatte.«

Als sie dies hörte, sank sie vor schmerzlicher Freude
ohnmächtig zu Boden; und nach ihrer Ohnmacht
rief sie ihre beiden jungen Kinder zu sich
und schloß sie schmerzlich weinend
in die Arme und küßte sie zärtlich,
ganz wie eine Mutter; mit ihren salzigen Tränen
benetzte sie ihnen Haar und Gesicht.

Oh, was für ein mitleiderregendes Ereignis war es, ihre
Ohnmacht mitzuerleben und ihre demütige Stimme zu hören!
»Habt Dank, Herr, Gott vergelt's Euch«, sagte sie,
»daß Ihr mir meine lieben Kinder gerettet habt! [ben müßte,
Nun kümmert es mich nicht mehr, wenn ich auf der Stelle ster-
denn ich stehe ja in Eurer Liebe und in Eurer Gnade.
Weder zählt der Tod, noch daß mein Geist dahingeht.

O zarte, liebe, o meine jungen Kinder!
Eure arme Mutter glaubte fest,
daß grausame Hunde oder anderes übles Getier
euch gefressen hätten; aber Gott in seiner Gnade
und euer Vater in seiner Güte haben
euch fürsorglich am Leben erhalten« – und im selben
fiel sie plötzlich zu Boden. [Augenblick

Und in ihrer Ohnmacht hielt sie ihre
zwei Kinder so fest umschlungen in den Armen,
daß es nur mit großem Geschick und unter großen Schwierig-
[keiten

"And folk that ootherweys han seyd of me,
I warne hem wel that I have doon this deede
For no malice, ne for no crueltee,
But for t'assaye in thee thy wommanheede,
And nat to sleen my children – God forbeede! –
But for to kepe hem pryvely and stille,
Til I thy purpos knewe and al thy wille."

Whan she this herde, aswowne doun she falleth
For pitous joye, and after hire swownynge
She bothe hire yonge children to hire calleth,
And in hire armes, pitously wepynge,
Embraceth hem, and tendrely kissynge
Ful lyk a mooder, with hire salte teeres
She bathed bothe hire visage and hire heeres.

O which a pitous thyng it was to se
Hir swownyng, and hire humble voys to heere!
"Grauntmercy, lord, God thanke it yow," quod she,
"That ye han saved me my children deere!
Now rekke I nevere to been deed right heere;
Sith I stonde in youre love and in youre grace,
No fors of deeth, ne whan my spirit pace!

"O tendre, o deere, o yonge children myne!
Youre woful mooder wende stedfastly
That crueel houndes or som foul vermyne
Hadde eten yow; but God of his mercy
And youre benyngne fader tendrely
Hath doon yow kept" – and in that same stounde
Al sodeynly she swapte adoun to grounde.

And in hire swough so sadly holdeth she
Hire children two, whan she gan hem t'embrace,
That with greet sleighte and greet difficultee

gelang, die Kinder aus ihren Armen zu befreien.
Oh, manche Träne rann über manch mitleidsbewegtes Gesicht
bei denen, die um sie versammelt standen.
Sie konnten es kaum aushalten, länger neben ihr zu stehen.

Walter tröstete sie, und ihr Kummer ließ nach;
aus ihrer Ohnmacht erwacht, erhob sie sich verwirrt,
und jeder stimmte sie fröhlich und heiter,
bis sie schließlich ihre Fassung wiedererlangte.
Walter kümmerte sich sehr besorgt um sie –
es war eine Wohltat, die Freude mitzuerleben,
die die beiden aneinander hatten, als sie wieder zusammen waren.

Als sie die Zeit für gekommen hielten, nahmen die Damen
sie bei der Hand, gingen in die Kemenate
und entledigten sie ihrer unwürdigen Kleidung.
In einem Kleid aus Gold, das hell glänzte,
und mit einer mit vielen kostbaren Steinen besetzten Krone
auf dem Haupt haben sie sie in die Halle zurückgebracht,
wo man ihr die Ehre entgegenbrachte, die ihr gebührte.

So hat dieser sorgenvolle Tag ein glückliches Ende,
denn jeder, ob Mann oder Frau, tat das Seine,
diesen Tag in Freude und Festlichkeit zu verbringen,
bis der Sterne Licht am Himmel erstrahlen würde.
Denn in den Augen eines jeden war dieses
Fest feierlicher und aufwendiger,
als die Festlichkeiten bei ihrer Hochzeit gewesen waren.

Noch viele Jahre und großes Glück
in Eintracht und Frieden waren den beiden vergönnt.
Er verheiratete seine Tochter glänzend
mit einem Herrscher, einem der würdigsten
ganz Italiens; und in Ruhe und Frieden ließ er dann
den Vater seiner Frau an seinem Hofe leben,
bis seine Seele aus seinem Körper schied.

The children from hire arm they gonne arace.
O many a teere on many a pitous face
Doun ran of hem that stooden hire bisyde;
Unnethe abouten hire myghte they abyde.

Walter hire gladeth and hire sorwe slaketh;
She riseth up, abaysed, from hire traunce,
And every wight hire joye and feeste maketh
Til she hath caught agayn hire contenaunce.
Walter hire dooth so feithfully plesaunce
That it was deyntee for to seen the cheere
Bitwixe hem two, now they been met yfeere.

Thise ladyes, whan that they hir tyme say,
Han taken hire and into chambre gon,
And strepen hire out of hire rude array,
And in a clooth of gold that brighte shoon,
With a coroune of many a riche stoon
Upon hire heed, they into halle hire broghte,
And ther she was honured as hire oghte.

Thus hath this pitous day a blisful ende,
For every man and womman dooth his myght
This day in murthe and revel to dispende
Til on the welkne shoon the sterres lyght.
For moore solempne in every mannes syght
This feste was, and gretter of costage,
Than was the revel of hire mariage.

Ful many a yeer in heigh prosperitee
Lyven thise two in concord and in reste,
And richely his doghter maryed he
Unto a lord, oon of the worthieste
Of al Ytaille; and thanne in pees and reste
His wyves fader in his court he kepeth,
Til that the soule out of his body crepeth.

Sein Sohn trat seine Nachfolge
in Ruhe und Frieden an, als die Tage seines Vaters vorüber [waren,
und führte eine glückliche Ehe –
auch ohne seine Frau hart zu prüfen.
Die Welt ist bestimmt nicht mehr so stark,
wie sie es in alten Tagen war;
hört, was der Autor deshalb sagt:

Diese Geschichte wurde nicht deshalb erzählt, damit Frauen
Griseldis und dem Vorbild ihrer Bescheidenheit folgen sollten,
selbst wenn sie das wollten – es wäre nicht zu ertragen;
sondern deshalb, damit ein jeder so, wie es seinem Stand [entspricht,
in widrigen Umständen standhaft sein sollte
wie Griseldis; aus diesem Grund schrieb Petrarca
diese Geschichte, die er im erhabenen Stil verfaßte.

Denn wenn eine Frau so geduldig
zu einem sterblichen Mann war, dann steht es uns noch viel eher [an,
alles, was Gott uns schickt, freudig anzunehmen;
denn es ist nur rechtens, daß er prüfe, was er erschaffen hat.
Doch den, der er erlöst hat, den versucht er nicht,
wie der heilige Johannes sagt, wenn ihr sein Evangelium lest;
doch zweifellos versucht er die Menschen täglich.

Zu unserer Übung duldet er,
daß wir mit der beißenden Geißel der Not
häufig in mannigfacher Weise geschlagen werden;
nicht dazu, daß er unseren Willen erkenne, denn er hat ja
schon vor unserer Geburt von allen unseren Schwächen gewußt;
seine Fügung ist zu unserem Besten.
Laßt uns folglich in tugendhafter Duldsamkeit leben.

Doch vernehmt ein Wort, ihr Herren, bevor ich gehe:
Es wäre heute sehr schwer,
in irgendeiner Stadt drei oder auch nur zwei Griselden zu finden;

His sone succedeth in his heritage
In reste and pees, after his fader day,
And fortunat was eek in mariage,
Al putte he nat his wyf in greet assay.
This world is nat so strong, it is no nay,
As it hath been in olde tymes yoore,
And herkneth what this auctour seith therfoore.

This storie is seyd nat for that wyves sholde
Folwen Grisilde as in humylitee,
For it were inportable, though they wolde,
But for that every wight, in his degree,
Sholde be constant in adversitee
As was Grisilde; therfor Petrak writeth
This storie, which with heigh stile he enditeth.

For sith a womman was so pacient
Unto a mortal man, wel moore us oghte
Receyven al in gree that God us sent;
For greet skile is he preeve that he wroghte.
But he ne tempteth no man that he boghte,
As seith Seint Jame, if ye his pistel rede;
He preeveth folk al day, it is no drede,

And suffreth us, as for oure excercise,
With sharpe scourges of adversitee
Ful ofte to be bete in sondry wise;
Nat for to knowe oure wyl, for certes he,
Er we were born, knew al oure freletee;
And for oure beste is al his governaunce.
Lat us thanne lyve in vertuous suffraunce.

But o word, lordynges, herkneth er I go:
It were ful hard to fynde now-a-dayes
In al a toun Grisildis thre or two;

denn würden sie derartigen Prüfungen ausgesetzt –
ihr Gold hat jetzt ja so schlechte Beimengungen
an Messing –, würde die Münze, selbst wenn sie schön aussieht,
eher zerbrechen als sich fügen.

Deshalb will ich nun, der Liebe der Frau aus Bath zu Ehren –
Gott erhalte sie in ihrem hehren Regiment am Leben und die
wie sie Gesinnten auch – ein Jammer, wenn es anders käme –,
euch, da mir das Herz vor Jugend, Lust und Frische überquillt,
ein Lied vortragen, das euch, glaube ich, erfreuen wird;
und laßt uns die ernste Materie abschließen;
hört mein Lied, das folgendermaßen lautet:

Das Geleit Chaucers.

Griseldis ist tot und ihre Geduld auch,
und beide liegen in Italien zusammen begraben;
deshalb rufe ich vor aller Ohren:
Kein verheirateter Mann sei so verwegen, die
Geduld seiner Frau in der Hoffnung zu prüfen,
Griseldis finden zu können; denn er wird gewiß scheitern.

O edle Frauen, voll hehrer Klugheit,
laßt ja nicht zu, daß Bescheidenheit euch die Zunge lähmt
oder daß ein Gelehrter Grund oder Muße hat,
über euch eine so wundersame Geschichte zu schreiben
wie über die geduldige und freundliche Griseldis,
damit Chichevache euch nicht in ihren Eingeweiden verdaut!

Macht es wie Echo, die nicht schweigen kann,
sondern stets mit Gegenrede antwortet.
Laßt euch wegen eurer Unschuld nicht zum Narren halten,
sondern reißt entschlossen die Herrschaft an euch.
Prägt eurem Gedächtnis diese Lehre gut ein,
da sie zum Gemeinwohl beitragen kann.

For if that they were put to swiche assayes,
The gold of hem hath now so badde alayes
With bras, that thogh the coyne be fair at ye,
It wolde rather breste a-two than plye.

For which heere, for the Wyves love of Bathe –
Whos lyf and al hire secte God mayntene
In heigh maistrie, and elles were it scathe –
I wol with lusty herte, fressh and grene,
Seyn yow a song to glade yow, I wene;
And lat us stynte of ernestful matere.
Herkneth my song that seith in this manere:

Lenvoy de Chaucer.

Grisilde is deed, and eek hire pacience,
And bothe atones buryed in Ytaille;
For which I crie in open audience
No wedded man so hardy be t'assaille
His wyves pacience in trust so fynde
Grisildis, for in certein he shal faille.

O noble wyves, ful of heigh prudence,
Lat noon humylitee youre tonge naille,
Ne lat no clerk have cause or diligence
To write of yow a storie of swich mervaille
As of Grisildis pacient and kynde,
Lest Chichevache yow swelwe in hire entraille!

Folweth Ekko, that holdeth no silence,
But evere answereth at the countretaille.
Beth nat bidaffed for youre innocence,
But sharply taak on yow the governaille.
Emprenteth wel this lessoun in youre mynde,
For commune profit sith it may availle.

Ihr Erzweiber, steht zur Verteidigung bereit,
ihr seid ja so stark wie ein großes Kamel;
duldet auch nicht, daß Männer euch beleidigen.
Ihr schlanken Frauen aber, die ihr in der Schlacht ja schwach seid,
seid wütend wie der Tiger im fernen Indien;
klappert stets wie die Mühle – das rate ich euch.

Fürchtet sie nicht, entbietet ihnen keine Ehre,
selbst wenn dein Mann eine Rüstung trüge;
die Pfeile deiner beißenden Redegewandtheit
werden ihm Brust und Nackenschutz durchbohren.
Ich rate dir ferner, ihn mit Eifersucht zu fesseln –
du wirst ihn so weit bringen, daß er sich duckt wie eine Wachtel.

Bist du schön, dann zeig den Anwesenden
dein Gesicht und deine Gestalt;
bist du häßlich, dann sei freigebig;
bemühe dich stets, dir Freunde zu verschaffen;
sei immer gutgelaunt, so leicht wie das Blatt an der Linde,
und laß ihn sich sorgen und weinen, sich winden und klagen!

[*Vernehmt die fröhlichen Worte des Wirtes.*

IV,1212a Nachdem der würdige Scholar seine Geschichte beendet hatte,
sagte unser Wirt, wobei er fluchte: »Bei Christi Leib,
es wäre mir lieber als ein Faß Bier,
wenn meine Frau zuhause diese Legende schon gehört hätte!
Ganz bestimmt, das ist eine edle Geschichte,
was meinen Plan betrifft und ihr wüßtet, was ich will;
IV,1212g was aber nicht sein kann, das laßt in Frieden.«]

Hier endet die Erzählung des Scholaren aus Oxford.

Ye archewyves, stondeth at defense,
Syn ye be strong as is a greet camaille;
Ne suffreth nat that men yow doon offense.
And sklendre wyves, fieble as in bataille,
Beth egre as is a tygre yond in Ynde;
Ay clappeth as a mille, I yow consaille.

Ne dreed hem nat; doth hem no reverence,
For though thyn housbonde armed be in maille,
The arwes of thy crabbed eloquence
Shal perce his brest and eek his aventaille.
In jalousie I rede eek thou hym bynde,
And thou shalt make hym couche as doth a quaille.

If thou be fair, ther folk been in presence,
Shewe thou thy visage and thyn apparaille;
If thou be foul, be fre of thy dispence;
To gete thee freendes ay do thy travaille;
Be ay of chiere as light as leef on lynde,
And lat hym care, and wepe, and wrynge, and waille!

[*Bihoold the murye words of the Hoost.*

This worthy Clerk, whan ended was his tale, IV,1212a
Oure Hooste seyde, and swoor, "By Goddes bones,
Me were levere than a barel ale
My wyf at hoom had herd this legende ones!
This is a gentil tale for the nones,
As to my purpos, wiste ye my wille;
But thyng that wol nat be, lat it be stille."] IV,1212g

Heere endeth the Tale of the Clerk of Oxenford.

DER PROLOG DES KAUFMANNS

Der Prolog zur Erzählung des Kaufmanns.

»Weinen und Klagen, Kummer und andere Sorgen
kenne ich zur Genüge – am Abend und am Morgen«,
sagte der Kaufmann, »und so geht es auch vielen anderen
im Stand der Ehe. So ist es, glaube ich,
denn ich weiß nur zu gut, daß es mir so ergeht.
Ich habe eine Frau – die schlimmste, die es nur geben kann;
selbst wenn der Teufel mit ihr verheiratet wäre,
würde sie ihn noch übertreffen, darauf würde ich schwören.
Weshalb sollte ich euch besonders von ihrer
großen Bosheit erzählen? Sie ist eine wahre Xanthippe.
Ein riesengroßer Unterschied besteht
zwischen Griseldis' großer Geduld
und der unvorstellbaren Grausamkeit meiner Frau.
Bei meinem Leben! Wäre ich ungebunden,
würde ich nie mehr in diese Falle gehen.
Wir verheirateten Männer leben in Sorge und Kummer.
Wer will, soll es nur versuchen – und er wird feststellen,
daß ich die Wahrheit sage, beim heiligen Thomas von Indien!,
zumindest für die Mehrzahl, ich sage nicht, für alle.
Gott möge verhüten, daß es jemals so sein sollte!
Ach, guter Herr Wirt, ich bin seit
zwei Monaten verheiratet, und keinen Tag länger, bei Gott!
Dennoch aber glaube ich, daß der, der sein ganzes Leben lang
unverheiratet war, selbst dann, wenn man ihm ins
Herz stieße, nicht in der Lage wäre,
so viel Kummervolles zu berichten, wie ich hier
von der Boshaftigkeit meiner Frau berichten könnte!«
»Nun, Kaufmann«, sagte unser Wirt, »so wahr Gott Euch [segne,
wenn Ihr so viel von dieser Kunst versteht,

THE MERCHANT'S PROLOGUE

The Prologe of the Marchantes Tale.

“Wepyng and waylyng, care and oother sorwe
I knowe ynogh, on even and a-morwe,”
Quod the Marchant, “and so doon other mo
That wedded been. I trowe that it be so,
For wel I woot it fareth so with me.
I have a wyf, the worste that may be;
For thogh the feend to hire ycoupled were,
She wolde hym overmacche, I dar wel swere.
What sholde I yow reherce in special
Hir hye malice? She is a shrewe at al.
Ther is a long and large difference
Bitwix Grisildis grete pacience
And of my wyf the passyng crueltee.
Were I unbounden, also moot I thee,
I wolde nevere eft comen in the snare.
We wedded men lyven in sorwe and care.
Assaye whoso wole, and he shal fynde
That I seye sooth, by Seint Thomas of Ynde,
As for the moore part – I sey nat alle.
God shilde that it sholde so bifalle!
“A, goode sire Hoost, I have ywedded bee
Thise monthes two, and moore nat, pardee;
And yet, I trowe, he that al his lyve
Wyflees hath been, though that men wolde him ryve
Unto the herte, ne koude in no manere
Tellen so muchel sorwe as I now heere
Koude tellen of my wyves cursednesse!”
“Now,” quod oure Hoost, “Marchaunt, so God yow [blesse,
Syn ye so muchel knowen of that art

bitte ich Euch sehr herzlich, uns ein wenig davon zu erzählen.«

»Mit Freuden«, sagte der, »doch über den eigenen Schmerz kann ich, da mir das Herz weh tut, nichts mehr erzählen.«

DIE ERZÄHLUNG DES KAUFMANNS

Hier beginnt die Erzählung des Kaufmanns.

Einst lebte in der Lombardei
ein würdiger Ritter, der in Pavia geboren worden war
und dort in großem Reichtum lebte.
Sechzig Jahre lang war er nicht verheiratet gewesen,
stets aber hatte er sein körperliches Verlangen
bei den Frauen gestillt, nach denen es ihn gerade gelüstete –
weltliche Narren halten es ja so.
Und als er schon über sechzig war –
ob aus Gründen der Frömmigkeit oder des Altersstarrsinnes,
kann ich nicht sagen –, hatte der Ritter
ein so großes Verlangen danach, verheiratet zu sein,
daß er Tag und Nacht alles tat, was er konnte,
um herauszufinden, wo er sich verheiraten könnte;
und er betete zum Herrn, er möge ihm gewähren,
endlich dieses wonnevolle Leben kennenlernen zu dürfen,
das Mann und Frau miteinander führen,
und im heiligen Bund der Ehe leben zu dürfen,
mit dem Gott einst Mann und Frau vereinigte.
»Kein anderes Leben ist auch nur einen Heller wert«, sagte er,
»denn die Ehe ist so angenehm und rein,
daß sie das Paradies auf Erden ist.«
So sagte der alte Ritter, der so weise war.
Und gewiß, so wahr Gott König ist,
sich eine Frau zu nehmen, ist ein köstlich Ding,
und erst recht, wenn ein Mann alt und grau ist,

Ful hertely I pray yow telle us part."
"Gladly," quod he, "but of myn owene soore,
For soory herte, I telle may namoore."

THE MERCHANT'S TALE

Heere bigynneth the Marchantes Tale.

Whilom ther was dwellynge in Lumbardye
A worthy knyght, that born was of Pavye,
In which he lyved in greet prosperitee;
And sixty yeer a wyflees man was hee,
And folwed ay his bodily delyt
On wommen, ther as was his appetyt,
As doon thise fooles that been seculeer.
And whan that he was passed sixty yeer,
Were it for hoolynesse or for dotage
I kan nat seye, but swich a greet corage
Hadde this knyght to been a wedded man
That day and nyght he dooth al that he kan
T'espien where he myghte wedded be,
Preyinge oure Lord to graunten him that he
Mighte ones knowe of thilke blisful lyf
That is bitwixe an housbonde and his wyf,
And for to lyve under that hooly boond
With which that first God man and womman bond.
"Noon oother lyf," seyde he, "is worth a bene,
For wedlok is so esy and so clene,
That in this world it is a paradys."
Thus seyde this olde knyght, that was so wys.
And certeinly, as sooth as God is kyng,
To take a wyf it is a glorious thyng,
And namely whan a man is oold and hoor;

dann nämlich ist eine Frau sein wertvollster Schatz.
Er sollte sich dann eine junge und schöne Frau nehmen,
mit der er einen Erben zeugen
und sein Leben in Lust und Freude verbringen kann,
wohingegen die Junggesellen Weh und Ach klagen,
wenn sie auf irgendwelche Widrigkeiten
in der Liebe stoßen, die ja nur kindisch und eitel ist.
Und wahrlich, es ist auch nur recht und billig,
daß Junggesellen oft Kummer und Sorge haben:
Sie bauen auf unfesten Grund und stoßen
auf Brüchigkeit, wo sie Festigkeit vermuten.
Sie leben doch nur wie ein Vogel oder wie ein wildes Tier,
nämlich in Freiheit und zügellos,
wohingegen ein verheirateter Mann im Ehestand
ein gesegnetes und geordnetes Leben
unter dem Joch der Ehe lebt.
Zu Recht darf ihm das Herz vor Freude und Glück überquellen,
denn wer kann schon so fügsam sein wie eine Frau?
Wer ist schon so treu und so besorgt, ihn,
ob gesund oder krank, zu versorgen, wie seine Ehefrau es ist?
In Glück und Leid wird sie ihn nicht verlassen,
sie wird nicht müde, ihn zu lieben und ihm zu dienen,
und wäre er auch bis zum Tod ans Bett gefesselt.
Und doch sagen einige Gelehrte, daß dem nicht so ist;
Theophrastus ist so einer.
Was ist denn schon dabei? Theophrastus könnte ja gelogen [haben.
»Nimm dir wegen deines Haushaltes keine Frau«, sagte er,
»wenn du im Haushalt Kosten sparen willst.
Ein treuer Diener läßt größere Sorgfalt
bei der Erhaltung deines Gutes walten als deine eigene Frau,
denn ihr ganzes Leben lang wird sie ihre Hälfte fordern.
Und wenn du krank sein solltest, werden, so wahr mich Gott [erhalte,
deine treuen Freunde oder ein ergebener Diener
dich besser pflegen als sie, die ja nur darauf wartet,
daß sie dein Gut erhält, und das schon seit dem ersten Tag.

Thanne is a wyf the fruyt of his tresor.
Thanne sholde he take a yong wyf and a feir,
On which he myghte engendren hym an heir,
And lede his lyf in joye and in solas,
Where as thise bacheleris synge "allas,"
Whan that they fynden any adversitee
In love, which nys but childyssh vanytee.
And trewely it sit wel to be so,
That bacheleris have often peyne and wo;
On brotel ground they buylde, and brotelnesse
They fynde whan they wene sikernesse.
They lyve but as a bryd or as a beest,
In libertee and under noon arreest,
Ther as a wedded man in his estaat
Lyveth a lyf blisful and ordinaat
Under this yok of mariage ybounde.
Wel may his herte in joy and blisse habounde,
For who kan be so buxom as a wyf?
Who is so trewe, and eek so ententyf
To kepe hym, syk and hool, as is his make?
For wele or wo she wole hym nat forsake;
She nys nat wery hym to love and serve,
Though that he lye bedrede til he sterve.
And yet somme clerkes seyn it nys nat so,
Of whiche he Theofraste is oon of tho.
What force though Theofraste liste lye?
"Ne take no wyf," quod he, "for housbondrye,
As for to spare in houshold thy dispence.
A trewe servant dooth moore diligence
Thy good to kepe than thyn owene wyf,
For she wol clayme half part al hir lyf.
And if thou be syk, so God me save,
Thy verray freendes, or a trewe knave,
Wol kepe thee bet than she that waiteth ay
After thy good and hath doon many a day.

Und nimmst du eine Frau in dein Haus,
kannst du sehr leicht zum Hahnrei werden.«
Diese Beurteilung und noch hundert schlimmere Dinge
schreibt dieser Mann – Gott verfluche seine Gebeine!
Doch beachte diese ganze Eitelkeit nicht;
pfeif auf Theophrast und hör auf mich.

Eine Frau ist wahrlich ein Geschenk Gottes –
kaum jedoch alle anderen Dinge,
wie Land, Pacht, Weiderechte oder Nießbrauch
oder bewegliches Gut – alles sind Geschenke der Fortuna
und vergehen wie ein Schatten an der Wand.
Um es klar und deutlich zu sagen: Sei unbesorgt,
eine Frau wird nämlich dauernd und beständig in deinem Hause
vielleicht viel länger, als es dir gefällt. [sein,

Die Ehe ist ein hohes Sakrament.
Den, der keine Frau hat, halte ich für verloren;
er lebt hilflos und ganz verlassen –
ich spreche von Leuten weltlichen Standes.
Und höre – ich sage das ja nicht umsonst –, weshalb
die Frau zur Hilfe des Mannes geschaffen wurde.
Nachdem Gott im Himmel Adam erschaffen hatte
und ihn ganz allein und nackt sah,
sprach er in seiner großen Güte:
»Wir wollen diesem Manne eine Hilfe schaffen,
die ihm gleicht.« Und dann schuf er ihm Eva.
Jetzt wißt ihr also und könnt es auch beweisen,
daß die Frau des Mannes Hilfe und sein Trost ist,
sein Paradies auf Erden und seine Freude.
So fügsam und so tugendsam ist sie,
daß sie notwendigerweise in Eintracht leben müssen.
Ein Fleisch sind sie; ein Fleisch aber, meine ich,
hat nur ein Herz, in Glück und Leid.

Eine Frau! O heilige Maria, gelobt sei Gott!
Wie könnte einem Manne jemals Unglück widerfahren,
wenn er eine Frau hat? Ich kann es euch gewiß nicht sagen.

And if thou take a wyf unto thyn hoold
Ful lightly maystow been a cokewold.«
This sentence, and an hundred thynges worse,
Writeth this man, ther God his bones corse!
But take no kep of al swich vanytee;
Deffie Theofraste, and herke me.
  A wyf is Goddes yifte verraily;
Alle othere manere yiftes hardily,
As londes, rentes, pasture, or commune,
Or moebles – alle been yiftes of Fortune
That passen as a shadwe upon a wal.
But drede nat, if pleynly speke I shal:
A wyf wol laste, and in thyn hous endure,
Wel lenger than thee list, paraventure.
  Mariage is a ful greet sacrement.
He which that hath no wyf, I holde hym shent;
He lyveth helplees and al desolat –
I speke of folk in seculer estaat.
And herke why – I sey nat this for noght –
That womman is for mannes helpe ywroght.
The hye God, whan he hadde Adam maked,
And saugh him al allone, bely-naked,
God of his grete goodnesse seyde than,
"Lat us now make an helpe unto this man
Lyk to hymself"; and thanne he made him Eve.
Heere may ye se, and heerby may ye preve,
That wyf is mannes helpe and his confort,
His paradys terrestre, and his disport.
So buxom and so vertuous is she,
They moste nedes lyve in unitee.
O flessh they been, and o fleesh, as I gesse,
Hath but oon herte, in wele and in distresse.
  A wyf! a, Seinte Marie, benedicite!
How myghte a man han any adversitee
That hath a wyf? Certes, I kan nat seye.

Die Wonne, die zwischen beiden herrscht –
keine Zunge kann sie beschreiben, kein Herz erdenken.
Ist er arm, hilft sie ihm bei der Plackerei;
sie hält sein Gut zusammen und verschwendet nicht das Geringste;
alles, was ihr Mann begehrt, gefällt ihr gut.
Niemals sagt sie nein, wenn er ja sagt.
»Tu das!« sagt er. »Sehr gerne, Herr«, sagt sie.
O gesegneter, köstlicher Ehestand,
du bist so herzerfrischend und so voller Tugend,
so gepriesen und so befürwortet,
daß jeder Mann, der nur etwas auf sich hält,
sein ganzes Leben lang auf bloßen Knien
seinem Gott, der ihm eine Frau geschickt hat, danken sollte,
oder aber zu Gott beten, ihm
eine Frau zu schicken, die bei ihm bleibt bis an sein Lebensende.
Dann ist sein Leben nämlich in Sicherheit gegründet:
Er kann nicht betrogen werden, meine ich,
so er nach dem Rat seiner Frau handelt.
Dann kann er trutzig den Kopf hochhalten,
Frauen sind ja so treu und obendrein so klug;
wenn du deshalb so handeln willst wie der Weise,
dann tu stets das, was Frauen dir raten werden.

Sieh, wie Jakob, so berichten die Kleriker,
auf den guten Rat seiner Mutter Rebekka hin
sich das Ziegenfall um den Hals band,
wodurch er den Segen seines Vaters erhielt.

Denk an Judith, auch das steht in der Bibel,
wie sie mit weisem Rat das Volk Gottes beschützte
und den Holofernes tötete, als er schlief.

Denk an Abigail, wie sie mit gutem Rat
ihren Gatten Nabal rettete, als er
getötet werden sollte; und sieh, auch Esther
erlöste mit gutem Rat das Volk
Gottes aus der Not und vollbrachte, daß Mardochai
von Ahasver sehr geachtet wurde.

The blisse which that is bitwixe hem tweye
Ther may no tonge telle, or herte thynke.
If he be povre, she helpeth hym to swynke;
She kepeth his good, and wasteth never a deel;
Al that hire housbonde lust, hire liketh weel;
She seith nat ones "nay," whan he seith "ye."
"Do this," seith he; "Al redy, sire," seith she.
O blisful ordre of wedlok precious,
Thou art so murye, and eek so vertuous,
And so commended and appreved eek
That every man that halt hym worth a leek
Upon his bare knees oughte al his lyf
Thanken his God that hym hath sent a wyf,
Or elles preye to God hym for to sende
A wyf to laste unto his lyves ende.
For thanne his lyf is set in sikernesse;
He may nat be deceyved, as I gesse,
So that he werke after his wyves reed.
Thanne may he boldely beren up his heed,
They been so trewe and therwithal so wyse;
For which, if thou wolt werken as the wyse,
Do alwey so as wommen wol thee rede.
Lo, how that Jacob, as thise clerkes rede,
By good conseil of his mooder Rebekke,
Boond the kydes skyn aboute his nekke,
For which his fadres benyson he wan.
Lo Judith, as the storie eek telle kan,
By wys conseil she Goddes peple kepte,
And slow hym Olofernus, whil he slepte.
Lo Abigayl, by good conseil how she
Saved hir housbonde Nabal whan that he
Sholde han be slayn; and looke, Ester also
By good conseil delyvered out of wo
The peple of God, and made hym Mardochee
Of Assuere enhaunced for to be.

Es gibt kein Ding, das höher stünde,
sagt Seneca, als eine bescheidene Frau.
Ertrage die Zunge deiner Frau, gebietet Cato,
sie soll befehlen, und du sollst es dulden,
und doch wird sie aus Höflichkeit gehorchen.
Eine Frau hält deinen Haushalt zusammen;
zu Recht darf der Kranke dort klagen und jammern,
wo es keine Frau gibt, die sein Haus versorgt.
Ich gebe dir also zu bedenken: Wenn du klug handeln willst,
dann liebe deine Frau so sehr, wie Christus seine Kirche liebte.
Wenn du dich selbst liebst, liebst du deine Frau;
kein Mann haßt sein Fleisch, sondern ernährt es,
solange er lebt; und deshalb fordere ich dich auf:
Verehre deine Frau, sonst wird es dir niemals gut gehen.
Mag man darüber auch spotten oder lästern – Mann und Frau
gehen, was Laien betrifft, den sicheren Weg;
sie sind so vereint, daß nichts Böses geschehen kann,
ganz besonders, was die Frau betrifft.
Und deshalb zog Januarius, von dem ich erzähle,
in seinen alten Tagen dieses glückliche Leben
in Erwägung, diese tugendsame Ruhe,
die in der honigsüßen Ehe herrscht;
und eines Tages schickte er nach seinen Freunden,
um sie von seinen Heiratsplänen zu unterrichten.
Mit ernstem Gesicht trug er ihnen sein Anliegen vor;
er sagte: »Freunde, ich bin alt und grau
und, weiß Gott, schon fast am Rande meines Grabes;
ich muß nun ein wenig an meine Seele denken.
Ich habe meinen Körper töricht ausgezehrt;
gelobt sei Gott, daß dies nun ein Ende habe!
Denn zweifelsohne möchte ich zum Ehemann werden,
und zwar sofort, so schnell ich nur kann.
Eine Maid, schön und in zartem Alter,
ich bitte euch, schafft mir für meine Hochzeit
schnell herbei, denn ich will nicht damit warten;

Ther nys no thyng in gree superlatyf,
As seith Senek, above an humble wyf.
Suffre thy wyves tonge, as Catoun bit;
She shal comande, and thou shalt suffren it,
And yet she wole obeye of curteisye.
A wyf is kepere of thyn housbondrye;
Wel may the sike man biwaille and wepe,
Ther as ther nys no wyf the hous to kepe.
I warne thee, if wisely thou wolt wirche,
Love wel thy wyf, as Crist loved his chirche.
If thou lovest thyself, thou lovest thy wyf;
No man hateth his flessh, but in his lyf
He fostreth it, and therfore bidde I thee
Cherisse thy wyf, or thou shalt nevere thee.
Housbonde and wyf, what so men jape or pleye,
Of worldly folk holden the siker weye;
They been so knyt ther may noon harm bityde,
And namely upon the wyves syde.
For which this Januarie, of whom I tolde,
Considered hath, inwith his dayes olde,
The lusty lyf, the vertuous quyete,
That is in mariage hony-sweete,
And for his freendes on a day he sente,
To tellen hem th'effect of his entente.
With face sad his tale he hath hem toold.
He seyde, "Freendes, I am hoor and oold,
And almoost, God woot, on my pittes brynke;
Upon my soule somwhat moste I thynke.
I have my body folily despended;
Blessed be God that it shal been amended!
For I wol be, certeyn, a wedded man,
And that anoon in al the haste I kan.
Unto som mayde fair and tendre of age,
I prey yow, shapeth for my mariage
Al sodeynly, for I wol nat abyde;

ich für meinen Teil aber will versuchen, herauszufinden,
mit wem ich eilends verheiratet werden kann.
Ihr seid ja mehr als einer und werdet
also so etwas eher ausfindig machen können als ich
und mir sagen können, wohin ich am besten heiraten könnte.
Doch warne ich euch vor einem, meine lieben Freunde,
ich will unter keinem Umständen eine alte Frau.
Sie soll auf keinen Fall über zwanzig sein.
Mir ist alter Fisch und junges Fleisch gerade recht.
Ein Hecht ist besser als ein Hechtchen«, sagte er,
»und zartes Kalbfleisch ist besser als altes Rindfleisch.
Ich will keine Frau, die dreißig Jahre alt ist –
denn das bedeutet Bohnenstroh und Trockenfutter.
Und weiß Gott, die alten Weiber kennen auch
so viele Kniffe in Wades Boot,
so vieles, was Ärger bereitet, wenn sie das wollen,
daß ich mit ihnen nie in Ruhe leben würde.
Verschiedene Schulen machen den Gelehrten perfekt;
eine Frau, die viele Schulen absolviert hat, ist ein halber [Gelehrter.
Ein junges Ding kann man aber gewiß formen,
genau so, wie man warmes Wachs mit der Hand kneten kann.
Deshalb sage ich euch unumwunden, mit einem Satz:
Aus diesem Grunde möcht' ich keine alte Frau.
Denn gesetzt den Fall, ich hätte so großes Pech,
daß ich an ihr kein Gefallen fände,
dann müßte ich mein Leben in Hurerei verbringen
und alsbald zum Teufel fahren, wenn ich sterbe.
Auch könnte ich keine Kinder von ihr haben;
es wäre mir aber lieber, Hunde fräßen mich,
als daß mein Erbe in fremde
Hände fiele, das sage ich euch allen.
Ich bin nicht senil, ich kenne den Grund, weshalb
Männer heiraten sollten; und ich weiß weiterhin,
daß viele Männer von der Ehe sprechen
und nicht mehr von ihr verstehen als mein Page davon,

And I wol fonde t'espien, on my syde,
To whom I may be wedded hastily.
But forasmuche as ye been mo than I,
Ye shullen rather swich a thyng espyen
Than I, and where me best were to allyen.
"But o thyng warne I yow, my freendes deere,
I wol noon oold wyf han in no manere.
She shal nat passe twenty yeer, certayn;
Oold fissh and yong flessh wolde I have fayn.
Bet is," quod he, "a pyk than a pykerel,
And bet than old boef is the tendre veel.
I wol no womman thritty yeer of age;
It is but bene-straw and greet forage.
And eek thise olde wydwes, God it woot,
They konne so muchel craft on Wades boot,
So muchel broken harm, whan that hem leste,
That with hem sholde I nevere lyve in reste.
For sondry scoles maken sotile clerkis;
Womman of manye scoles half a clerk is.
But certeynly, a yong thyng may men gye,
Right as men may warm wex with handes plye.
Wherfore I sey yow pleynly, in a clause,
I wol noon oold wyf han right for this cause.
For if so were I hadde swich myschaunce
That I in hire ne koude han no plesaunce,
Thanne sholde I lede my lyf in avoutrye
And go streight to the devel whan I dye.
Ne children sholde I none upon hire geten;
Yet were me levere houndes had me eten
Than that myn heritage sholde falle
In straunge hand, and this I telle yow alle.
I dote nat; I woot the cause why
Men sholde wedde, and forthermoore woot I
Ther speketh many a man of mariage
That woot namoore of it than woot my page

aus welchen Gründen man sich eine Frau nehmen sollte.
Wenn man kein keusches Leben führen kann,
nehme man sich frommen Herzens eine Frau,
um auf ehrliche Weise und
zur Ehre Gottes im Himmel Kinder zu zeugen,
und nicht nur wegen Liebelei oder Liebe;
auch sollten beide die Wollust meiden
und ihre Schuld bezahlen, wenn sie fällig ist;
oder auch, weil einer dem anderen
in der Not so helfen soll wie die Schwester dem Bruder;
und sie sollten fromm und in Keuschheit leben.
Doch, ihr Herren, mit eurer Erlaubnis, das bin ich nicht!
Denn Gott sei Dank darf ich ja sagen,
daß meine Glieder stark und tauglich genug sind
und alles tun können, was einem Mann obliegt;
ich selbst weiß doch am besten, was ich tun kann.
Wenn ich auch grau bin, ich mache es so wie ein Baum,
der blüht, bevor die Frucht heranreift.
Und blühende Bäume sind weder vertrocknet noch abgestorben.
Ich fühle mich nirgendwo grau als auf dem Kopf,
mein Herz und jedes meiner Glieder sind so grün,
wie man den Lorbeer das ganze Jahr über sehen kann.
Und da ihr meine Absicht nun gehört habt,
bitte ich euch, meinem Willen zuzustimmen.«
Verschiedene Männer erzählten ihm darauf
viele unterschiedliche, alte Beispiele über die Ehe.
Einige verdammten sie, andere lobten sie;
doch schließlich, um es kurz zu sagen,
so, wie es jeden Tag zu Auseinandersetzungen
unter Freunden kommt, wenn sie disputieren,
so kam es dort zu einem Streit zwischen seinen zwei Brüdern,
von denen der eine Placebo hieß,
der andere wahrlich Justinus genannt wurde.
Placebo sagte: »O Bruder Januarius,
Ihr hättet es wahrhaftig nicht nötig, mein teurer Herr,

For whiche causes man sholde take a wyf.
If he ne may nat lyven chaast his lyf,
Take hym a wyf with greet devocioun,
By cause of leveful procreacioun
Of children to th'onour of God above,
And nat oonly for paramour or love;
And for they sholde leccherye eschue,
And yelde hir dette whan that it is due;
Or for that ech of hem sholde helpen oother
In meschief, as a suster shal the brother,
And lyve in chastitee ful holily.
But sires, by youre leve, that am nat I.
For – God be thanked! – I dar make avaunt
I feele my lymes stark and suffisaunt
To do al that a man bilongeth to;
I woot myselven best what I may do.
Though I be hoor, I fare as dooth a tree
That blosmeth er that fruyt ywoxen bee;
And blosmy tree nys neither drye ne deed.
I feele me nowhere hoor but on myn heed;
Myn herte and alle my lymes been as grene
As laurer thurgh the yeer is for to sene.
And syn that ye han herd al myn entente,
I prey yow to my wyl ye wole assente."
 Diverse men diversely hym tolde
Of mariage manye ensamples olde.
Somme blamed it, somme preysed it, certeyn,
But atte laste, shortly for to seyn,
As al day falleth altercacioun
Bitwixen freendes in disputisoun,
Ther fil a stryf bitwixe his bretheren two,
Of whiche that oon was cleped Placebo;
Justinus soothly called was that oother.
 Placebo seyde, "O Januarie, brother,
Ful litel nede hadde ye, my lord so deere,

irgendeinen der Anwesenden um Rat zu fragen,
doch seid Ihr ja so weise,
daß Ihr in Eurer großen Klugheit
die Worte Salomos befolgen wollt.
Diese Worte sprach er zu jedem von uns:
›Tue jedes Ding nach einem Rat‹, so sagte er,
›und dann wird es dich nicht reuen.‹
Doch selbst wenn Salomo dies sagte,
mein lieber Bruder und Herr,
so wahr Gott meiner Seele Ruhe gebe,
meine ich, daß Euer eigener Rat der beste ist.
Denn, mein Bruder, nehmt diesen Rat von mir an:
Ich bin zeit meines Lebens Höfling gewesen,
und weiß Gott, wenn ich auch unwürdig sein mag,
habe ich doch in sehr hoher Stellung
unter Herren höchsten Ranges verkehrt,
hatte aber nie eine Auseinandersetzung mit einem von ihnen.
Ich habe ihnen ja nie widersprochen;
ich weiß gut, daß mein Herr mehr kann als ich.
Was er sagt, erachte ich als begründet und unumstößlich;
ich sage dasselbe oder zumindest ähnliche Dinge.
Ein großer Narr ist jener Ratgeber,
der einem Herren hohen Standes dient
und anzunehmen wagte oder auch nur daran dächte,
daß sein Rat den Verstand seines Herren übertreffen sollte.
Nein, Herren sind keine Narren, wahrlich nicht!
Ihr selbst habt heute hier
so hohes, vollkommenes und reifes Urteilsvermögen bewiesen,
daß ich allen Euren Worten und Eurer Meinung
zustimme und sie bekräftige.
Bei Gott, in der ganzen Stadt gibt es keinen Mann,
ja nicht einmal in Italien, der es besser hätte sagen können!
Christus selbst ist über den Ratschluß entzückt.
Und wahrlich, es ist ein großes Wagnis,
wenn ein Mann fortgeschrittenen Alters

Conseil to axe of any that is heere,
But that ye been so ful of sapience
That yow ne liketh, for youre heighe prudence,
To weyven fro the word of Salomon.
This word seyde he unto us everychon:
'Wirk alle thyng by conseil,' thus seyde he,
'And thanne shaltow nat repente thee.'
But though that Salomon spak swich a word,
Myn owene deere brother and my lord,
So wysly God my soule brynge at reste,
I holde youre owene conseil is the beste.
For, brother myn, of me taak this motyf:
I have now been a court-man al my lyf,
And God it woot, though I unworthy be,
I have stonden in ful greet degree
Abouten lordes of ful heigh estaat;
Yet hadde I nevere with noon of hem debaat.
I nevere hem contraried, trewely;
I woot wel that my lord kan moore than I.
With that he seith, I holde it ferme and stable;
I seye the same, or elles thyng semblable.
A ful greet fool is any conseillour
That serveth any lord of heigh honour,
That dar presume, or elles thenken it,
That his conseil sholde passe his lordes wit.
Nay, lordes been no fooles, by my fay!
Ye han youreselven shewed heer to-day
So heigh sentence, so holily and weel,
That I consente and conferme everydeel
Youre wordes alle and youre opinioun.
By God, ther nys no man in al this toun,
Ne in Ytaille, that koude bet han sayd!
Crist halt hym of this conseil ful wel apayd.
And trewely, it is an heigh corage
Of any man that stapen is in age

eine junge Frau ehelicht; bei meines Vaters Geschlecht,
Euer Herz hängt an einer netten Sache!
Verfahrt in dieser Angelegenheit so, wie es Euch gefällt,
denn letztlich halte ich dies für das Beste.«
Justinus, der die ganze Zeit still gesessen und zugehört hatte,
antwortete Placebo mit diesen Worten:
»Nun, mein Bruder, seid bitte geduldig,
denn Ihr habt gesprochen; hört nun, was ich Euch sage.
Unter anderen klugen Worten sagt Seneca,
daß ein Mann sich genau überlegen sollte,
wem er sein Land oder seinen Besitz vermacht.
Und da ich mir also genau überlegen sollte,
an wen ich mein Gut weggebe,
sollte ich noch viel besser bedenken,
wem ich meinen Körper für immer gebe.
Ich warne Euch eindringlich, es ist kein Kinderspiel,
sich eine Frau zu nehmen, ohne es sich genau überlegt zu haben.
Man muß herausfinden, meine ich,
ob sie klug ist, nüchtern oder trunksüchtig,
stolz oder gar eine Xanthippe,
streitsüchtig ist oder verschwenderisch mit deinem Besitz umgeht,
ob sie reich oder arm oder gar mannstoll ist.
Und wenn es auch so ist, daß kein Mann etwas
auf dieser Welt finden wird, das ganz ohne Fehl ist,
ob Mensch oder Tier, so, wie man es sich vorstellen könnte,
müßte es trotzdem vollauf genügen,
wenn es so ist, daß eine Frau
mehr gute Eigenschaften als üble Laster hätte;
und all das verlangt Zeit zum Nachforschen.
Denn weiß Gott, ich habe im Geheimen
viele Tränen vergossen, seit ich eine Frau habe.
Wer möchte, preise das Leben eines verheirateten Mannes,
für mich bedeutet es gewiß nur Kosten, Sorge
und Pflichten, es ist bar jeder Freuden.
Und doch, weiß Gott, alle meine Nachbarn

To take a yong wyf; by my fader kyn,
Youre herte hangeth on a joly pyn!
Dooth now in this matiere right a yow leste,
For finally I holde it for the beste."
Justinus, that ay stille sat and herde,
Right in this wise he to Placebo answerde:
"Now, brother myn, be pacient, I preye,
Syn ye han seyd, and herkneth what I seye.
Senek, amonges othere wordes wyse,
Seith that a man oghte hym right wel avyse
To whom he yeveth his lond or his catel.
And syn I oghte avyse me right wel
To whom I yeve my good awey fro me,
Wel muchel moore I oghte avysed be
To whom I yeve my body for alwey.
I warne yow wel, it is no childes pley
To take a wyf withouten avysement.
Men moste enquere – this is myn assent –
Wher she be wys, or sobre, or dronkelewe,
Or proud, or elles ootherweys a shrewe,
A chidestere, or wastour of thy good,
Or riche, or poore, or elles mannyssh wood.
Al be it so that no man fynden shal
Noon in this world that trotteth hool in al,
Ne man, ne beest, swich as men koude devyse;
But nathelees it oghte ynough suffise
With any wyf, if so were that she hadde
Mo goode thewes than hire vices badde;
And al this axeth leyser for t'enquere.
For, God it woot, I have wept many a teere
Ful pryvely, syn I have had a wyf.
Preyse whoso wole a wedded mannes lyf,
Certein I fynde in it but cost and care
And observances, of alle blisses bare.
And yet, God woot, my neighebores aboute,

und namentlich Scharen von Frauen
behaupten, ich hätte die beständigste Frau
und auch eine der demütigsten, die es gibt.
Doch weiß ich selbst am besten, wo mich der Schuh drückt.
Was mich betrifft, mögt Ihr das tun, was Euch gefällt.
Ihr seid ein Mann im vorgerückten Alter, überlegt es Euch
also genau, wie Ihr eine Ehe eingeht,
besonders mit einer jungen und schönen Frau.
Bei dem, der Wasser, Erde und Luft geschaffen hat:
Der jüngste Mann, den es in unserer ganzen Runde gibt,
hat genug damit zu tun,
seine Frau für sich allein zu haben. Glaubt mir,
nicht einmal ganze drei Jahre lang werdet Ihr sie zufriedenstellen,
das heißt, sie voll befriedigen.
Eine Frau verlangt viele Dienste.
Ich bitte Euch, seid mir nicht böse wegen meiner Worte.«
»Gut«, sagte Januarius, »bist du fertig?
Pfeif auf deinen Seneca und auf deine Sprüche!
Ich scher' mich einen Dreck
um Schulweisheiten. Weisere Männer als du,
du hast es ja gehört, haben jetzt gerade
meiner Absicht zugestimmt. Placebo, was sagt Ihr?«
»Ich sage, gewiß ist der verflucht«, antwortete er,
»der eine Ehe verhindert.«
Und bei diesen Worten standen sie plötzlich auf
und waren alle der Meinung,
er solle heiraten, wann und wo es ihm gefiele.
Wilde Vorstellungen und absonderliche Gedankenspiele
hinterließen Tag für Tag ihren Eindruck in der Seele
des Januarius, so beschäftigte ihn seine Heirat.
Viele schöne Gestalten und viele schöne Gesichter
gingen ihm Nacht für Nacht durchs Herz;
wie wenn einer einen auf Hochglanz polierten Spiegel
auf einem belebten Markplatz aufstellen
und dann viele Gestalten in seinem Spiegel

And namely of wommen many a route,
Seyn that I have the mooste stedefast wyf,
And eek the mekeste oon that bereth lyf;
But I woot best where wryngeth me my sho.
Ye mowe, for me, right as yow liketh do;
Avyseth yow – ye been a man of age –
How that ye entren into mariage,
And namely with a yong wyf and a fair.
By hym that made water, erthe, and air,
The yongeste man that is in al this route
Is bisy ynough to bryngen it aboute
To han his wyf allone. Trusteth me,
Ye shul nat plesen hire fully yeres thre –
This is to seyn, to doon hire ful plesaunce.
A wyf axeth ful many an observaunce.
I prey yow that ye be nat yvele apayd."
"Wel," quod this Januarie, "and hastow ysayd?
Straw for thy Senek, and for thy proverbes!
I counte nat a panyer ful of herbes
Of scole-termes. Wyser men than thow,
As thou hast herd, assenteden right now
To my purpos. Placebo, what sey ye?"
"I seye it is a cursed man," quod he,
"That letteth matrimoigne, sikerly."
And with that word they rysen sodeynly,
And been assented fully that he sholde
Be wedded whanne hym liste and where he wolde.
Heigh fantasye and curious bisynesse
Fro day to day gan in the soule impresse
Of Januarie aboute his mariage.
Many fair shap and many a fair visage
Ther passeth thurgh his herte nyght by nyght,
As whoso tooke a mirour, polisshed bryght,
And sette it in a commune market-place,
Thanne sholde he se ful many a figure pace

schreiten sehen würde, genau so
stellte sich Januarius in Gedanken
Mädchen vor, die in seiner Nähe wohnten.
Er wußte nicht, wie er sich entscheiden sollte.
Wenn eine nämlich ein schönes Gesicht hatte,
stand eine andere wegen ihrer Ernsthaftigkeit
und ihrer Güte so in der Gunst der Leute,
daß man sie in den höchsten Tönen lobte;
und andere waren reich, hatten aber einen schlechten Ruf.
Aber dennoch, teils im Spaß, teils im Ernst,
entschied er sich schließlich für eine
und ließ alle anderen aus seinem Herzen fahren
und wählte sie kraft seiner eigenen Autorität;
denn die Liebe ist ja stets blind und kann nicht sehen.
Wenn er dann in seinem Bett lag,
stellte er sich im Herzen und in Gedanken
ihre frische Schönheit und ihr zartes Alter vor,
ihre schlanke Taille und ihre langen, schlanken Arme,
ihr kluges Auftreten, ihr adliges Wesen,
ihr frauliches Benehmen und ihre Ernsthaftigkeit.
Und als er sich für sie entschieden hatte,
dünkte ihn, seine Wahl könnte nicht besser sein.
Nachdem er nämlich seinen Entschluß ganz alleine gefaßt hatte,
dünkte ihn, daß auch eines jeden anderen Mannes Verstand dies gutheiße,
und daß es somit unmöglich sei, gegen seine Wahl
zu sprechen: Das war seine Einbildung.
Er ließ sogleich nach seinen Freunden schicken
und bat sie, ihm den Gefallen zu tun
und eilends zu ihm zu kommen;
er wolle ihre Bemühungen ganz und gar beenden.
Es sei nicht mehr nötig, seinetwegen unterwegs zu sein;
er sei sicher, wie er sich entscheiden wolle.
Placebo kam und bald darauf die anderen Freunde;
und zunächst bat er sie alle um den Gefallen,
keiner von ihnen möge Argumente

By his mirour; and in the same wyse
Gan Januarie inwith his thoght devyse
Of maydens whiche that dwelten hym bisyde.
He wiste nat wher that he myghte abyde.
For if that oon have beaute in hir face,
Another stant so in the peples grace
For hire sadnesse and hire benyngnytee
That of the peple grettest voys hath she;
And somme were riche and hadden badde name.
But nathelees, bitwixe ernest and game,
He atte laste apoynted hym on oon,
And leet alle othere from his herte goon,
And chees hire of his owene auctoritee;
For love is blynd alday, and may nat see.
And whan that he was in his bed ybroght,
He purtreyed in his herte and in his thoght
Hir fresshe beautee and hir age tendre,
Hir myddel smal, hire armes longe and sklendre,
Hir wise governaunce, hir gentillesse,
Hir wommanly berynge, and hire sadnesse.
And whan that he on hire was condescended,
Hym thoughte his choys myghte nat ben amended.
For whan that he hymself concluded hadde,
Hym thoughte ech oother mannes wit so badde
That inpossible it were to repplye
Agayn his choys; this was his fantasye.
His freendes sente he to, at his instaunce,
And preyed hem to doon hym that plesaunce,
That hastily they wolden to hym come;
He wolde abregge hir labour, alle and some.
Nedeth namoore for hym to go ne ryde;
He was apoynted ther he wolde abyde.
Placebo cam, and eek his freendes soone,
And alderfirst he bad hem alle a boone,
That noon of hem none argumentes make

gegen den Entschluß, den er gefaßt habe, vortragen;
dieser Entschluß, sagte er, sei Gott gefällig
und sei der wahre Grund seines Wohlergehens.
Er sagte, es wohne ein Mädchen in der Stadt,
die wegen ihrer Schönheit sehr berühmt sei;
wenn sie auch von niederer Herkunft sei,
genüge ihm ihre Jugend und ihre Schönheit.
Dieses Mädchen, sagte er, wolle er als Frau,
um sein Leben in Ruhe und Frömmigkeit führen zu können;
und er bete zu Gott, daß er sie für sich allein haben könne
und niemand seine Freuden mit ihm teilen solle.
Und er bat sie, in dieser Sache alles zu tun
und dafür zu sorgen, daß er Erfolg haben würde;
denn dann, sagte er, habe seine Seele ihren Frieden.
»Dann gibt es nichts«, sprach er, »was mir mißfallen kann,
bis auf eine Sache, die mein Gewissen plagt und
die ich euch vortragen möchte, solange ihr hier seid.
Vor geraumer Zeit habe ich vernommen«, sagte er,
»daß kein Mensch zweimal vollkommene Glückseligkeit [genießen kann,
das heißt auf Erden und im Himmel.
Selbst wenn man sich vor den Sieben Todsünden
sowie vor jedem Zweig dieses Sündenbaumes in acht nehmen [kann,
gibt es doch so vollkommene Glückseligkeit
und so große Zufriedenheit und Freude in der Ehe,
daß mich das Grausen packt, wenn ich mir vorstelle, daß ich im [Alter
noch ein so fröhliches Leben führen soll,
so köstlich, ohne Kummer und Streit,
daß ich meinen Himmel hier auf Erden haben würde.
Wenn nämlich der wahre Himmel so teuer
mit Kummer und großer Buße erkauft werden muß,
wie könnte ich, der ich in solcher Freude leben werde
wie alle verheirateten Männer mit ihren Frauen,
dann zu der Glückseligkeit gelangen, in der Christus ewig lebt?
Das ist meine Befürchtung; und ihr, meine zwei Brüder,
löst dieses Problem für mich, ich bitte euch darum.«

Agayn the purpos which that he hath take,
Which purpos was plesant to God, seyde he,
And verray ground of his prosperitee.
He seyde ther was a mayden in the toun,
Which that of beautee hadde greet renoun,
Al were it so she were of smal degree;
Suffiseth hym hir yowthe and hir beautee.
Which mayde, he seyde, he wolde han to his wyf,
To lede in ese and hoolynesse his lyf;
And thanked God that he myghte han hire al,
That no wight his blisse parten shal.
And preyed hem to laboure in this nede,
And shapen that he faille nat to spede;
For thanne, he seyde, his spirit was at ese.
"Thanne is," quod he, "no thyng may me displese,
Save o thyng priketh in my conscience,
The which I wol reherce in youre presence.
"I have," quod he, "herd seyd, ful yoore ago,
Ther may no man han parfite blisses two –
This is to seye, in erthe and eek in hevene.
For though he kepe hym fro the synnes sevene,
And eek from every branche of thilke tree,
Yet is ther so parfit felicitee
And so greet ese and lust in mariage
That evere I am agast now in myn age
That I shal lede now so myrie a lyf,
So delicat, withouten wo and stryf,
That I shal have myn hevene in erthe heere.
For sith that verray hevene is boght so deere
With tribulacion and greet penaunce,
How sholde I thanne, that lyve in swich plesaunce
As alle wedded men doon with hire wyvys,
Come to the blisse ther Crist eterne on lyve ys?
This is my drede, and ye, my bretheren tweye,
Assoilleth me this question, I preye."

Justinus, der seine Torheit haßte,
antwortete ihm sogleich auf seine Possen;
und da er seine lange Rede kurz fassen wollte,
führte er keine Autoritäten an,
sondern sagte dies: »Herr, wenn es kein anderes Hindernis gibt
als dieses, kann Gott mit seinen großen Wundern
und mit seiner Gnade für Euch bewirken, daß Ihr,
noch ehe Ihr den Segen der Heiligen Kirche bekommen habt,
das Leben eines verheirateten Mannes bereuen mögt,
in welchem, wie Ihr sagt, es keinen Kummer und Streit gibt.
Und weiter, Gott verhüte es, wenn er
einem verheirateten Manne die Gnade, bereuen zu dürfen,
nicht viel häufiger zuteil werden ließe als einem Unverheirateten!
Und deshalb, Herr – und das ist nun mein bester Rat –,
verzweifelt nicht, sondern denkt stets daran,
daß sie vielleicht Euer Fegefeuer sein kann!
Sie kann Gottes Werkzeug und Gottes Geißel sein;
dann wird Eure Seele in den Himmel hinaufschießen,
schneller als ein Pfeil von der Sehne.
Ich hoffe bei Gott, Ihr mögt hernach wissen,
daß es kein so großes Glück
in der Ehe gibt oder geben wird,
das Euch an Eurer Erlösung hindern könnte,
wenn Ihr nur, wie es recht und vernünftig ist,
die Gelüste Eurer Frau in Maßen erfüllt,
sie nicht zu liebestoll erfreut
und Euch vor anderen Sünden in acht nehmt.
Meine Rede ist zu Ende, denn mein Verstand ist begrenzt.
Seid hierüber nicht entsetzt, mein lieber Bruder,
sondern laßt uns dieses Thema beenden.
Die Frau aus Bath hat, falls Ihr sie verstanden habt,
über die Ehe, mit der wir es hier zu tun haben,
kurz und bündig doziert.
Nun lebt wohl, Gott möge Euch in seine Gnade aufnehmen.«

Justinus, which that hated his folye,
Answerde anon right in his japerye;
And for he wolde his longe tale abregge,
He wolde noon auctoritee allegge,
But seyde, "Sire, so ther be noon obstacle
Oother than this, God of his hygh myracle
And of his mercy may so for yow wirche
That, er ye have youre right of hooly chirche,
Ye may repente of wedded mannes lyf,
In which ye seyn ther is no wo ne stryf.
And elles, God forbede but he sente
A wedded man hym grace to repente
Wel ofte rather than a sengle man!
And therfore, sire – the beste reed I kan –
Dispeire yow noght, but have in youre memorie,
Paraunter she may be youre purgatorie!
She may be Goddes meene and Goddes whippe;
Thanne shal youre soule up to hevene skippe
Swifter than dooth an arwe out of a bowe.
I hope to God, herafter shul ye knowe
That ther nys no so greet felicitee
In mariage, ne nevere mo shal bee,
That yow shal lette of youre savacion,
So that ye use, as skile is and reson,
The lustes of youre wyf attemprely,
And that ye plese hire nat to amorously,
And that ye kepe yow eek from oother synne.
My tale is doon, for my wit is thynne.
Beth nat agast herof, my brother deere,
But lat us waden out of this mateere.
The Wyf of Bathe, if ye han understonde,
Of mariage, which we have on honde,
Declared hath ful wel in litel space.
Fareth now wel. God have yow in his grace."

Und mit diesen Worten haben Justinus und sein Bruder
Abschied genommen, wie auch ein jeder vom anderen.
Denn als sie sahen, daß es nicht anders sein konnte,
erreichten sie durch geschicktes und kluges Verhandeln,
daß das Mädchen May,
so schnell sie nur konnte,
mit Januarius verheiratet würde.
Ich glaube, es hieße euch zu lange hinhalten, wenn ich euch
über jedes Schriftstück und jeden Vertrag berichten würde,
durch welche sie in den Besitz seines Landes kam,
oder wenn ihr von ihrer reichen Ausstattung hören müßtet.
Doch endlich war der Tag gekommen,
an dem beide zur Kirche gingen,
um das heilige Sakrament zu empfangen.
Der Priester trat mit einer Stola um den Hals vor sie,
und forderte May auf, wie Sarah und Rebekka
in der Ehe klug und treu zu sein;
und er sprach seine Gebete, wie es Brauch ist,
und schlug das Kreuz über ihnen und betete, Gott möge sie
und er bekräftigte alles mit der heiligen Handlung. [segnen;
So wurden sie aufs feierlichste getraut,
und beim Fest saßen er und sie
zusammen mit anderen würdigen Leuten auf dem Podest.
Voller Freude und Glück war der ganze Palast
und voller Musik und Speisen,
die köstlichsten ganz Italiens.
Vor ihnen standen Instrumente solcher Klangfülle –
weder Orpheus noch Amphion von Theben
brachten jemals einen solchen Klang hervor.
Zu jedem Gang gab es dann ein so lautes Musizieren,
wie es aus Joabs Trompete nie erklang
und nur halb so rein aus der des Theodamas
zu Theben, als der Stadt Gefahr drohte.
Bacchus schenkte jedem von ihnen den Wein ein,
und Venus lachte auf jedes Geschöpf herab,

And with this word this Justyn and his brother
Han take hir leve, and ech of hem of oother.
For whan they saughe that it moste nedes be,
They wroghten so, by sly and wys tretee,
That she, this mayden which that Mayus highte,
As hastily as evere that she myghte
Shal wedded be unto this Januarie.
I trowe it were to longe yow to tarie,
If I yow tolde of every scrit and bond
By which that she was feffed in his lond,
Or for to herknen of hir riche array.
But finally ycomen is the day
That to the chirche bothe be they went
For to receyve the hooly sacrement.
Forth comth the preest, with stole aboute his nekke,
And bad hire be lyk Sarra and Rebekke
In wysdom and in trouthe of mariage;
And seyde his orisons, as is usage,
And croucheth hem, and bad God sholde hem blesse,
And made al siker ynogh with hoolynesse.

Thus been they wedded with solempnitee,
And at the feeste sitteth he and she
With othere worthy folk upon the deys.
Al ful of joye and blisse is the paleys,
And ful of instrumentz and of vitaille,
The mooste deyntevous of al Ytaille.
Biforn hem stoode instrumentz of swich soun
That Orpheus, ne of Thebes Amphioun,
Ne maden nevere swich a melodye.
At every cours thanne cam loud mynstralcye
That nevere tromped Joab for to heere,
Nor he Theodomas, yet half so cleere
At Thebes whan the citee was in doute.
Bacus the wyn hem shynketh al aboute,
And Venus laugheth upon every wight,

da Januarius ihr Ritter geworden war
und seine Kraft sowohl in der
Freiheit als auch in der Ehe prüfen wollte;
und mit ihrer Fackel in der Hand
tanzte sie vor der Braut und der ganzen Hochzeitsgesellschaft.
Und ich bin sicher, ich darf sagen,
daß Hymenaeus, der Gott der Ehe,
noch nie zuvor einen so fröhlichen Hochzeiter gesehen hat.
Schweig stille, Dichter Martian,
der du uns von der fröhlichen Hochzeit
der Philologie und des Merkur berichtest
und von den Liedern, die die Musen sangen!
Zu unvermögend ist sowohl deine Feder als auch deine Zunge,
um über diese Hochzeit berichten zu können.
Wenn die zarte Jugend das gebeugte Alter heiratet,
dann herrscht eine solche Freude, die man nicht niederschreiben kann.
Versucht es nur selbst, denn dann werdet ihr wissen,
ob ich in dieser Sache die Wahrheit sage oder nicht.
May sitzt mit so gnädiger Miene da –
sie zu sehen, dünkte ein Märchen.
Die Königin Esther blickte niemals mit solchen Augen
auf Ahasver, so demütig ist der Blick von May.
Ihr ganze Schönheit kann ich euch nicht beschreiben,
doch vermag ich von ihrer Schönheit so viel zu sagen,
daß sie dem glänzenden Morgen des Maien glich,
der von Freude und Wonne erfüllt ist.
Januarius wurde bei jedem Blick
auf ihr Gesicht in Trance versetzt;
im Herzen jedoch begann er, ihr Gewalt anzutun:
Heute nacht würde er sie in die Arme nehmen,
noch fester als Paris je die Helena.
Zugleich aber hatte er großes Mitleid,
da er sie in dieser Nacht verletzen müßte,
und dachte: »O weh! O zartes Geschöpf,
nun wolle Gott, daß Ihr mein

For Januarie was bicome hir knyght
And wolde bothe assayen his corage
In libertee, and eek in mariage;
And with hire fyrbrond in hire hand aboute
Daunceth biforn the bryde and al the route.
And certeinly, I dar right wel seyn this,
Ymeneus, that god of weddyng is,
Saugh nevere his lyf so myrie a wedded man.
Hoold thou thy pees, thou poete Marcian,
That writest us that ilke weddyng murie
Of hire Philologie and hym Mercurie,
And of the songes that the Muses songe!
To smal is bothe thy penne, and eek thy tonge,
For to descryven of this mariage.
Whan tendre youthe hath wedded stoupyng age,
Ther is swich myrthe that it may nat be writen.
Assayeth it youreself; thanne may ye witen
If that I lye or noon in this matiere.
  Mayus, that sit with so benyngne a chiere,
Hire to biholde it semed fayerye.
Queene Ester looked nevere with swich an ye
On Assuer, so meke a look hath she.
I may yow nat devyse al hir beautee.
But thus muche of hire beautee telle I may,
That she was lyk the brighte morwe of May,
Fulfild of alle beautee and plesaunce.
  This Januarie is ravysshed in a traunce
At every tyme he looked on hir face;
But in his herte he gan hire to manace
That he that nyght in armes wolde hire streyne
Harder than evere Parys dide Eleyne.
But nathelees yet hadde he greet pitee
That thilke nyght offenden hire moste he,
And thoughte, "Allas! O tendre creature,
Now wolde God ye myghte wel endure

ganzes Verlangen auch ertragen könnt, das ja so heftig und [groß ist!
Ich fürchte, es wird zu viel für Euch sein.
Doch verhüte Gott, daß ich meine ganze Kraft zeigte!
Nun wolle Gott, daß es schon dunkel wäre
und die Nacht ewig dauerte.
Ich wünschte, alle diese Leute wären schon gegangen.«
Und schließlich wandte er seine ganze Kunst auf,
sie, so gut es ging und ohne Ehrverlust,
auf geschickte Weise schnell von der Tafel zu entfernen.
Die Zeit kam, wo es aufzustehen galt;
und danach tanzte und trank man kräftig,
und überall im Haus verstreute man Gewürze,
und voller Freude und Wonne war ein jeder –
alle, bis auf einen Knappen namens Damian,
der den Ritter seit vielen Tagen schon bei Tisch bediente.
Er war von seiner Herrin May so entzückt,
daß er vor Schmerz fast wahnsinnig war.
Fast wäre er auf seinem Posten in Ohnmacht gefallen,
so schmerzlich hatte ihn Venus mit ihrer Fackel verletzt,
als sie diese beim Tanze in der Hand hielt;
und hastig ging er zu Bett.
Im Augenblick sage ich nichts mehr über ihn,
sondern lasse ihn dort ausgiebig weinen und klagen,
bis sich die frische May seines Kummers erbarmen mag.
O gefährliches Feuer, das im Strohsack brennt!
O vertrauter Feind, der seinen Dienst entbietet!
O verräterischer Diener, falscher Hausgeselle,
gleich der falschen, tückischen Natter in der Brust,
Gott beschütze uns alle vor deinem Umgang!
O Januarius, trunken von ehelicher Wonne,
sieh, wie Damian,
dein eigener Knappe und geborener Diener,
beabsichtigt, dir Schimpf anzutun.
Gott gewähre dir, den Feind im eigenen Hause zu entdecken!
Denn auf dieser Welt gibt es kein schlimmeres Übel
als einen Feind im eigenen Hause, der den ganzen Tag anwesend [ist.

Al my corage, it is so sharp and keene!
I am agast ye shul it nat susteene.
But God forbede that I dide al my myght!
Now wolde God that it were woxen nyght,
And that the nyght wolde lasten everemo.
I wolde that al this peple were ago."
And finally he dooth al his labour,
As he best myghte, savynge his honour,
To haste hem fro the mete in subtil wyse.
The tyme cam that resoun was to ryse;
And after that men daunce and drynken faste,
And spices al aboute the hous they caste,
And ful of joye and blisse is every man –
Al but a squyer, highte Damyan,
Which carf biforn the knyght ful many a day.
He was so ravysshed on his lady May
That for the verray peyne he was ny wood.
Almoost he swelte and swowned ther he stood,
So soore hath Venus hurt hym with hire brond,
As that she bar it daunsynge in hire hond;
And to his bed he wente hym hastily.
Namoore of hym at this tyme speke I,
But there I lete hym wepe ynogh and pleyne
Til fresshe May wol rewen on his peyne.
O perilous fyr, that in the bedstraw bredeth!
O famulier foo, that his servyce bedeth!
O servant traytour, false hoomly hewe,
Lyk to the naddre in bosom sly untrewe,
God shilde us alle from youre aqueyntaunce!
O Januarie, dronken in plesaunce
In mariage, se how thy Damyan,
Thyn owene squier and thy borne man,
Entendeth for to do thee vileynye.
God graunte thee thyn hoomly fo t'espye!
For in this world nys worse pestilence
Than hoomly foo al day in thy presence.

Die Sonne hat ihren Tageskreis durchlaufen;
ihr Körper kann nicht länger
am Horizont verweilen, zumindest in diesen Breiten.
Die Nacht verhüllte mit ihrem dunklen,
groben Mantel langsam die Hemisphäre;
deshalb hat die lustige Gesellschaft
Januarius verlassen, und jeder sagte Dank.
Sie ritten fröhlich zu ihren Häusern zurück
und taten, was ihnen gefiel;
und als sie die Zeit für gekommen hielten, gingen sie zur Ruhe.
Bald danach wollte der ungeduldige Januarius
zu Bett gehen, er wollte nicht länger warten.
Er trank Hypokras, Claret und Vernaccia
mit scharfen Gewürzen, um sein Verlangen zu stärken,
und er nahm viele gute Mittelchen,
wie es der verfluchte Mönch Dan Constantin
in seinem Buch *De Coitu* beschrieben hat;
er war überhaupt nicht abgeneigt, alle einzunehmen.
Und zu seinen vertrauten Freunden sagte er dann:
»Um der Liebe Gottes willen, laßt so bald wie möglich
das ganze Haus in höflicher Weise räumen.«
Und sie taten genau das, worum er sie gebeten hatte.
Man trank und danach wurden die Vorhänge zugezogen.
Die Braut, reglos wie ein Stein, wurde zu Bett gebracht.
Und nachdem der Priester das Bett gesegnet hatte,
begab sich ein jeder aus der Kammer;
sogleich schloß Januarius seine frische May,
sein Paradies, seine Gespielin, fest in die Arme.
Er wiegte sie und küßte sie sehr oft;
mit den starken Borsten seines rauhen Bartes,
gleich der Haut eines Haies spitz wie Dornen –
denn er war, auf seine Weise, frisch rasiert –,
fuhr er ihr kratzend übers zarte Gesicht
und sagte: »O weh! Ich muß
Euch verletzen, meine Frau, und Euch großes Leid zufügen,

Parfourned hath the sonne his ark diurne;
No lenger may the body of hym sojurne
On th'orisonte, as in that latitude.
Night with his mantel, that is derk and rude,
Gan oversprede the hemysperie aboute;
For which departed is this lusty route
Fro Januarie, with thank on every syde.
Hoom to hir houses lustily they ryde,
Where as they doon hir thynges as hem leste,
And whan they sye hir tyme, goon to reste.
Soone after that, this hastif Januarie
Wolde go to bedde; he wolde no lenger tarye.
He drynketh ypocras, clarree, and vernage
Of spices hoote t'encreessen his corage;
And many a letuarie hath he ful fyn,
Swiche as the cursed monk, daun Constantyn,
Hath writen in this book *De Coitu;*
To eten hem alle he nas no thyng eschu.
And to his privee freendes thus seyde he:
"For Goddes love, as soone as it may be,
Lat voyden al this hous in curteys wyse."
And they han doon right as he wol devyse.
Men drynken and the travers drawe anon.
The bryde was broght abedde as stille as stoon;
And whan the bed was with the preest yblessed,
Out of the chambre hath every wight hym dressed,
And Januarie hath faste in armes take
His fresshe May, his paradys, his make.
He lulleth hire; he kisseth hire ful ofte;
With thikke brustles of his berd unsofte,
Lyk to the skyn of houndfyssh, sharp as brere –
For he was shave al newe in his manere –
He rubbeth hire aboute hir tendre face,
And seyde thus, "Allas! I moot trespace
To yow, my spouse, and yow greetly offende

bevor der Augenblick kommt, wo ich mich niederlege.
Aber dennoch, bedenkt dies«, sagte er,
»es gibt keinen Arbeiter, wer er auch sein mag,
der sowohl gut als auch schnell arbeiten kann;
dies will mit gehöriger Ruhe getan werden.
Es macht nichts, wie lange wir uns vergnügen,
wir sind ja im rechten Ehestand verbunden,
und gesegnet sei das Joch, unter dem wir sind,
denn bei unserem Tun können wir keine Sünde begehen.
Ein Mann kann mit seiner Frau keine Sünde begehen
und sich auch nicht mit dem eigenen Messer verletzen;
denn das Gesetz gibt uns die Erlaubnis, uns zu vergnügen.«
So quälte er sich ab, bis der Tag graute;
er nahm dann einen in feinen Claret getauchten Bissen
und setzte sich kerzengerade im Bett auf
und sang dann laut und klar
und küßte seine Frau und war voll Lüsternheit.
Er war ganz wie ein Füllen, voller Torheiten,
und schwatzte wie eine gesprenkelte Elster.
Die schlaffe Haut an seinem Hals wabbelte hin und her,
als er sang, so krähte und gackerte er.
Gott aber weiß, was May in ihrem Herzen dachte,
als sie ihn so im Hemd sitzen sah,
mit seiner Nachtmütze und seinem welken Hals;
sie kümmerte sich nicht die Bohne um sein Getue.
Dann sagte er: »Ich will mich ausruhen,
nun ist es Tag, ich kann nicht länger wachbleiben.«
Und er legte sein Haupt aufs Kissen und schlief bis 9 Uhr.
Als er dann die Zeit für gekommen hielt,
stand Januarius auf; doch die frische May
hielt sich bis zum vierten Tag in ihrer Kemenate,
wie es Ehefrauen am besten ansteht.
Denn jeder Schwerarbeiter bedarf der Ruhe,
sonst kann er es nicht lange durchhalten,
das gilt für jede lebendige Kreatur,
sei es nun Fisch oder Vogel oder Tier oder Mensch.

Er tyme come that I wil doun descende.
But nathelees, considereth this," quod he,
"Ther nys no werkman, whatsoevere he be,
That may bothe werke wel and hastily;
This wol be doon at leyser parfitly.
It is no fors how longe that we pleye;
In trewe wedlok coupled be we tweye,
And blessed be the yok that we been inne,
For in oure actes we mowe do no synne.
A man may do no synne with his wyf,
Ne hurte hymselven with his owene knyf,
For we han leve to pleye us by the lawe."
Thus laboureth he til that the day gan dawe;
And thanne he taketh a sop in fyn clarree,
And upright in his bed thanne sitteth he,
And after that he sang ful loude and cleere,
And kiste his wyf, and made wantown cheere.
He was al coltissh, ful of ragerye,
And ful of jargon as a flekked pye.
The slakke skyn aboute his nekke shaketh
Whil that he sang, so chaunteth he and craketh.
But God woot what that May thoughte in hir herte,
Whan she hym saugh up sittynge in his sherte,
In his nyght-cappe, and with his nekke lene;
She preyseth nat his pleyyng worth a bene.
Thanne seid he thus, "My reste wol I take;
Now day is come, I may no lenger wake."
And doun he leyde his heed and sleep til pryme.
And afterward, whan that he saugh his tyme,
Up ryseth Januarie; but fresshe May
Heeld hire chambre unto the fourthe day,
As usage is of wyves for the beste.
For every labour somtyme moot han reste,
Or elles longe may he nat endure;
This is to seyn, no lyves creature,
Be it of fyssh, or bryd, or beest, or man.

Nun will ich vom kummervollen Damian berichten,
der vor Liebe vergeht, wie ihr noch hören werdet;
deshalb rede ich folgendermaßen zu ihm –
ich sage: »O törichter Damian, o weh!
Antworte auf meine Frage, was dies betrifft.
Wie wirst du deiner Herrin, der frischen May, deinen
Kummer sagen? Sie wird dich stets abweisen. Sprichst du
mit ihr, dann wird sie deinen Kummer auch noch verraten.
Gott sei dein Helfer! Besseres weiß ich nicht zu sagen.«
Der kranke Damian brannte so in
Venus' Feuer, daß er vor Verlangen fast starb,
weshalb er sein Leben aufs Spiel setzte.
Er konnte so nicht länger weiterleben;
er besorgte sich deshalb eine Feder
und schrieb in einem Brief seinen ganzen Kummer nieder,
in Form einer Liebesklage oder eines Leichs,
an seine schöne, frische Herrin May;
über seinem Hemd hatte er stets einen seidenen Beutel,
in den steckte er den Brief und trug ihn auf dem Herzen.
Der Mond, der am Mittag desselben Tages,
an dem Januarius die frische May geheiratet hatte,
im zweiten Abschnitt des Stieres gestanden hatte, stand nun im [Krebs;
so lange hatte sich May in ihrer Kemenate aufgehalten,
wie es bei allen diesen edlen Damen Brauch ist.
Eine Braut soll nicht in der Halle essen,
bevor vier Tage oder doch zumindest drei
vorüber sind; dann laß sie zum Fest gehen.
Als nun, gerechnet von Mittag zu Mittag, der vierte Tag vorüber
und die Hohe Messe abgehalten worden war,
saßen Januarius und May in der Halle,
May so frisch wie der helle Sommertag.
Und so kam es, daß sich dieser gute Mann
an Damian erinnerte
und sagte: »Heilige Maria! Wie kann es nur sein,
daß Damian mir nicht aufwartet?

Now wol I speke of woful Damyan,
That langwissheth for love, as ye shul heere;
Therfore I speke to hym in this manere:
I seye, "O sely Damyan, allas!
Andswere to my demaunde, as in this cas.
How shaltow to thy lady, fresshe May,
Telle thy wo? She wole alwey seye nay.
Eek if thou speke, she wol thy wo biwreye.
God be thyn helpe! I kan no bettre seye."
This sike Damyan in Venus fyr
So brenneth that he dyeth for desyr,
For which he putte his lyf in aventure.
No lenger myghte he in this wise endure,
But prively a penner gan he borwe,
And in a lettre wroot he al his sorwe,
In manere of a compleynt or a lay,
Unto his faire, fresshe lady May;
And in a purs of sylk heng on his sherte
He hath it put, and leyde it at his herte.
The moone, that at noon was thilke day
That Januarie hath wedded fresshe May
In two of Tawr, was into Cancre glyden;
So longe hath Mayus in hir chambre abyden,
As custume is unto thise nobles alle.
A bryde shal nat eten in the halle
Til dayes foure, or thre dayes atte leeste,
Ypassed been; thanne lat hire go to feeste.
The fourthe day compleet fro noon to noon,
Whan that the heighe masse was ydoon,
In halle sit this Januarie and May,
As fressh as is the brighte someres day.
And so bifel how that this goode man
Remembred hym upon this Damyan,
And seyde, "Seynte Marie! how may this be,
That Damyan entendeth nat to me?

Ist er noch krank, oder wie kann es dazu kommen?«
Seine Knappen, die dort in der Nähe standen,
entschuldigten ihn wegen einer Krankheit,
die ihn verhindere, seinen Dienst zu verrichten;
aus keinem anderen Grund könnte er säumig sein.
»Das tut mir leid«, sagte Januarius,
»er ist ein edler Knappe, ganz bestimmt!
Es wäre ein Schaden und ein Jammer, wenn er stürbe.
Er ist so klug, vernünftig und diskret,
wie ich nur einen Mann seines Standes weiß,
und dazu männlich und auch dienstfertig;
er wird einen tüchtigen und wackeren Mann abgeben.
Nach dem Essen werde ich, sobald ich nur kann,
ihn zusammen mit May besuchen gehen,
um ihm jede mir mögliche Erleichterung zu verschaffen.«
Um dieser Worte willen lobte ihn jeder,
daß er in seiner Güte und in seinem Edelmut
seinen kranken Knappen trösten wollte,
das sei ja eine edle Tat.
»Madame«, sagte Januarius, »bereitet Euch darauf vor,
daß Ihr zusammen mit allen Euren Frauen nach dem Essen,
wenn Ihr die Halle verlassen habt und in Eurer Kemenate [gewesen seid,
Damian einen Besuch abstattet.
Muntert ihn auf, er ist ein edler Mann;
und sagt ihm, daß ich ihn besuchen will,
sobald ich mich ein wenig ausgeruht habe.
Und sputet Euch schnell, denn ich will warten,
bis Ihr eng an meiner Seite schlaft.«
Und mit diesen Worten rief er
einen Knappen zu sich, der der Marschall seiner Halle war,
und sagte ihm, was man für ihn besorgen sollte.
Die frische May begab sich sogleich
mit allen ihren Damen zu Damian;
sie setzte sich neben seinem Bett nieder
und tröstete ihn, so gut sie es konnte.

Is he ay syk, or how may this bityde?"
His squieres, whiche that stooden ther bisyde,
Excused hym by cause of his siknesse,
Which letted hym to doon his bisynesse;
Noon oother cause myghte make hym tarye.
"That me forthynketh," quod this Januarie,
"He is a gentil squier, by my trouthe!
If that he deyde, it were harm and routhe.
He is as wys, discreet, and as secree
As any man I woot of his degree,
And therto manly, and eek servysable,
And for to been a thrifty man right able.
But after mete, as soone as evere I may,
I wol myself visite hym, and eek May,
To doon hym al the confort that I kan."
And for that word hym blessed every man,
That of his bountee and his gentillesse
He wolde so conforten in siknesse
His squier, for it was a gentil dede.
"Dame," quod this Januarie, "taak good hede,
At after-mete ye with youre wommen alle,
Whan ye han been in chambre out of this halle,
That alle ye go se this Damyan.
Dooth hym disport – he is a gentil man;
And telleth hym that I wol hym visite,
Have I no thyng but rested me a lite;
And spede yow faste, for I wole abyde
Til that ye slepe faste by my syde."
And with that word he gan to hym to calle
A squier, that was marchal of his halle,
And tolde hym certeyn thynges, what he wolde.
This fresshe May hath streight hir wey yholde
With alle hir wommen unto Damyan.
Doun by his beddes syde sit she than,
Confortynge hym as goodly as she may.

Als er die Zeit für gekommen hielt, drückte ihr Damian
heimlich seinen Beutel und seinen Brief,
in dem er sein Begehren niedergeschrieben hatte,
in die Hand, ohne ein weiteres Wort,
außer daß er überaus tief und kummervoll seufzte
und leise diese Worte zu ihr sprach:
»Erbarmen! Und verratet mich nicht;
würde diese Sache nämlich bekannt, bedeutete das meinen [sicheren Tod.«
Den Beutel verbarg sie an ihrer Brust
und ging fort; mehr erfahrt ihr nicht von mir.
Sie kam dann zu Januarius,
der erwartungsvoll auf seinem Bett saß.
Er umarmte sie und küßte sie sehr oft
und legte sich zum Schlafen nieder, und zwar sofort.
Sie tat so, als ob sie dorthin gehen müßte,
wohin, wie ihr wißt, jeder Mensch notwendigerweise gehen [muß.
Und nachdem sie den Brief genau gelesen hatte,
zerriß sie ihn schließlich in Stücke
und warf diese sorgsam in den Abort.
Wer sinniert nun, wenn nicht die frische May?
Sie legte sich beim alten Januarius nieder,
der schlief, bis ihn der Husten weckte.
Sogleich bat er sie, sich ganz nackt auszuziehen;
er wolle, sagte er, sein Vergnügen an ihr haben;
er sagte, ihre Kleider würden ihn behindern;
und sie gehorchte, ob es ihr lieb war oder nicht.
Weil ich fürchte, überempfindliche Leute könnten mir böse sein,
wage ich es nicht, euch zu sagen, was er tat,
oder ob es ihr das Paradies oder die Hölle dünkte.
Doch lasse ich sie in ihrer Art werkeln,
bis es zur Vesper läutete und sie aufstehen mußten.
Geschah es durch Vorsehung oder durch Zufall,
durch astralen Einfluß oder durch die Natur
oder durch eine Konstellation, daß der Himmel
so stand, daß die Zeit günstig war,

This Damyan, whan that his tyme he say,
In secree wise his purs and eek his bille,
In which that he ywriten hadde his wille,
Hath put into hire hand, withouten moore,
Save that he siketh wonder depe and soore,
And softely to hire right thus seyde he:
"Mercy! And that ye nat discovere me,
For I am deed if that this thyng be kyd."
This purs hath she inwith hir bosom hyd
And wente hire wey; ye gete namoore of me.
But unto Januarie ycomen is she,
That on his beddes syde sit ful softe.
He taketh hire, and kisseth hire ful ofte,
And leyde hym doun to slepe, and that anon.
She feyned hire as that she moste gon
Ther as ye woot that every wight moot neede;
And whan she of this bille hath taken heede,
She rente it al to cloutes atte laste,
And in the pryvee softely it caste.
  Who studieth now but faire fresshe May?
Adoun by olde Januarie she lay,
That sleep til that the coughe hath hym awaked.
Anon he preyde hire strepen hire al naked;
He wolde of hire, he seyde, han som plesaunce;
He seyde hir clothes dide hym encombraunce,
And she obeyeth, be hire lief or looth.
But lest that precious folk be with me wrooth,
How that he wroghte, I dar nat to yow telle,
Or wheither hire thoughte it paradys or helle.
But heere I lete hem werken in hir wyse
Til evensong rong and that they moste aryse.
  Were it by destynee or by aventure,
Were it by influence or by nature,
Or constellacion, that in swich estaat
The hevene stood that tyme fortunaat

einen Brief über Venusdienste –
denn jedes Ding hat seine Zeit, wie die Gelehrten sagen –
an irgendeine Frau zu richten, um deren Liebe zu erlangen –
ich kann es nicht sagen; doch der allmächtige Gott im Himmel
weiß, daß nichts ohne Grund geschieht,
er möge über alles urteilen, denn ich will schweigen.
Doch es ist wahr, daß diese frische May
an diesem Tag einen solchen Eindruck
des Mitleids für den kranken Damian erhalten hatte,
daß sie den Gedanken nicht aus ihrem Herzen vertreiben konnte,
wie sie ihm Erleichterung verschaffen könnte.
»Gewiß«, dachte sie, »wem diese Sache mißfalle,
mich kümmert's nicht, denn hier versichere ich ihm,
daß ich ihn von allen Geschöpfen am meisten liebe,
selbst wenn er nicht mehr besäße als sein Hemd.«
Seht, Mitleid regt sich schnell im edlen Herzen!
   Hier könnt ihr sehen, wie edel doch der Großmut
in Frauen ist, die sich genau prüfen wollen.
Eine Tyrannin, wie es ja viele gibt, ist die,
deren Herz so hart wie Stein ist,
die ihn in diesem Hause eher sterben lassen würde,
als ihm Gnade zu gewähren;
und die sich ihres grausamen Stolzes rühmt
und der es nichts ausmacht, wenn sie zum Mörder wird.
   Voller Mitleid schrieb die edle May
sofort eigenhändig einen Brief,
in welchem sie ihm ihre ganze Huld gewährte.
Es fehlte nichts als Tag und Ort,
wo sie seiner Lust Genüge tun könnte;
denn genau so, wie er es einrichten wollte, sollte es sein.
Und als sie die Zeit für gekommen hielt, ging
May eines Tages Damian besuchen;
geschickt steckte sie den Brief
unter sein Kopfkissen, damit er ihn lesen könnte, wenn er wollte.
Sie nahm seine Hand und drückte sie kräftig,

Was for to putte a bille of Venus werkes –
For alle thyng hath tyme, as seyn thise clerkes –
To any womman for to gete hire love,
I kan nat seye; but grete God above,
That knoweth that noon act is causelees,
He deme of al, for I wole holde my pees.
But sooth is this, how that this fresshe May
Hath take swich impression that day
Of pitee of this sike Damyan
That from hire herte she ne dryve kan
The remembrance for to doon hym ese.
"Certeyn," thoghte she, "whom that this thyng
I rekke noght, for heere I hym assure [displese
To love hym best of any creature,
Though he namoore hadde than his sherte."
Lo, pitee renneth soone in gentil herte!

Heere may ye se how excellent franchise
In wommen is, whan they hem narwe avyse.
Som tyrant is, as ther be many oon
That hath an herte as hard as any stoon,
Which wolde han lat hym sterven in the place
Wel rather than han graunted hym hire grace,
And hem rejoysen in hire crueel pryde,
And rekke nat to been an homycide.

This gentil May, fulfilled of pitee,
Right of hire hand a lettre made she,
In which she graunteth hym hire verray grace.
Ther lakketh noght oonly but day and place
Wher that she myghte unto his lust suffise,
For it shal be right as he wole devyse.
And whan she saugh hir tyme, upon a day
To visite this Damyan gooth May,
And sotilly this lettre doun she threste
Under his pilwe; rede it if hym leste.
She taketh hym by the hand and harde hym twiste

doch so verstohlen, daß es niemand bemerkte;
und sie wünschte ihm völlige Genesung und ging
zu Januarius zurück, als der nach ihr schickte.
Am nächsten Morgen stand Damian auf,
seine Krankheit und sein Kummer waren ganz vorüber.
Er kämmte, putzte und schmückte sich
und tat alles, was seiner Herrin gefiel und sie erfreute;
auch zu Januarius ging er so folgsam
wie je ein Jagdhund.
Er war zu jedem so freundlich
(denn Geschicklichkeit ist alles, wenn man sie beherrscht),
daß jeder sich bemühte, ihn zu loben;
und er stand bei seiner Herrin in vollen Gnaden.
So lasse ich Damian nun an seiner Aufgabe arbeiten
und werde mit meiner Geschichte fortfahren.
Einige Gelehrte meinen, daß Glück
aus Vergnügen besteht; und deshalb
bemühte sich der alte Januarius auch mit ganzer Kraft
und auf ehrbare Weise, wie es sich für einen Ritter ziemt,
aufs vergnüglichste zu leben.
Sein Haus und seine Kleidung waren, wie es
seinem Stand geziemte, wie die eines Königs.
Unter anderen standesgemäßen Dingen
ließ er einen Garten anlegen, der von einer Steinmauer umgeben [war;
ich kenne nirgendwo einen schöneren Garten.
Ich glaube nämlich ganz bestimmt,
daß der, der den *Rosenroman* schrieb,
seine Schönheit nur unzureichend schildern könnte;
auch Priapus wäre nicht fähig,
obwohl er doch der Gott der Gärten ist,
die Schönheit des Gartens und des Brunnens zu beschreiben,
der unter einem immergrünen Lorbeer angelegt war.
Sehr häufig ergötzten sich Pluto und seine Königin,
Proserpina, mit ihrem ganzen Hofstaat
dort und spielten zum Tanz
um den Brunnen auf, wie ich vernommen habe.

So secrely that no wight of it wiste,
And bad hym been al hool, and forth she wente
To Januarie, whan that he for hire sente.
Up riseth Damyan the nexte morwe;
Al passed was his siknesse and his sorwe.
He kembeth hym, he preyneth hym and pyketh,
He dooth al that his lady lust and lyketh,
And eek to Januarie he gooth as lowe
As evere dide a dogge for the bowe.
He is so plesant unto every man
(For craft is al, whoso that do it kan)
That every wight is fayn to speke hym good,
And fully in his lady grace he stood.
Thus lete I Damyan aboute his nede,
And in my tale forth I wol procede.
Somme clerkes holden that felicitee
Stant in delit, and therfore certeyn he,
This noble Januarie, with al his myght,
In honest wyse, as longeth to a knyght,
Shoop hym to lyve ful deliciously.
His housynge, his array, as honestly
To his degree was maked as a kynges.
Amonges othere of his honeste thynges,
He made a gardyn, walled al with stoon;
So fair a gardyn woot I nowher noon.
For, out of doute, I verraily suppose
That he that wroot the Romance of the Rose
Ne koude of it the beautee wel devyse;
Ne Priapus ne myghte nat suffise,
Though he be god of gardyns, for to telle
The beautee of the gardyn and the welle
That stood under a laurer alwey grene.
Ful ofte tyme he Pluto and his queene,
Proserpina, and al hire fayerye,
Disporten hem and maken melodye
Aboute that welle, and daunced, as men tolde.

Diesem edlen Ritter, dem alten Januarius,
war es ein solcher Genuß, sich im Garten zu ergehen und zu [amüsieren,
daß er es nicht duldete, daß irgendeiner den Schlüssel dazu bei [sich trüge,
außer ihm selbst; denn stets trug er den
silbernen Schlüssel zu der schmalen Tür bei sich,
mit dem er, wenn es ihn danach verlangte, diese aufschloß.
Und wenn er in den Sommermonaten seiner Frau gegenüber
seiner Verpflichtung nachkommen wollte, dann ging er
gewöhnlich dorthin mit May, seiner Frau, und niemand sonst;
und Dinge, die im Bett nicht getan wurden,
führte er im Garten mit Erfolg aus.
Und viele frohe Tage gingen so
für Januarius und die frische May vorüber.
Doch weltliche Freude kann nicht ewig währen,
weder für Januarius noch für irgendein Geschöpf.
O plötzliches Geschick! O unstete Fortuna,
gleich dem verräterischen Skorpion
schmeichelst du mit dem Kopf, wenn du zustechen willst;
dein Stachel mit seinem Gift bedeutet den sicheren Tod.
O brüchige Freude! O süßes, seltsames Gift!
O Monster, das du so geschickt deinen
Geschenken das Aussehen der Beständigkeit verleihst,
damit du groß und klein täuschen kannst!
Weshalb hast du Januarius verraten,
den du als deinen wahren Freund aufgenommen hattest?
Und nun hast du ihn beider Augen beraubt,
weswegen er aus Kummer sterben möchte.
O Kummer! Der edle, noble Januarius
ist inmitten seiner Lust und seines Glücks
ganz plötzlich blind geworden.
Er weinte und jammerte erbärmlich;
und dabei loderte die Flamme der Eifersucht –
gesetzt den Fall, seine Frau beginge eine Torheit –
so sehr in seinem Herzen, daß er sich wünschte,
irgend jemand hätte ihn und sie getötet.

This noble knyght, this Januarie the olde,
Swich deyntee hath in it to walke and pleye,
That he wol no wight suffren bere the keye
Save he hymself; for of the smale wyket
He baar alwey of silver a clyket,
With which, whan that hym leste, he it unshette.
And whan he wolde paye his wyf hir dette
In somer seson, thider wolde he go,
And May his wyf, and no wight but they two;
And thynges whiche that were nat doon abedde,
He in the gardyn parfourned hem and spedde.
And in this wyse, many a murye day,
Lyved this Januarie and fresshe May.
But worldly joye may nat alwey dure
To Januarie, ne to no creature.

O sodeyn hap! O thou Fortune unstable!
Lyk to the scorpion so deceyvable,
That flaterest with thyn heed whan thou wolt stynge;
Thy tayl is deeth, thurgh thyn envenymynge.
O brotil joye! O sweete venym queynte!
O monstre, that so subtilly kanst peynte
Thy yiftes under hewe of stidefastnesse,
That thou deceyvest bothe moore and lesse!
Why hastow Januarie thus deceyved,
That haddest hym for thy fulle freend receyved?
And now thou hast biraft hym bothe his yen,
For sorwe of which desireth he to dyen.

Allas, this noble Januarie free,
Amydde his lust and his prosperitee,
Is woxen blynd, and that al sodeynly.
He wepeth and he wayleth pitously;
And therwithal the fyr of jalousie,
Lest that his wyf sholde falle in som folye,
So brente his herte that he wolde fayn
That som man bothe hire and hym had slayn.

Denn er wollte, daß sie weder nach seinem Tode noch zu seinen Lebzeiten
die Geliebte oder die Frau eines anderen würde,
vielmehr sollte sie als Witwe stets in Schwarz gehen,
so allein wie eine Taube, die ihren Gefährten verloren hat.
Doch nach einem oder zwei Monaten
ließ seine Sorge endlich nach, wenn ich nicht lügen soll;
denn als er erkannt hatte, daß es nicht anders sein konnte,
nahm er seine Last geduldig auf sich,
mit der Ausnahme, daß er von
seiner Eifersucht wahrlich nicht ablassen konnte;
seine Eifersucht war so groß,
daß er es nicht mehr duldete, daß sie entweder in die Halle
oder in ein anderes Haus
oder sonst irgendwohin ging,
ohne daß er sie stets an der Hand führte,
worüber die frische May sehr häufig weinte;
denn sie liebte Damian so herzlich,
daß sie entweder plötzlich sterben
oder ihn haben muß, wie es sie verlangte.
Sie meint, daß ihr das Herz bald brechen müsse.
  Andererseits ist Damian
zum kummervollsten Mann geworden,
den es je gab; denn weder tags noch nachts
konnte er der frischen May auch nur ein einziges Wort
betreffs seiner Absicht sagen, überhaupt nichts,
ohne daß es Januarius hören müßte,
der stets seine Hand auf ihr hielt.
Durch wechselseitige Briefe aber
und geheime Zeichen wußte er dennoch, was sie wollte,
und auch sie kannte das Ziel seiner Bemühungen.
  O Januarius, was würde es dir nützen,
wenn du auch so weit blicken könntest, wie Schiffe segeln?
Denn es ist genauso gut, betrogen zu werden, wenn man blind ist,
wie betrogen zu werden, wenn man sehen kann.

For neither after his deeth nor in his lyf
Ne wolde he that she were love ne wyf,
But evere lyve as wydwe in clothes blake,
Soul as the turtle that lost hath hire make.
But atte laste, after a month or tweye,
His sorwe gan aswage, sooth to seye;
For whan he wiste it may noon oother be,
He paciently took his adversitee,
Save, out of doute, he may nat forgoon
That he nas jalous everemoore in oon;
Which jalousye it was so outrageous
That neither in halle, n'yn noon oother hous,
Ne in noon oother place, neverthemo,
He nolde suffre hire for to ryde or go,
But if that he had hond on hire alway;
For which ful ofte wepeth fresshe May,
That loveth Damyan so benyngnely
That she moot outher dyen sodeynly
Or elles she moot han hym as hir leste.
She wayteth whan hir herte wolde breste.
  Upon that oother syde Damyan
Bicomen is the sorwefulleste man
That evere was, for neither nyght ne day
Ne myghte he speke a word to fresshe May,
As to his purpos, of no swich mateere,
But if that Januarie moste it heere,
That hadde an hand upon hire everemo.
But nathelees, by writyng to and fro
And privee signes wiste he what she mente,
And she knew eek the fyn of his entente.
  O Januarie, what myghte it thee availle,
Thogh thou myghtest se as fer as shippes saille?
For as good is blynd deceyved be
As to be deceyved whan a man may se.

Sieh, Argus, der hundert Augen hatte,
wurde trotz allem, was er sehen oder beobachten konnte,
dennoch geblendet, und es gibt ja, weiß Gott, noch mehr,
die wahrlich meinen, daß es nicht so sei.
Was man nicht weiß, das schmerzt auch nicht – mehr sag' ich nicht.
Die frische May, von der ich schon zuvor gesprochen habe,
hatte in warmem Wachs einen Abdruck des Schlüssels gemacht,
den Januarius für die schmale Tür bei sich trug,
durch die er oft in seinen Garten trat.
Und Damian, der ihre Absicht genau kannte,
machte den Schlüssel heimlich nach.
Es gibt nichts weiter zu erzählen, als daß sich in Bälde
mittels dieses Schlüssels ein Wunder zutragen wird,
das ihr hören sollt, wenn ihr darauf warten wollt.
O edler Ovid, nur zu wahr ist, was du sagst, weiß Gott.
Gibt es denn eine List, und sei sie auch langwierig und schwierig,
auf die die Liebe nicht kommen würde?
Von Pyramus und Thisbe kann man lernen;
obwohl sie lange streng voneinander getrennt waren,
haben sie sich doch verständigt, indem sie durch eine Mauer sprachen –
niemand wäre je auf diese List gekommen.
Doch zurück zu meinem Anliegen: Bevor noch acht Tage
vergangen waren, noch vor Anfang Juni, ereignete es sich,
daß Januarius eine so starke,
von seiner Frau herbeigeführte Begierde packte,
sich in seinem Garten zu vergnügen, nur sie beide, sonst keiner,
daß er eines Morgens zu seiner May sagte:
»Steht auf, meine Frau, meine Geliebte, meine edle Herrin!
Man hört die Stimme der Taube, mein süßes Täubchen;
der Winter mit allen seinen nassen Regenschauern ist vorüber.
Komm jetzt herbei, mit deinen Taubenäugchen!
Wie doch deine Brüste lieblicher als Wein sind!
Der Garten ist ringsum eingefriedet;
komm herbei, mein Schatz, mit deiner hellen Haut! Du hast ja
meinem Herzen eine Wunde zugefügt, du wonnigliches Weib!

Lo, Argus, which that hadde an hondred yen,
For al that evere he koude poure or pryen,
Yet was he blent, and, God woot, so been mo
That wenen wisly that it be nat so.
Passe over is an ese, I sey namoore.
This fresshe May, that I spak of so yoore,
In warm wex hath emprented the clyket
That Januarie bar of the smale wyket,
By which into his gardyn ofte he wente;
And Damyan, that knew al hire entente,
The cliket countrefeted pryvely.
Ther nys namoore to seye, but hastily
Som wonder by this clyket shal bityde,
Which ye shul heeren, if ye wole abyde.
O noble Ovyde, ful sooth seystou, God woot,
What sleighte is it, thogh it be long and hoot,
That Love nyl fynde it out in som manere?
By Piramus and Tesbee may men leere;
Thogh they were kept ful longe streite overal,
They been accorded, rownynge thurgh a wal,
Ther no wight koude han founde out swich a sleighte.
But now to purpos: er that dayes eighte
Were passed [of] the month of [Juyn], bifil
That Januarie hath caught so greet a wil,
Thurgh eggyng of his wyf, hym for to pleye
In his gardyn, and no wight but they tweye,
That in a morwe unto his May seith he:
"Rys up, my wyf, my love, my lady free!
The turtles voys is herd, my dowve sweete;
The wynter is goon with alle his reynes weete.
Com forth now, with thyne eyen columbyn!
How fairer been thy brestes than is wyn!
The gardyn is enclosed al aboute;
Com forth, my white spouse! Out of doute
Thou hast me wounded in myn herte, O wyf!

Keinen Makel habe ich je an dir gefunden.
Komm herbei, dann wollen wir uns vergnügen;
ich nahm dich als meine Frau und meinen Trost.«
  Solch alte, unanständige Worte gebrauchte er.
Sie gab Damian ein Zeichen,
daß er mit seinem Schlüssel vorausgehen sollte.
Damian öffnete dann die Tür
und eilte in den Garten,
ohne daß es jemand gesehen oder gehört hätte,
und er setzte sich sogleich ohne Laut unter einen Busch.
  Januarius, der so blind wie ein Stein war,
nahm May an der Hand und ging mit ihr, und nur mit ihr,
in seinen herrlichen Garten
und verschloß sofort wieder die Tür.
  »Jetzt, Frau«, sagte er, »sind nur wir beide hier.
Du bist das Geschöpf, das ich am meisten liebe.
Bei dem Herrn aber, der droben im Himmel sitzt,
es wäre mir lieber, ich stürbe durch ein Messer,
als daß ich dich verletzte, liebe treue Frau!
Bei Gott, denk daran, wie ich dich erwählte,
nicht aus Begehrlichkeit, wahrlich nicht,
sondern weil meine Liebe zu dir ja so groß ist.
Und wenn ich auch alt bin und nicht sehen kann,
seid mir treu, ich werd' Euch auch sagen, warum.
Drei Dinge werdet Ihr dadurch gewiß erlangen:
erstens die Liebe Christi und Ehre für Euch selbst
und mein ganzes Erbe, Stadt und Turm,
ich gebe es Euch, setzt Verträge auf, wie es Euch gefällt,
dies soll morgen noch vor Sonnenuntergang geschehen,
so wahr Gott meine Seele in die Glückseligkeit bringe.
Zunächst bitte ich Euch um einen Kuß, der den Vertrag besiegeln soll;
wenn ich auch eifersüchtig bin, so tadelt mich doch nicht.
Ihr seid meinen Gedanken so tief eingeprägt,
daß ich es, wenn ich Eure Schönheit betrachte
und dazu mein ungleiches Alter,

No spot of thee ne knew I al my lyf.
Com forth, and lat us taken oure disport;
I chees thee for my wyf and my confort."
Swiche olde lewed wordes used he.
On Damyan a signe made she,
That he sholde go biforn with his cliket.
This Damyan thanne hath opened the wyket,
And in he stirte, and that in swich manere
That no wight myghte it se neither yheere,
And stille he sit under a bussh anon.
This Januarie, as blynd as is a stoon,
With Mayus in his hand, and no wight mo,
Into his fresshe gardyn is ago,
And clapte to the wyket sodeynly.
"Now wyf," quod he, "heere nys but thou and I,
That art the creature that I best love.
For by that Lord that sit in hevene above,
Levere ich hadde to dyen on a knyf
Than thee offende, trewe deere wyf!
For Goddes sake, thenk how I thee chees,
Noght for no coveitise, doutelees,
But oonly for the love I had to thee.
And though that I be oold and may nat see,
Beth to me trewe, and I wol telle yow why.
Thre thynges, certes, shal ye wynne therby:
First, love of Crist, and to youreself honour,
And al myn heritage, toun and tour;
I yeve it yow, maketh chartres as yow leste;
This shal be doon to-morwe er sonne reste,
So wisly God my soule brynge in blisse.
I prey yow first, in covenant ye me kisse;
And though that I be jalous, wyte me noght.
Ye been so depe enprented in my thoght
That, whan that I considere youre beautee
And therwithal the unlikly elde of me,

selbst wenn ich sterben müßte,
gewiß nicht ertragen könnte, ohne Eure Gesellschaft zu sein,
weil ich Euch ja so liebe; darüber gibt es keinen Zweifel.
Nun küß mich, Frau, und laß uns umherspazieren.«
Als die frische May diese Worte gehört hatte,
antwortete sie Januarius höflich,
doch zuallererst begann sie zu weinen.
»Ich habe eine Seele zu bewahren«, sagte sie,
»genauso wie Ihr, und auch meine Ehre
und diese zarte Blüte meines Ehestandes,
die ich Euch in die Hand versprochen habe,
als der Priester meinen Körper mit dem Euren verband;
deshalb möchte ich so antworten,
mit Eurer Erlaubnis, mein so teurer Gatte:
Ich bete zu Gott, daß der Tag niemals anbrechen möge, ohne
daß ich so unwürdig sterbe, wie es für eine Frau nur möglich
falls ich je meinem Geschlecht diese Schande antun [ist,
oder meinen Namen so aufs Spiel setzen sollte,
indem ich Euch untreu werde; und sollte ich so handeln,
dann entkleidet mich, steckt mich in einen Sack
und laßt mich im nächsten Fluß ertränken.
Ich bin eine edle Frau und keine Dirne.
Weshalb redet Ihr so? Sind doch die Männer stets untreu,
und werden doch die Frauen von euch stets aufs neue
Ihr wißt wohl nichts Anständigeres, glaube ich, [beschuldigt.
als uns zu tadeln und untreu zu nennen.«
Und bei diesen Worten sah sie, wo Damian
unter dem Busch saß; sie hüstelte
und gab mit den Fingern ein Zeichen,
daß Damian auf einen Baum steigen sollte,
der voller Früchte hing; und der kletterte hinauf.
Denn er kannte ihre Absicht ganz und gar
und auch jedes Zeichen, das sie ihm geben konnte,
viel besser als Januarius, ihr eigener Mann.
In einem Brief hatte sie ihm nämlich ganz genau beschrieben,

I may nat, certes, though I sholde dye,
Forbere to been out of youre compaignye
For verray love; this is withouten doute.
Now kys me, wyf, and lat us rome aboute."
This fresshe May, whan she thise wordes herde,
Benyngnely to Januarie answerde,
But first and forward she bigan to wepe.
"I have," quod she, "a soule for to kepe
As wel as ye, and also myn honour,
And of my wyfhod thilke tendre flour,
Which that I have assured in youre hond,
Whan that the preest to yow my body bond;
Wherfore I wole answere in this manere,
By the leve of yow, my lord so deere:
I prey to God that nevere dawe the day
That I ne sterve, as foule as womman may,
If evere I do unto my kyn that shame,
Or elles I empeyre so my name,
That I be fals; and if I do that lak,
Do strepe me and put me in a sak,
And in the nexte ryver do me drenche.
I am a gentil womman and no wenche.
Why speke ye thus? But men been evere untrewe,
And wommen have repreve of yow ay newe.
Ye han noon oother contenance, I leeve,
But speke to us of untrust and repreeve."
And with that word she saugh wher Damyan
Sat in the bussh, and coughen she bigan,
And with hir fynger signes made she
That Damyan sholde clymbe upon a tree
That charged was with fruyt, and up he wente.
For verraily he knew al hire entente,
And every signe that she koude make,
Wel bet than Januarie, hir owene make,
For in a lettre she hadde toold hym al

wie er sich in dieser Angelegenheit verhalten solle.
Und so lasse ich ihn auf dem Birnbaum sitzen
und Januarius und May fröhlich auf und ab gehen.
Es war ein strahlender Tag mit tiefblauem Firmament;
Phoebus hatte seine Strahlen aus Gold herabgeschickt,
um jede Blume mit seiner Wärme zu erfreuen.
Er stand zu jener Zeit in den Zwillingen, glaube ich,
doch nur wenig von seiner Deklination zum
Krebs entfernt, dem Höhepunkt Jupiters.
Und es geschah an diesem strahlenden Morgen,
daß am anderen Ende des Gartens
Pluto, der König der Feenwelt,
und viele Damen seines Gefolges,
die seiner Frau, der Königin Proserpina, folgten,
die er aus dem Ätna entführt hatte,
während sie auf einer Wiese Blumen pflückte –
bei Claudian könnt ihr die Geschichte lesen,
wie er sie in seinem schrecklichen Karren entführte –,
daß sich der König der Feenwelt
auf eine Bank aus frischen grünen Soden niedersetzte
und sogleich diese Worte zu seiner Königin sprach:
»Liebe Frau«, sagte er, »keiner kann es leugnen:
Täglich zeigt uns die Erfahrung
den Verrat, den Frauen an Männern begehen.
Zehnmal hunderttausend Geschichten könnte ich erzählen,
die eure Untreue und Schwachheit beweisen.
O Salomo, der du weise und mit Reichtum gesegnet warst,
voller Weisheit und voll weltlichen Ruhmes warst du;
deine Worte sind der Erinnerung wahrlich würdig,
einem jeden Geschöpf, das Verstand und Argumenten zugänglich ist.
Er preist doch die Güte des Mannes so:
›Unter tausend Männern habe ich wenigstens einen gefunden,
doch keine unter allen Frauen.‹
So spricht der König, der eure Bosheit kennt.
Und Jesus Sirach, glaube ich,

Of this matere, how he werchen shal.
And thus I lete hym sitte upon the pyrie,
And Januarie and May romynge myrie.
  Bright was the day, and blew the firmament;
Phebus hath of gold his stremes doun ysent
To gladen every flour with his warmnesse.
He was that tyme in Geminis, as I gesse,
But litel fro his declynacion
Of Cancer, Jovis exaltacion.
And so bifel, that brighte morwe-tyde
That in that gardyn, in the ferther syde,
Pluto, that is kyng of Fayerye,
And many a lady in his compaignye,
Folwynge his wyf, the queene Proserpyna,
Which that he ravysshed out of [Ethna]
Whil that she gadered floures in the mede –
In Claudyan ye may the stories rede,
How in his grisely carte he hire fette –
This kyng of Fairye thanne adoun hym sette
Upon a bench of turves, fressh and grene,
And right anon thus seyde he to his queene:
  "My wyf," quod he, "ther may no wight seye nay;
Th'experience so preveth every day
The tresons whiche that wommen doon to man.
Ten hondred thousand [tales] tellen I kan
Notable of youre untrouthe and brotilnesse.
O Salomon, wys, and richest of richesse,
Fulfild of sapience and of worldly glorie,
Ful worthy been thy wordes to memorie
To every wight that wit and reson kan.
Thus preiseth he yet the bountee of man:
'Amonges a thousand men yet foond I oon,
But of wommen alle foond I noon.'
  "Thus seith the kyng that knoweth youre wikked-[nesse.
And Jhesus, *filius Syrak*, as I gesse,

spricht selten mit Achtung von euch.
Wundrose und Beulenpest
befalle noch heute abend eure Körper!
Seht ihr denn nicht diesen ehrenwerten Ritter?
Weil er blind und alt ist – o welche Niedertracht –,
wird sein eigener Diener ihn zum Hahnrei machen.
Seht, wo er sitzt, der Lüstling – auf dem Baum!
Nun will ich in meinem Edelmut
diesem alten, blinden, würdigen Ritter gewähren,
daß er die Kraft seiner Augen dann wieder haben soll,
wenn seine Frau ihm Schande zufügen wird.
Dann soll er das ganze Ausmaß ihrer Hurerei erkennen,
zu ihrer und vieler anderer Schande.«

Proserpina antwortete: »Wollt Ihr das wirklich tun?
Nun, bei der Seele Saturns, des Vaters meiner Mutter, schwöre ich,
daß ich ihr eine taugliche Antwort eingeben werde –
und allen Frauen nach ihr, zu ihrem Nutzen –,
so daß sie, selbst wenn sie bei einem Vergehen ertappt würden,
sich mit unerschrockenem Gesicht entschuldigen
und diejenigen widerlegen werden, die sie beschuldigen wollen.
Einer fehlenden Antwort wegen soll keine Frau sterben.
Selbst wenn ein Mann etwas mit beiden Augen gesehen hätte,
werden wir Frauen der Sache doch so mutig ins Auge blicken
und weinen, schwören und geschickt tadeln,
daß ihr Männer wie blöde Gänse dasteht.

Was scheren mich Eure Autoritäten?
Ich weiß wohl, daß dieser Jude, dieser Salomo,
unter uns Frauen viele Narren gefunden hat.
Selbst wenn er auch keine treue Frau gefunden hat,
haben doch viele andere Männer gefunden,
daß die Frauen treu, voller Güte und tugendsam sind.
Nimm diejenigen zum Zeugnis, die in Christi Haus wohnen:
Mit ihrem Martyrium haben sie Standhaftigkeit bewiesen.
Auch die römische Geschichte erinnert ja
an viele wahre und treue Frauen.

Ne speketh of yow but seelde reverence.
A wylde fyr and corrupt pestilence
So falle upon youre bodyes yet to-nyght!
Ne se ye nat this honurable knyght,
By cause, allas, that he is blynd and old,
His owene man shal make hym cokewold.
Lo, where he sit, the lechour, in the tree!
Now wol I graunten, of my magestee,
Unto this olde, blynde, worthy knyght
That he shal have ayen his eyen syght,
Whan that his wyf wold doon hym vileynye.
Thanne shal he knowen al hire harlotrye,
Bothe in repreve of hire and othere mo."
"Ye shal?" quod Proserpyne, "wol ye so?
Now by my moodres sires soule I swere
That I shal yeven hire suffisant answere,
And alle wommen after, for hir sake,
That, though they be in any gilt ytake,
With face boold they shulle hemself excuse,
And bere hem doun that wolden hem accuse.
For lak of answere noon of hem shal dyen.
Al hadde man seyn a thyng with bothe his yen,
Yit shul we wommen visage it hardily,
And wepe, and swere, and chyde subtilly,
So that ye men shul been as lewed as gees.
"What rekketh me of youre auctoritees?
I woot wel that this Jew, this Salomon,
Foond of us wommen fooles many oon.
But though that he ne foond no good womman,
Yet hath ther founde many another man
Wommen ful trewe, ful goode, and vertuous.
Witnesse on hem that dwelle in Cristes hous;
With martirdom they preved hire constance.
The Romayn geestes eek make remembrance
Of many a verray, trewe wyf also.

Doch Herr, seid nicht zornig, selbst wenn es so wäre;
wenn er auch sagte, er habe keine gute Frau gefunden,
dann beachtet doch die Bedeutung, ich bitte Euch.
Er meinte dies ja so: Niemand besitzt vollständige Güte,
weder Mann noch Frau, sondern nur Gott allein.
Ei! Beim wahren Gott, es gibt nur ihn,
warum haltet Ihr so viel von Salomo?
Was, wenn er auch den Tempel, das Haus Gottes, erbaute?
Was, wenn er auch reich und berühmt war?
Dennoch baute er auch den falschen Göttern einen Tempel.
Was hätte er tun können, das strikter verboten war?
Bei Gott, so schön Ihr auch seinen Namen übertüncht,
er war ein Lüstling und Götzenanbeter,
und im Alter ist er vom wahren Gott abgefallen;
und hätte ihn Gott, wie die Bibel sagt,
nicht um seines Vaters willen verschont, hätte er
sein Reich schneller, als es ihm lieb gewesen wäre, verloren.
All das Schlechte,
das ihr über Frauen schreibt, ist keinen Heller wert.
Ich bin eine Frau, und deshalb muß ich reden,
falls ich nicht platzen soll, wenn mir das Herz anschwillt.
Denn da er behauptete, wir seien Schwatzbasen – bei
der Fülle meines Haares, die mir lange erhalten bleibe, werde
ich mich nicht zurückhalten, um keiner Höflichkeit willen,
den mit schmerzenden Worten zu verletzen, der uns verleumdet.«
»Madame«, sagte Pluto, »seid nicht mehr zornig,
ich gebe auf! Aber da ich einen Eid geschworen habe,
daß ich ihm seine Sehkraft wieder geben will,
soll mein Wort bestehen, davor warne ich Euch ausdrücklich.
Ich bin ein König, es steht mir nicht an zu lügen!«
»Und ich«, entgegnete sie, »eine Königin der Feenwelt!
Sie wird ihre Antwort haben, das garantiere ich.
Laß uns keine Worte mehr darüber verlieren;
denn wahrlich, ich will Euch nicht länger widersprechen.«

But, sire, ne be nat wrooth, al be it so,
Though that he seyde he foond no good womman,
I prey yow take the sentence of the man;
He mente thus, that in sovereyn bontee
Nis noon but God, but neither he ne she.
"Ey! for verray God that nys but oon,
What make ye so muche of Salomon?
What though he made a temple, Goddes hous?
What though he were riche and glorious?
So made he eek a temple of false goddis.
How myghte he do a thyng that moore forbode is?
Pardee, as faire as ye his name emplastre,
He was a lecchour and an ydolastre,
And in his elde he verray God forsook;
And if God ne hadde, as seith the book,
Yspared him for his fadres sake, he sholde
Have lost his regne rather than he wolde.
I sette right noght, of al the vileynye
That ye of wommen write, a boterflye!
I am a womman, nedes moot I speke,
Or elles swelle til myn herte breke.
For sithen he seyde that we been jangleresses,
As evere hool I moote brouke my tresses,
I shal nat spare, for no curteisye,
To speke hym harm that wolde us vileynye."
"Dame," quod this Pluto, "be no lenger wrooth;
I yeve it up! But sith I swoor myn ooth
That I wolde graunten hym his sighte ageyn,
My word shal stonde, I warne yow certeyn.
I am a kyng; it sit me noght to lye."
"And I," quod she, "a queene of Fayerye!
Hir answere shal she have, I undertake.
Lat us namoore wordes heerof make;
For sothe, I wol no lenger yow contrarie."

Nun laßt uns wieder zu Januarius zurückkehren,
der im Garten bei seiner schönen May
viel fröhlicher sang als ein Papagei:
»Dich lieb ich am meisten, für immer, und keine andere.«
Er schritt so lange in den Laubengängen auf und ab,
bis er bei jenem Birnbaum angelangt war,
wo Damian erwartungsvoll saß,
hoch oben, zwischen den frischen, grünen Blättern.
Die frische May, die bildhübsch ist und blendend aussieht,
seufzte plötzlich und sagte: »Oh, meine Seite!
Nun, Gemahl«, sagte sie, »was auch geschehe,
ich muß von den Birnen haben, die ich hier sehe,
sonst sterbe ich, denn es gelüstet mich so sehr danach,
von den kleinen, grünen Birnen zu essen.
Hilf, um der Liebe der Himmelskönigin willen!
Ich sag's Euch unmißverständlich: Eine Frau in meinen
kann einen solchen Appetit auf Obst haben, [Umständen
daß sie sterben könnte, wenn sie es nicht bekommt.«
»O Jammer«, sagte er, »daß kein Diener hier ist,
der hinaufklettern könnte! O welch ein Jammer«, sagte er,
»ich bin ja blind!« – »So ist es, mein Gemahl, doch macht dies
nichts aus«, sagte sie, »denn wenn Ihr mir versprechen würdet,
den Baum mit Euren Armen zu umfassen – [bei Gott,
denn ich weiß wohl, daß Ihr mir nicht traut –,
dann könnte ich gut hinaufklettern«, sagte sie,
»wenn ich meinen Fuß auf Euren Rücken setzen dürfte.«
»Aber sicher«, sagte er, »daran soll es nicht liegen,
ich würde Euch selbst mit meinem Herzblut helfen.«
Er bückte sich, und sie stieg auf seinen Rücken
und klammerte sich an einem Ast fest und schwang sich
meine Damen, ich bitte euch, seid mir nicht böse; [hinauf –
ich kann nicht schönfärben, ich bin ein einfacher Mann –,
und mit einem Ruck hob Damian ihr sogleich
den Unterrock hoch und drang ein.

Now lat us turne agayn to Januarie,
That in the gardyn with his faire May
Syngeth ful murier than the papejay,
"Yow love I best, and shal, and oother noon."
So longe aboute the aleyes is he goon,
Til he was come agaynes thilke pyrie
Where as this Damyan sitteth ful myrie
An heigh among the fresshe leves grene.
This fresshe May, that is so bright and sheene,
Gan for to syke, and seyde, "Allas, my syde!
Now sire," quod she, "for aught that may bityde,
I moste han of the peres that I see,
Or I moot dye, so soore longeth me
To eten of the smale peres grene.
Help, for hir love that is of hevene queene!
I telle yow wel, a womman in my plit
May han to fruyt so greet an appetit
That she may dyen but she of it have."
"Allas," quod he, "that I ne had heer a knave
That koude clymbe! Allas, allas," quod he,
"For I am blynd!" "Ye, sire, no fors," quod she;
"But wolde ye vouche sauf, for Goddes sake,
The pyrie inwith youre armes for to take,
For wel I woot that ye mystruste me,
Thanne sholde I clymbe wel ynogh," quod she,
"So I my foot myghte sette upon youre bak."
"Certes," quod he, "theron shal be no lak,
Mighte I yow helpen with myn herte blood."
He stoupeth doun, and on his bak she stood,
And caughte hire by a twiste, and up she gooth –
Ladyes, I prey yow that ye be nat wrooth;
I kan nat glose, I am a rude man –
And sodeynly anon this Damyan
Gan pullen up the smok, and in he throng.

Als Pluto dieses große Unrecht sah,
gab er Januarius seine Sehkraft wieder
und ließ ihn genauso gut sehen wie zuvor.
Und als er seine Sehkraft wieder erlangt hatte,
war er glücklicher, als es ein anderer Mensch je gewesen sein [kann;
doch seine Gedanken waren fortwährend bei seiner Frau.
Er richtete seine Augen zum Baum empor
und sah, daß Damian sich mit seiner Frau so beschäftigte,
auf eine solche Art, daß man es nicht beschreiben kann,
es sei denn, ich wollte unhöflich sprechen;
und er schickte ein Geheul und ein Geschrei hinauf
wie eine Mutter, wenn es ihrem Kind ans Leben geht:
»Herbei! Hilfe, o weh, herbei!« schrie er,
»O kecke, freche Frau, was tust du?«
Und sie antwortete: »Herr, was fehlt Euch?
Habt Geduld und Verstand in Eurem Gehirn!
Ich habe Euch wegen Eurer blinden Augen geholfen.
Bei meinem Seelenheil, ich will nicht lügen:
Wie man mich lehrte, gab es für die Heilung Eurer Augen
nichts Besseres, damit Ihr wieder sehen könnt,
als mit einem Mann auf einem Baum zu streiten.
Weiß Gott, ich tat es in ganz reiner Absicht.«
»Streiten?« entgegnete er. »Es ging doch eher geradewegs [hinein!
Gott lasse euch beide eines schändlichen Todes sterben!
Er hat's mit dir getrieben, mit eigenen Augen hab' ich's doch [gesehen –
sonst soll man mich am Hals aufhängen!«
»Dann ist mein Heilmittel unwirksam«, sagte sie,
»denn gewiß, wenn Ihr sehen könntet,
würdet Ihr mir nicht solche Worte sagen. Ihr habt nun
zwar einen getrübten Blick, doch noch keine volle Sehkraft.«
Er entgegnete: »Ich sehe so gut wie eh und je,
Gott sei Dank, auf beiden Augen;
und ganz gewiß, mir dünkte, daß er dir dies tat.«
»Ihr träumt, träumt, lieber Gemahl«, sagte sie,
»diesen Dank erhalte ich nun dafür, daß ich Euch wieder sehen [ließ.
O weh«, sagte sie, »daß ich je so gütig war!»

And whan that Pluto saugh this grete wrong,
To Januarie he gaf agayn his sighte,
And made hym se as wel as evere he myghte.
And whan that he hadde caught his sighte agayn,
Ne was ther nevere man of thyng so fayn,
But on his wyf his thoght was everemo.
Up to the tree he caste his eyen two,
And saugh that Damyan his wyf had dressed
In swich manere it may nat been expressed,
But if I wolde speke uncurteisly;
And up he yaf a roryng and a cry,
As dooth the mooder whan the child shal dye:
"Out! Help! Allas! Harrow!" he gan to crye,
"O stronge lady stoore, what dostow?"
And she answerde, "Sire, what eyleth yow?
Have pacience and resoun in youre mynde.
I have yow holpe on bothe youre eyen blynde.
Up peril of my soule, I shal nat lyen,
As me was taught, to heele with youre eyen,
Was no thyng bet, to make yow to see,
Than strugle with a man upon a tree.
God woot, I dide it in ful good entente."
"Strugle?" quod he, "Ye, algate in it wente!
God yeve yow bothe on shames deth to dyen!
He swyved thee; I saugh it with myne yen,
And elles be I hanged by the hals!"
"Thanne is," quod she, "my medicyne fals;
For certeinly, if that ye myghte se,
Ye wolde nat seyn thise wordes unto me.
Ye han som glymsyng, and no parfit sighte."
"I se," quod he, "as wel as evere I myghte,
Thonked be God! With bothe myne eyen two,
And by my trouthe, me thoughte he dide thee so."
"Ye maze, maze, goode sire," quod she;
"This thank have I for I have maad yow see.
Allas," quod she, "that evere I was so kynde!"

»Nun, Madame«, sagte er, »denkt nicht mehr daran,
komm herab, mein Liebchen, und habe ich etwas Falsches
bei Gott, dann reut es mich. [gesagt,
Doch bei meiner Väter Seele, ich meinte, gesehen zu haben,
wie dieser Damian bei dir lag
und daß dein Unterrock auf seiner Brust lag.« [wollt.
»Ja, mein Gemahl«, sagte sie, »Ihr mögt glauben, wie Ihr
Doch, lieber Gemahl, ein Mensch, der vom Schlaf erwacht,
kann nicht sogleich etwas
deutlich wahrnehmen und es genau sehen –
er muß voll und ganz wach sein.
Genausowenig kann einer, der lange blind gewesen ist,
sofort wieder so gut sehen,
gleich nachdem seine Sehkraft wiederhergestellt ist,
wie einer, der bereits einen oder zwei Tage lang wieder sehen
Bis sich Eure ganze Sehkraft wieder eingestellt hat, [kann.
können Euch noch viele Trugbilder täuschen.
Beachtet dies, ich bitte Euch darum; beim Himmelskönig,
viele Leute meinen ja, ein Ding sehen zu können,
und es ist doch etwas anderes, als es scheint.
Wer falsch wahrnimmt, urteilt falsch.«
Und mit diesen Worten sprang sie vom Baum herunter.
Wer aber könnte so froh sein wie Januarius?
Er herzte und küßte sie oft
und streichelte sehr zärtlich ihren Bauch
und führte sie heim in seinen Palast.
Gute Leute, ich bitte euch, seid nun fröhlich.
So endet hier meine Erzählung von Januarius;
Gott und seine Mutter, die heilige Maria, segne uns!

Hier endet des Kaufmanns Erzählung über Januarius.

"Now, dame," quod he, "lat al passe out of mynde.
Com doun, my lief, and if I have myssayd,
God helpe me so, as I am yvele apayd.
But, by my fader soule, I wende han seyn
How that this Damyan hadde by thee leyn,
And that thy smok hadde leyn upon his brest."
"Ye, sire," quod she, "ye may wene as yow lest.
But, sire, a man that waketh out of his sleep,
He may nat sodeynly wel taken keep
Upon a thyng, ne seen it parfitly,
Til that he be adawed verraily.
Right so a man that longe hath blynd ybe,
Ne may nat sodeynly so wel yse,
First whan his sighte is newe come ageyn,
As he that hath a day or two yseyn.
Til that youre sighte ysatled be a while
Ther may ful many a sighte yow bigile.
Beth war, I prey yow, for by hevene kyng,
Ful many a man weneth to seen a thyng,
And it is al another than it semeth.
He that mysconceyveth, he mysdemeth."
And with that word she leep doun fro the tree.
This Januarie, who is glad but he?
He kisseth hire and clippeth hire ful ofte,
And on hire wombe he stroketh hire ful softe,
And to his palays hoom he hath hire lad.
Now, goode men, I pray yow to be glad.
Thus endeth heere my tale of Januarie;
God blesse us, and his mooder Seinte Marie!

Heere is ended the Marchantes Tale of Januarie.

EPILOG ZUR ERZÄHLUNG DES KAUFMANNS

»Ei! Bei Gottes Gnade,« sagte unser Wirt dann,
»nun bete ich zu Gott, er möge mich vor einer solchen Frau bewahren!
Seht, solche Listen und Strategien
sind in den Frauen! Wie Bienen sind sie nämlich
stets emsig damit beschäftigt, uns unschuldige Männer zu betrügen,
und stets weichen sie von der Wahrheit ab;
dies beweist die Erzählung des Kaufmanns deutlich.
So treu wie Stahl aber, daran gibt es keinen Zweifel,
ist meine Frau, wenn sie auch arm sein mag,
geht es aber nach ihrer Zunge, dann ist sie eine wahre Plaudertasche;
und sie hat auch noch einen Haufen anderer Laster.
Doch Schluß damit! Laßt alle diese Dinge.
Doch wißt ihr was? Im Vertrauen sei's gesagt,
es reut mich schwer, daß ich an sie gefesselt bin.
Denn würde ich jedes Laster,
das sie hat, aufzählen, wäre ich gewiß töricht.
Weshalb wohl? Es würde ihr zugetragen
und hinterbracht werden von einem aus dieser Schar –
von wem, braucht nicht gesagt zu werden,
denn Frauen wissen, wie man so etwas vermarktet.
Mein Verstand vermag ja auch nicht
alles zu erzählen, weswegen ich meine Rede beende.«

EPILOGUE TO THE MERCHANT'S TALE

"Ey! Goddes mercy!" seyde oure Hooste tho,
"Now swich a wyf I pray God kepe me fro!
Lo, whiche sleightes and subtilitees
In wommen been! For ay as bisy as bees
Been they, us sely men for to deceyve,
And from the soothe evere wol they weyve;
By this Marchauntes tale it preveth weel.
But doutelees, as trewe as any steel
I have a wyf, though that she povre be,
But of hir tonge, a labbyng shrewe is she,
And yet she hath an heep of vices mo;
Therof no fors! Lat alle swiche thynges go.
But wyte ye what? In conseil be it seyd,
Me reweth soore I am unto hire teyd.
For and I sholde rekenen every vice
Which that she hath, ywis I were to nyce.
And cause why? It sholde reported be
And toold to hire of somme of this meynee –
Of whom, it nedeth nat for to declare,
Syn wommen konnen outen swich chaffare;
And eek my wit suffiseth nat therto
To tellen al; wherfore my tale is do."